Jerzy Konikowski
Uwe Bekemann

1. e4 siegt!

Ein Repertoire für Weiß

Joachim Beyer Verlag

ISBN 978-3-95920-127-8

2. überarbeitete und ergänzte Auflage 2020

Ein Imprint des Schachverlag Ullrich, Zur Wallfahrtskirche 5, 97483 Eltmann

Inhaltsverzeichnis

Zeichenerklärung 9

Vorwort 11

Einführung 13

Kapitel 1: 1.e4 e5 2.d4 exd4 3.♕xd4 ♘c6 4.♕e3 ♘f6 5.♘c3 ♗b4 6.♗d2 0-0 7.0-0-0 ♖e8 23
Abspiel 1: 8.♗c4 36
Abspiel 2: 8.♕g3 44
Partie Nr. 1: Shabalov–Shliperman, Newark 1995 56
Partie Nr. 2: Adams–Anand, Linares 1994 57
Partie Nr. 3: J. Polgar–Timman, Hoogeveen 1999 58
Partie Nr. 4: Mieses–Aljechin, Scheveningen 1913 59
Partie Nr. 5: Winawer–Steinitz, Nürnberg 1896 61
Partie Nr. 6: Braga–Alpern, Buenos Aires 1978 63
Partie Nr. 7: Hase–Rubinetti, Buenos Aires 1972 64
Partie Nr. 8: Azar–Raifen, Israel 1997 65
Partie Nr. 9: Groot – Hlavacek, Fernpartie 2017 66
Partie Nr. 10: G. Hansen–Sørensen, Kopenhagen 1994 67
Partie Nr. 11: Schirow–Karpow, Dos Hermanas 1995 68
Partie Nr. 12: Souleidis–I. Sokolov, Rethymnon 2003 69
Partie Nr. 13: J. Polgar–Hort, Prag 1995 70
Partie Nr. 14: Xie Jun–Flear, Hastings 1996 71
Partie Nr. 15: Smirnow–Kajumow, Alushta 2002 72
Partie Nr. 16: Zhang Zhong–Koneru, Wijk aan Zee 2003 73
Partie Nr. 17: Shabalov–A. Ivanov, Key West 1994 75

Kapitel 2: 1.e4 c5 2.d4 cxd4 3.♕xd4 ♘c6 76
Abspiel 1: 4.♕e3 80
Abspiel 2: 4.♕a4 86
Partie Nr. 18: Rodkin–Jankowski, St. Petersburg 2006 89
Partie Nr. 19: Hardarson–Gikas, Budapest 2004 90
Partie Nr. 20: Zimniok–Folk, Tschechische Republik 2003 91
Partie Nr. 21: Dunst–Maibaum, Recklinghausen 2005 92

Partie Nr. 22: Zabarskij–Grüneschild, Nürnberg 1999 93
Partie Nr. 23: Hardarson–Halldorsson, Hafnarborg 2003 94
Partie Nr. 24: Hoxha–Gayson, Plovdiv 2010 96
Partie Nr. 25: Hegner–H. Schmidt, Frankfurt 2000 96

Kapitel 3: 1.e4 c6 2.♘c3 d5 3.♕f3 99
Abspiel 1: 3...dxe4 100
Abspiel 2: 3...d4 110
Abspiel 3: 3...e6 117
Abspiel 4: 3...♘f6 125
Partie Nr. 26: Lombardy – Brinck–Claussen, Krakau 1964 131
Partie Nr. 27: Veksler–Mietner, Deutschland 2001 132
Partie Nr. 28: Sutton–Revell, Fernpartie 1999 133
Partie Nr. 29: Negele–Melson, Fernpartie 1999 134
Partie Nr. 30: Bellin–Pribyl, Graz 1979 136
Partie Nr. 31: Negele–Th. Bialas, Fernpartie 1996 137
Partie Nr. 32: Van Bentum–Tuchtenhagen, Deutschland 1998 138
Partie Nr. 33: Bredewout–Besser, Hamburg 1965 139
Partie Nr. 34: Smyslow–Flohr, Budapest 1950 140
Partie Nr. 35: Negele–Hofstetter, Fernpartie 1999 141
Partie Nr. 36: Regan–Shamkovich, New York 1977 143

Kapitel 4: 1.e4 e6 2.d4 d5 3.exd5 exd5 4.c4 145
Abspiel 1: 4...♘f6 147
Abspiel 2: 4...♗b4+ 152
Abspiel 3: 4...dxc4 154
Partie Nr. 37: Geirnaert–Vandemeulebroucke, Brasschaat 2009 157
Partie Nr. 38: Stojanovic–Sedlak, Sarajevo 2009 158
Partie Nr. 39: Paichadze–Martinovic, Fermo 2009 159
Partie Nr. 40: Ochotnik–Haub, Vandoeuvre 2009 160
Partie Nr. 41: Geirnaert–Saiboulatov, Aalst 2005 162
Partie Nr. 42: Ochotnik–Legky, St. Quentin 1999 163
Partie Nr. 43: Waganian–Klovans, UdSSR 1968 164

Kapitel 5: 1.e4 d6 2.d4 ♘f6 3.♘c3 g6 4.f4 5.e5 167
Abspiel 1: 5...♘fd7 171
Abspiel 2: 5...dxe5 6.dxe5 179
Partie Nr. 44: Vaisser–Palac, Cannes 2000 184
Partie Nr. 45: Vokác–Votava, Lazne Bohdanec 1996 186
Partie Nr. 46: Stein–Liberzon, Jerewan 1965 187

Partie Nr. 47: Banas–Kindermann, Trnava 1987 188
Partie Nr. 48: Morris–Atzmon Simon, Sydney 2010 189
Partie Nr. 49: Gu Xiaobing–Wang Xiaohui, Xinghua Jiangsu 2009 190
Partie Nr. 50: Sorokin–Dubovik, Fernpartie 1968 191
Partie Nr. 51: Nakamura–Smirin, Mashantucket 2005 193
Partie Nr. 52: Lukin–Tseitlin, Leningrad 1972 193
Partie Nr. 53: Lawrow–Anschirow, Smolensk 2001 194
Partie Nr. 54: Mariotti–Saliba, Skopje 1972 195

Kapitel 6: 1.e4 ♘f6 2.e5 ♘d5 3.♘c3 197
Partie Nr. 55: Hess–Hristodoulou, Internet 2020 204
Partie Nr. 56: Zwjagintzew–Sawtschenko, Serpuchow 2007 205
Partie Nr. 57: Tseitlin–U. Schulze, Dresden 2013 206
Partie Nr. 58: Elci–J. Perez, Rio de Janeiro 2014 207
Partie Nr. 59: L. Evans–Adler, Chicago 1970 208

Kapitel 7: 1.e4 d5 2.exd5 210
Abspiel 1: 2...♕xd5 211
Abspiel 2: 2...♘f6 216
Partie Nr. 60: Welling–Lasslop, Staufer 2010 222
Partie Nr. 61: Areshchenko–Almond, Port Erin 2007 223
Partie Nr. 62: Morosewitsch–Grischuk, Moskau 2012 225
Partie Nr. 63: Radjabow–Kamsky, Nizza 2009 226
Partie Nr. 64: Friedel–Pechenkin, Edmonton 2009 227
Partie Nr. 65: Prasad–Adianto, Kalkutta 2001 228
Partie Nr. 66: Chartschenko–Udowik, Kiew 2004 228
Partie Nr. 67: Milos–Sapis, Cappelle la Grande 2000 229

Kapitel 8: 1.e4 ♘c6 2.d4 231
Abspiel 1: 2...d5 234
Abspiel 2: 2...e5 238
Partie Nr. 68: Heinemann–Wisnewski, Bad Oldesloe 2007 241
Partie Nr. 69: Romanischin–Mariotti, Leningrad 1977 243
Partie Nr. 70: Smagin–Šahovic, Biel 1990 244
Partie Nr. 71: Rosentalis–Johansen, Tilburg 1993 245
Partie Nr. 72: Hübner–Hort, Deutschland 1984 246

Kapitel 9: 1.e4 g6 ... 248
Partie Nr. 73: Velimirovic–Davies, Vrnjacka Banja 1991 ... 252
Partie Nr. 74: Jumabayev–Kotsur, Astana 2011 ... 253
Partie Nr. 75: Plenca–Dragomirescu, Split 2012 ... 255

Kapitel 10: 1.e4 d6 2.d4 ♘f6 3.♘c3 c6 ... 256
Partie Nr. 76: Nyepomnyaschi–A. Iwanow, Dagomys 2010 ... 263
Partie Nr. 77: Finkel–Oratovsky, Israel 1994 ... 264
Partie Nr. 78: F. Rohde–Pastor Alonso de Prado, Fernpartie 2018 ... 265
Partie Nr. 79: Motwani–Adams, Moskau 1994 ... 267

Kapitel 11: 1.e4 a6 ... 269
Partie Nr. 80: Karpow–Miles, Skara 1980 ... 273
Partie Nr. 81: Wolowik–Koslow, UdSSR 1999 ... 274

Kapitel 12: 1.e4 b6 ... 276
Partie Nr. 82: Blackburne–Hamel, England 1868 ... 280
Partie Nr. 83: Maciejewski–Kruszynski, Lodz 1980 ... 281

Kapitel 13: 1.e4 ... 283
I. 1...g5 ... 283
II. 1...♘h6 ... 283
III. 1...f5 ... 284
IV. 1...h6 ... 285
V. 1...♘a6 ... 285

Quellenverzeichnis ... 287

Zeichenerklärung

!	ein sehr guter Zug
!!	ein ausgezeichneter Zug
?	ein schwacher Zug
??	ein grober Fehler
!?	ein beachtenswerter Zug
?!	ein Zug von zweifelhaftem Wert
+−	Weiß hat entscheidenden Vorteil
−+	Schwarz hat entscheidenden Vorteil
±	Weiß steht besser
∓	Schwarz steht besser
⩲	Weiß steht etwas besser
⩱	Schwarz steht etwas besser
=	ausgeglichen
∞	unklar, mit beiderseitigen Chancen
=∞	mit Kompensation für den materiellen Nachteil
↑	mit Initiative
→	mit Angriff
⇄	mit Gegenspiel
Δ	mit der Idee
⌓	besser ist
x	schlägt
+	Schach
#	matt

Vorwort

1.e2–e4 – mit diesem Zug startet Weiß am häufigsten in die Partie, gefolgt von 1.d2–d4 und weiteren Alternativen. Aber warum ist dies so? Ist der Bauernvorstoß besser als andere Möglichkeiten?

Was ist besser, Löffel oder Gabel? „Kommt darauf an", werden Sie sagen. Wenn ich Suppe auf dem Teller habe, nehme ich besser den Löffel, für feste Speisen ist aber die Gabel angebracht. Und so ist es auch im Schach! Es kommt darauf an, was der Spieler will, dementsprechend wählt er auch seinen Anfangszug aus, vielleicht e4, oder aber einen anderen.

Man kann so gut wie alles im ersten Zug spielen, was den Regeln entspricht, fast zumindest. Aber der Spieler sollte den Zug wählen, für den er einen guten Grund hat. Dies ist so wie im Fußball, beim Elfmeter. Der Schütze kann schießen, wohin er will, nur das Tor sollte er treffen. „Schieße ich links oben ins Eck, weil der Torwart eine schwache rechte Seite hat? Oder besser nach rechts unten, weil der Torwart sehr groß ist und nicht schnell genug auf den Boden kommen wird? Oder halte ich besser genau auf die Mitte, weil ich dann nicht so leicht daneben schießen kann und ich damit rechnen darf, dass der Torwart auf eine Seite hechten wird und die Mitte dadurch frei macht?" So könnte die Überlegung der Elfmeterschützen aussehen. Alles geht; die richtige Wahl hängt davon ab, was der Spieler will und warum dies so ist, in unserem Beispiel aus dem Fußball wie auch im Schachspiel.

1.e2–e4 – was spricht für diesen Zug? Mit ihm rückt Weiß einen Bauern ins Zentrum vor, das im Schach eine große Bedeutung hat. Hierdurch wird das Feld e2 frei, sodass der ♗f1 und auch die Dame eine Möglichkeit bekommen, sich zu entwickeln. 1.e2–e4 dient auch schon der Vorbereitung der Rochade, besonders der kurzen, denn Läufer oder auch Dame müssen erst entwickelt werden, bevor eine der beiden Rochaden möglich wird.

1.e2–e4 – ein Zug, auf den Schwarz mit einer reichen Palette der unterschiedlichsten Spielweisen antworten kann. Alle bringen einen Berg an Theorie mit, der kaum noch zu beherrschen ist. Schon allgemein ist die moderne Eröffnungstheorie sehr umfangreich und kompliziert. Für den am häufigsten gewählten Zug 1.e2–e4 gilt dies ganz besonders. Aus diesem Grund haben viele Schachfreunde Probleme mit der Eröffnungsphase. Nicht jeder hat nämlich Zeit und Geduld, in großer Zahl dicke Eröffnungsbücher zu studieren.

1.e2–e4 ist ein Zug, für dessen Wahl Weiß gleich mehrere gute Gründe hat. Er ist das passende Teil im Besteck des Spielers, der die Chance auf das offene und kombinationsreiche Spiel sucht. Und er ist der Schuss, der dem Torwart beim Elfmeter eine Parade abverlangt, denn 1.e2–e4 trifft immer!

Aber die Menge an Theorie! – Auch dieses Problem bekommen wir in den Griff, denn die von uns vorgeschlagenen Eröffnungen und Varianten haben das Ziel, den Dschungel der weit bekannten Informationen zu umgehen. Wir versuchen, viel interessantes Wissen zu vermitteln und hilfreiche Ratschläge zu geben, womit dem Leser geholfen wird, ein eigenes Eröffnungsrepertoire aufzubauen. Dieses soll er beherrschen können, ohne viel Zeit zu investieren.

Wir setzen auch auf die Überraschung des Gegners, wenn er auf einen unerwarteten Zug trifft. Und dabei brechen wir auch mit früheren Tabus! Ein Beispiel: Wir kennen alle die Empfehlung, dass der Spieler seine Dame nicht allzu früh ins Kampfgeschehen führen sollte. Sie folgt einem guten Grund, denn die zu früh entwickelte Dame kann angegriffen werden, kann dabei verloren gehen, oder ihre Sicherung kostet wertvolle Tempi. Eine frühe Damenentwicklung ist aber längst nicht immer nachteilig! Ein allzu hasenfüßiges Vorgehen kann bisweilen auch Chancen ungenutzt liegen lassen.

Man stelle sich mal einen Mannschaftssport vor, bei dem Tore über Sieg und Niederlage entscheiden, z.B. Fußball. Wer ließe denn den besten Spieler lange außer Spiel mit der Begründung, er könne verletzt oder vom Platz gestellt werden? Der beste Spieler gehört auf den Platz, und zwar möglichst früh, damit er auch möglichst früh seine Qualitäten einbringen kann. Und so ist es auch mit der Dame im Schach! Wenn sie ohne besonderen Nachteil möglichst früh in den Kampf eingreifen kann, hilft sie so lange wie möglich mit all ihrer Kraft dabei, den Sieg zu erringen. Also – ab ins Kampfgeschehen mit der Dame, wenn dies ohne Reue möglich ist! Unsere Eröffnungsvorschläge halten sich daran!

Noch ein Wort zu Kapitel 1: Hier widmen wir uns der Möglichkeit, dass Schwarz mit 1.e7–e5 antwortet. Außer Betracht gelassen haben wir dabei die weiße Riposte 2.f2–f4. Das damit eingeleitete Königsgambit passt wunderbar in die Reihe der im vorliegenden Buch vorgeschlagenen Eröffnungen. Wir haben aber auf eine Aufnahme verzichtet, weil wir jüngst ein Spezialwerk zum Königsgambit vorgelegt haben. Wir empfehlen unser Werk „Königsgambit – richtig gespielt“, mit dem Weiß das Repertoire aus diesem Buch sehr harmonisch vervollkommnen kann.

Nun geben wir unser Werk in Ihre Hände und hoffen, dass Ihnen sein Gebrauch nicht nur Nutzen bringt, sondern auch so viel Spaß und Freude, wie wir bei der Arbeit daran empfunden haben!

Einführung

1.e4

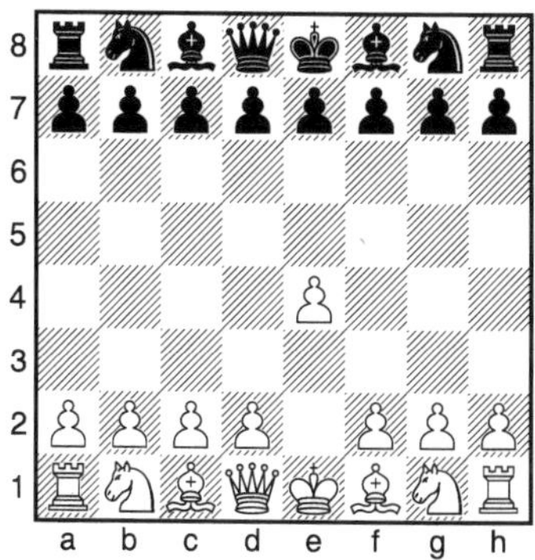

Die meisten Partien werden im Turnieralltag mit diesem Zug des Königsbauern begonnen. Aber warum ist dies so? Der Zug hat gleich mehrere Vorzüge. So wird der e–Bauer ins Zentrum gebracht, wo er sofort die Kontrolle über die wichtigen Felder d5 und f5 übernimmt. Zugleich wird der Weg für den Läufer auf f1 und auch die Dame auf d1 frei gemacht, sodass sie bald entwickelt werden können. Der Springer auf g1 bekommt mit e2 ein zusätzliches Zielfeld, auf das er sich bewegen kann, wenn dies von Vorteil ist.

Nach 1.e4 kommt es oft zu einem regen Kombinationsspiel auf dem Brett. Deshalb ist dieser Zug besonders auch bei jungen Schachspielern sehr beliebt, die ein lebendiges Spiel mögen. Wenn Weiß die Partie mit 1.e4 einleitet, kann ein ganzer Reigen an komplizierten und scharfen Eröffnungen und Varianten entstehen. Es ist gänzlich unmöglich, diese allesamt in einem einzigen Buch vorzustellen. Wir haben uns deshalb darauf konzentriert, ein Repertoire zu entwickeln, in das sich vor allem junge und wenig erfahrene Spieler schnell einarbeiten können, um auf dessen Basis gleich in die eigenen Partien einzusteigen.

Die von uns vorgeschlagenen Varianten sind in der Praxis noch nicht allzu sehr verbreitet. Mit ihnen setzen wir auch auf Überraschungen. Junge Spieler können mit ihnen auch gegen starke und erfahrene Gegner antreten. „Unsere“ Varianten führen zu interessanten Folgen mit taktischen Elementen. Sehr oft kommt auch die Dame schnell ins Spiel, was gegen die bekannte Gesetzmäßigkeit spricht, nach der die Dame nicht allzu früh ins Kampfgeschehen gebracht werden sollte. Im modernen Schach muss jeder Spieler elastisch und flexibel handeln können und vielseitig sein. Alte Gesetze sind nicht immer und nicht in jeder Situation gut! Nach 1.e4 kann Schwarz das Spiel in verschiedene Eröffnungssysteme lenken, die wir in der folgenden Reihenfolge vorstellen werden:

I. 1...e5

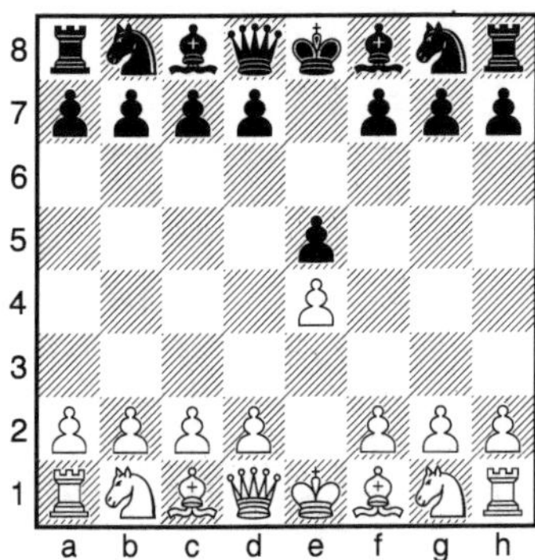

Unsere Vorschläge auf diese symmetrische Antwort von Schwarz finden Sie in **Kapitel 1**. Schwarz hält es wie sein Gegner und nimmt seinerseits zwei wichtige Felder in Beschlag, nämlich d4 und f4. Und auch er ebnet seinen Figuren den Weg. So gilt für ihn das Gleiche, was wir entsprechend zum weißen Anzug angemerkt haben.

II. 1...c5

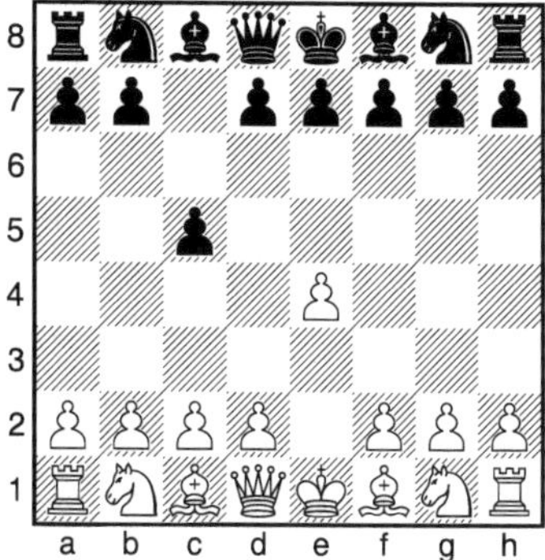

Dieser Zug führt zu **Kapitel 2**. Die mit 1...c5 eingeleitete Sizilianische Verteidung ist heutzutage die beliebteste Spielweise gegen 1.e4. Der Grund hierfür liegt darin, dass nun viele scharfe und komplizierte Stellungen möglich werden, die Schwarz gute dynamische Gegenchancen versprechen. Die Strategie von Weiß setzt darauf, das Zentrum zu behaupten und sich Angriffsmöglichkeiten auf dem Königsflügel zu verschaffen. Schwarz hingegen versucht, das weiße Zentrum zu bekämpfen und sich ein schnelles Gegenspiel am Damenflügel zu sichern.

III. 1...c6

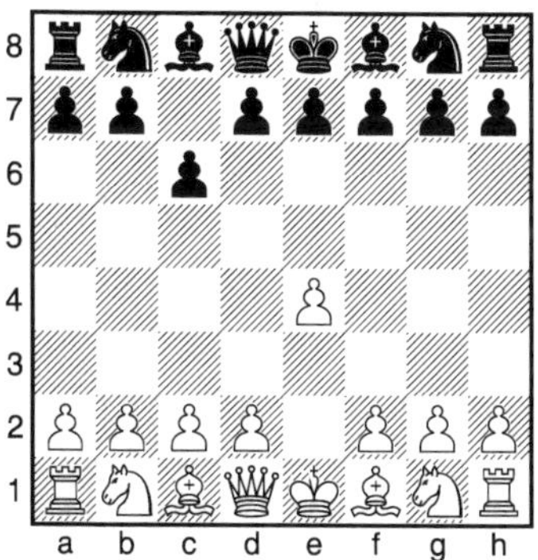

Dies ist Gegenstand von **Kapitel 3**. Schon im Jahre 1883 griffen polnische Schachmeister zu dieser Fortsetzung, ihren Namen erhielt sie aber nach H. Caro aus Pecs und M. Kann aus Wien, die ihre Analysen zu diesem Thema im

Jahre 1886 veröffentlichten. Die Idee von 1...c6 liegt darin, mit nachfolgend 2...d5 den zentralen weißen Bauern e4 anzugreifen. Wichtig ist, dass Schwarz, anders als in der Französischen Verteidigung, hier seinen Damenläufer nicht blockiert. Caro-Kann, wie diese Eröffnung also heißt, war immer schon als eine solide Eröffnung bekannt, sie wird seit jeher auch von Spielern mit Weltklasseniveau eingesetzt.

IV. 1...e6

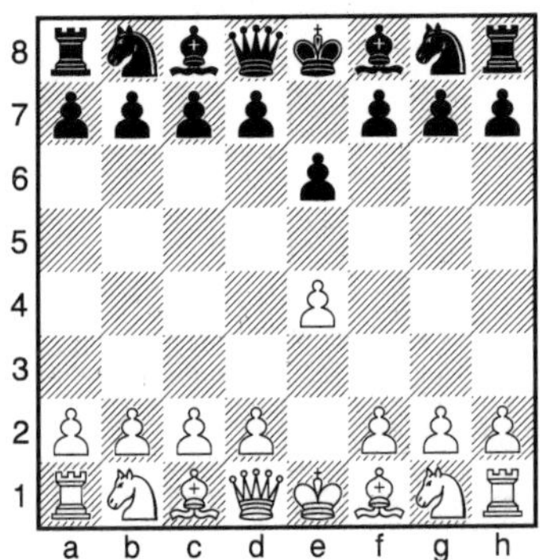

Hiermit sind wir nun bei der Französischen Verteidigung angekommen, die wir gerade eben noch erwähnt haben. Wir widmen uns ihr in **Kapitel 4**. Ähnlich wie in der Caro-Kann Verteidigung bereitet sich Schwarz vor, mittels 2...d5 das weiße Bauernzentrum zu attackieren. Hier jedoch wird dem Läufer auf c8 der Weg versperrt. Der Name dieser Verteidigung leitet sich von französischen Spielern ab, die sie im 19. Jahrhundert verstärkt eingesetzt haben.

V. 1...d6

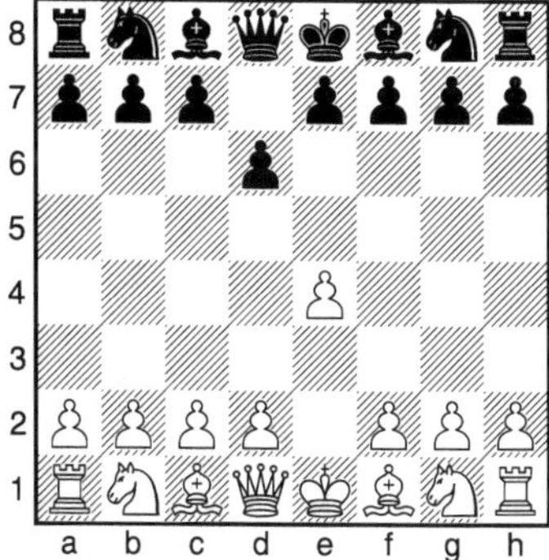

Das **Kapitel 5** befasst sich mit dieser Spielweise, die nach dem jugoslawischen Meister Vasja Pirc (1907–1980) benannt ist. Das über sie entstehende Spiel ähnelt jenem in den Gewässern der Königsindischen Verteidigung. Von Bedeutung ist der Unterschied, dass Weiß hier auf c2–c4 verzichtet. Schwarz entwickelt seinen Läufer auf die lange Diagonale a1–h8, auf der er sehr aktiv ist oder werden kann. Zur Idee der Eröffnung gehört dann der Angriff auf das weiße Zentrum mit c7–c5.

VI. 1...♘f6

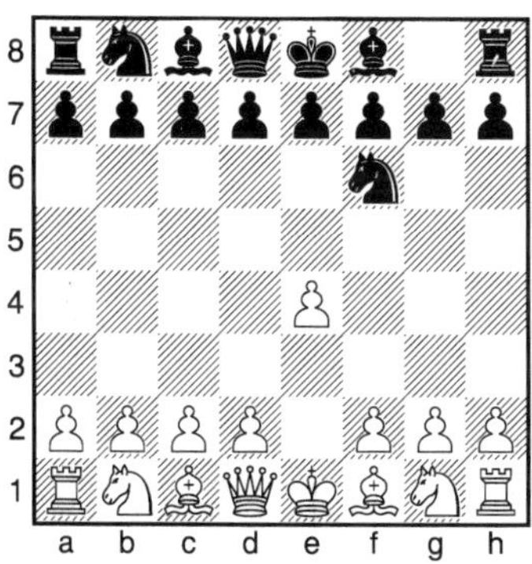

Dieser Springerzug ist unser Thema in **Kapitel 6**. Schwarz provoziert seinen Gegner, seine Bauern nach vorne zu rücken, um die entstehende Bauernmasse dann mittels d7–d6, c7–c5 und f7–f6 zu zerstören. Der Name der Eröffnung stammt von dem früheren Weltmeister Alexander Aljechin (1892–1946), der in den 20er Jahren des vergangenen Jahrhunderts die Eröffnung mit Erfolg gespielt hat. Man bezeichnet sie also als Aljechin–Verteidigung.

VII. 1...d5

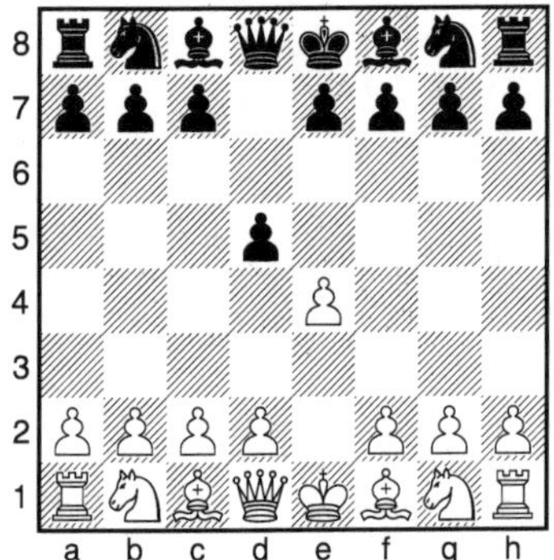

Diese unmittelbare Anrempelung mit dem Bauern beleuchten wir in **Kapitel 7**. Die Fortsetzung wurde erstmals von Lucena im Jahre 1497 empfohlen. Der Name der Eröffnung stammt aber aus jüngerer Zeit, denn es waren vor allem skandinavische Spieler, die sich um die Erforschung des Systems verdient gemacht haben, so dass sie Skandinavische Verteidigung heißt. Schwarz greift sofort das weiße Zentrum an und befreit das Spiel mit Gewalt aus seinen Fesseln. Der Nachteil dieses Vorgehens liegt darin, dass Schwarz einige Tempi verloren gehen, weil er seine Dame frühzeitig ins Zentrum spielen muss.

VIII. 1...♘c6

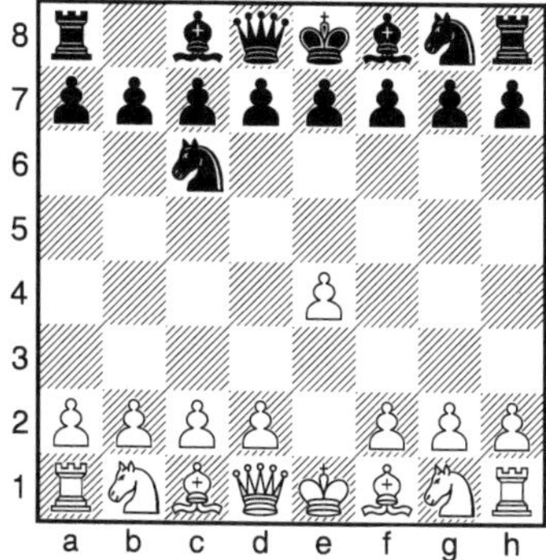

Dieser Springerzug führt in die Nimzowitsch-Verteidigung, unser Thema für das **Kapitel 8**. Schwarz entwickelt zunächst seinen Springer, um im Anschluss mit seinem d- oder f-Bauern das weiße Bauernzentrum unter Beschuss zu nehmen. Heutzutage wird diese Eröffnung selten gespielt. Dennoch darf Weiß den gegnerischen Aufbau nicht unterschätzen. Wenn der Anziehende ungenau vorgeht, kann Schwarz die Initiative übernehmen.

IX. 1...g6

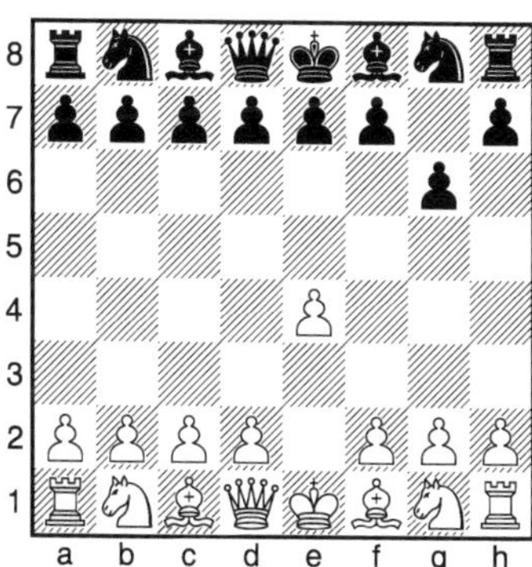

Dieser im **Kapitel 9** besprochene Aufbau ist sehr mit der Pirc-Verteidigung verwandt. Die entstehenden Positionen führen sehr häufig unter Zugumstellung in solche der genannten Eröffnung.

X. 1...d6 2.d4 ♘f6 3.♘c3 c6

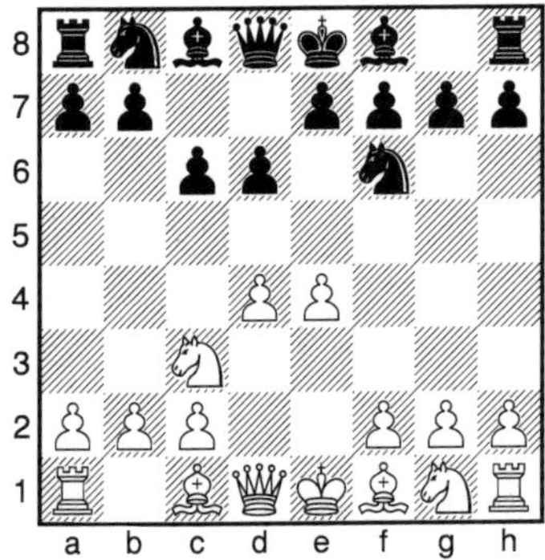

Nun befinden wir uns im Bereich der Tschechischen Verteidigung, des Gegenstands von **Kapitel 10**. Sie wurde zum ersten Mal im Jahre 1931 beim Turnier in Bled durch Tartakower (1887–1956) in seiner Partie gegen Kostic (1887–1963) angewandt. 1949 kam sie erneut aufs Brett, diesmal in der Partie Foltys gegen Puc. Die Idee fand damals jedoch keine Anerkennung. Dank der Analysen der tschechischen Spieler Jansa und Pribyl wurde die Eröffnung gegen Ende der 80er Jahre des vergangenen Jahrhunderts rehabilitiert. Seitdem wird sie häufiger in der Schachpraxis angewandt. Ihre Idee liegt darin, das weiße Zentrum durch die Züge d6–d5 oder e7–e5 anzugreifen. Die Dame wird auf a5 platziert, um Weiß in seiner harmonischen Entwicklung zu stören.

XI. 1...a6

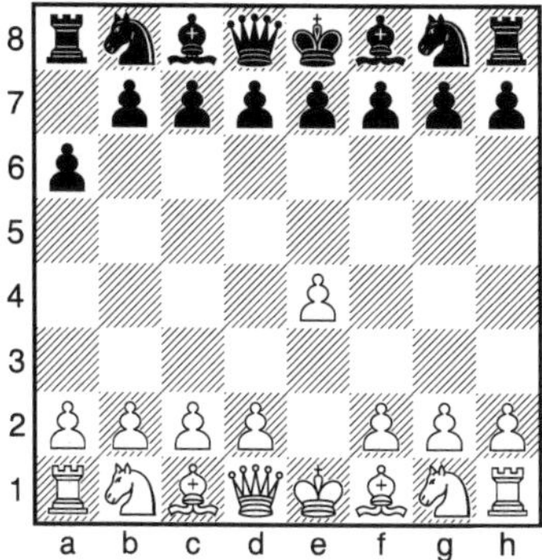

Unser Initialzug für das **Kapitel 11**. Schwarz will um die Initiative am Damenflügel kämpfen. Diese Idee ist auch von einer psychologischen Bedeutung. Weiß versucht sehr oft, das Vorgehen des Nachziehenden schnell zu widerlegen. Dem kann dann ebenso schnell eine böse Überraschung folgen. So ist es beispielsweise in einer Partie Karpow–Miles, Skara 1980, passiert. Deshalb sollte Weiß diese Fortsetzung ernst nehmen.

XII. 1...b6

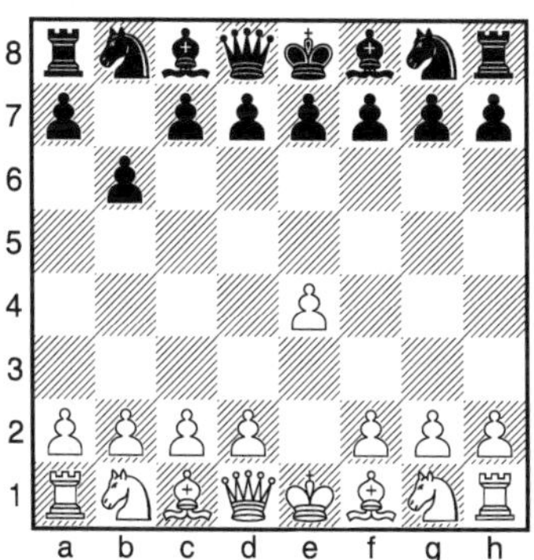

Dieser Bauernzug leitet unser vorletztes Kapitel ein, die **Nummer 12**. Schwarz bringt seinen weißfeldrigen Läufer auf die Diagonale a8–h1, um Figurendruck auf das weiße Zentrum zu organisieren. Diese Aufstellung genießt keinen besonders guten Ruf und ist in der modernen Praxis selten anzutreffen. In einigen Eröffnungsbüchern wird die Eröffnung als „Owen–Eröffnung“ bezeich–

net. Sie geht auf den englischen Meister John Owen (1827–1901) zurück, der einen nicht unerheblichen Beitrag zur Enwicklung dieses Systems geleistet hat.

XIII.

Kapitel 13 befasst sich mit anderen Spielweisen. In ihm stellen wir kurz die Eröffnungen vor, die in der Turnierpraxis kaum anzutreffen sind. Es lohnt sich aber, auch auf diesem wenig fruchtbaren Acker der Theorie die guten Pläne für Weiß kennenzulernen.

Zusammenfassung: Wir hoffen, dass Ihnen das vorgestellte Material helfen möge, Ihr eigenes Eröffnungsrepertoire zu entwickeln. Sie finden hier viele Analysen bekannter Großmeister, Theoretiker und auch unsere. Die Varianten, die Hauptideen, die Bewertungen und unsere Empfehlungen sollen Ihnen helfen, die strategischen und taktischen Pläne in den behandelten Systemen kennenzulernen und zu verstehen. Besonders empfehlen möchten wir Ihnen, alle praktischen Beispiele (es sind insgesamt 83) genau zu untersuchen. Wir haben lehrreiche Partien ausgewählt, die wichtige Elemente der Taktik und Strategie illustrieren. Das Verstehen des Kampfes in diesen Beispielen wird Ihnen dabei helfen, ihre eigenen Partien richtig zu führen!

Kapitel 1 – Mittelgambit

1.e4 e5 2.d4

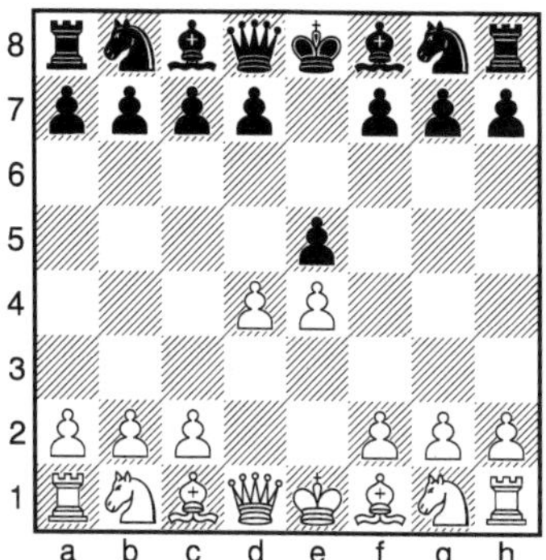

Normalerweise wird hier 2.♘f3 gespielt, ein Zug, den auch die Eröffnungstheorie empfiehlt. Mit dem sofortigen Bauernvorstoß d2–d4 beschleunigt Weiß das Geschehen in der Mitte des Brettes. Seine Dame gelangt dabei allerdings früh ins Spiel, was dem Gegner die Springerentwicklung mit Tempogewinn mittels ♘b8–c6 erlaubt. Das Hauptziel von Weiß ist es aber, schnell zur langen Rochade zu kommen und rasch einen Königsangriff zu starten. Deshalb muss sich Schwarz sehr genau verteidigen, um nicht schon in der Eröffnungsphase in Schwierigkeiten zu kommen.

Obwohl Weiß nach 3.♕d1xd4 keinen Bauern opfert und somit kein Gambit spielt, wird diese Eröffnung als „Mittelgambit“ bezeichnet. Mario Ziegler meint in seinem Buch „Paulsen-Eröffnung“, dass der deutsche Meister Wilfried Paulsen (1828–1901) den Zug 2.d4 salonfähig gemacht hat und diese Spielweise deshalb nach ihm benannt werden sollte. Wir stimmen zu, dass „Paulsen–Eröffnung“ besser passt als „Mittelgambit“, müssen jedoch anmerken, dass die Eröffnung in vielen Sprachen als „Zentrumsspiel“ bezeichnet wird. Dieser Name wäre auch im Deutschen passender als „Mittelgambit“.

2...exd4

Eine prinzipielle Antwort. Natürlich gibt es auch Alternativen, die ebenfalls schon gebührend ausprobiert worden sind.

I. 2...♘c6 3.dxe5 ♘xe5

A) 4.f4 ♘g6

A1) 5.♘c3 ♗b4

(5...♗c5 6.♘f3 d6 7.♗c4 ♗e6 8.♗xe6 fxe6 9.♕e2 ♕d7 10.♗e3 ♗b6 11.0-0-0 ♘8e7 12.g3±)

6.♕d4 ♕e7 7.♘f3 d5 8.♗d2 ♘f6 9.e5 c6 10.0-0-0 ♘g4 11.♘a4 ♗xd2+ 12.♖xd2 ♘h6 13.♗d3 ♗f5 14.g3 ♗xd3 15.♕xd3 ♕b4 16.♘c3 0-0-0 17.a3 ♕a5 18.♘g5 ♖de8 19.♘xf7 ♘xf7 20.♕f5+ ♔b8 21.♕xf7 mit klarem Übergewicht für Weiß, Tringov–Feuerstein, Varna 1958.

A2) 5.♗e3 ♗b4+

(Zu überlegen ist 5...♘f6!? 6.e5 ♕e7 mit den Drohungen ♕e7–b4+ und d7–d6.)

6.♘d2 ♘f6 7.c3 ♗a5 8.♘c4 ♗b6 9.♘xb6 (9.e5!?) 9...axb6 10.e5 ♘e4 11.♗d3 ♘c5 12.♗c2 ♕e7 13.b4 ♘a6 14.♕d2 0–0 15.♘f3 ♖d8 16.0–0 d6 17.♕f2 ♘b8 18.exd6 ♖xd6 19.f5 ♘f8 20.♗f4 ♖c6 21.♖fe1 ♕d8 22.♕g3 ♘bd7 23.♘d4 ♖c4 24.♗b3+–, Zagar–Martinovic, Dravograd 1963

A3) 5.♘f3 ♗c5 6.♗c4

(Alternativen sind 6.f5!? und 6.♘c3!?.)

6...d6 7.♘g5 ♘h6 8.♘c3 0–0 9.♘a4 ♕f6 10.♕d2 ♕d4 11.♗b3 ♗b4 12.c3 ♕xd2+ 13.♗xd2 ♗a5 14.♗c2 c6 15.h3 f5 16.b4 ♗c7 17.♗b3+ ♔h8 18.exf5 ♗xf5 19.0–0 ♖ae8 20.♖fe1 d5 21.g3 b5 22.♘c5 ♗b6 23.♔g2 ♗xc5 24.bxc5 ♖xe1 25.♖xe1 ♗d7 26.a4 und Weiß steht besser, Steiner–Mikenas, Kemeri 1937.

B) 4.♘f3

B1) 4...♕f6 5.♗e2

(Spielbar ist auch 5.♘c3!? ♗b4 6.♗d2 ♘xf3+ 7.gxf3 ♘e7 8.♕e2 ♘g6 9.0–0–0 mit guten Chancen für Weiß, Plaskett–Sherwin, Birmingham 2002.)

5...♗b4+ 6.♘bd2

(Zu beachten ist 6.c3!? ♗c5 7.0–0 d6 8.♘d4 Δf2–f4!.)

6...♘xf3+ 7.♗xf3 ♘e7 8.0–0 0–0 9.♘b3 ♘c6 10.g3 ♖e8 11.♗g2 ♗f8 12.c3 d6 13.f4 ♗e6 14.♘d4 ♗d7 15.♗e3 ♘a5 16.♕d3 c5 17.♘f3 ♕e6 18.♘d2 a6 19.b3 ♖ad8 20.♖fe1 mit positionellem weißem Vorteil, Keres–Kevitz, New York 1954.

B2) 4...♗b4+ 5.c3 ♘xf3+ 6.♕xf3 ♗c5 7.♗c4 ♕f6 8.♗f4 d6 9.0–0 ♘e7 10.♕g3 ♘g6 11.♗e3 ♗b6 12.♘d2 0–0 13.f4 ♗d7 14.♖ae1 ♖ae8 15.♔h1 ♗xe3 16.♖xe3 ♗c6 17.♗d3 ♖e7 18.♕g4 ♗d7 19.♕f3 ♖fe8 20.g3 ♗c6 21.♔g1 ♘f8 22.♘b3 b6 23.♘d4 ♗a8 24.g4

In dieser scharfen Stellung sind die Aussichten von Weiß als besser einzuschätzen. In der Partie Tiller–Houska, West Bromwich 2002, baute er diesen Vorteil zum späteren Sieg aus.

B3) 4...♘xf3+ 5.♕xf3 d6

(Die Folgen von 5...♕f6 6.♕g3 ♗c5 7.♘c3 ♘e7 8.♗d3 d6 9.♘b5 ♗b6 10.♗e3 sind günstig für Weiß, Beljawski–Meštrovic, Portoroz 1996.)

6.♗c4 ♕f6 7.♕b3 h6 8.♘c3 c6 9.a4 ♗e7 10.0–0 ♗d8 11.♗e3 ♘e7 12.f4 0–0 13.♖ad1 ♘g6 14.♗d4

(Noch stärker war 14.e5! dxe5 15.fxe5 ♕xe5 16.♗xf7+ +–.)

14...♕e7 15.♗xg7 ♔xg7 16.f5 ♕e5 17.fxg6 fxg6 18.♖xf8 ♔xf8 19.♖f1+ ♗f6 20.♗g8 ♕e7 21.e5! dxe5 22.♘e4 mit entscheidendem Angriff, Aljechin–Mollinedo, Madrid 1941.

C) 4.♘c3

C1) 4...♗b4 5.♕d4

(Möglich ist auch 5.♗d2 ♘f6 6.f4 ♘g6 7.♗d3 d6 8.♘f3 c6 9.0–0 usw.)

5...♕e7 6.♗f4 ♗xc3+ 7.♕xc3 d6 8.0–0–0 ♘f6 9.f3 0–0 10.♘e2 h6 11.♘d4 a6 12.g4 nebst ♘d4–f5 mit weißer Initiative am Königsflügel.

C2) 4...♗c5 5.♗f4 d6

(5...♘g6 6.♗g3 d6 7.h4! h5 8.♕d2 ♘f6 9.0–0–0 ♕e7 10.♘d5! ♘xd5 11.exd5 0–0 12.♗e2 ♗g4 13.♗xg4 hxg4 14.h5±, Dolmatow–Gulko, Hastings 1989)

6.♕d2 ♗e6 7.0–0–0 ♘e7 8.♗e3 ♗b4 9.f4 ♘c4 10.♗xc4 ♗xc4 11.♕d4 ♗c5 12.♕xc4 ♗xe3+ 13.♔b1 ♗xf4 14.♖f1 ♗e5 15.♕xf7+ ♔d7 16.♕b3 ♕g8 17.♕b5+ ♔c8 18.♕d3 ♕e6 19.♘f3 ♗f6 20.♘e2 ♖e8 21.♘f4 ♕d7 22.♖d1 ♘c6 23.♘d5 ♗e5 24.♖hf1

Weiß steht positionell besser, da Schwarz einen unentwickelten Damenflügel hat, Lermito–Liascovich, Villa Martelli 2008.

II. 2...d6 3.dxe5 dxe5 4.♕xd8+ ♔xd8 5.♗c4

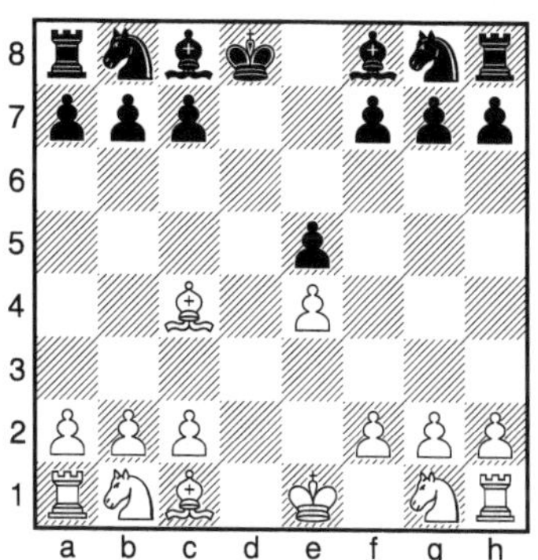

A) 5...f5 6.♗g5+

(6.exf5 ♗xf5 7.♘f3 ♘c6 8.c3 ♗d6 9.0–0 ♘f6 10.♗e3 ♔d7 11.h3 ♖ae8 12.♘bd2 a6 13.a4±)

6...♘f6 7.♘c3 c6 8.♘f3 ♗d6 9.0–0–0 ♔c7 10.♖xd6! ♔xd6 11.♖d1+ ♔c7 12.♘xe5 ♖d8 13.♘d3 ♖d4

(13...fxe4 14.♗f4+ ♔b6 15.♘a4+ ♔a5 16.♗d2+ ♔xa4 17.♘c5#)

14.♗f4+ ♔d8 15.e5 ♘e4 (15...♖xc4 16.exf6+–) 16.♗f7 g5 17.♗e3 ♔e7 18.e6 ♘xc3 19.♗xg5+ ♔f8 20.bxc3 ♖g4 21.e7+ 1–0, Muniz Giron–Llaneza Vega, Asturias 2003

B) 5...♗e6 6.♗xe6 fxe6 7.♗e3 ♘f6 8.f3 ♘c6 9.♘d2 ♘d7 10.0–0–0

(10.♘h3 ♗c5 11.♗f2 ♗xf2+ 12.♘xf2 ♘c5 13.c3 a5 14.♔e2±, Hector–Agrest, Norrköping 2002)

10...♔e8 11.♘h3 ♗c5 12.♖he1 h6 13.♘f2 ♔e7 14.♘b3 ♗b6 15.♘d3 ♗xe3+ 16.♖xe3 ♖hd8 17.♘bc5

Wegen der schwarzen Bauernschwächen im Zentrum steht Weiß etwas besser, Weiß–Moser, Wien 1999.

C) 5...f6 6.♗e3 c6 7.♘c3

C1) 7...♗d6 8.0–0–0 ♔c7 9.♘ge2 ♘e7 10.♖d2

(Der Bauernangriff 10.f4!? ist auch möglich.)

10...♘g6 11.♖hd1 ♗e7 12.h3 b6 13.♘g3 ♘f4 14.♗xf4 exf4 15.♘f5 ♗xf5 16.exf5

Weiß verfolgt einen Plan mit ♘c3–e4 und ♗c4–e6, die besseren Aussichten liegen auf seiner Seite, Pech–Novotny, Tschechische Republik 2003.

C2) 7...♘d7 8.0–0–0 ♔c7 9.♘ge2 ♗b4 10.a3 ♗a5 11.♖d3 ♘e7 12.♖hd1±

III. 2...♘f6 3.dxe5 ♘xe4 4.♕e2

A) 4...♘g5 5.f4 ♘e6 6.f5 ♘d4

(6...♘c5 7.♘f3 ♘c6 8.♗g5 ♗e7 9.f6+–)

7.♕e4 ♗c5 8.b4 ♗b6 9.c3 ♘dc6 10.b5 ♘a5 11.f6 g6

(11...0–0 12.fxg7 ♖e8 13.♗d3+–)

12.♗h6±

B) 4...♘c5 5.♘c3 ♘c6

(Nach 5...♗e7 kann Weiß 6.♘f3 spielen. Folgt dann 6...0–0, so kann er mit 7.♗e3 fortsetzen und sich mittels 0–0–0 ein gutes Spiel verschaffen.)

6.♘f3 ♗e7 7.♗e3 0–0 8.0–0–0 ♖b8 9.♕d2 a6 10.♕d5 ♘e6 11.♕e4 ♖e8 12.♗c4 b5?

(Notwendig war 12...d6!?; z.B. 13.h4 ♘f8 usw.)

13.♗xe6 fxe6 14.h4 d5

(14...b4 15.♘g5! ♗xg5 16.hxg5 g6 17.♕h4 ♖e7 18.♘e4+–)

15.exd6 ♗xd6 16.♘g5 g6 17.h5 ♘e5 18.hxg6 hxg6 19.♖h8+ ♔g7 20.♖h7+ ♔g8 21.♕h4 ♗b7 22.♖f7 1–0, Rukavina–Vulevic, Zagreb 1977

3.♕xd4

Dies ist der Hauptzug und auch unsere Empfehlung. Die hinter ihm stehende Idee haben wir schon erläutert: die schnelle Entwicklung des Damenflügels, lange Rochade und schneller Angriff! Diese Fortsetzung verstößt gegen die „Goldene Regel“: Die Dame nicht zu früh ins Spiel bringen! Im modernen Schach hat diese Regel aber keine größere Bedeutung mehr, weil es heutzutage viele Eröffnungen bzw. Varianten gibt, in denen die Dame rasch in der früheren Eröffnungsphase ins Spiel kommt.

Wie die alte Regel von Siegbert Tarrasch (1862–1934) „Springer am Rand bringt Kummer und Schand“, so ist auch die Regel von der möglichst erst späteren Einbeziehung der Dame zu dogmatisch. In der modernen Eröffnungstheorie gibt es eine Menge von Varianten, in denen der Springer über ein Feld am Rand entwickelt wird, weil dies ganz einfach zum Konzept dieser oder jener Variante gehört.

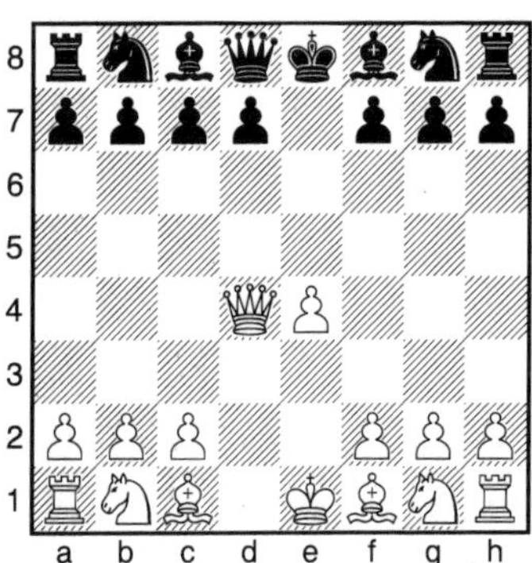

3...♘c6

Üblicherweise antwortet Schwarz mit dieser Springerentwicklung. Die weiße Dame wird angegriffen und muss ihre zentrale Position aufgeben.

Nicht selten wird an dieser Stelle aber auch eine andere Zugfolge gewählt, und zwar 3...♘f6 4.♘c3 ♘c6 5.♕e3, wonach das Spiel unter Zugumstellung in die Hauptvariante mit ♗f8–b4 übergehen kann.

Der Nachziehende kann jedoch auch mit d7–d6 bzw. ♗f8–e7 fortsetzen.

I. 5...d6 6.♗d2 ♗e7

(– Auf 6...♗d7 folgt 7.0–0–0 a6 8.f3 ♗e7 9.g4 h6 10.h4 mit Angriff auf dem Königsflügel.

– Nach 6...♗e6 7.0–0–0 ♗e7 8.f4 ♘g4 9.♕e1 f5 10.exf5 ♗xf5 11.h3 ♘f6 12.g4 ♗d7 13.g5 diktiert Weiß das Geschehen.)

7.0–0–0 0–0 8.♕g3

(8.♗c4!? ist auch möglich.)

8...♗e6

(8...a6 9.f4±, Hase–Karpow, Skopje 1972)

9.f4 a6 10.f5 ♗d7 11.♗h6 ♘e8 12.♘f3 ♔h8 13.♗e3 ♘f6 14.♔b1 b5 15.♗d3 ♘b4 16.♕h3 ♘xd3 17.cxd3 b4 18.♘e2 ♕c8 19.g4 ♕b7 20.♘g3 ♔g8 21.g5 ♘e8 22.♕h4 ♗a4 23.♖d2 c5 24.♖g1 b3 25.a3 ♖c8 26.f6 ♗d8 27.♘f5 mit entscheidendem Angriff, Orekhov–Tichy, Pardubice 2008.

II. 5...♗e7 6.♗d2

Zu scharfem Spiel kann auch 6.♗c4 führen – siehe **Partie Nr. 1**, Shabalov–Shliperman, Newark 1995.

A) 6...d5 7.exd5 ♘xd5

(Auf 7...♘b4 folgt natürlich 8.0–0–0.)

8.♕g3

(Möglich ist auch 8.♘xd5!? ♕xd5 9.♘e2 nebst ♘e2–c3, 0–0–0 usw.)

8...♘xc3

(Nach 8...♘cb4 kann Weiß 9.♗b5+ c6 10.♗a4 versuchen und im Anschluss lang oder kurz rochieren.)

9.♗xc3 ♗f6 10.♗b5

(10.♗xf6!? besprechen wir in der **Partie Nr. 2**, Adams–Anand, Linares 1994.)

10...0–0

(Verdächtig ist 10...♕d5? – siehe **Partie Nr. 3**, J. Polgar–Timman, Hoogeveen 1999.)

11.♘e2 ♗xc3+ 12.♕xc3 ♕e7 13.0–0 ♕e5 14.♗xc6 ♕xe2

(Nach 14...♕xc3 15.♘xc3 bxc6 16.♖ad1 ♗f5 17.♖d2 hat Weiß angesichts der schwarzen Bauernschwächen am Damenflügel das etwas bessere Endspiel.)

15.♗f3 ♕b5 16.♖fe1 c6 17.♖e5 ♕b6 18.♖ae1

Weiß steht aktiver, Walbrodt–Mieses, Berlin 1894.

B) 6...0–0 7.0–0–0 d5 8.exd5 ♘xd5 9.♕g3

(Stark ist auch 9.♕f3!? ♘xc3 10.♗xc3 ♗d6 11.h4 ♕e7 12.♖e1 ♕d8 13.♗d3 ♗e6 14.♕e4 g6 15.h5 ♗f5 16.hxg6! ♗xg6 17.♕g4 1–0, Solomaha–Maiboroda, Kiew 2006.)

9...♗h4

(Es drohte ♗d2–h6!.)

10.♕f3 ♗e6

(Ein Spiel mit gleichen Chancen entsteht nach 10...♘xc3 11.♗xc3 ♕g5+ 12.♗d2 ♕g4 13.♕xg4 ♗xg4 14.f3 ♗f5 usw.)

11.♗e3 ♘cb4

(Mit 11...♘xc3!? brachte Schwarz im Treffen Mieses–Aljechin, Schevenin–

gen 1913, ein mutiges Damenopfer – siehe **Partie Nr. 4**.)

12.a3 ♘xc3 13.♖xd8 ♘ba2+ 14.♔d2 ♖axd8+ 15.♗d3 ♘b1+ 16.♔e2 ♗f6 17.♘h3 ♗d5 18.♕f5 ♘bc3+ 19.bxc3 ♘xc3+ 20.♔f1 ♗e4 21.♕g4 ♖xd3 22.cxd3 ♗xd3+ 23.♔e1 ♘b1 24.f3 ♘xa3 25.♔f2 ♘c2 26.♖d1 ♘xe3 27.♔xe3 ♗a6 28.♘f4+–, Robulj–Basaraba, Sombor 2004

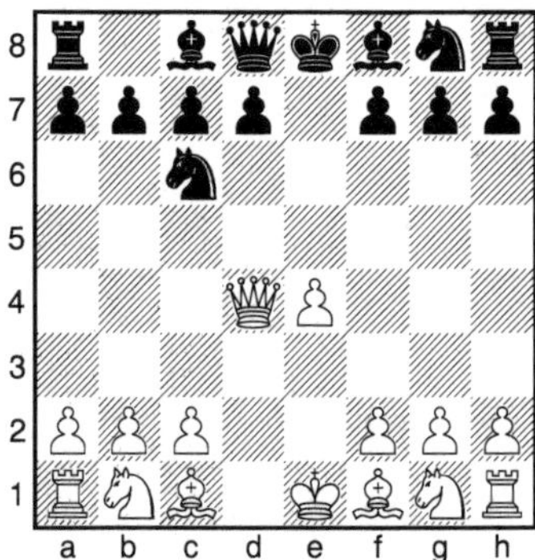

In der Diagrammstellung haben wir es mit einer kritischen Stellung zu tun. Weiß muss sich nun entscheiden, welchem Plan er folgen möchte.

4.♕e3

Dies ist unsere Empfehlung. Andere Entwicklungen entstehen nach 4.♕a4, die wir in diesem Buch aber außer Acht lassen.

4...♘f6

Andere Züge findet man selten.

I. 4...b6 5.♘c3

A) 5...♗b7 6.♗d2 ♘f6

(Schlecht ist 6...♗c5? 7.♕g3 ♗d4 8.♘f3 und nun hat Schwarz Schwierigkeiten.)

7.0–0–0 ♗c5

(Nach 7...♕e7 kann 8.f4 folgen; z.B. 8...d6 9.♘f3 0–0–0 10.♗d3 nebst ♖h1–e1 und Weiß hat mehr Raum für sein Spiel.)

8.♕g3 0–0 9.f4 d5 10.e5 ♘e4 11.♘xe4 dxe4 12.♗c3 ♕e7 13.e6 fxe6 14.♗c4 ♖ad8

(Auf 14...g6 folgt 15.♘h3 mit der Drohung ♘h3–g5 und Druck gegen den Bauern e6 sowie Initiative.)

15.♗xe6+ ♔h8 16.♘e2 ♗a6 17.♖de1 ♗b4 18.f5 ♗xe2 19.♖xe2 ♗xc3 20.bxc3 ♕a3+ 21.♔b1 ♖d6 22.♖xe4

Weiß steht besser, Rudd–Wallace, Sunningdale 2007.

B) 5...♘b4 6.♗d3 ♗a6

(Auf 6...♗c5 folgt 7.♕g3!.)

7.♕e2 ♘xd3+ 8.cxd3 h6 9.f4 ♗c5 10.♘f3 ♘e7 11.a3 ♘c6 12.♗e3 ♗xe3 13.♕xe3 ♘e7 14.f5 d6 15.0–0 ♕d7 16.b4 ♗b7 17.♘d4 c5 18.♘de2 0–0–0 19.♖fc1 ♔b8 20.♖ab1

Weiß war am Damenflügel schneller als Schwarz auf der anderen Seite, Coll–Reinholz, Dresden 2007.

C) 5...♗b4 6.♗d2 ♘ge7 7.0–0–0 0–0 8.♕g3 ♘g6 9.h4 ♗e7 10.h5 ♘h8 11.♗h6 ♗f6 12.♘f3

(12.♗xg7!? ♗xg7 13.h6 ♕f6 14.hxg7 ♕xg7 15.♕xc7+–)

12...♖e8 13.♗xg7 ♗xg7 14.h6 ♘g6 15.hxg7 ♔xg7 16.♘h4 d6 17.♘f5+ ♔h8 18.♗b5 ♗d7 19.♗xc6 ♗xc6

20.♕h3 ♕g5+ 21.♔b1 ♘f8 22.f3 ♗d7 23.g4 ♖ad8 24.♘d5 ♖e6 25.♘xc7+–, Römhild–Löckmann, Deutschland 2005

D) 5...♘f6 6.♗d2

(Infrage kam 6.e5 ♗c5 7.♕g5 ♕e7 8.♗f4 0–0 9.0–0–0 ♘e8 10.♕g3 d6 11.♘f3 ♗e6 12.♗g5 f6 13.exf6 ♘xf6 14.♗b5 ♘d8 15.♖he1±, W. Paulsen–Riemann, Berlin 1881.)

6...♗c5

(6...♗b4 7.♕g3 ♗xc3 8.♗xc3 0–0 9.0–0–0⩲)

7.♕g3 0–0 8.0–0–0 ♖e8

(8...d6 9.f3 ♘e5 10.h4 ♔h8 11.♘h3 ♘h5 12.♕e1 c6 13.♗e2 b5 14.g4 ♘f6 15.h5 a5 16.h6 g6 17.♗g5 ♘ed7 18.♕h4±, Jelica–Galunova, Plovdiv 2008)

9.f3 a6 10.h4 b5 11.h5 ♖e6 12.♘d5 ♗d6 13.♕h4 ♗e7 14.♘xe7+ ♘xe7 15.g4 ♗b7 16.♗h3

Nun muss Schwarz erst beweisen, dass er sich in dieser schwierigen Lage zu behaupten weiß, Schwab–Strater, Niederrhein 2000.

E) 5...♘ge7 6.♗d2 ♘g6 7.0–0–0 ♗c5 8.♕g3 a5 9.h4 ♖g8 10.h5 ♘f8 11.♘d5 ♘e6 12.f4 ♗b7 13.♗c3 ♘e7 14.h6 ♗xd5 15.exd5 gxh6 16.♕f3 ♘g7 17.♗d3 ♘gf5 18.♗xf5 ♘xf5 19.♕e4+ ♘e7 20.♖xh6 ♔f8 21.♖xh7+–, Cechalova–Petrovicova, Tschechische Republik 1992

F) 5...♗c5 6.♕g3 g6

(6...♗d4 7.♘b5 d6 8.♘xd4 ♘xd4 9.♕xg7±)

7.♗f4 d6 8.0–0–0 mit der Drohung e4–e5 und besseren Perspektiven für Weiß.

II. 4...g6 5.♗d2 ♗g7 6.♘c3

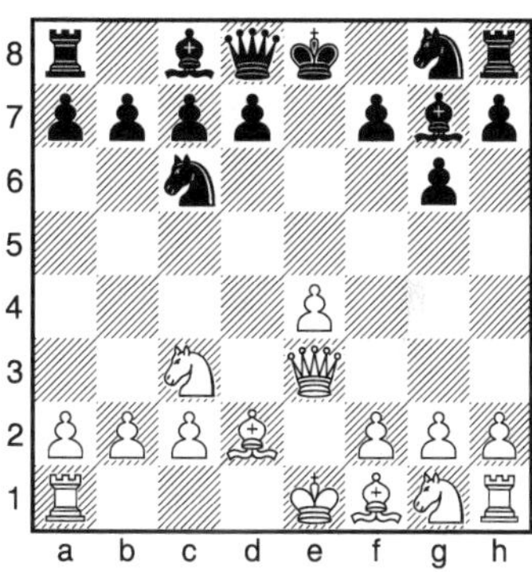

A) 6...d6 7.0–0–0 ♘f6 8.♗c4 0 0

(In der ersten Ausgabe hatten wir hier nur der Möglichkeit unsere Aufmerksamkeit geschenkt, dass Schwarz seinen Läufer sofort mittels 8...♗e6 opponiert, woraufhin Weiß die starke Antwort 9.♘d5 zur Verfügung steht.

Nach 9...♕d7 10.♘e2 0–0–0 11.♘ec3 ♔b8 12.h3 hat Schwarz Mühe, den ♘d5 zu vertreiben und seine Stellung weiter auszubauen. Auf den Versuch 12...♘e5 13.♗b3 c6 kann Weiß mit 14.f4 reagieren und nach 14...cxd5 15.exd5 ♘xd5 16.♘xd5 ♘c6 17.♗c3 steht er wegen der schwarzen Schwäche auf d6 besser.)

9.f4

(Ein alternativer Plan basiert auf 9.f3 und verbindet sich mit der Absicht, den g–Bauern schnell bis g5 vorsto–

ßen zu lassen. Bei passender Gelegenheit soll dann auch der h-Bauer folgen.

9...a6 10.g4 b5 11.♗b3 ♘a5 12.g5 ♘xb3+ 13.axb3 ♘d7 14.h4

Damit hat Weiß sein Etappenziel erreicht. Nach beispielsweise 14...c5 15.♘ge2 c4 16.bxc4 ♘b6 17.b3 bxc4 18.b4 ♖b8 erobert er mit 19.♘f4 das Feld d5, Carlsten-Lafortune, Caleta 2016. Über das Manöver ♗d2-g3 kann er den Druck gegen den ♙d6 verstärken.)

9...♖e8 10.♘f3 ♗e6 11.♗xe6 ♖xe6 12.♕d3

Weiß steht aktiver und kann seine Kräfte mit ♖h1-g1 und g2-g4 schnell angreifen lassen.

B) 6...¤f6 7.0-0-0 0-0 8.£g3

(In der Partie Njepomnjaschi-Karjakin, chess.com INT 2017, entschied sich Weiß für ein anderes Vorgehen. Er spielte seine Dame mit 8.♕e1 zurück, um seinen Angriff in der Folge auf ähnliche Weise wie nach 8.♕g3 aufzubauen. Es kam zu 8...♖e8 9.f3 d6 10.♔b1 a6 und nun 11.♘ge2 b5 12.♘f4 ♘e5 gefolgt von 13.h4 c6 und 14.h5. Weiß verfügte über die aktivere und damit vorteilhafte Stellung.)

8...♖e8 9.f3 d6 10.♘ge2 a6 11.♘f4

Weiß hat sein aktives Vorgehen am Königsflügel hinreichend vorbereitet und kann mit h2-h4 fortsetzen, Njepomnjaschi-Leko, Sotschi 2014.

III. Nach 4...♗b4+ kann Weiß das Spiel nun mit 5.♘c3 unter Zugumstellung zur Hauptvariante führen (Abspiel 1 bzw. Abspiel 2). Möglich sind aber auch die Alternativen 5.♗d2 und 5.c3. Auf diese gehen wir nachfolgend etwas genauer ein.

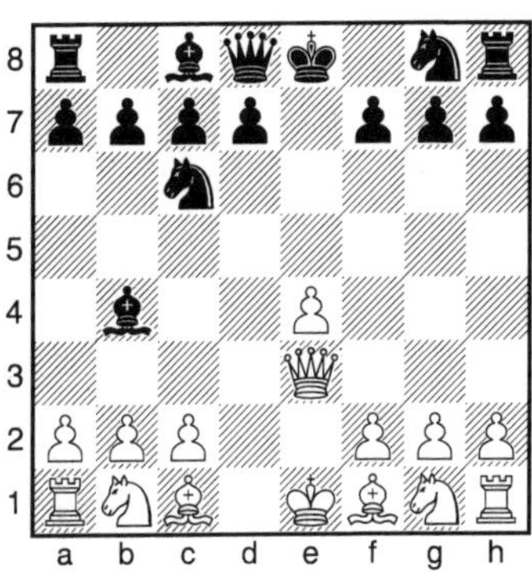

A) 5.c3 ♗e7

(5...♗a5 kann Weiß für eine schnelle Entwicklung seiner Figuren ausnutzen. Nach 6.♕g3 ♕f6 7.♗f4 d6 8.♘d2 und nun beispielsweise 8...♘ge7 9.♗e2 0-0 10.♘gf3 ♘g6 11.♗g5 ♕e6 12.h3 h6 13.♗e3± hat er – kurz vor dem endgültigen Abschluss seiner Eröffnungsaufgaben – eine harmonische Aufstellung erreicht.)

Wenn Weiß nicht auf schlichte Antworten (wie beispielsweise 6.♘f3) setzen will, kann er seinem Gegner mit 6.c4 eine ältere Idee präsentieren, die aktuell wieder den Weg auf die Turnierbühne gefunden hat. Wer sich in Stellungen mit Maroczy-Strukturen zuhause fühlt, wird sich auch von dieser Position ausgehend gute Chancen erarbeiten können. Dieser Bereich der Theorie bietet noch viel Raum für eigene Entdeckungen.

Die Partie Ladron de Guevara Pinto–Plotkin, Caleta 2018, zeigt beispielhaft an, wie sich das Spiel entwickeln kann.

6...♘f6 7.♘c3 ♘b4 (7...0–0!? 8.f3 ♖e8) 8.♕e2 d6 9.f3 0–0 10.a3 ♘a6 11.♗e3 c6 12.0–0–0 ♕a5 13.♕d2 ♖d8 14.♔b1 ♗e6 15.g4 ♘d7 16.♘d5

Nun ist 16...♕xd2 obligatorisch, so dass Weiß den weiteren Abtausch mit 17.♘xe7+ forcieren kann und nach 17...♔f8 18.♖xd2 ♔xe7± hat er sich die besseren Perspektiven verschafft.

In der genannten Partie folgte 19.h3 ♘ac5 20.♖c2 b5? (⌓20...a5!) 21.cxb5 ♗b3 22.♖c3 cxb5 23.♘e2 ♗c4 24.♘d4 und sie endete mit einem weißen Sieg im 71. Zug.

B) 5.♗d2 ♕e7 6.♘c3 ♘f6 7.0–0–0 0–0 8.f3

(8.♘d5 macht Schwarz den Ausgleich zu einfach. Im Unterschied zur 1. Auflage gehen wir auf diese Fortsetzung deshalb nicht mehr weiter ein.)

8...d6

(Auf 8...♖e8 hatten wir uns in der 1. Auflage auf 9.♗c4 als Antwort festgelegt. Nach 9...d6 10.g4 steht Schwarz allerdings die starke Antwort 10...♘e5! zur Verfügung, wonach Weiß Mühe hat, gut im Spiel zu bleiben.

Als Alternative stellen wir deshalb 9.♕f2 vor. Die Dame verschafft sich damit die Möglichkeit, bei Bedarf nach g3 zu wechseln. Die ambitionierteste schwarze Fortsetzung ist dann 9...d5. Nach 10.♘xd5 ♘xd5 11.exd5 und dann beispielsweise 11...♗c5 12.♕g3 ♘b4 13.♖e1= ist eine sehr interessante Stellung mit beiderseitigen Möglichkeiten entstanden.)

9.g4

B1) Nach 9...♖e8 10.♘h3 kann Schwarz mit 10...d5 in der Mitte aktiv werden und so sein Spiel befreien. In der Partie Sigurjonsson–Petursson, Reykjavik 2007, kam es nun mit 11.♘xd5 ♘xd5 12.exd5 ♕xe3 13.♗xe3 ♖xe3 14.dxc6 zum Generalabtausch. Hier hätte sich Schwarz anstelle von 14...♗e6 für 14...♗d6! entscheiden sollen, verbunden mit beiderseitigen Chancen.

B2) 9...♗e6 10.♘ge2 (10.g5 ♘d7 11.f4=) 10...♖ad8

(Nach 10...♗c5 11.♕f4 verfügt Weiß über die klar besseren Chancen.

– Auf 11...b5 ist bereits 12.g5 möglich.

– Und auf 11...♘e5 kann er gut mit 12.♘g3 reagieren, gefolgt von ♘g3–f5 und/oder h2–h4, g4–g5 usw.)

11.♘f4±

B3) Nach 9...♗c5 spielte Weiß in der Partie Sulejmanova–Petrenko, Charkow 2005, 10.♕e1, um die Dame im Anschluss auf den Königsflügel zu überführen. Es folgte 10...♗e6 11.♕g3 a6 12.g5 ♘h5 13.♕h4 g6 14.f4 ♘g7 mit aktiver Stellung und nach den weiteren Zügen 15.♘f3 ♘b4 16.a3 ♘a2+ 17.♔b1 ♘xc3+ 18.♗xc3± war der Grundstein für den Sieg im 29. Zug gelegt.

IV. 4...♘b4

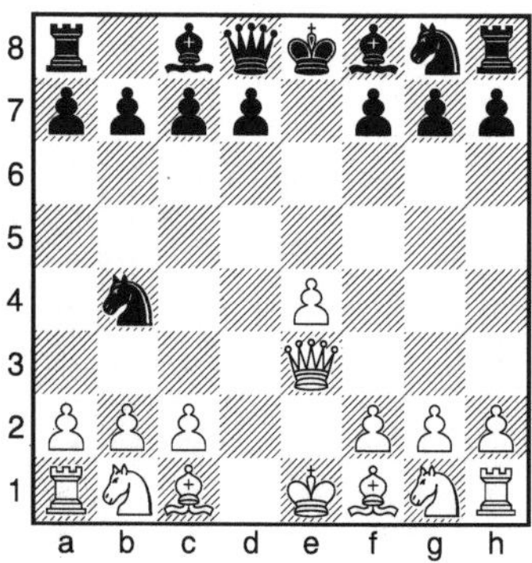

A) Die erforderliche Deckung des Feldes c2 erreicht Weiß auch mit 5.♗d3, woraufhin Schwarz sich mit 5...♘xd3+ die „kleine Qualität" sichern kann.

(Den Abtausch Springer gegen Läufer kann Schwarz auch verzögert realisieren, zum Beispiel nach 5...a5 6.a3.

Nach 6...♘xd3+ hat Weiß für das Zurückschlagen die Wahl zwischen Dame und Bauer.

7.cxd3

(Wie sich das Spiel nach 7.♕xd3 entwickeln kann, schauen wir uns in der Variante nach 5...♘xd3+ an.)

Nach 7...b6 kann Weiß sich nach dem Muster 8.♘c3 d6 9.♘f3 ♘f6 10.h3 h6 11.0 0♗e7 12.♗d2 0–0 13.♖fe1 weiter entwickeln. In der Fernpartie Cherry–Lebduska, Internet 2014, folgte 13...♖e8 14.♘d4 ♗b7 15.♕g3 ♔h7 16.♘f5± und Weiß stand aktiver.)

6.♕xd3 ♗c5

(Nach 6...♘f6 erlangt Weiß in der Variante 7.♘c3 ♗b4 8.♗d2 ♗xc3 9.♗xc3 nebst 0–0–0 gute Aussichten.)

7.♘c3 d6 8.♗e3 ♗xe3 9.♕xe3 ♘f6

Die dynamische Lage nach 10.0–0–0 0–0 eröffnet dem Weißen schneller gute Angriffsaussichten als seinem Gegner. Er sichert zunächst mit 11.f3 seinen e–Bauern und konzentriert sich dann auf den Königsflügel; z.B. 11...♖e8 12.♘ge2 a6.

(Auf 12...d5 folgt 13.♘f4, worauf Schwarz den Bauern nicht mit 13...c6 verteidigen kann, denn nach 14.♕d4± wäre Weiß deutlich im Vorteil.)

Nun verbindet sich der weiße Plan mit einem Sturm der Bauern auf der g– und der h–Linie. Nach 13.g4 b5 14.g5 ♘d7 15.h4 hat der Angriff Fahrt aufgenommen und mit h4x–h5 und g5–g6 kann er mit guten Chancen fortgesetzt werden.

B) 5.♕e2 b6

(5...♘f6 beantwortet Weiß einfach mit 6.♘c3!?.)

B1) Mit 6.a3 zwingt Weiß den schwarzen Springer zum Rückzug.

6...♗a6 7.c4 ♘c6 8.♘f3 ♕e7 9.♘c3 0–0–0 10.♘d5 ♕e8 11.♗f4 d6 12.b4 ♘ce7 13.b5 ♗b7 14.♘d4 c5 15.bxc6 ♘xc6 16.♘b5 ♘f6 17.f3 ♔b8 18.♖b1 ♘e5 19.♕e3

Diese Zugfolge stammt aus der Fernpartie Puertas Covarrubias–De Blois Figueredo, ICCF 2007.

In der 1. Auflage hatten wir unsere Betrachtung mit der Bemerkung abgeschlossen, dass Weiß ein Überge–

wicht erlangt hat. Es ist aber interessant zu sehen, wie er diesen Vorteil in der genannten Partie in einen starken Angriff ausbauen konnte.

Es folgte 19...♕c6 20.♗e2 ♘fd7 21.♕d2 ♘c5 22.a4 ♕d7 23.a5 und der angekündigte starke Angriff war erreicht. Weiß gewann das Duell im 43. Zug.

B2) Nicht so energisch ist 6.♘c3 mit der beispielhaften Folge 6...♗a6 7.♕d1 ♗xf1 8.♔xf1 ♘e7 9.♘f3 ♘g6 10.h4 h5 11.♗e3 ♗c5 12.a3 ♘c6.

Im Unterschied zur 1. Auflage (in der wir uns auf 13.♕d2 konzentriert hatten) empfehlen wir nun 13.♗xc5, dann nach dem Läufertausch funktioniert die weiße Aufbauidee besser.

(Allerdings ist Schwarz auch nach 13.♕d2 ♗xe3 14.♕xe3 ♕f6 15.g3 ♘ge5 16.♘xe5 ♘xe5 17.♔g2 0–0–0 eine gute Stellung zu bestätigen.)

Nach 13...bxc5 kann es mit 14.g3 und dann beispielsweise 14...d6 15.♔g2 ♖b8 16.♖b1 ♕d7± weitergehen.

5.♘c3

Mit dieser natürlichen Fortsetzung spielt Weiß schlicht auf Entwicklung.

Er kann sich auch für 5.♗d2 entscheiden, um die Fesselung seines Springers zu vermeiden, worauf Schwarz am häufigsten die Antwort 5...♗b4 wählt.

(– Nach 5...g6 kann sich Weiß nach dem Muster 6.c4 ♗g7 7.♘c3 0–0 8.0–0–0 ♖e8 9.f3 weiter aufbauen. Nach beispielsweise 9...d6 10.♘ge2 ♘e5 11.♘f4 c6 12.h4 hat er sich gute Aussichten verschafft.

Für das weitere Vorgehen kommt ein auf ♗f1x–e2, g2–g4 usw. basierender Plan in Betracht. Die zugrunde liegende Partie Munoz Pantoja–Lopez Martinez, Mollet del Valles 2016, hat Weiß letztendlich gewonnen.

– Als Antwort auf 5...♗e7 empfiehlt sich 6.c4, worauf sich das Spiel so weiter entwickeln kann, wie wir es weiter unten unter Punkt B zeigen.)

6.c3

(6.♘c3 führt zur Hauptvariante.)

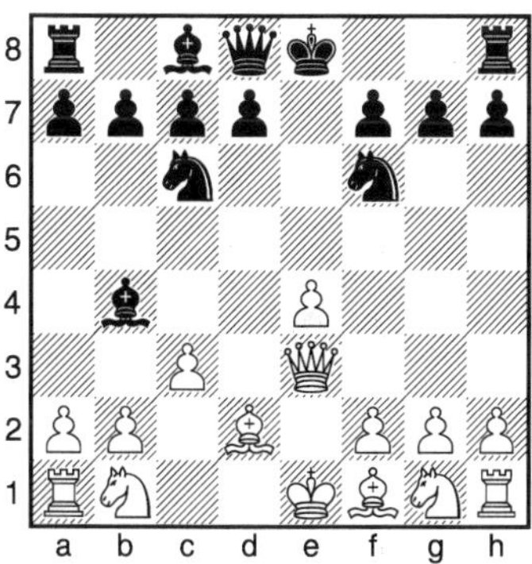

A) Mit 6...♗e7 hält Schwarz den Läufer auf dem Brett.

7.c4 0–0

(Nach 7...d6 8.♘c3 ♗e6 9.0–0–0 ♕d7 erhält Weiß die Gelegenheit zu einem Bauernsturm am Königsflügel: 10.f4 ♗g4 11.♖e1 g6 12.h3 ♗e6 13.g4 , Munoz Pantoja–Martin Perez, Balaguer 2016.)

8.♘c3 a6

(Die Erwiderung 8...♗b4 wäre ein Tempogewinn für Weiß. Die beispielhaften weiteren Züge 9.0–0–0 ♖e8 10.f3 d6 11.♘d5 ♘xd5 12.cxd5 ♗xd2+ 13.♕xd2 ♘e5 veranschaulichen, wie sich dieser Zeitverlust nachteilig auf das schwarze Fortkommen auswirken kann.

Im Spiel Munoz Pantoja–Vasquez Schroeder, Barcelona 2017, schloss sich die Entwicklung mit 14.♘e2 f5 15.♘g3 fxe4 16.♘xe4 ♗f5 17.♘g3 ♗g6 18.h4 an. Weiß hatte sich gute Angriffsmöglichkeiten am Königsflügel erarbeitet.)

Nach 9.0–0–0 b5 und der möglichen Folge 10.f4 d6 11.♘f3 bxc4 12.♗xc4 ♘a5 13.♗d3 hat Weiß Vorteil, Munoz Pantoja–Barrenechea Bahamonde, Elgoibar 2015.

B) Nach 6...♗a5 kann Weiß mit 7.c4 auf den Abtausch der Läufer mit 7...♗xd2+ hinwirken.

(Im Falle von 7...0–0 geht 8.♗xa5 ♘xa5 9.♘c3 ♖e8 10.0–0–0 usw.)

8.♘xd2 0–0 9.0–0–0 ♖e8 10.f3 a5

Zu dieser dynamischen Stellung kam es in der Partie Munoz Pantoja–R. Nielsen, Kollafjord 2017. Es folgte 11.♘e2 und nach 11...d5 12.♘b1 ♕d6 13.♘bc3 ♘e5 14.cxd5 c6 15.♘f4 cxd5 16.♘fxd5 ♘xd5 17.♖xd5 ♕f6 18.♗b5 ♘c6 19.♕g5 ♕xg5+ 20.♖xg5 bekam Schwarz keinen Ersatz für den geopferten Bauern.

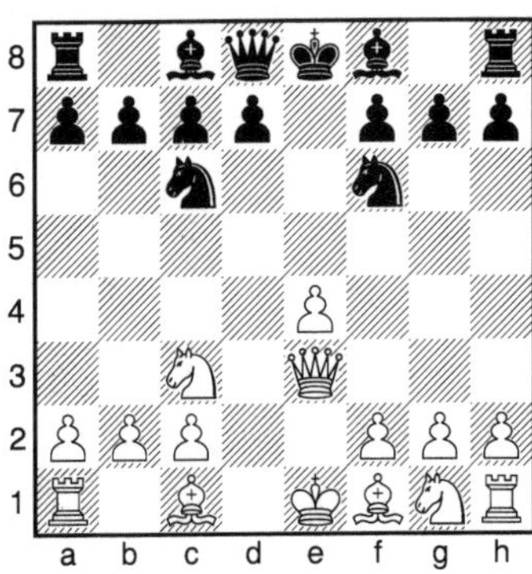

5...♗b4

So wird am häufigsten gespielt. Schwarz fesselt den gegnerischen Springer mit dem Ziel, selbst kurz zu rochieren, ♖f8–e8 zu spielen und Druck gegen den Bauern e4 auszuüben.

(Die Folgen von 5...♗e7 bzw. 5...d6 haben wir bereits in voranstehenden Nebenvarianten betrachtet.)

Nach 5...♘b4 sind 6.♕e2 und 6.♗d3 gute Antworten.

A) 6.♕e2 b6 7.e5

(Es geht auch 7.♘f3, worauf Schwarz ebenfalls mit dem Manöver 7...♗a6 8.♕d1 ♗xf1 kontern kann. Nach 9.♔xf1 und dann beispielsweise 9...d5 10.♕e2 dxe4 11.♗g5 ♕e7 12.♗xf6 gxf6 13.♘xe4= ist der Ausgang offen.)

7...♗a6

(Auf die Alternative 7...♘fd5 ist 8.♘e4! eine starke Antwort. Nach einem möglichen Fortgang mit 8...♗a6 9.c4 ♘c6 10.a3 wäre nun 10...♘xe5? ein schwerer Fehler, den Weiß mit 11.♘c3! sofort bestrafen kann. Nach 11...♗d6 12.♘xd5 ♗xc4 13.♕d1 behauptet er eine Mehrfigur.)

8.Dd1 Lxf1 9.Kxf1 Sg8 10.a3 Sc6 11.Sf3 mit gutem Spiel für Weiß.

B) 6.Ld3 d6

(Auf 6...Le7 folgt 7.a3 und nach 7...Sxd3+ 8.Dxd3 nebst Lc1–d2 und 0–0–0 sind die weißen Perspektiven gut.)

Nach 7.Ld2 Sg4 und nun 8.De2 Le6 9.f4 erhält Weiß die Chance, ein Druckspiel zu entwickeln. Weitergehen kann es beispielsweise mit 9...Sxd3+ 10.cxd3 Sf6 11.f5 Ld7 12.Sf3 c6 13.d4 Dc7 14.e5 und Weiß kommt zu einem starken Angriff.

Die Partie Perez Mitjans–Ridameya Tatche, Barbera del Valles 2007, nahm den folgenden weiteren Verlauf: 14...dxe5 15.dxe5 0–0–0 16.Df2 Sg4 17.Dxa7 Sxe5 18.Da8+ Db8 19.Dxb8+ Kxb8 20.Sxe5 Te8 21.0–0–0 Lxf5 (21...Txe5 22.Lf4+–) 22.Sxf7 Tg8 23.Lf4+ und die Situation für Schwarz war aussichtslos, 1–0.

6.Ld2 0–0

Bevor Schwarz in anderer Weise aktiv wird, sollte er seinen König in Sicherheit bringen. Geplant ist d7–d5.

7.0–0–0 Te8

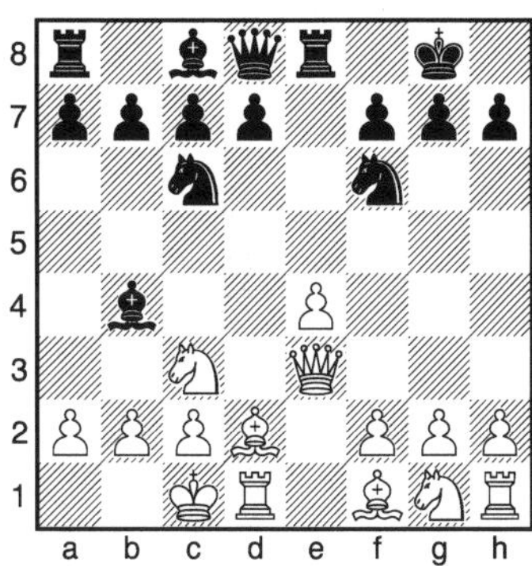

Nunmehr ist eine kritische Stellung entstanden. Weiß kann zwei Hauptplänen folgen, die sich in der Praxis als am aussichtsreichsten gezeigt haben: 8.Lc4 (**Abspiel 1)** und 8.Dg3 (**Abspiel 2**).

8.Df4

Diese Alternative ist jedoch nicht zu empfehlen, woran auch die Tatsache nichts ändern kann, dass sie von dem russischen Spitzenspieler Jan Njepomnjaschi im modernen Turnierschach eingesetzt wird.

8...Lxc3!

Mit dieser Riposte beginnend kann Schwarz seinem Gegner viel Wind aus den Segeln nehmen.

Weniger energisch ist 8...Se5. Ein aktuelles Beispiel aus der Praxis dazu: 9.f3 Sg6 10.Dg3 Ld6 11.Df2 Le5 12.h4 d5 13.h5 Sf8 14.h6 g6 15.Le3 Lxc3 16.bxc3 c6 17.Se2 Da5 18.Dh4 S6d7 19.Kb1 dxe4 20.fxe4 Se6 21.Sd4 Dxc3 22.Sxe6 Db4+ 23.Ka1 Dc3+ 24.Kb1 Db4+ 25.Ka1 Dc3+ 26.Kb1 mit Remis, Njepomnjaschi–Aronian, Leuven 2017.

9.♗xc3 ♖xe4 10.♕g3 d5 11.f3 ♖e6

Im Duell Njepomnjaschi–Carlsen, Leuven 2017, folgte 11...♖e8 12.♘e2 a5 13.♘f4 (⌓13.a3!?) 13...♘b4 14.♗xf6 (14.♔b1 ♗f5 15.♘d3 d4 16.♗e1 c5–+) 14...♕xf6 15.a3 ♗f5 16.axb4 axb4 17.♘xd5 ♖a1+ 18.♔d2 ♕xb2 19.♕xc7 ♖xd1+ 0–1.

12.♘e2 ♖d6

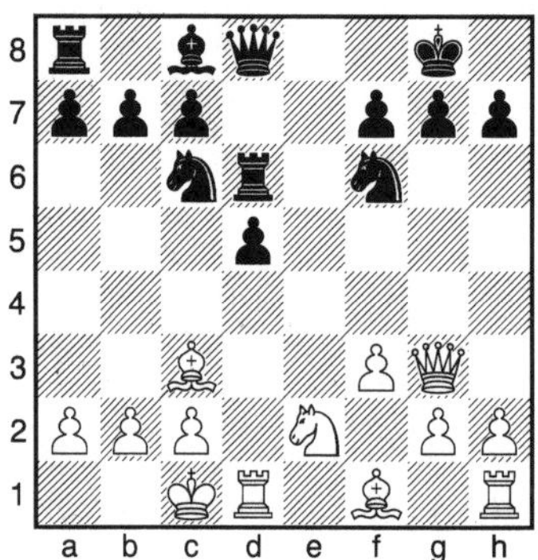

13.♕f4

Auch mit 13.♘d4 kommt Weiß zu keinem ausreichenden Ersatz für den Bauern; z.B. 13...♘xd4 14.♗xd4 ♗f5 15.♗d3 ♗xd3 16.♖xd3 ♖e6 17.♖e3 ♖xe3 18.♗xe3 ♕d7 19.♗g5 ♘e8 20.♖e1 f6 21.♗f4 c5∓.

Die Partie Njepomnjaschi–Anand, Saint Louis 2017, nahm folgenden weiteren Verlauf.

13...d4 14.♘xd4 ♘d5 15.♘xc6 bxc6 16.♖xd5 cxd5 17.♗e5 ♖e6 18.♕g3

18.♗xc7 ♖e1+ 19.♔d2 ♕e7–+

18...♖g6 19.♕f2 ♗a6 20.f4 ♗xf1 21.♖xf1 ♕e7 22.♖d1 ♖d8 23.a3 c5–+

Abspiel 1

Die Fortsetzung 8.♗c4

1.e4 e5 2.d4 exd4 3.♕xd4 ♘c6 4.♕e3 ♘f6 5.♘c3 ♗b4 6.♗d2 0–0 7.0–0–0 ♖e8 8.♗c4

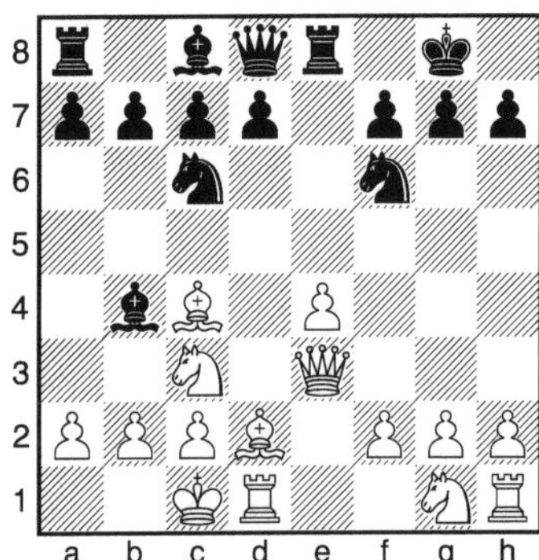

Der Urheber dieses Zuges, welcher offensichtlich den Bauern auf e4 zum Opfer anbietet, ist der polnische Meister Szymon Winawer (1838–1919), der ihn auch als erster in der Praxis eingesetzt hat. Er folgt der Idee, den Vorstoß d7–d5 zu erschweren und zugleich den Punkt f7 aufs Korn zu nehmen. Schwarz sollte nun die schnelle Entwicklung seiner Kräfte anstreben.

8...d6

Werfen wir einen Blick auf andere Erwiderungen.

I. Die Annahme des Baurnopfers mit 8...♗xc3 wird in der **Partie Nr. 5**, Winawer–Steinitz, Nürnberg 1896, analysiert.

II. 8...♘e5 9.♗b3

A) 9...d6 10.f3 a5 führt unter Zugumstellung zur Hauptvariante.

B) 9...a5 10.♘f3

Auch für Weiß ist es elementar wichtig, seine Kräfte schnell zu mobilisieren.

(Nach 10.a3 ♘eg4 11.♕g3 d5! bekommt Schwarz Gegenspiel; z.B. 12.♗xd5 ♗d6 13.♕f3 ♘xd5 14.exd5 ♘e5 15.♕g3 ♘c4 16.♕d3 ♘xd2 17.♕xd2 ♗d7 mit dem Plan b7–b5 und aktivem Spiel am Damenflügel.)

10...d6

(10...♘eg4 11.♕f4 ♘xf2 12.e5 ♘xh1 13.exf6 ♕xf6 14.♕xf6 gxf6 15.♘d5 ♗xd2+ 16.♘xd2 a4 17.♗c4 ♘f2 18.♘xf6+ ♔f8 19.♘xe8 ♔xe8 20.♖e1+ ♔f8 21.♖f1±)

11.♘xe5 ♖xe5 12.♕d3 ♕e8 13.a3 ♗c5

(Zu riskant wäre 13...♗xc3 14.♗xc3 ♖xe4 15.♗xf6 gxf6 16.♕g3+ ♖g4 17.♕f3 ♖g6 18.♖he1 mit weißer Initiative für den Bauern.)

14.f3 mit der Absicht g2–g4 und h2–h4 und guten Chancen für Weiß.

C) 9...c6 10.f4 ♘g6

(10...♘eg4 11.♕f3 d5 12.h3 ♗xc3 13.♗xc3 ♖xe4 14.♖d3! ♘h6 15.g4 ♘d7 16.♘e2 ♘c5 17.♘g3 ♖e7 18.♖e3 ♖xe3 19.♕xe3 ♘xb3+ 20.axb3 f6 21.♖e1 mit ausreichendem Ersatz für den Bauern.)

11.e5

(Eine Erwägung wert ist auch 11.f5!?; z.B. 11...♘e5 12.♘f3 ♕e7 13.♘xe5 ♕xe5 14.♖he1 usw.)

11...d6 12.♘e4

(Alternativ sieht auch 12.♘f3!? gut aus; z.B. 12...♗g4 13.♘g5 d5 14.♖de1 h6 15.♕g3 hxg5 16.exf6 ♖xe1+ 17.♖xe1 ♗e6 18.fxg5 gxf6 19.h4 mit Angriffsmöglichkeiten am Königsflügel.)

12...♗xd2+!

(Aber nicht 12...♘g4? wegen 13.♕g3 ♗xd2+ 14.♖xd2 d5 15.♘d6 ♖e7 16.♘e2 ♘h6 17.h4 ♘f5 18.♘xf5 ♗xf5 19.h5 ♘f8 20.♘d4 ♗e4 21.f5 und Weiß rückt dem Nachziehenden mit einem starken Angriff auf den Pelz, Bogatko–Sazonova, Morawien 1996.)

13.♖xd2 ♘xe4 14.♕xe4 d5 mit Ausgleichschancen.

III. 8...♕e7

A) 9.f3

A1) 9...♕c5 10.♕e2

(10.♕xc5 ♗xc5 11.♘ge2 a6 12.♘f4 ♘e5 13.♗b3 c6 14.♘a4 ♗a7 15.♗a5 b5 16.♘b6 ♖b8 17.♘xc8 ♖bxc8±, Caselli–Barlocco, Lombardei 1990)

10...♘e5 11.♗b3 a5 12.a3 ♗xc3 13.♗xc3 b5 14.f4 ♘c4 15.♗xf6 gxf6 16.♕g4+!

(16.♗xc4 bringt nichts ein; z.B. 16...bxc4 17.♖d5 ♕b6 18.♕xc4 ♕e3+ 19.♖d2 ♕e1+ 20.♖d1 ♕xe4 21.♕xe4 ♖xe4 und das Endspiel ist nahezu ausgeglichen.)

16...♔h8 17.♕h4 ♖a6 18.♘f3 ♘e3

(Nach 18...♖xe4 19.♖he1 sichert sich Weiß für den Bauern die Initiative.)

19.♖d2 ♖xe4 20.♖e1

In dieser scharfen Stellung verfügt Weiß angesichts des geschwächt stehenden schwarzen Königs über gute Perspektiven.

A2) 9...♘e5 10.♗b3

(Als Alternative empfehlen wir 10.♗e2!?; z.B. 10...d6 11.g4 ♗e6 12.g5 ♘fd7 13.f4 ♘c4 14.♗xc4 ♗xc4 15.b3 ♗e6 16.♘ge2 ♗g4 17.♖de1 c6 18.♕g3 ♗h5 19.♘d4 mit sehr scharfem Spiel.)

10...a5 11.f4?

(11.♘ge2 ist angebracht.)

11...a4?

(Nach dem vorzuziehenden Springerzug 11...♘eg4!? und dann 12.♕f3 a4 geht Schwarz zum Gegenangriff über.)

12.fxe5 axb3 13.exf6 bxa2 14.fxe7 a1♕+ 15.♘b1 ♖a2 16.♗c3 ♗xe7 17.b3 ♗a3+ 18.♔d2 ♖xc2+

(18...♗b2 19.♘e2 ♖a6 20.♗xb2 ♕xb2 21.♕c3+–)

19.♔xc2 ♕a2+ 20.♔d3 d5 21.♕d4 ♗f8 22.♕a4 dxe4+ 23.♔e3 ♕xg2 24.♕xe8 ♕g5+ 25.♔f2 e3+ 26.♕xe3 1–0, Leandro Perez–Valverde Fuentes, San Jose 2001

A3) 9...♘a5 10.♗d3 d5 11.♕g5 dxe4 12.fxe4

(12.♘xe4 ♘xe4 13.♗xe4 ♘c4 14.♕xe7 ♗xe7 15.♗f4 ♗f6 16.b3 ♘e5=, van de Wynkele–Michiels, Vlissingen 2007)

12...♗e6 13.a3 ♗c5 14.♘a4 ♗xg1 15.♖hxg1 ♘c4 16.♗c3 h6 17.♕h4 b5 18.♗b4

(Ohne Zweifel stärker ist 18.♗xf6! ♕xf6 19.♕xf6 gxf6 20.♘c3 und Schwarz befindet sich wegen seiner Bauernschwächen im Hintertreffen.)

18...c5 19.♗xc5 ♕c7 20.e5 bxa4 21.♗xc4 ♕xc5 22.♗xe6 ♖xe6 23.exf6 ♖c8 24.c3 ♖xf6 25.♕xa4 ♕e3+ 26.♔b1 ♖f2 27.♖ge1 ♕b6 28.♕b4 ♖xg2=, Smederevac–Matanovic, Novi Sad 1955

B) 9.♘f3

B1) 9...♗c5 10.♕f4 d6

(Es verbietet sich 10...♗xf2?? wegen 11.e5 ♘h5 12.♕e4 ♘xe5 13.♘xe5 ♕xe5 14.♕f3 und Weiß gewinnt eine Figur.)

11.♘d5 ♘xd5 12.♗xd5 ♘d4 (12...♗xf2?? 13.♘g5+–) 13.♘xd4 ♗xd4 14.♖he1 c6 15.♗b3 b5

(15...a5 16.♗xa5 ♗e5 17.♕d2 ♗e6 18.♔b1 ♕f6 19.♗xe6 ♖xe6 20.c4 ♗xb2 21.♕xb2 ♕xb2+ 22.♔xb2 ♖xa5 23.f3 ♔f8=)

16.♗e3 ♗e5 17.♕g5 ♗f6 18.♕g3 a5 19.a4 ♗e5 20.♗f4

(20.f4!? ♗f6 21.♗d4 ♗xd4 22.♖xd4 c5 23.♖d5∞)

20...♖b8 21.♗xe5 dxe5 22.♖d2 mit Verdoppelung der Türme auf der d–Linie und etwas besserem Spiel für Weiß.

B2) 9...d6 10.♘g5 ♘e5 11.♗b3 h6 12.h4!?

Typisch und stark!

12...♗c5

(Einen starken Angriff bekäme Weiß nach 12...hxg5 13.hxg5 ♘h7 14.f4 usw.)

13.♕e2 ♗e6 14.♘xe6 fxe6 15.f4 ♘c6 16.g4 ♘d4 17.♕g2 ♘xb3+ 18.axb3 ♔h7 19.h5 ♘d7 20.g5 ♖g8 21.♖h3 a6 22.♖dh1 b5 23.♖g3 ♖af8 24.gxh6 gxh6 25.♖g6 ♕e8 26.f5 ♖f6 27.e5! ♘xe5 28.♘e4 1–0, Gumprich–Kirchhammer, Berlin 1947

IV. 8...♘a5 9.♗e2

(9.♗d3 d5 10.♕g3 dxe4 11.♗xe4 ♖xe4 12.♘xe4 ♘xe4 13.♗xb4 ♕xd1+ 14.♔xd1 ♘xg3 15.hxg3 ♘c4 16.b3 a5 17.♗c3 ♘d6=, Lurje–Glauser, Zürich 1994)

A) 9...d6 10.a3 ♗xc3 (10...♗c5!?) 11.♗xc3 ♘c6 12.f3 ♕e7 13.g4 ♘d7 14.♘h3 ♘b6 15.♘f4 ♗e6 16.♘h5 ♘e5

(16...f6 17.g5 ♕f7 18.♘xg7 ♕xg7 19.gxf6 ♕f7 20.♖hg1+ ♔h8 21.♖g7+)

17.f4 ♘xg4 18.♕g3 1–0, Hardarson–Jirka, Olomouc 2001

B) 9...♘c6 10.f3

(10.♗c4 ♘e5 11.♗e2 ♘c6=)

10...d5 11.♕g5 dxe4 12.fxe4 ♕e7 13.♗f3 ♘e5 14.♘ge2 ♘c4 15.♗e1 c6 16.♔b1 ♗e6 17.♗f2 a6 18.♗d4 ♔h8 19.a3 ♗d6 20.♘g3 ♗e5 21.♗xe5 ♘xe5 22.♖he1 ♘fd7 23.♕xe7 ♖xe7=, Cueto Chajtur–Digesh, Mallorca 2004

C) 9...♗xc3 10.♗xc3

(Interessant ist 10.♕xc3!?; z.B. 10...♘xe4 11.♕xa5 ♘xf2 12.♗g5 f6 13.♗c4+ ♔h8 14.♕f5 ♘xd1 15.♗d3+–.)

10...♘c6 11.f3 ♕e7 12.g4 d6 13.♘h3 ♗e6 14.♘f4 mit dem einfachen Plan h2–h4 nebst Königsangriff.

D) 9...d5 10.♘xd5

(– 10.♕g3 analysieren wir in der **Partie Nr. 6**, Braga–Alpern, Buenos Aires 1978.

– 10.e5? ist schwach, aber lehrreich. Wir widmen uns dieser Fortsetzung in **Partie Nr. 7**, Hase–Rubinetti, Buenos Aires 1972.)

10...♗xd2+

(Oder 10...♘xd5 11.♕d3 ♗xd2+ 12.♖xd2 ♗f5 13.♕xd5 ♕xd5 14.exd5 b6 15.g4 ♗g6 16.h4 mit dem Plan ♘g1–h3–h4 mit weißem Übergewicht, Stepic–Jankovic, Porec 1998.)

11.♕xd2 ♘xe4 12.♕xa5 ♘xf2 13.♘f3! ♘xh1

(13...♘xd1 14.♖xd1 ♗d7 15.♘c3+–)

14.♘xc7 ♗d7 15.♗b5 ♖e7 16.♖xd7 ♖xd7 17.♗xd7 ♘f2 18.b3 ♖b8 19.♗f5 ♕f6 20.c3 b6 21.♕e5

Weiß besitzt zwei Leichtfiguren für den Turm.

V. 8...a6 9.♘f3

(9.h3 b5 10.♗d5 ♘xd5 11.♘xd5 ♗xd2+ 12.♖xd2 ♘e5 13.♕g3 c6 14.♘e3 ♕a5 15.a3 d5 mit gutem Spiel für Schwarz, Alcobedo–Van Riemsdijk, Mar del Plata 2009.)

9...♗xc3 10.♗xc3 ♘xe4 (10...♖xe4 11.♗xf6+–) 11.♖he1 ♘d6

(11...♘f6 12.♗xf6 ♖xe3 13.♗xd8 ♖xe1 14.♖xe1+–)

12.♗xf7+! ♔xf7 13.♘g5+

A) 13...♔g6 14.♖xd6+! cxd6 15.♕d3+ ♔xg5 16.f4+ ♔h6

(16...♔xf4 17.♗d2+ ♔g4 18.♕h3#)

17.♕h3+ ♔g6 18.♕g4+ ♔f7 19.♕xg7#

B) 13...♔g8 14.♕g3 ♖xe1 15.♖xe1 ♘f5 16.♕g4 d5 17.♕h5 h6 18.♖e8+ ♕xe8 19.♕xe8#

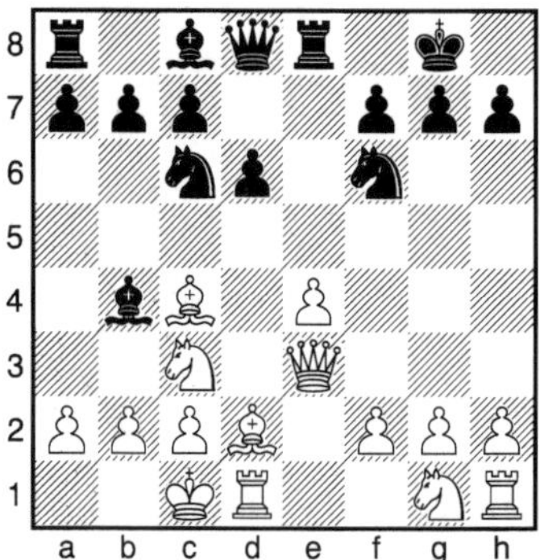

9.f3

Eigentlich logisch, denn Weiß verstärkt seinen Bauern e4.

Aber interessant ist auch 9.♘f3!? mit folgenden Fortsetzungen.

A) 9...♘g4 10.♕f4 ♘ce5 11.♘xe5 (11.♗b3 ♗e6=) 11...♘xe5 12.♗b3 ♗e6 mit etwa gleicher Stellung.

B) 9...♗xc3 10.♗xc3 ♘xe4

(Auf 10...♗f5 folgt 11.e5! ♕c8 12.♖he1 mit weißem Vorteil.)

11.♖he1! ♗f5 12.♕f4 ♗g6

(12...♕d7 13.♗d3 d5 14.g4! ♗g6 15.♗xe4 ♗xe4 16.♖xe4 ♖xe4 17.♕xe4 dxe4 18.♖xd7 exf3 19.♖xc7±)

13.♗xf7+ ♗xf7 14.♖xe4 ♖xe4 15.♕xe4

Weiß kann sich mit h2–h4 und ♘f3–g5 gute Angriffschancen am Königsflügel verschaffen.

C) 9...♗e6 10.♗xe6 ♖xe6

(Nach 10...fxe6 schlagen wir 11.h4!? mit Angriff am Königsflügel vor.)

11.♘g5

C1) 11...♖e5! 12.f3 d5 13.f4 ♖e8 14.e5 h6

(14...d4 15.♕f3 ♗xc3 16.♗xc3 ♕d5 17.exf6 ♕xa2 18.♕h5 ♕a1+ 19.♔d2 dxc3+ 20.♔xc3 ♕a5+ 21.♔b3 ♖e3+ 22.c3 ♕b5+ 23.♔a2 ♕a5+! 24.♔b1 ♕f5+ 25.♔c1 ♕g6 und Schwarz verteidigt seine Stellung.)

15.♕d3! hxg5 16.exf6 d4 17.♘e4 ♗xd2+ 18.♖xd2 gxf4 19.fxg7 ♔xg7∞

C2) 11...♖e7 12.f3 ♕e8

(Nach 12...d5 13.♕f2 d4 14.♘e2 ♗c5 15.♘g3 g6 16.♕f1 h6 17.♘h3 kann Weiß seinen Springer via f2 nach d3 überführen, verbunden mit aussichtsreichem Spiel.)

13.♕f2 ♘e5 14.♘h3 ♘c4

Jetzt hätte Weiß in der Partie Mikhaletz–Borkovec, Pribram 2000, 15.♘f4 spielen und sich die besseren Aussichten sichern sollen.

C3) 11...♖e8 12.f3 ♘e5

(Die Erwiderung 12...h6 besprechen wir in der **Partie Nr. 8**, Azar–Raifen, Israel 1997.)

13.♖he1 ♘c4 14.♕d3 ♘xd2 15.♖xd2 ♕e7 16.a3 ♗a5 17.b4 ♗b6 18.e5 g6 19.e6 fxe6 20.♖xe6 ♕f8 21.♔b1 ♖xe6 22.♘xe6 ♕e7 23.♖e2 und Weiß steht besser, Azar–Gutzeit, Israel 1996.

9...♘e5

Der Angriff auf den Läufer zwingt Weiß

zu einer Entscheidung: wohin mit ihm?

Bevor wir das Spiel weiterverfolgen, werfen wir einen Blick auf andere Möglichkeiten.

I. 9...♘a5 10.♗d3

A) 10...d5 11.♘xd5 ♘xd5 12.♕f2 ♗xd2+

(Zu Verwicklungen führt 12...♘c3!? 13.bxc3 ♗a3+ 14.♔b1 ♕f6 15.♕d4 ♕c6 16.♕d5 ♕b6+ 17.♕b5 ♗e6 18.♘e2 ♘c4 19.♘d4 ♘b2 mit scharfer Stellung. In der Partie Winkler–Kleine, Email 2000, setzte Schwarz schlecht fort und verlor.)

13.♕xd2 c6 14.exd5 cxd5

A1) 15.♗b5 ♘c6 16.♘e2!?

Wir empfehlen, die Entwicklung abzuschließen. Nach 16.♕xd5 ♕b6 bekommt Schwarz für den Bauern ausreichend Ersatz.

16...♗e6 17.♔b1 ♖c8 18.♖he1 ♕b6 19.♗a4

Wegen der Schwäche d5 steht Weiß positionell besser.

A2) Nach 15.♘e2 ♕b6 16.♖he1 ♗e6 17.♘f4 ♖ad8 18.♘xe6 fxe6 19.♕g5 hat Weiß eine leichte Initiative; z.B. kann er nach 19...♘c6 20.♕h5 g6 opfern: 21.♗xg6!? hxg6 22.♕xg6+ ♔h8 23.♕h6+ ♔g8 24.♖xe6 ♖xe6 25.♕xe6+ ♔g7 26.h4 mit sehr unklarer Lage.

B) 10...♗xc3 11.♗xc3 ♘d5 12.♕d2 ♘xc3 13.♕xc3 ♘c6 14.h4 ♕e7 15.f4 ♗g4 16.♘f3 a6 17.♖de1 ♕d7 18.♗c4 ♗e6 19.h5 h6 20.♔b1 ♗xc4 21.♕xc4 ♕g4 22.♖h4 ♕e6 (22...♕xg2?? 23.♕c3+–) 23.♕c3 ♖e7 24.g4 mit starkem Angriff für Weiß, Daurer–Buchweitz, Deutschland 2000.

II. 9...♗e6 10.♗xe6 ♖xe6

(Nach 10...fxe6 ist 11.h4!? stark.)

11.♘ge2

A) 11...a5 12.♘f4 ♖e8 13.g4 ♘e5 14.g5 ♘fd7 15.♕e2

(15.h4!? ist möglich.)

15...♗xc3 16.♗xc3 ♕xg5 17.♗d2 ♕d8 18.♖dg1 ♘g6 19.♕g2 ♔h8?

(Stärker war 19...♕h4!?.)

20.h4! ♖g8 21.♘xg6+ fxg6

(21...hxg6 22.♗g5 f6 23.h5+–)

22.h5 gxh5 23.♖xh5 ♘f6 24.♖h3 g6 25.♗c3 b5 26.♕g5 ♖f8 27.♖xh7+! ♔xh7 28.♕xg6+ ♔h8 29.♖h1#, Romaschow–Piliptschuk, Lwow 1999.

B) 11...♖e8 12.♕g5 ♔h8 13.♕h4 ♘d7 14.♗g5 f6 15.♗d2 ♘de5 16.♔b1 ♕d7 17.♗c1 ♕f7 18.f4 ♘d7 19.♖d3 ♘c5 20.♖e3 ♖e7 21.f5 ♖ae8 22.♖h3 mit weißem Angriff, Degraeve–Lacrosse, Bethune 2000.

C) 11...♗c5 12.♕g5 ♖e5 13.♕g3 ♘a5 14.♔b1 (14.b3!?) 14...♘c4 15.♗g5 c6 16.f4 ♖e8 17.b3 ♘a3+ 18.♔b2 ♕e7 19.♕h4 b5 20.♘g3

Weiß übt unangenehmen Druck auf f6 aus, was ihn bevorteilt.

10.Lb3

Der Alternative 10.Le2 widmen wir uns in der **Partie Nr. 9**, Groot – Hlavacek, Fernpartie ICCF 2017.

10...Le6

Im Duell Mikhaletz-Romanischin, Ordzhonikidze 2000, startete Schwarz mit 10...a5 sofort eine Aktion am Damenflügel.

11.a3 ♗c5

(11...♗xc3 12.♕xc3 b5 13.♗f4 ♕e7 14.♘e2 c5 15.♕d2 c4 16.♗a2 ♖a6 17.♔b1 ♗e6 18.♖he1 ♖b8 19.♘d4 ♘fd7 20.♗xe5 ♘xe5 21.f4 c3 22.♕xc3 b4 23.♕g3 ♗xa2+ 24.♔xa2 ♘d7 25.♘f5 ♕f8 26.e5 bxa3 27.♕xa3 ♖ab6 28.exd6+−, Johnsrud-Dould, Fernpartie 2002)

12.♕e1

A) 12...c6 13.♘a4 ♗xg1 14.♕xg1 ♘fd7 15.♗e3 b5 16.♘b6 ♘xb6 17.♗xb6 ♕e7 18.♗d4 ♗e6 19.♗xe5 dxe5 20.♗xe6 ♕xe6 21.♔b1 b4 22.♕c5 bxa3 23.♖d6 ♕e7 24.♕xa3 ♖eb8 25.♖hd1±

B) 12...b5!? 13.a4

(Nach 13.♘xb5 a4 14.♗a2 c6 15.♘c3 ♕b6 bekommt Schwarz Gegenspiel auf der b-Linie.)

13...b4 14.♘ce2 ♗a6 15.♘g3 ♘c4 16.♘f5 ♘xd2 17.♕xd2 mit einer scharfen Position.

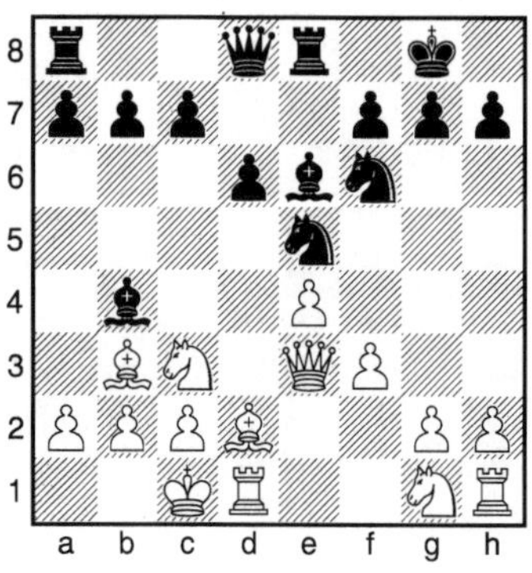

11.♗xe6

Weiß kann seine Kräfte auch mittels 11.♘ge2 entwickeln – siehe **Partie Nr. 10**, G. Hansen-Sørensen, Kopenhagen 1994.

11...♖xe6

Nach 11...fxe6 kann Weiß 12.♗e1 spielen, um die Drohung ♘e5-c4 zu parieren.

12...♕e7

(In der Partie Azar-Fridel, Israel 1998, erreichte Weiß nach 12...c6 13.♕e2 ♘g6 14.g3 a5 15.h4 d5 16.e5 ♘d7 17.f4 ♕e7 18.h5 ♘gf8 19.♘f3 ♘b6 20.g4 ♘c4 21.♘b1 ♖a6 22.♘bd2 ♗xd2+ 23.♗xd2 ♘d7 24.h6 Initiative am Königsflügel.)

13.f4 ♘c4 14.♕d4 d5 15.exd5 ♗xc3 16.♕xc4 ♗xe1 17.♖xe1

A) 17...exd5 18.♖xe7 dxc4 19.♖xe8+ ♖xe8 20.♘f3 ♖e2 21.g3 g6 22.♘e5 b5 23.♘c6 a6 24.♘b4 ♖e6 (24...a5 25.♘c6 a4 26.♘d4±) 25.♖d1 ♔f7 mit gleichem Endspiel.

B) 17...♘xd5 18.♘f3 ♖ad8 19.g3 mit dem Plan, die Türme auf der e-Linie zu verdoppeln und starken Druck gegen den Bauern e6 zu entwickeln.

12.♘ge2

Diese Entwicklung ist sehr wichtig.

Problematisch ist 12.♗e1, weil Schwarz nach 12...♗c5 13.♕e2 c6 14.♘h3 b5 15.♘f4 ♖e8 16.♘d3 ♗d4 17.♘xe5 dxe5 18.♔b1 ♕e7 eine gute Stellung bekommt.

12...♗c5

12...♘c4 13.♕d4 b5 (13...♘xd2??

14.♕xb4+–) 14.♗e1 c5 15.♕d3 ♕a5 16.♔b1 ♘d7 17.♘d5 ♗xe1 (17...♘de5? 18.♗xb4 cxb4 19.♕b3±) 18.♖hxe1 ♖ae8 19.♕c3

Nun ist der Springer sehr gut auf d5 postiert, was Weiß einen kleinen positionellen Vorteil garantiert. Beispielsweise wäre 19...♕xc3 20.♘exc3± usw. klar günstig für Weiß.

13.♕g5 ♘c4 14.♔b1 h6 15.♕g3 c6

Die Folgen von 15...♘xd2+ 16.♖xd2 a5 17.♖hd1 sind bequem für Weiß.

16.♘a4 ♘d7

Wenn sich der Läufer mit 16...♗b6 zurückzieht, sollte Weiß am besten 17.♗c1 spielen.

17.♘xc5 ♘xc5

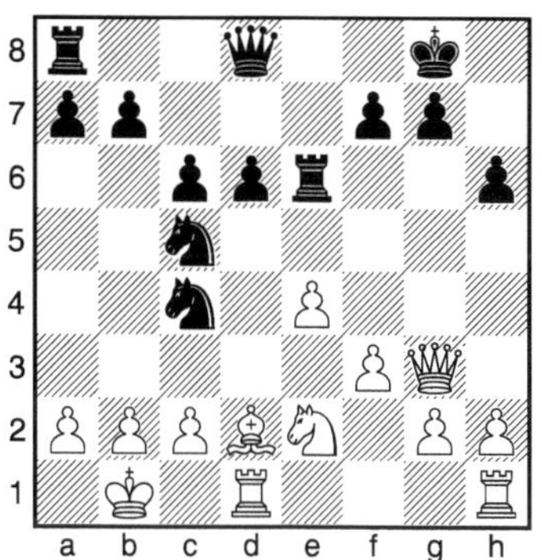

18.♗c1

Weiß kann damit die Spannung aufrechterhalten.

Eine forcierte Remisvariante läuft über 18.b3 ♖g6 19.♕f2 ♘a3+ 20.♔b2 ♘c4+ 21.bxc4 ♕b6+ 22.♔a3! (22.♔a1?? ♘b3+ nebst ♕xf2) 22...♕a6+ 23.♔b2 ♕b6+ mit ewigem Schach.

18...♕b6 19.b3 a5 20.♕e1

Die Dame kehrt zur linken Bretthälfte zurück, weil sie auf dem anderen Flügel nichts mehr zu tun hat.

20...a4 21.♕c3 axb3 22.cxb3 ♕a6

Dies ist stärker als 22...♘a3+ 23.♗xa3 ♖xa3 24.♕b2 ♖a5 25.♖d2 ♕c7 26.♖hd1, denn Schwarz bleibt mit einer Schwäche auf d6 zurück, die unentwegt der Verteidigung bedarf.

23.♕c2 ♘a3+ 24.♗xa3 ♕xa3 25.♖d4

Aktives Spiel erreicht Weiß nach 25.♕b2 ♕xb2+ 26.♔xb2 f5! usw.

25...d5 26.♘f4 ♖d6 27.exd5 ♘e6 28.♘xe6 fxe6 29.♕b2 ♕xb2+ 30.♔xb2 exd5 31.♖e1 ♔f7 32.♖f4+ ♖f6 33.♖b4 ♖a7 34.♖e5

Weiß steht etwas aktiver. Der Objektivität verpflichtet müssen wir aber feststellen, dass das Endspiel beiden Seiten etwa gleiche Chancen eröffnet.

Zusammenfassung: Der polnische Meister Szymon Winawer hat mit 8.♗c4 den damaligen Weltmeister Wilhelm Steinitz (1836–1900) geschlagen. Der Entwicklungsplan ist aber nicht etwa nur deswegen gut für Weiß, sondern zwingt Schwarz heute wie damals dazu, wirklich sehr genau zu spielen, um sich ebenbürtige Chancen zu sichern.

Abspiel 2

Die Fortsetzung 8.♕g3

1.e4 e5 2.d4 exd4 3.♕xd4 ♘c6 4.♕e3 ♘f6 5.♘c3 ♗b4 6.♗d2 0–0 7.0–0–0 ♖e8 8.♕g3

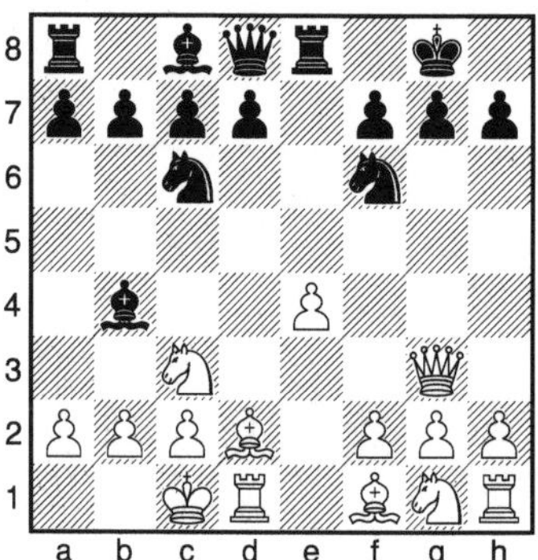

Die Dame steht auf der e–Linie in Opposition zum Turm e8 nicht besonders sicher. Deswegen bringt Weiß seine wichtigste Figur in eine bessere Position. Diese Idee wurde von Siegbert Tarrasch im Jahre 1889 in Nürnberg in die Praxis eingeführt.

8...♖xe4

Den Bauerngewinn lässt sich Schwarz heutzutage zumeist nicht entgehen und andere Erwiderungen sind weniger populär.

I. 8...d6

Schwarz verzichtet auf die Bauerneroberung und entwickelt sich einfach weiter.

9.f3

Weiß deckt zunächst seinen Zentrumsbauern.

A) 9...♘e5 10.h4

A1) 10...h5 11.♘ge2 c6 12.a3 ♗a5 13.♗g5 ♕e7 14.♕f4 ♗d8 15.♘g3 ♘g6

(Stärker war 15...g6!?, denn Weiß erobert nun den h–Bauern.)

16.♕d2 ♕e5 17.f4 ♕a5 18.f5 ♘f8

(18...♘e5 19.♗xf6 ♗xf6 20.♘xh5±)

19.♗e2 ♘8d7 20.♘xh5 ♘xh5 21.♗xh5 mit einem Mehrbauern, Kapnisis–A. Dimitrov, Kallithea Halkidiki 2008.

A2) 10...c6 11.h5 d5?

Das ist der Grund für die folgenden Schwierigkeiten.

Besser war 11...b5!? mit dem Plan a7–a5 und Gegenspiel am Damenflügel.

12.♘ge2 ♘c4 13.h6 g6 14.♗g5 ♕b6 15.♘a4 ♕a5 16.♗xf6 ♕xa4 17.♘c3 ♗xc3 18.♗xc3 ♘e3 19.b3 ♕xa2 20.♖d2 ♕a3+ 21.♗b2 ♕e7 22.♗e2 (22.♗d3!?) 22...dxe4 23.fxe4 ♕xe4 24.♕g5 ♘d5 25.♖xd5! ♕xd5 26.♕f6 ♔f8 27.♗c4 1–0, Morosewitsch–Hebden, London Lloyds 1994

A3) 10...♔h8

A3a) 11.♘h3 ♘h5 12.♕e1

(Zu 12.♕h2 siehe **Partie Nr.11**, Schirow–Karpow, Dos Hermanas 1995.)

12...♗xh3

(12...f5 13.♘g5 f4 14.♗c4 ♖f8 15.♗b3 c6 16.♘a4 ♗xd2+ 17.♕xd2 ♖f6 18.♘c5 ♕e7 19.♘d3 ♘xd3+ 20.♕xd3 g6 21.e5! dxe5 22.♕d8+ ♕f8 23.♕c7 1–0, Perez Garcia–Nieland, Haarlem 2006)

13.♖xh3 f5 14.a3 ♗xc3 15.♗xc3

Mit seinem Läuferpaar hat Weiß die besseren Aussichten.

A3b) 11.h5 h6 12.♕h2

Dieser Zug folgt einem anspruchsvollen Vorhaben: Angriff, und zwar sofort!

(In einigen Partien wurde auch 12.♘ge2!? gespielt.)

12...c6 13.g4 ♘h7

(Auf 13...♗e6 folgt 14.g5 hxg5 15.h6 g6 16.♗xg5 mit der starken Drohung ♕h2-h4.)

14.♕g3 d5 15.exd5 cxd5 16.a3 ♗a5 17.♖h2 ♕d6 18.♔b1 a6 19.♖e2 ♗d7 20.♘h3

Schwarz bleibt mit einem isolierten Bauern im Zentrum zurück, um den er sich fortwährend kümmern muss. Aus diesem Grund ist die weiße Stellung leicht vorzuziehen.

B) 9...♘h5

B1) 10.♕f2 ♗c5 11.♕e1 ♗e6

(11...f5? 12.♘h3 fxe4 13.♗c4+ ♗e6 14.♕xe4 ♗xc4 15.♕xc4+ ♔h8 16.♘g5 ♘e5 17.♕h4 ♘f6 18.♘ce4 h6 19.♘xc5 dxc5 20.♗c3+–, Slobodjan–R. Mainka, Deutschland 2007)

12.g4 ♘f6 13.♕g3 ♕e7 14.h4 ♘e5 15.h5 ♘c4 16.♗xc4 ♗xc4 17.g5 mit Angriffsmöglichkeiten am Königsflügel, Pedro–F. Benko, Buenos Aires 2003.

B2) 10.♕e1 f5 11.♗c4+ ♗e6 12.♗xe6+ ♖xe6 13.♘ge2 fxe4 14.♘xe4 ♗xd2+ 15.♕xd2 ♔h8 16.♘2g3 ♕e8 17.♘g5 ♖e5 18.f4 ♖e7 19.♕d3

(19.♖de1!? sieht stark aus.)

19...♕g6 20.♘xh5 ♕xh5 21.g4

(21.♖he1!? kommt ernsthaft in Betracht; z.B. 21...♖ae8 22.♖xe7 ♖xe7 23.♕f5 usw.)

21...♕g6 22.♕b3

(Das Endspiel nach 22.♕xg6!? hxg6 23.♖de1 ♖ae8 24.♔d2 wäre günstig für Weiß.)

22...♕f6 23.♖hf1 a5 24.h4 a4 25.♕d3 ♕g6 26.f5 ♕f6 27.a3 h6 28.♘f3 ♘e5 29.♘xe5 ♖xe5 30.♕g3 ♕f7 31.♔b1 ♖a6 32.g5 ♖xf5 33.♖xf5 ♕xf5 34.gxh6 gxh6 35.♖g1 ♕f7 36.♕c3+ ♔h7 37.♕d3+ ♔h8 38.♕d4+ ♔h7 39.♕e4+ ♔h8 40.♕xb7 mit klarem Vorteil für Weiß, Restuccia–Vincent, Buenos Aires 2003.

C) 9...♖b8 10.h4

C1) 10...♘h5 11.♕h2 (11.♕e1!?) 11...♗e6 12.♘ge2 b5 13.g4 ♘f6 14.♘f4 mit der Absicht, die Bauern auf der g- und der h-Linie rasch angreifen zu lassen.

C2) 10...♔h8 11.h5

(Ein anderer Plan besteht in 11.♕h2!? nebst g2-g4.)

11...h6

(Auf 11...♗e6 folgt 12.h6↑.)

12.♕h2 b5

(12...♗e6!? Δ13.g4 ♘h7!)

13.g4 ♖e5

(13...♗xc3 14.♗xc3 ♘h7 15.♘e2±)

14.♘ge2 ♗xc3

(14...♗e6 15.g5! hxg5 16.h6 g6 17.♕g2

♘h5 18.a3! ♗a5 19.b4 ♗b6 20.♖xh5! gxh5 21.f4→)

15.♗xc3 ♖c5 16.♗d2

(Die Fortsetzung 16.♕f4 wird in der **Partie Nr.12**, Souleidis–I. Sokolov, Rethymnon 2003, erörtert.)

16...b4 17.♕g3 ♘h7 18.♔b1 mit der Vorbereitung von g4–g5 und Königsangriff. Der schwarze Gegenangriff findet natürlich am Damenflügel statt. Weiß hat jedoch mehr Dampf auf dem Kessel und deshalb die besseren Aussichten.

D) 9...♕e7

D1) 10.h4 ♕e5

(Nach 10...♘h5 11.♕e1 ♕e5 12.♘ge2 f5 13.♘d5 ♗xd2+ 14.♕xd2 ist Schwarz ohne Parade gegen das Schlagen auf c7.)

11.♕xe5 ♘xe5 12.h5 h6 13.♘ge2 ♗d7 14.♘f4 ♗c6 15.a3 ♗a5 16.♗d3 ♗b6 17.♔b1 ♘xd3 18.cxd3 a5=

D2) 10.♘ge2 ♘e5

(Auf 10...♕e5 folgt 11.♘f4 mit dem Plan h2–h4–h5 usw.)

11.♘f4 c6 12.♔b1 a5 13.h4 b5 14.h5 ♘c4 15.♗xc4 bxc4 16.h6 g6 17.♘fe2 ♖b8 18.♔a1 ♕b7 19.♖b1 ♗e6 20.♗f4 ♕c7 21.♖hd1 ♘h5 22.♗xd6 ♘xg3 23.♗xc7 ♘xe2 24.♘xe2 ♖b7 25.♗d6

Weiß verfügt über den Vorteil eines gesunden Mehrbauern, den er in Cubas–Sega, Serra Negra 2002, zum späteren Sieg ausbaute.

E) 9...♗e6

E1) 10.♘ge2 ♔h8

(10...a5 11.h4 h5 12.♗h6 g6 13.♗g5 ♔g7 14.f4 ♗d7 15.♘d5 ♘xe4 16.♗xd8 ♘xg3 17.♗f6+ ♔f8 18.♘xg3+–, Hartvig–Körholz, Trier 1998)

11.h4 ♕e7 12.♗g5 h6 13.♘d5 ♗xd5 14.♖xd5 ♗c5

(14...hxg5 15.hxg5+ ♔g8 16.gxf6 ♕xf6 17.♖dh5 g6 18.♘f4 ♕g7 19.♖h6+–)

15.♔b1 ♕e6? (□15...♘e5!?) 16.♘f4 ♕e7 17.♖f5 ♗d4 18.♘d5 ♕e6 19.♗xf6 (19.♘xc7+–) 19...♗xf6 20.♘xf6 gxf6 21.♗c4 ♕xc4 22.♖h5 ♔h7 23.♕f4 1–0, Dzhumaev–Kravtsiv, Cappelle la Grande 2009

E2) 10.h4 ♔h8 11.h5 h6

(11...♘d7 12.♘ge2 ♘de5 13.♘f4 a6 14.♘fd5±, Solomaha–Voynov, Alushta 2005)

12.♕h2 ♘e5 13.g4 ♘h7 14.♕g3 ♗c4

(14...♘c4 15.♗xc4 ♗xc4 16.f4 f6 17.♘f3 ♗f7 18.g5 fxg5 19.fxg5 ♗xc3 20.♗xc3 ♘xg5 21.♖dg1 mit starkem Angriff, Cruzado Duenas–Salzmann, ICCF 2003.)

15.♗g2 ♗a6 16.a3 ♗c5 17.♘a4 ♗d4 18.b3 c5 19.f4 ♘c6 20.♘f3 ♖xe4 21.g5 ♖e8 22.♘h4 ♘e7 23.♖de1 c4 24.g6 fxg6 25.♖xe7 ♖xe7 26.♘xg6+ ♔g8 27.♗d5+ +–, Kislinsky–Tugaj, Rodatychi 2006

E3) 10.a3 ♗c5

(Nach 10...♗a5 empfiehlt sich 11.h4!.)

11.h4 ♕e7 12.h5 mit einem typischen Angriff auf der Königsseite.

II. 8...♘xe4

Diese Annahme des Bauernopfers war in letzter Zeit Gegenstand etlicher Analysen, bei denen festgestellt wurde, dass sie durchaus spielbar ist.

9.♘xe4 ♖xe4

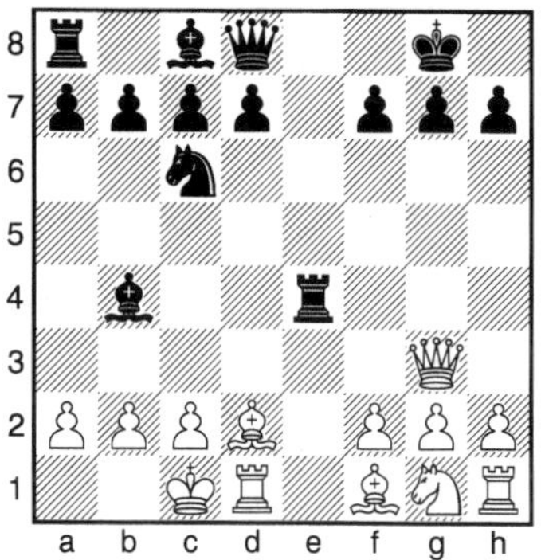

10.c3

Der Läufer d2 darf natürlich nicht hergegeben werden.

A) 10...♗e7 11.f4 d5 12.♗d3 ♖a4 13.♔b1 ♗f6 14.♘f3

Weiß hat sich für den Bauern einen Entwicklungsvorsprung verschafft. Sein Plan ist es, nach h2–h3, ♕g3–f2, g2–g4 oder h2–h4, ♘f3–g5 eine aktive Aktion am Königsflügel zu organisieren.

B) 10...♗d6 11.f4

B1) 11...♗f8 12.♗d3 d5

Schwarz ist bereit, die Qualität zu opfern, um die Entwicklung zu beschleunigen.

(Nach 12...♖e8 13.♘f3 d5 14.♖he1 ♗d6 15.♘g5 g6 16.h4 besitzt Weiß für den Bauern gute Angriffschancen am Königsflügel.)

13.♘f3

(Eine andere Variante führt über 13.♗xe4 dxe4 14.♗e3 usw.)

13...h6 14.♗xe4 dxe4 15.♗e3 ♕e8 16.♘d4 ♘a5 17.b3 c5 18.♘c2 b5 19.♕f2 ♕c6 20.f5 nebst g2–g4, h2–h4 mit Angriff.

B2) 11...♕f6 12.♘h3 h6

(– Nach 12...♖a4 13.♔b1 ♗f8 14.♗d3 d5 15.♕f3 ♗f5 16.b3 ♗xd3+ 17.♕xd3 ♖e4 18.♘g5 ♖ae8 19.♖he1 ♕g6 20.♘xe4 dxe4 21.♕g3 bekam Weiß in der Partie Hartvig–Van Riemsdijk, Auckland 2008, bessere Aussichten, was zum späteren Gewinn reichte.

– Eine andere Form des Angriffs demonstrierte Weiß im Duell Souleidis–Pons Boscana, Binissalem 2004: 12...a5 13.♗d3 ♖e8 14.♘g5 h6 15.♘e4 ♕d8 16.♘xd6 cxd6 17.♗c2 ♕f6 18.♕d3 g6 19.h4 b5 20.h5 ♔g7 21.hxg6 fxg6 22.g4 1–0.)

13.♗d3 ♖e8 14.♘f2 g6 15.♘e4 ♕g7 16.♘xd6 cxd6 17.♖he1 ♖f8 18.c4 ♔h7 19.♗c3 f6 20.♗c2 b6 21.♖xd6+–, Rudd–Haldane, Coulsdon 2007

C) 10...♗f8 11.♗d3 .♖e8

(Nach 11...♖e6 12.♘f3 h6 13.♗f4 d6 14.h4 ist Weiß zum Angriff bereit.)

12.♘f3 d6

(12...g6 13.h4 ♗g7 14.h5 ♘e5 15.♘xe5 ♗xe5 16.f4 ♗g7 17.hxg6 hxg6 18.f5+–, Zatonskih–Ipatov, Alushta 2005)

13.♘g5 g6 14.h4 ♘e5 15.♗c2 h5

(15...h6 16.♘e4!) 16.♖he1 ♗g7 17.f4 ♘g4 18.♖xe8+ ♕xe8 19.♗b3 ♗e6 20.♖e1 ♕b5 21.♘xe6 fxe6 22.♗xe6+ ♔h7 23.♗xg4 hxg4 24.♕xg4+–, Nadj Hedjesi–Csirik, Decs 2009

III. 8...d5

Damit will Schwarz schnell seine Figuren ins Spiel bringen. Vorteilhaft ist diese Folge jedoch eher für Weiß.

9.exd5

A) 9...♘xd5 10.♗g5 ♘xc3 11.♗xd8

(11.♖xd8 ♘xa2+ 12.♔b1 ♘xd8 13.♔xa2 ♗e6+ 14.c4+–)

11...♘xd1 12.♗f6 g6 13.♗e2 ♖e6 14.♕h4 ♖d6 15.c3 ♖xf6 16.♕xf6 ♗f5 17.cxb4 ♘xf2 18.♘f3 ♘xh1 19.b5 ♘d8 20.♗c4 ♘f2 21.♘e5 ♘e4 22.♗xf7+ ♔f8 23.♕h8+ ♔e7 24.♕e8+ ♔f6 25.♗b3+–, Mickiewicz–B. Sygulski, Wysowa 2003

B) 9...♘e7 10.♗c4 ♘f5 11.♕d3 ♘d6 12.♗b3 b5 13.♘f3 ♗c5 14.♘d4 ♗xd4 15.♕xd4 ♘fe4?

Die nun entstehenden Verwicklungen muss eher Schwarz selber fürchten.

(Besser war 15...a5!?, um sofort ein Gegenspiel am Damenflügel einzuleiten.)

16.♘xe4 ♖xe4 17.♕c5 a5 18.a3 ♗d7 19.♖he1 b4 20.♖xe4 ♘xe4 21.♕d4

Die weiße Position gefällt uns besser, da permanent die Drohung d5–d6 in der Luft liegt, Poignot–Fougerit, Le Grand Bornand 2007.

IV. 8...♗xc3

Schwarz beseitigt den Verteidiger des Bauern e4, um diesen leichter erobern zu können.

9.♗xc3 ♖xe4 10.♗d3 ♖e8

A) 11.♘h3 d6 12.♔b1 (12.♖he1!?) 12...♗d7 13.♘g5 ♘e5 14.♖de1 h6

(Aber nicht 14...♘xd3? 15.♕xd3 und Schwarz hat Probleme.)

15.♘e4 ♘xe4 16.♗xe4 ♗c6 17.f4 ♗xe4 18.fxe5 ♗g6 19.h4 dxe5 20.h5 ♗h7 21.♗xe5 f6 22.♗c3

Hier einigte man sich in der Partie Wolter–Kaufmann, Willingen 2003, auf ein Remis, wohl auch wegen der ungleichfarbigen Läufer.

B) 11.♘f3 d6 12.♘g5 h6 13.♗h7+ ♔f8 (13...♘xh7? 14.♘e6!+–) 14.♘e4

(Wahrscheinlich geht hier der typische Angriff mit 14.h4!; z.B. 14...hxg5 15.hxg5 ♘xh7 16.♖xh7 ♗f5 17.♗xg7+ ♔g8 18.♗f6 ♗xh7 19.♕h2! ♖e6 20.♗xd8 ♖xd8 21.♖h1+–.)

14...♘h5 15.♕f3 ♕h4 16.g3 ♕g4 17.♕d3 f5 18.f3 ♕h3

(18...fxe4 19.fxg4 exd3 20.gxh5 ist bequem für Weiß.)

19.♘xd6! cxd6 20.♕xd6+ ♖e7 21.♖he1+–, Sanchez Castillo–David, Oropesa del Mar 1999

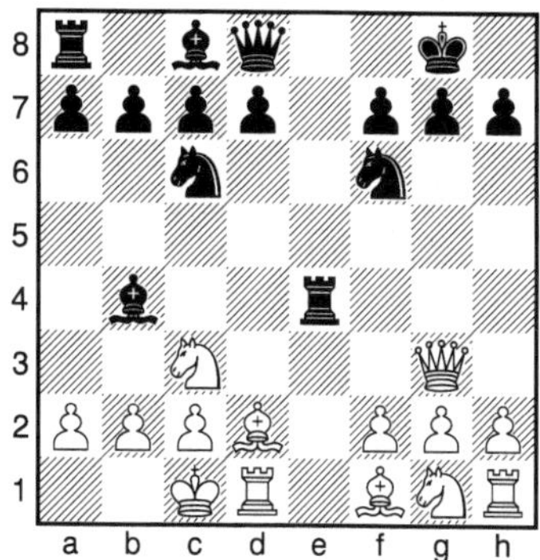

9.a3

Dieser Zug ist der Liebling der Theorie. Sein Ziel ist klar, der schwarze Läufer soll sofort zur Entscheidung gezwungen werden.

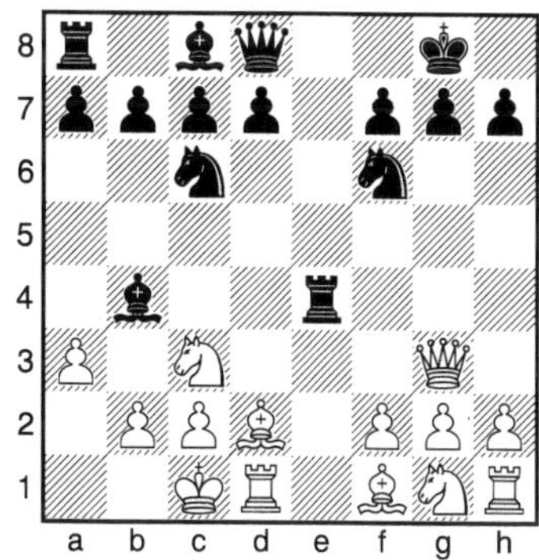

9...♗d6

Schwarz behält zwar seinen Läufer mit Tempo, doch der Zug erschwert die Entwicklung seines Damenflügels.

Schauen wir uns einige Alternativen an.

I. 9...♗xc3 wird auch gespielt, macht Weiß allerdings das Leben nach 10.♗xc3 leichter.

A) 10...d5

In der Partie Njepomnjaschi-Karjakin, chess.com INT 2017, fuhr Schwarz stattdessen mit 10...d6 fort. Nach 11.f3 ♖e8 setzte Weiß zum Sturmlauf mit seinem h-Bauern an.

Es folgte 12.h4 ♕e7 13.h5 ♘e5 (13...h6!?) 14.h6 g6. Aus dieser Stellung heraus erspielte sich Weiß einen entscheidenden Vorteil. Über die Züge 15.♘e2 ♗d7 16.♘f4 ♗c6 17.♔b1 ♘fd7 18.♗e2 a5 19.♖he1 b5 entwickelte sich ein scharfes Spiel.

Nach 20.♗f1 b4 21.axb4 axb4 22.♗xb4 war nun 22...♖a4 zu optimistisch.

Mit 22...♕f8 hätte Schwarz den folgenden Entwicklungen vorbeugen können, allerdings zum Preis einer etwas defensiven Lage.

Nach 23.♗c3 ♖ea8 24.b3 ♖a2 25.♘d3 konnte Schwarz der gegnerischen Angriffswucht keine Paroli mehr bieten.

11.f3

A) 11...♖e6 12.♘e2 ♖d6

(12...d4 besprechen wir in der **Partie Nr. 13**, J. Polgar-Hort, Prag 1995.)

13.♘d4 ♘xd4 14.♗xd4 ♗f5 15.♕g5

(15.♕f4!? nebst g2-g4 ist möglich.)

15...♗g6 16.h4 ♘d7 17.♕g3 h5 18.♗d3 ♕f8 19.♗xg6 fxg6

(19...♖xg6 20.♕xc7 ist günstig für Weiß.)

20.♖he1 c5 21.♗e5 ♘xe5 22.♖xe5 ♖ad8

Trotz eines schwarzen Mehrbauern ist die Stellung etwa ausgeglichen, denn der Nachziehende hat eine Bauernschwäche auf g6, Kuran–Kastner, Österreich 2007.

B) 11...♖e8

B1) 12.♘e2 ♗f5 13.♕f4

(Im Duell Kolus–Wurm, WCCF Email 2004, erreichte Weiß nach 13.♕g5 ♗g6 14.♗xf6 ♕xf6 15.♕xf6 gxf6 16.♖xd5 ♘e5 17.♘g3 ♖ad8 18.♖xd8 ♖xd8 19.♗e2 ♘c6 20.♖d1 ♖xd1+ 21.♗xd1 ♘d4 22.f4 ein besseres Endspiel.)

13...♗g6 14.g4 d4 15.♘xd4 ♘d5 16.♘xc6 bxc6 17.♕d4 ♘xc3 18.♕xc3 ♕g5+ 19.♔b1 ♕e3 20.♕xc6 ♖ab8 21.♗d3 ♖b6 22.♕xc7 ♖eb8 23.b4 ♕e8 24.♖he1 ♕f8 25.♕e7 ♕c8 26.♗xg6 hxg6 27.♖d7 ♖f6 28.♖ed1+–, Greet–V. Georgiev, Hastings 2008

B2) 12.♕h4 d4 13.♗b5 (13.♘e2!?) 13...♘d5 14.♕xd8 ♖xd8 15.♗xd4 ♘xd4 16.♖xd4 c5 17.♖d2 ♗f5 18.g4 ♘c7 19.♗e2 ♖xd2 20.♔xd2 ♗g6 21.♘h3 ♖d8+ 22.♔c1 f6 23.♘f4 ♗f7 24.♗d3 g5 25.♘e2 ♗d5 26.♖f1 c4 27.♗e4 ♗xe4 28.fxe4 ♖e8 29.♘g3 ♔f7 30.♖d1 mit einem leichten Endspielvorteil für Weiß, Balaian–Andriasian, St. Petersburg 2009.

II. 9...♖g4

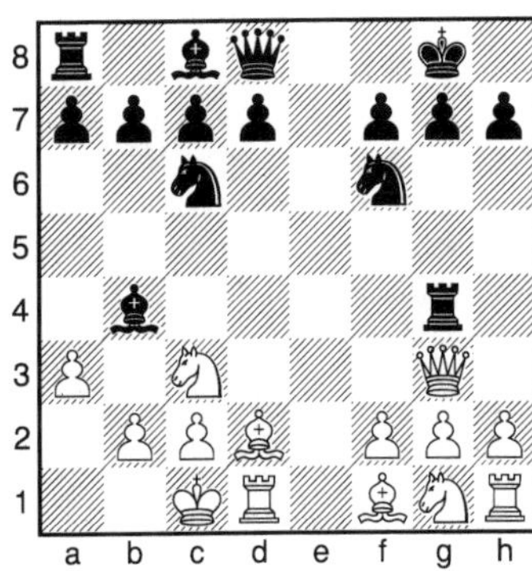

10.♕e3

A) 10...♗xc3 11.♗xc3 d6

(11...♘e4? 12.f3 ♘xc3 13.♖e1! ♔f8 14.fxg4 ♘d5 15.♕d2+–)

12.f3 ♖h4 13.♘e2 ♕e7 14.♕f2 ♖h5 15.♘f4 ♖f5 16.g3 ♗e6 17.♗d3 ♖c5 18.♖he1 mit aktivem Spiel für den geopferten Bauern.

B) 10...♗f8 11.h3

(Nach 11.f3 ♖g6 12.♕f2 d5 13.♗d3 d4 14.♗xg6 hxg6 15.♗g5 ♕e8 16.♗xf6 gxf6 17.♘b5 ♗h6+ 18.♔b1 ♗e3 19.♕g3 ♗f5 20.♘xc7 ♕d7 21.♘xa8 ♗xc2+! 22.♔xc2 ♕f5+ 23.♔b3 ♕d5+ 24.♔c2 hätte Schwarz in der Partie Njepomnjaschi–Aronjan, Mainz 2009, mit 24...♘a5! forciert gewinnen können; z.B. 25.♕e1 ♕b3+ 26.♔b1 ♘c4 27.♕e2 ♘xa3+ 28.♔a1 ♘c2+ 29.♔b1 ♘b4 mit unparierbarem Matt.)

11...♖g6

(Nach 11...♖d4 12.♘f3 ♖d6 13.♗c4 ♘a5 14.♗a2 steht Weiß besser. Es droht schon ♘f3–g5 bzw. ♘f3–e5.)

12.♗d3

B1) 12...d5 13.♗xg6 hxg6 14.♕e2 ♗e6 15.♘f3 a6 16.♗g5 b5 17.♘e4 ♗e7 (17...b4 18.a4!) 18.♘xf6+ gxf6 19.♗e3 b4 20.axb4 ♘xb4 21.♘d4

Weiß behält gute Angriffschancen am Königsflügel. Der Plan lautet: h3–h4–h5, Warawin–Gusew, Tula 2001.

B2) Zu 12...♖xg2 siehe **Partie Nr. 14**, Xie Jun–Flear, Hastings 1996.

C) 10...♗d6 11.♘f3 ♗f4 12.♕e2 ♗xd2+ 13.♕xd2 d6 14.♖e1 ♗e6 15.h3 ♖g6 16.g4 ♘d7 17.♗d3 ♖f6 18.♘g5 h6 19.♘ge4 ♖f3 20.♗e2 ♘de5 21.♖d1 f5 22.gxf5 ♖xf5 23.♗g4 ♘xg4 24.hxg4 ♖a5

(Nach 24...♖f8 folgt ebenfalls 25.g5!.)

25.g5 hxg5 26.f4

(Stark ist 26.♖dg1!? g4 27.f4 mit Angriff.)

26...g4 27.♘g5 ♕f6 28.♘ce4 ♕g6 29.♖h4 mit weißer Initiative.

D) 10...♗a5

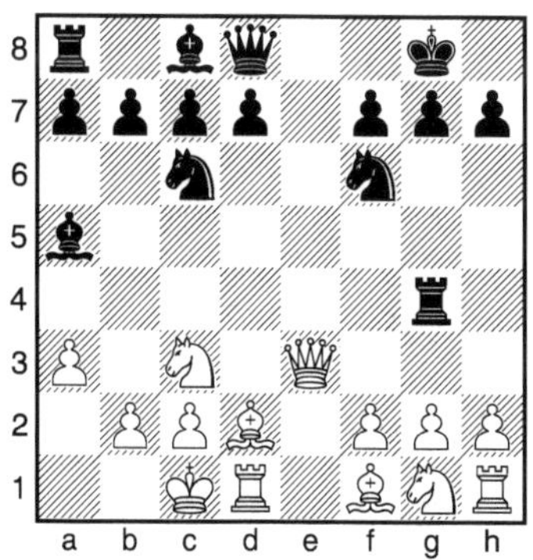

Weiß stehen nun zwei Hauptfortsetzungen zur Verfügung.

D1) 11.f3 ♖d4

(Nach 11...♖g6 12.h4 d5 13.h5 d4 14.♕e1 ♖h6 15.♗xh6 gxh6 16.♕g3+ ♔h8 17.♘ge2 ♕e7 18.♘b5 ist der Bauer d4 schwach und wird erobert. Weiß steht besser, Kislinsky–Kukawski, Warschau 2006.)

12.♗d3 ♗b6

(Nach 12...♗xc3 13.♗xc3 ♘d5 14.♕d2 ♘xc3 15.♕xc3 ♖h4 16.♘e2 d6 17.h3 ♖h6 18.♖he1 ♗d7 19.♗e4 ♕h4 hat Weiß die besseren Aussichten, Campora–De la Paz, Decameron 2003.)

13.♕e1 ♖d6 14.♗c4 ♘a5 15.♗a2 c5 16.♘h3 c4 17.♕g3 ♖e6 18.♘f4 ♗c7 19.♘xe6 ♗xg3 20.♘xd8 ♗c7 21.♖he1 ♗xd8 22.♘d5 ♔f8 23.♘xf6 gxf6 24.♗h6+ ♔g8 25.♖e8#, Rudd–White, Trefforst WLS 2008

D2) 11.h3 ♗b6

(11...♖d4 12.♘f3 ♗xc3! 13.♕xc3 ♖e4 14.♗d3±, Kulaots–G. Timoshenko, Chemnitz 1997)

12.♕e1 ♖d4

(Auf 12...♖g6 folgt 13.♘ge2 d6 14.g4 ♘d7 15.♘f4 ♖g5 16.♘d3 ♖g6 17.f4 ♖e6 18.♕g3 mit guten Aussichten für Weiß; Analyse von Stefan Bücker.)

13.♘f3 ♖d6 14.♗c4 ♘d4

(Nach 14...♘e8 gibt Stefan Bücker die folgende Variante an: 15.♘g5 ♖f6 16.♕e4 g6 17.♕h4 h5 18.♘xf7! ♖xf7 19.♗g5+–.)

15.♘e5 ♖e6 16.♗xe6 fxe6 17.♗g5 d6 18.♘c4 e5 19.f4 ♗f5 20.fxe5 ♘xc2

21.♕f1 ♗g6 22.exf6 ♘a1 23.♘d2 gxf6 24.♕xf6 ♕xf6 25.♗xf6

Die schwarze Stellung ist aufgabereif, Skourtis–Tzolas, Kallithea Chalkidiki 2003.

III. 9...♗a5

A) 10.h4 ♖g4 11.♕h2 ♘e4 12.♘xe4 ♖xe4 13.♗xa5 ♘xa5 14.♗d3 ♖e6 (14...♖e8!?) 15.♘f3 h6 16.♘d4 ♖b6 17.♖he1

Weiß steht besser entwickelt und hat genügend Ersatz für den geopferten Bauern erlangt, Kayumow–Kasyan, Taschkent 2009.

B) 10.♗e2 ♖e6!

(10...♘d4?! ist schlechter, was die **Partie Nr.15** bestätigt: Smirnow–Kayumow, Alushta 2002.)

11.♗f3 ♘e5 12.♘ge2 d6 13.♗g5 ♘xf3 14.gxf3 ♗xc3 15.♘xc3 ♕f8 16.♖hg1

In dieser scharfen Stellung kann Weiß auf gute Angriffschancen in der g-Linie setzen, Kreiman–Harari, Hampstead 1998.

10.f4 ♖e8 11.♗d3

10.f4 ♖e8 11.♗d3

Die Fortsetzung 11.♘f3 ist möglich, führt aber meistens unter Zugumstellung zur Hauptvariante.

A) 11...♘h5 12.♕g4 ♘f6 13.♕h3

A1) 13...♗c5 14.g4 d5 15.f5 d4

(Nach 15...♘e4 16.♘xe4 dxe4 17.♘g5 h6 18.♘xf7 ♔xf7 19.♗c4+ ♔f8 20.♗xh6 ♕f6 21.♗f4 hat Weiß als Ersatz für die Figur starke Initiative aufgrund der offenen schwarzen Königsstellung.)

16.♗g5 h6 17.♗h4

In dieser komplizierten Stellung hat Weiß gute Angriffsaussicht mittels g4–g5.

A2) 13...♗f8 war die Wahl der Nachziehenden in der **Partie Nr.16**, Zhang Zhong–Koneru, Wijk aan Zee 2003.

B) 11...a6 12.♗d3 b5 13.♖he1 ♗b7 14.♘e4 ♘xe4 15.♗xe4 ♕f6 16.♘g5 g6 17.♗d5±, Paragua–Skembris, Torino Scaccomatto 2000

C) 11...♗c5 wird nach 11.♗d3 ♗c5 usw. weiter erörtert.

D) 11...♗f8 12.♗d3 d5 13.♖he1 ♖xe1 14.♖xe1

Die Abweichung hat den Weg in die Hauptvariante zurückgefunden (siehe dort nach 14.♖xe1).

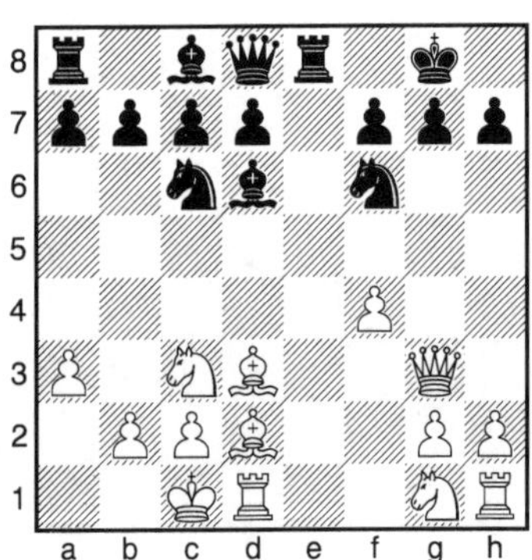

11...♗f8

Es muss endlich der Weg für den d-Bauern frei gemacht werden.

Eine andere Möglichkeit ist 11...♗c5 12.♘f3 d6.

(Die Alternative 12...d5 analysieren wir in der **Partie Nr.17**, Shabalov–A. Ivanov, USA 1994.)

13.f5 ♗e3 14.♗xe3 ♖xe3 15.♕f4 ♖e8 16.g4 ♘d7 17.g5 und Weiß kann einen Angriff auf dem rechten Flügel entwickeln, Babajew–Bayramow, Baku 2007.

Eine interessante Idee ist 11...a6 mit dem Plan, mittels b7–b5 einen Gegenangriff am Damenflügel zu organisieren. Weiß sollte in diesem Fall seine Entwicklung fortsetzen und keine Zeit beim Ausbau seiner eigenen Angriffsbemühungen auf dem Königsflügel verlieren.

Nach 12.♘f3 kann es beispielsweise wie folgt weitergehen: 12...b5 13.♕h3 ♗b7 14.♘d5.

Weiß entwickelt eine Initiative und diktiert entsprechend das Geschehen.

14...g6 15.♘g5 h5 16.♘xf6+ ♕xf6

In Saptarshi–Naumkin, Backi Petrovac 2018, entschied sich Weiß nun für 17.♘e4 und ließ damit eine Chance aus, einen starken Angriff zu entwickeln.

(Nach stattdessen 17.♖hf1!? mit der Absicht, den Vorstoß g2–g4 folgen zu lassen, hätte Schwarz Probleme bekommen. Nach 17...♗xa3 18.c3 ♗e7 19.g4 ist der angekündigte starke Angriff angelaufen.)

Dass Weiß dennoch zu einem schnellen Erfolg kam, verdankte er dem gegnerischen Fehler 17...♖xe4?.

(Schwarz hätte 17...♕e6! spielen sollen und damit alles unter Kontrolle gehalten. Nach 18.f5 hätte er beispielsweise über die Variante 18...♕a2 19.♘f6+ ♔h8 20.♗g5 ♗e5 21.c3 ♗xc3 22.bxc3 ♕xa3+ 23.♔b1 ♕b3+ 24.♔c1 ♕xc3+ 25.♔b1 ♕b3+ remisieren können.)

Nach der Bestrafung mit 18.♗xe4 ♗xf4 19.g3 ♗xd2+ 20.♖xd2 d6 21.♕g2 war die Partie entschieden, Schwarz gab auf.

12.♘f3 d5

Konsequent rückt Schwarz seinen d–Bauern vor, um endlich seinen Läufer c8 ins Spiel zu bringen.

Eine Alternative ist 12...d6.

A) 13.f5 d5 14.♖he1 ♖xe1 15.♖xe1 d4 16.♘b5 a6 17.♘xc7 ♗d6 18.♗f4 ♗xf4+ 19.♕xf4 ♖a7 20.g4 h6 21.g5

(21.♖g1! war stärker; z.B. 21...b5 22.g5 hxg5 23.♕xg5 ♕f8 24.♘xb5 axb5 25.♕xf6+–.)

21...hxg5 22.♕xg5 ♕xc7 23.♖g1 ♘e8 24.♖e1 ♘f6 25.♖g1 ♘e8 26.♖e1 ♘f6

Hier zeigten sich die Kontrahenten kampfesmüde und vereinbarten friedlich ein Remis, Njepomnjaschi–Harikrishna, Moskau 2007.

B) 13.♖de1 ♗d7 (13...♖xe1+ 14.♖xe1=) 14.f5 ♘e5 15.♘xe5 dxe5 16.♖xe5 ♖xe5 17.♕xe5 ♗d6 18.♕d4 ♗c6=, Balzar–Latzke, Deutschland 2001

C) 13.h3 ♘e7 14.♖he1

C1) 14...♗d7 15.♕f2 c6 16.g4 ♕c7 17.f5 ♘ed5 18.♕h4 ♖xe1 19.♖xe1 ♖e8 20.g5 ♖xe1+ 21.♗xe1 ♘e8

(Schwach ist 21...♘xc3? 22.♗xc3 ♘d5 23.♗xg7! ♗xg7 24.f6+–.)

22.♘xd5 cxd5 23.♗c3 mit starkem Angriff. Der weiße Plan setzt auf den Zug g5–g6, Ferron Garcia–Etchegaray, Saragossa 1995.

C2) 14...♘f5 15.♖xe8 ♕xe8 16.♕f2 d5 17.♖e1 ♕d8 18.g4 ♘d6 19.♕h4 ♗e6 20.♘g5 h6 21.♘xe6 fxe6 22.♖xe6 ♘fe4 23.♕xd8 ♖xd8 24.♘xe4 (24.♘xd5!?) 24...♘xe4 25.♗xe4 dxe4 26.♖xe4 ♔f7 27.♔d1 ♗d6 28.♔e2 g6 29.♗c3 h5 30.♔f3 hxg4+ 31.hxg4 ♗e7 32.♖d4 mit Endspielvorteil, der Weiß in der Partie Paragua–Samhouri, Cebu City 2007, zum späteren Sieg reichte.

13.♖de1 ♖xe1+

Auf 13...♘e7 folgt 14.♘e5 ♘f5 15.♕h3 ♘d6 16.g4 c6 17.♕f3 mit Königsangriff.

14.♖xe1

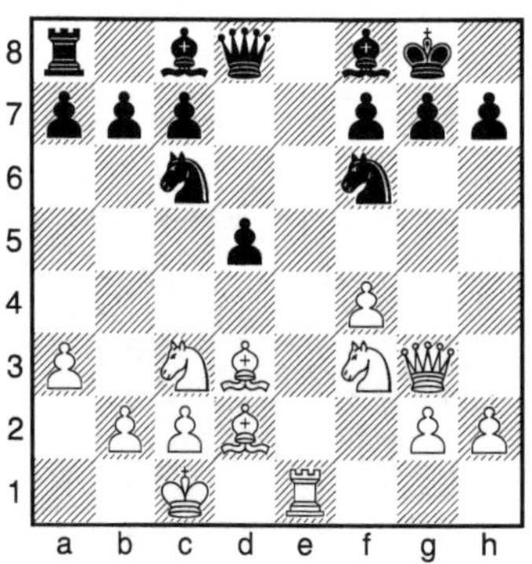

14...d4

Damit zwingt der Nachziehende den gegnerischen Springer, vom Feld c3 zu weichen, um anschließend den Läufer nach f5 zu entwickeln.

Einem anderen Plan folgt 14...♘e7; z.B. 15.♘e5 ♗f5 16.♗xf5 ♘xf5 17.♕d3 ♘e7 18.g4 und Weiß hat gute Angriffschancen, wie sich in der Partie Kapnisis–Lemos, Griechenland 2001, zeigte.

18...c6 19.g5 ♘d7 20.♘g4 g6 21.h4 ♗g7 22.h5 ♘f5

(Nach 22...gxh5 23.♘h6+ ♗xh6 24.gxh6 ♘g6 25.f5 ♘ge5 26.♕g3+ ♘g4 27.♖h1 ♘df6 28.♖xh5! hat Weiß Probleme.)

23.♕h3 b5 24.♘e2 a5 25.♘g3 ♘xg3 26.♕xg3 b4?

(Ein schwacher Zug. Besser ist 26...♘c5!?, um den Springer auf e4 zu platzieren.)

27.f5! bxa3 28.♕xa3 gxf5 29.♘h6+ ♗xh6 30.gxh6 ♕f6 31.♕g3+ ♔h8 32.♗g5 ♕d4 33.♕d6 f6

(33...♕g4 34.♗d2 f4 35.♗c3+ f6 36.♗xf6+ ♘xf6 37.♕xf6+ ♔g8 38.♕xc6 ♖d8 39.♕b6+–)

34.♕xd7 fxg5 35.♖e8+ 1–0

15.♘e4 ♗f5

Endlich kommt der Läufer ins Spiel.

16.♘fg5 ♘xe4 17.♘xe4 ♗e7

Die Folgen von 17...♗xe4 18.♗xe4 ♕d7 19.♕b3 sind trotz eines Minusbauern bequemer für Weiß.

18.♕f3 ♕d7 19.h3 ♗e6

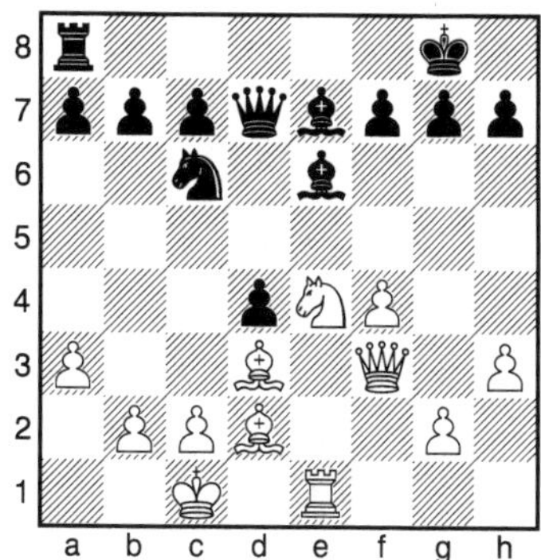

20.f5

Weiß muss konsequent auf Angriff spielen.

Nicht gut ist 20.g4, weil ihm nach 20...♕d5! große Probleme ins Haus stehen.

Nach hingegen 20...♗d5 und dann 21.g5 ♖e8 22.♘f6+ gxf6 23.♗xh7+ ist 23...♔xh7! die einzige Möglichkeit

(23...♔g7? 24.♕h5 fxg5 25.fxg5 ♕d6 26.♖f1! ♖h8 27.g6 ♕xg6 28.♗xg6 ♖xh5 29.♗xh5 mit materiellem Vorteil.)

24.♕h5+ ♔g8 25.g6 fxg6 26.♕xg6+ ♔h8 27.♕h6+

(27.♖g1? ♗f8 28.♕h5+ ♕h7 29.♕xe8 ♕f7∓)

27...♔g8 28.♕g6+ mit ewigem Schach.

20...♗xf5

Interessante Komplikationen entstehen nach 20...♗d5 21.f6 ♘e5 22.♕g3 ♘xd3+ 23.♔b1!.

A) 23...♗f8 24.fxg7 ♗e7 25.♕xd3 ♖e8

(25...f5 26.♘g3 ♗h4 27.♖e5 ♗xg3 28.♕xg3 ist bequem für Weiß.)

26.♘g3 ♗d6 (26...♗xg2?? 27.♘f5+–) 27.♖xe8+ ♕xe8 28.♕xd4 ♕e5 29.♕h4! ♕xg3 (29...♕xg7?? 30.♗h6+–) 30.♕d8+ ♔xg7 31.♗c3+ ♗e5 32.♕xd5 ♗xc3 33.bxc3 ♕xc3 34.♕g5+

(Oder 34.♕xb7 ♕xa3 35.♕xc7 mit ausgeglichenem Damenendspiel.)

34...♔f8 35.♕d8+ mit Dauerschach.

B) 23...g6 24.fxe7 ♗xe4 25.♖xe4

(Nach 25.cxd3 ♗c6 26.♗g5 ist nicht zu erkennen, wie Weiß die schwachen schwarzen Felder im gegnerischen Lager ausnutzen könnte.)

25...♘c5 26.e8♕+ ♖xe8 27.♖xe8+ ♕xe8 28.♕xc7 b6 29.♕xa7 ♕d8 30.♗f4 d3 31.♔c1 ♘e4 32.cxd3 ♕xd3 33.♕b8+ ♔g7 34.♕e5+ ♔g8

Weiß muss sich nun mit Dauerschach zufriedengeben: 35.♕e8+ ♔g7 36.♕e5+ usw.

21.♘c5 ♗xc5 22.♗xf5 ♕d8

Nach 22...♕d6 23.♗f4 ♕f6 24.♗xc7 g6 25.♗g4 ♕xf3 26.♗xf3 ♖c8 27.♗f4 entsteht ein etwa gleiches Endspiel. Für den Bauern hat Weiß mit seinem Läuferpaar genügend Kompensation.

23.♕h5 g6

Auf 23...h6? folgt 24.♗xh6!.

24.♗xg6 hxg6 25.♕xc5 a6 26.♕c4 ♕d7 27.♕e2 ♕d5 28.♔b1 ♖d8 29.♗f4

Weiß hat einen Bauern weniger, aber dafür ein aktives Spiel. Schwarz muss immer berücksichtigen, dass seine Königsstellung geschwächt ist. Weiß behält einen starken Läufer. Die Stellung befindet sich also im dynamischen Gleichgewicht.

Zusammenfassung: Mit dem Manöver 8.♕g3 entzieht sich die Dame der Wirkung des schwarzen Turms und entfaltet zugleich eine aktive Wirkung am Königsflügel. Schwarz muss sich gegen zahlreiche weiße Drohungen genau verteidigen.

Partie Nr. 1
Shabalov – Shliperman
Newark 1995

1.e4 e5 2.d4 exd4 3.♕xd4 ♘c6 4.♕e3 ♘f6 5.♘c3 ♗e7 6.♗c4

6.♗d2 haben wir im Theorieteil analysiert.

6...0–0 7.♗d2 d6 8.0–0–0 ♘e5

8...♗e6 wurde von Euwe empfohlen; z.B. 9.♗xe6 fxe6 10.♕h3 ♕c8 11.f4 ♖b8 12.g4 d5 13.g5 d4 14.gxf6 dxc3 15.♗xc3 ♗xf6 16.♘e2 ♗xc3 17.♕xc3 ♖d8 18.♖dg1 ♕d7 19.♖xg7+ ♕xg7 20.♖g1 ♕xg1+ 21.♘xg1 ♖d4 22.♘h3 ♖bd8 (22...♖xe4 23.♕g3+ ♔f8 24.♘g5+–) 23.b3 ♖8d7 24.♘g5 ♖d1+ 25.♔b2 ♘d4 26.e5 ♖c1 27.♕g3 ♖xc2+ 28.♔b1 ♖c1+ 29.♔b2 ♘e2 30.♕g4 ♖d2+ 31.♔a3 ♘d4 32.♘e4+ 1-0, Rozic–Suta, Ptuj 2011.

9.♗b3 ♗e6 10.f4 ♘c4 11.♗xc4 ♗xc4 12.♘f3 c6 13.♘d4 ♖e8 14.♕g3 ♗f8 15.♖he1 ♕c7?

Dies ist nur ein Tempoverlust und der Ausgangspunkt der schwarzen Schwierigkeiten. Besser war sofort 15...♕d7!? mit der Idee, über b7–b5 einen Konterangriff am Damenflügel vorzubereiten.

16.b3 ♗a6 17.♘f5

Der Anfang eines Angriffsplanes gegen den gegnerischen König.

17...♕d7

Jetzt sehen wir, warum 15...♕c7? falsch war.

18.♕g5 ♖e6 19.♖e3

Der Turm wird zur Mitwirkung auf den Königsflügel beordert.

19...♔h8 20.♖h3 ♖ae8

Der e–Bauer war tabu: 20...♘xe4 21.♘xe4 ♖xe4 22.♗c3 f6 23.♕g6 h6 24.♖xh6+! gxh6 25.♗xf6+ ♗g7 26.♗xg7+ ♔g8 27.♘xh6#.

21.♗e3 ♘g8 22.♗d4 ♖g6 23.♕h4 h6 24.g4

Der weiße Angriff ist bereits gewaltig.

24...♗e7 25.g5 ♕e6 26.♘xg7! ♖xg7 27.f5 ♕d7

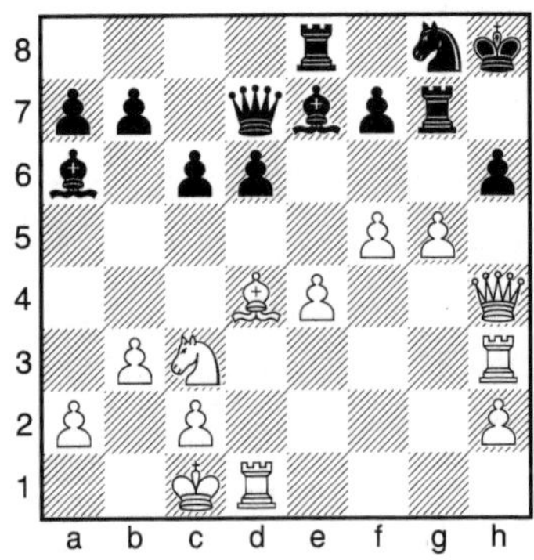

28.gxh6!

Eine hübsche Einleitung zum entscheidenden Königsangriff.

28...♗xh4 29.hxg7+ ♔h7 30.♖xh4+ ♘h6 31.♖g1 ♖g8 32.♗f6 d5 33.♖xh6+!

Schwarz gab auf wegen 33...♔xh6 34.♖g4 mit Matt.

Partie Nr. 2
Adams – Anand
Linares 1994

1.e4 e5 2.d4 exd4 3.♕xd4 ♘c6 4.♕e3 ♘f6 5.♗d2 ♗e7 6.♘c3 d5 7.exd5 ♘xd5 8.♕g3 ♘xc3 9.♗xc3 ♗f6 10.♗xf6

Zu 10.♗b5 werfen Sie bitte einen Blick in den Theorieteil.

10...♕xf6 11.0–0–0 0–0 12.♘f3

Richtig! Weiß setzt zielstrebig seine Entwicklung fort. Nach 12.♕xc7? ♘b4 13.♕c5 a5 14.a3 ♗g4 sähe die Situation für ihn schon sehr verdächtig aus.

12...♗f5

12...♗e6!? war eine andere gute Option.

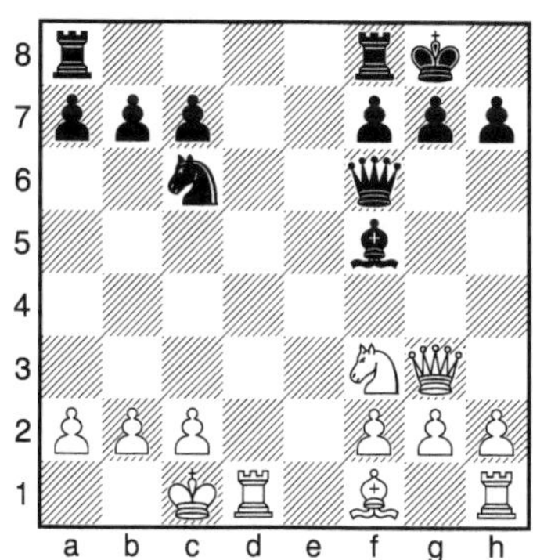

13.♕f4!

Genau gespielt. Leichtsinnig wäre 13.♕xc7? ♖fc8 14.♕f4

(Oder 14.♕xb7? ♖ab8 15.♕a6 ♕xb2+ 16.♔d2 ♕xc2+ mit schnellem Matt.)

14...♘b4! 15.♗c4

(15.♕xb4 ♖xc2+ 16.♔b1 ♖xb2+ –+)

15...♘xa2+ 16.♔d2

(– 16.♔b1 ♗xc2+ 17.♔xa2 ♕xf4–+
– 16.♗xa2 ♖xc2+ 17.♔b1 ♕xb2#)

16...♖d8+ 17.♗d3

(17.♔e1 ♖xd1+ 18.♔xd1 ♗xc2+ 19.♔xc2 ♕xf4–+)

17...♖xd3+! 18.cxd3 ♕xb2+ 19.♔e3

(19.♔e1 ♖e8+ 20.♘e5 ♖xe5+ –+)

19...♖e8+ 20.♘e5 ♘c3 21.♔f3

(21.♕xf5 ♘xd1+ 22.♖xd1 ♖xe5+ –+)

21...♘xd1 22.♖xd1 ♕xe5 und Weiß kann aufgeben.

13...♖ae8

Nach 13...♕e6 wäre 14.♗c4! stark.

14.♗d3 ♗xd3

Im Falle von 14...♗g6 und dann 15.♕xf6 gxf6 16.♗b5 ♖e6 17.♖d7 ♖c8 18.♖hd1 hätte Weiß die d-Linie erobert und dürfte deshalb das etwas bessere Spiel für sich reklamieren.

15.♕xf6 gxf6 16.♖xd3

Das Endspiel bevorteilt Weiß, was insbesondere auf den schwarzen Bauernschwächen am Königsflügel beruht. Zum Sieg aber reicht der schmale Vorsprung nicht aus.

16...♖e2 17.♖d2 ♖xd2 18.♔xd2 ♖d8+ 19.♔c3 ♖d5 20.b4 ♘d8 21.a4 ♘e6 22.a5 ♔f8 23.♖e1 ♔e7 24.♖e4 b6 25.♘d4 ♔d6 26.a6 f5 27.♖h4 ♘xd4 28.♖xd4 c5?!

Das kostet einen Bauern.

Der Übergang in ein Bauernendspiel war der beste Weg zum Ausgleich: 28...♖xd4! 29.♔xd4 c5+ 30.bxc5+

(30.♔c4 cxb4 31.♔xb4 ♔c6 32.c4 f4 33.h3 f6 34.h4 f5 35.f3 h5 36.♔c3 b5 37.cxb5+ ♔xb5 38.♔d4 ♔xa6 39.♔e5 ♔b5 40.♔xf4 a5 41.g4 fxg4 42.fxg4 a4 43.g5 a3 44.g6 a2 45.g7 a1♕ 46.g8♕=)

30...bxc5+ 31.♔c4 f4!

(Aber nicht 31...♔c6? wegen 32.f4!.)

32.♔b5 ♔d5 33.c3 h5 34.g3 f3 35.c4+ ♔d6 36.h3 f6 37.g4 h4 38.♔a4 ♔c6 39.♔a5 ♔c7 mit Remis.

29.bxc5+ ♔xc5 30.♖h4 ♔d6 31.♖xh7

Weiß hat einen Bauern kassiert, aber das Turmendspiel ist nicht zu gewinnen.

31...♔e7 32.♖h5 ♖c5+ 33.♔b3 ♖b5+ 34.♔a3 ♖c5 35.♔b3 ♖b5+ 36.♔c4 ½–½

Partie Nr. 3
J. Polgar – Timman
Hoogeveen 1999

1.e4 e5 2.d4 exd4 3.♕xd4 ♘c6 4.♕e3 ♘f6 5.♗d2 ♗e7 6.♘c3 d5 7.exd5 ♘xd5 8.♕g3 ♘xc3 9.♗xc3 ♗f6 10.♗b5 ♕d5?

Dieser Zug wurde nach der Partie kritisiert, weil er Weiß die besseren Chancen eröffnet. Angebracht war 10...0–0, was wir im Theorieteil analysiert haben.

11.♗xf6 gxf6 12.♗xc6+ ♕xc6 13.0–0–0

Genauer war das Einschalten von 13.♕g7! ♖f8 14.0–0–0 ♗f5 (14...♗d7 15.♖e1+ ♗e6 16.♕xf6+–) 15.♖d2 mit einem klaren Übergewicht auf der Seite von Weiß.

13...♗d7 14.♕a3 ♕b6 15.♖e1+ ♗e6 16.♕a4+ c6 17.♖d1 ♖g8

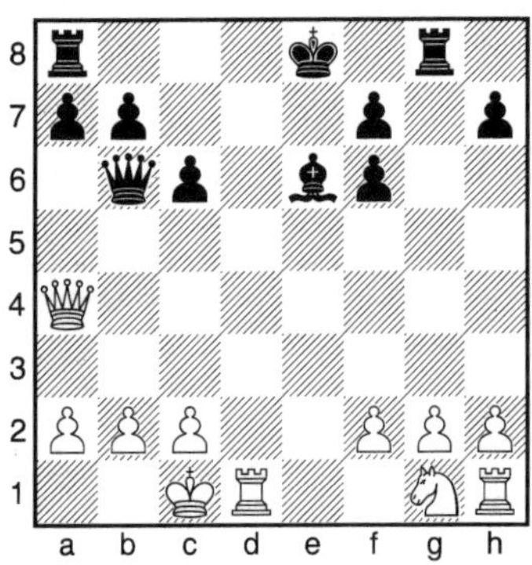

18.♘f3?!

Damit unterläuft der ungarischen Spitzenspielerin eine Ungenauigkeit.

Mit 18.♘h3! hätte sie ausgezeichnete Möglichkeiten auf die Entwicklung einer kräftigen Initiative erhalten; z.B. 18...♖xg2 (18...♗xh3 19.gxh3 ♔f8 20.♕h4+–) 19.♘f4 ♖xf2 20.♘xe6 fxe6 21.♕e4 ♔f8 (21...♕c5 22.♖hg1+–) 22.♖hg1 ♖xh2 23.♕xe6 und die schwarze Stellung wäre nicht zu retten.

18...♖xg2 19.♕f4 ♕c5 20.♕e4 ♕f5 21.♕e2 ♕f4+ 22.♔b1 ♕c4

Erzwingt den Damentausch, der für Schwarz günstig ist.

23.♕xc4 ♗xc4 24.♖hg1 ♖xg1 25.♖xg1 ♔f8

Das entstandene Endspiel sieht Schwarz im Vorteil.

26.♖g4 ♗d5 27.♖f4 ♖e8 28.♔c1 ♖e2 29.c4 ♖e4 30.♖xe4 ♗xe4 31.♘d2 ♗f5 32.b4 ♔e7 33.♔b2 ♔e6 34.♔c3 ♔e5 35.a4 h5 36.c5 ♗e6 37.♔d3 a5

Mit dem Ziel, die weißen Bauern am Damenflügel zu schwächen. Ernst infrage kam 37...♔f4!?.

38.bxa5 ♔d5 39.♔c3 ♗f5

39...♔xc5? verbietet sich wegen 40.♘e4+ ♔d5 41.♘xf6+ ♔e5 42.♘xh5 mit weißem Vorteil.

40.♔b4 ♗d3 41.♔c3 ♗e2 42.♘b3 ♗d1 43.♘d4 ♔xc5 44.♘f5 ♗g4

Auf 44...♗xa4 folgt 45.♔d2! Δh2–h4, ♘f5–g3 mit Angriff auf den Bauern h5.

45.♘e3 ♗f3 46.h4 ♗e4 47.♘f1! ♗f3

47...♔d5 48.♘e3+ ♔e5 49.♘c4+ ♔d5 50.♘e3+ hält die Stellung.

48.♘g3 f5

48...♔d5 49.♔d3=

49.♘xf5 ♗g4 50.♘h6 ♗e6 51.♘g8 f5 52.♘f6 ♗f7 53.♘d7+ ♔d6 54.♘b6 f4 55.♔d4 ♗d5 56.♘c8+ ♔d7 57.♘b6+ ♔d6 58.♘c8+ ♔d7 59.♘b6+ ♔d6 ½–½

Partie Nr. 4
Mieses – Aljechin
Scheveningen 1913

1.e4 e5 2.d4 exd4 3.♕xd4 ♘c6 4.♕e3 ♗e7 5.♗d2 ♘f6 6.♘c3 0–0 7.0–0–0 d5 8.exd5 ♘xd5 9.♕g3 ♗h4 10.♕f3 ♗e6 11.♗e3

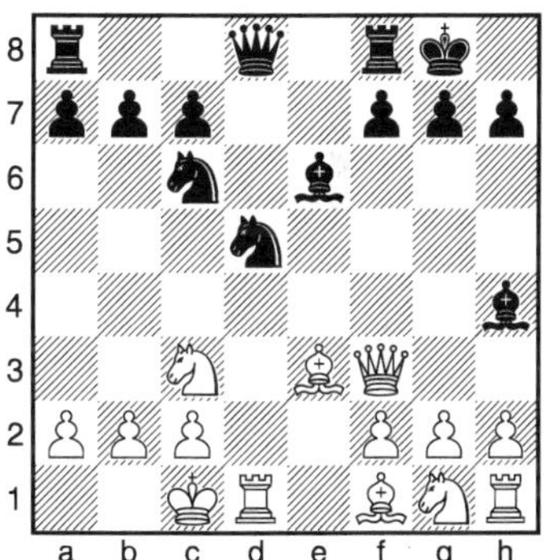

11...♘xc3!?

Für die Dame nimmt Schwarz dem Gegner Turm, Springer und einen Bauern ab. Nach Aljechin bietet dies ausreichende Kompensation.

Die Erwiderung 11...♘cb4 haben wir im Theorieteil besprochen.

12.♖xd8 ♘xa2+ 13.♔b1 ♖axd8 14.♗e2 ♘ab4 15.♘h3 ♖fe8

15...♗f6 sollte Weiß am besten mit 16.♘f4 beantworten; z.B. 16...♗f5 17.♖c1 ♘xc2 18.♖xc2 ♘b4 19.♘d3 ♗xd3 20.♗xd3 ♖xd3 21.♖d2 mit etwa gleichem Spiel.

16.♘f4

Großmeister Robert Hübner hat hier 16.♖d1!? empfohlen; z.B. 16...♗d5

17.♕h5 ♗f6 18.♘g5 ♗a2+

(18...h6 19.♖xd5 ♘xd5 20.♘xf7 ♖d7 21.♘xh6+ ♔f8 22.♗c5+ und 23.♕f7#)

19.♔c1 h6 20.♖xd8 ♖xd8 21.♘e4 und der weiße Vorteil liegt klar auf der Hand.

16...♗f5 17.♖c1 g6

Nichts brächte 17...♘xc2 mit der Folge 18.♖xc2 ♘b4 19.♘d3! ♗e4 20.♘xb4! ♗xf3 21.♗xf3 und guten Aussichten für Weiß.

18.g4 ♗e4 19.♕h3 ♗f6 20.♗f3

Damit wird der gefährliche schwarze Läufer liquidiert.

20...♗xf3 21.♕xf3 ♘e5 22.♕e2!?

Nach 22.♕xb7 ♖b8 23.♕g2 ♘c4 24.c3 ♘a2 25.♔xa2 ♖xb2+ 26.♔a1 ♘xe3! 27.♕c6 ♖eb8 28.fxe3 ♖2b5 29.♕a6 c6 30.♘d3 ♗d8 31.♘b4 ♖a5+ 32.♕xa5 ♗xa5 33.♘xc6 ♖b5 34.c4 ♖c5 35.♘xa5 ♖xa5+ 36.♔b2 würde ein ausgeglichenes Turmendspiel entstehen. Der Partiezug ist stärker.

22...c5 23.♖g1

Nach dem schwachen Versuch 23.♗xc5? ♘ed3 24.♕xe8+ ♖xe8 25.cxd3 ♗g5 26.♗xb4 ♗xf4 hätte Schwarz ein vorteilhaftes Endspiel auf dem Brett.

Infrage kam aber 23.♖d1!?.

23...c4 24.h4

Zu überlegen war 24.g5!? ♗g7 25.♖d1 usw.

24...♘d5 25.♘xd5 ♖xd5 26.f4

Der englische Großmeister John Nunn hat hier 26.g5!? ♗g7 27.♖d1 ♖b5 28.♗d4 ♖e6 29.♕f1! mit der Absicht f2–f4 vorgeschlagen.

26...♘d3!

Aljechin ist voll in seinem Element!

27.♕f3

Weiß hätte hier die Folge 27.cxd3!? ♖xd3 28.♖g3 ♗d4 29.♕c2

(29.♕xd3?? cxd3 30.♗xd4 ♖e1+ 31.♔a2 d2–+)

29...♗xe3 30.♕xc4 ♖ed8 31.♕e4! vorziehen sollen; z.B. 31...♖d1+ 32.♔a2 ♗f2 33.♖h3 mit der Absicht h4–h5 usw.

27...♖b5 28.cxd3

Schlechter war 28.b3? ♖a5 29.cxd3 cxd3! (29...cxb3?? 30.d4!+–) 30.♔c1 ♗c3 31.♔d1 ♖a1+ 32.♗c1 ♖e1+! 33.♖xe1 ♖xc1+ 34.♔xc1 d2+ und Schwarz gewinnt leicht.

28...♖xb2+ 29.♔c1 cxd3 30.♔d1 30...♖c8! 31.g5?

Bis hierher hat sich Weiß sehr ordentlich geschlagen, mit dem Partiezug aber macht er den entscheidenden Fehler. Dagegen hätte er sich nach 31.♕e4! ♗c3 (31...♖cc2 32.♕xd3=; 31...d2 32.♔e2=) 32.♕xd3 retten können.

31...♖cc2 32.♔e1 ♖b1+ 33.♕d1 ♗c3+

Nichts geht mehr, Weiß gab sich geschlagen.

Partie Nr. 5
Winawer – Steinitz
Nürnberg 1896

1.e4 e5 2.d4 exd4 3.♕xd4 ♘c6 4.♕e3 ♘f6 5.♘c3 ♗b4 6.♗d2 0–0 7.0–0–0 ♖e8 8.♗c4 ♗xc3

Schwarz räumt den gegnerischen Springer in der Absicht ab, den Bauern e4 zu erobern. Weitere Möglichkeiten haben wir in Abspiel 1 betrachtet.

9.♗xc3 ♘xe4

Sofort verliert 9...♖xe4?? wegen 10.♗xf6+–.

10.♕f4

Einen kurzen Verlauf nahm die Partie Cela–Markidis, Kavala 1995: 10.♘f3 ♘d6 11.♕f4 ♘xc4 12.♕xc4 d6 13.h4 ♗e6 14.♕f4 f6 15.g4!

Für den Bauern bekommt Weiß eine starke Initiative am Königsflügel.

15...♕e7 16.g5 ♘e5 17.♕g3 ♔h8 18.h5 ♗g4 19.♘xe5! und 1–0 wegen 19...♗xd1 20.♘g6+! mit Matt.

10...♘f6

Schwarz kann auch auf andere Möglichkeiten der Verteidigung setzen.

I. 10...♖e7 11.♗xf7+

A) 11...♖xf7 12.♕xe4 ♕g5+

(– Auf 12...♖xf2 sollte Weiß einfach mit 13.♘f3! reagieren.

– Auch nach 12...d6 ist 13.♘f3 stark; z.B. 13...♕e7 14.♕a4 ♗f5 15.♖he1 ♕d7 16.♘g5 ♖e7 17.♕b3+ ♔f8 18.g4 h6 19.gxf5 hxg5 20.♖xe7 ♘xe7 21.f6 gxf6 22.♗xf6+–, Bugarcic–Šarenac, Belgrad 2004.)

13.♔b1

(13.♗d2 ♕f5 14.♕xf5 ♖xf5 15.♘h3 d6 16.♘f4 ♗d7 17.♗e3 ♖f7 18.♖he1 ♘e5 19.f3 ♘c4 20.♘d5 ♘xe3 21.♖xe3 c6 22.♘b4 a5 23.♘d3 ♖e8 24.♖xe8+ ♗xe8 25.♘f2 d5 26.♖e1 ♔f8=, Degraeve–Marcelin, Issy les Moulineaux 2000)

13...d6 14.♘f3 ♕f5 15.♕h4 ♗d7 16.♖he1 ♖e8 17.♖xe8+ ♗xe8 18.♖e1 ♗d7 19.a3 h6 20.♕c4 ♔h7

Schwarz hat sich ein gleiches Spiel erarbeitet, Strejc–Kalivoda, Pribram 2000.

B) 11...♔h8 12.♗b3 ♘xc3 13.bxc3 d6 14.♘f3 ♗e6 15.♖he1 ♖f7 16.♕e4 ♗xb3 17.axb3 ♕f6 18.♕d5 h6 19.♔b2 ♖af8 20.♖e6 ♕f4 21.♖e4 ♕f5 22.♘h4 ♕xd5 23.♘g6+ ♔g8 24.♖xd5 ♖d8 25.f4

Das nunmehr auf dem Brett entstandene Endspiel ist günstig für Weiß. Sein Plan basiert auf dem Vormarsch seiner Bauern am Königsflügel mit g2–g4, h2–h4, f4–f5, Morovic Fernández–Gomez Esteban, Las Palmas 1991.

II. 10...♘xc3 11.♗xf7+ ♔h8 12.♗xe8 ♘xa2+ (12...♘xd1?? 13.♕f8#) 13.♔b1 ♕xe8 14.♔xa2 d6 15.♘f3 a5 16.♔b1 ♘b4 17.♘g5 ♗e6 18.♕e4 ♗a2+ 19.♔c1 ♕h5 20.f4 mit weißem Vorteil, Bokarew–Frolow, St. Petersburg 1998.

11.♘f3 d6

Weiß steht optimal, Schwarz muss erst noch seine Hausaufgaben machen und endlich die Entwicklung seiner Figuren am Damenflügel abschließen.

Andere Erwiderungen garantieren keinen Ausgleich:

– 11...h6 12.♗xf6 ♕xf6 13.♕xc7 ♖e7 14.♕g3 ♖e4 15.♘d2 ♕f4 16.♕b3 ♘a5 17.♗xf7+ ♔f8 18.♕a3+ ♔xf7 19.♕xa5+–, Lujan–Ancheyta Tejas, Merida 1997;

– 11...♖e4 12.♗xf7+ ♔f8 13.♗xf6 ♖xf4 14.♗xd8 ♘xd8 15.♗b3±, Kujawski–Kosikowski, Fernpartie 1991;

– 11...d5 12.♗xf6 ♕xf6 13.♕xf6 gxf6 14.♗xd5 ♘b4 15.a3 ♘xd5 16.♖xd5 ♗e6 17.♖d3±, Kopp–Schell, Deutschland 2004.

12.♘g5 ♗e6 13.♗d3

Weiß muss seinen starken Läufer behalten. Nach 13.♘xe6 fxe6 hätte Schwarz ein starkes Bauernzentrum.

13...h6

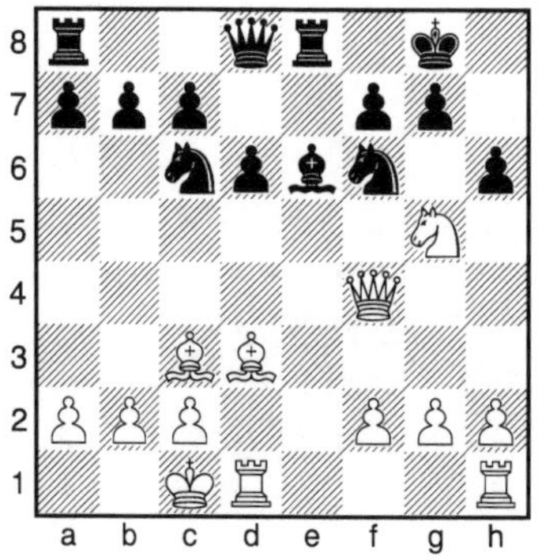

14.h4!

Nur mit diesem ebenso mutigen wie verpflichtenden Zug kann Weiß um Vorteil kämpfen.

14...♘d5

14...hxg5 15.hxg5 ♘g4

(15...♘d5? 16.♖h8+! ♔xh8 17.♕h4+ ♔g8 18.♗xg7! ♔xg7 19.♕h6+ ♔g8 20.♖h1+–)

16.♗f5 ♘ge5

(Auf 16...♘ce5 kann folgen: 17.♖h4 ♘xf2 18.♖f1 ♗xf5 19.♕xf5 ♘g6 20.♖xf2 ♕e7 21.♖h1 mit der Absicht, g2–g4 und ♖f2–h2 zu spielen und so einen Angriff einzuleiten.)

17.♕h4 ♔f8 18.♗xe6 ♖xe6

(18...fxe6 19.f4 ♘g6 20.♕h7+–)

19.f4 ♘g6 20.♕h7 ♔e8 21.♕xg7 ♔d7 22.♖h7 ♘ge7 23.♕xf7

Weiß hat für die geopferte Figur eine starke Initiative.

15.♗h7+ ♔h8

15...♔f8?? 16.♘xe6+ ♖xe6 17.♖xd5+–

16.♖xd5!

Nur so kann Weiß beweisen, dass er zu Recht den Hut aufhat.

16...♗xd5 17.♗e4! f6??

Der Verlustzug. Die einzige Verteidigung bestand in 17...♖xe4! 18.♘xe4! (18.♘xf7+?? ♔g8!–+) 18...♘e5

(18...♗xe4?? 19.♕xh6+ nebst Matt)

19.♖d1

(19.♘xd6 ♕xd6 20.♗xe5 ♕c6 21.♖d1 ♗e4=)

19...c6

(19...♗xe4 20.♗xe5 ♗h7 21.♕xf7 ♕g8 22.♕xg8+ ♔xg8 23.♗c3=)

20.♘xd6 ♕xd6 21.♗xe5 ♕g6 22.g4 ♔g8 mit einer aktiven weißen Stellung. Allerdings sichern die ungleichfarbigen Läufer dem Nachziehenden ein gleiches Spiel, Frilli–Bove, Bratto 2002.

18.♗xd5 fxg5 19.hxg5 ♘e5 20.g6!

Gegen die Drohung 21.♖xh6+ gibt es keine Parade. Schwarz gab sich geschlagen.

Partie Nr. 6
Braga – Alpern
Buenos Aires 1978

1.e4 e5 2.d4 exd4 3.♕xd4 ♘c6 4.♕e3 ♘f6 5.♘c3 ♗b4 6.♗d2 0–0 7.0–0–0 ♖e8 8.♗c4 ♘a5 9.♗e2 d5 10.♕g3

Andere Pläne haben wir in Abspiel 1 behandelt.

10...♘xe4 11.♘xe4 ♖xe4 12.♗g5 f6

Eine unnötige Schwächung der schwarzen Königsstellung. Besser sieht 12...♗e7!? aus.

13.♗f3

Weiß verschärft die Situation. Ohne Risiko hätte er die ruhige Alternative 13.♗f4!? wählen können, die den Vorzug verdient.

13...♗d6 14.♗xe4 ♗xg3 15.♗xd5+ ♔f8

Stark war auch 15...♔h8!? 16.hxg3 fxg5 und jetzt erreicht Weiß nichts mit 17.♖xh7+ ♔xh7 18.♗e4+ ♗f5 19.♗xf5+ g6 20.♖xd8 ♖xd8 und Schwarz ist im Vorteil.

16.hxg3 fxg5 17.♖xh7 ♕f6

Zu beachten war auch 17...♕d6!?.

18.♖e1

Weiß baut ein paar Drohungen auf, Schwarz aber behält alles im Griff.

18...g6 19.♘f3 ♘c6 20.♖eh1!

Weiß muss die Spannung aufrecht und den Kampf auf des Messers Schneide halten.

Nichts Brauchbares bringen würde 20.♖f7+? ♕xf7 21.♗xf7 ♔xf7 22.♘xg5+ ♔f6. Schwarz hat alle Chancen, das Endspiel für sich zu entscheiden.

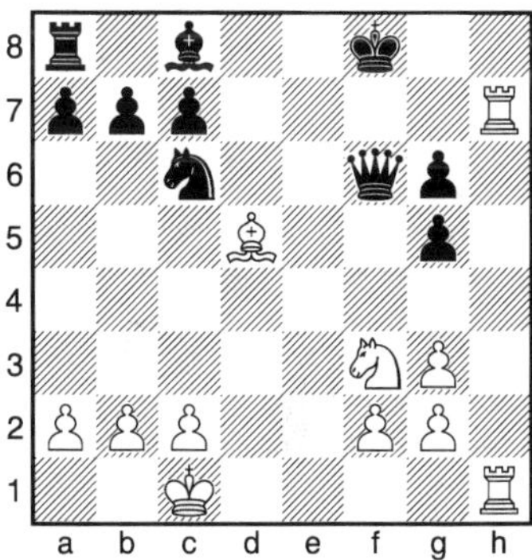

20...♘e5??

Der Nachziehende unterschätzt die gegnerischen Angriffsmöglichkeiten. Nach dem richtigen Zug 20...♘d8! ist nicht zu sehen, wie Weiß seinen Angriff fortsetzen könnte.

21.♘d2! ♘f7

Es ist nicht einfach, sich zu verteidigen; z.B. 21...♕f5 22.♘e4 ♗e6 23.♗xe6 ♕xe6 24.♖h8+ ♔e7 25.♖xa8 ♕xa2 26.♖h7+ ♘f7 27.♖c8 und nun ist nur noch die Frage offen, wie lange

Weiß brauchen wird, um die Partie zu gewinnen.

22.♖xf7+ ♕xf7 23.♗xf7 ♔xf7 24.♖h7+ ♔e6 25.♖xc7

Weiß steht auf Gewinn, der Rest ist einfach.

25...♔d6 26.♖g7 ♗f5 27.g4 ♗xg4 28.♖xg6+ ♔e5 29.♖xg5+ ♔f4 30.♖b5 ♗e2 31.♖xb7 ♖h8 32.b3 ♖h1+ 33.♔b2 ♖d1 34.♘f3 ♖f1 35.♖f7+ ♔e4 36.♘d2+

Schwarz kapitulierte.

Partie Nr. 7
Hase – Rubinetti
Buenos Aires 1972

1.e4 e5 2.d4 exd4 3.♕xd4 ♘c6 4.♕e3 ♘f6 5.♘c3 ♗b4 6.♗d2 0–0 7.0–0–0 ♖e8 8.♗c4 ♘a5 9.♗e2 d5 10.e5?

Die guten Fortsetzungen haben wir in Abspiel 1 analysiert.

10...♘c6 11.f4 d4 12.♕f3

In der Partie Mikhaletz–G. Kusmin, Alushta 2000, geschah 12.♕g3 dxc3 13.♗xc3 ♘d5 14.♗c4 (△14.♗xb4 ♘cxb4 15.a3 usw.) 14...♘xc3 15.♖xd8 ♖xd8 16.♘h3 (16.♗d3!?) 16...♗e6 17.♗d3 ♖xd3 18.♕xd3 ♖d8 19.♕e3 ♗xa2 20.f5 ♘d5 21.♕f2 b6 22.c3 ♗c5 23.♕g3 ♗e3+ 24.♔c2 ♘db4+! 0–1.

12...dxc3 13.♗xc3 ♘d7 14.♗xb4 ♘xb4 15.a3 ♘c6 16.♗b5 ♕e7 17.♗xc6 bxc6 18.♕xc6

Für die geopferte Figur hat Weiß wohl keine Kompensation, doch der Kampf wird noch dauern.

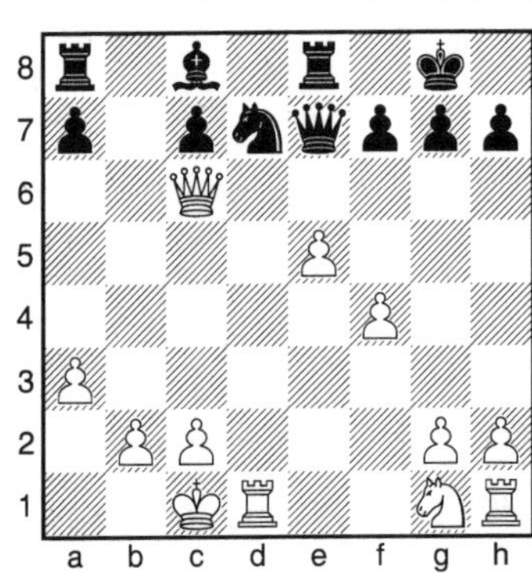

18...♘f8??

Wahnsinn! Nach der richtigen Aktion 18...♘b6! wäre die Partie für Schwarz leicht gewonnen. Nun aber gewinnt Weiß!

19.♕xa8 ♗g4 20.♕e4

20.♕c6! war genauer.

20...♗xd1 21.♔xd1 ♖d8+ 22.♔c1 ♕e6 23.♘e2 ♕a2 24.♘c3 ♕a1+ 25.♘b1 ♖b8 26.b3 ♖d8 27.f5 ♖e8 28.♖e1 c6 29.g4 h6 30.h4 c5 31.♕d5 c4 32.e6 fxe6 33.♕xc4 ♕f6 34.fxe6 ♔h8 35.♖f1

Stärker war 35.e7! ♘h7 (35...♖xe7 36.♖f1+–) 36.♖e6 ♕xh4 37.♕c6 ♕g5+ 38.♘d2 mit leichtem Gewinn für Weiß. Der Partiezug führt auch zum Erfolg, der Weg dorthin ist aber beschwerlicher.

35...♕xh4 36.♕c6 ♕g5+ 37.♔b2 ♕d8 38.♘c3 ♘xe6 39.♖e1 ♘c7 40.♖d1 ♕b8 41.♖d7 ♘e6 42.♖xa7! ♘d4 43.♕c7 ♕xc7 44.♖xc7 g5 45.♘d5 ♖f8 46.a4 h5 47.gxh5 g4 48.♖c4 g3 49.♖xd4 g2 50.♖g4 ♖g8 51.♖xg2! ♖xg2 52.a5 ♖g5 53.c4

Schwarz gab auf.

Partie Nr. 8
Azar – Raifen
Israel 1997

1.e4 e5 2.d4 exd4 3.♕xd4 ♘c6 4.♕e3 ♘f6 5.♘c3 ♗b4 6.♗d2 0–0 7.0–0–0 ♖e8 8.♗c4 d6 9.♘f3 ♗e6 10.♗xe6 ♖xe6 11.♘g5 ♖e8 12.f3 h6

12...♘e5 haben wir in Abspiel 1 behandelt.

13.h4!?

Das bekannte Motiv, aber wenn Weiß in einer solchen Stellung angreifen will, muss er opferbereit sein.

Natürlich geht es auch ruhiger mit 13.♘h3.

13...d5

Nach 13...hxg5 14.hxg5 ♘d7 15.f4 hätte Weiß eine starke Initiative. Deshalb lehnt Schwarz das Geschenk dankend ab.

14.♕f2 d4 15.♘e2 ♗c5

Oder 15...hxg5 16.hxg5 ♗xd2+ 17.♖xd2 ♘h7 18.♕h4 ♕xg5 19.♕xh7+ ♔f8 20.f4 ♕g4 21.e5 mit weißem Übergewicht.

16.♘f4!?

Vorwärts zum Angriff!

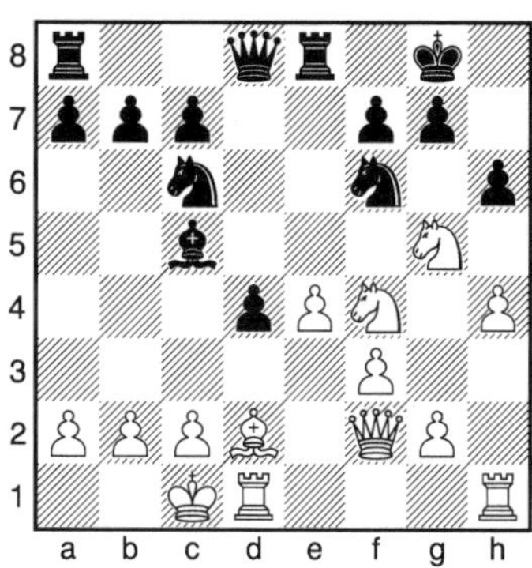

16...♖e5?

Keine logische Entscheidung. Ohne Zweifel besser war 16...♘e5!?.

17.♘d3 hxg5

Weiß zeigt sich opferbereit, der Nachziehende nimmt den Springer an.

18.hxg5 ♘d7 19.♕h4 ♔f8 20.♘xe5 ♘cxe5 21.♕h8+ ♔e7 22.♕xg7 ♕g8 23.♕h6 ♕g6 24.f4 ♕xh6

Schwarz bleibt keine andere Wahl. Nach 24...♘g4 25.♕h4 ♘e3 26.♗xe3 dxe3 27.f5 wäre auch alles klar. **25.gxh6 ♘c4 26.e5 f6 27.b4 ♗b6 28.a4 a6 29.exf6+ ♘xf6 30.f5 ♖h8 31.♖de1+ ♔f7 32.♖h4 ♘xd2 33.♔xd2 ♘d5 34.a5 ♗a7 35.♖e6 c6 36.g4 ♘f4**

Nach 36...♘xb4 gewinnt 37.g5!.

37.♖e4 ♔f6 38.g5+! ♔xg5 39.♖exf4 ♖xh6 40.♖xh6 ♔xh6 41.f6 ♗b8 42.♖g4 ♗d6 43.f7

Schwarz gab sich geschlagen.

Partie Nr. 9
Groot – Hlavacek
Fernschach ICCF 2017

1.e4 e5 2.d4 exd4 3.♕xd4 ♘f6 4.♘c3 ♘c6 5.♕e3 ♗b4 6.♗d2 0-0 7.0-0-0 ♖e8 8.♗c4 d6 9.f3 ♘e5 10.♗e2

Im Theorieteil hatten wir uns auf 10.♗b3 konzentriert.

10...♗c5

In der Partie Munoz Pantoja–Ivanov, Sabadell 2016, wählte Schwarz 10...♗e6 und kam im Anschluss über die Zugfolge 11.♔b1 c6 12.♘h3 b5 13.♘f4 ♗c4 14.♘d3 ♘xd3 15.♗xd3 d5 zu aktiven Möglichkeiten in einer recht komplizierten Stellung. Allerdings ist auch der weiße Aufbau gesund. Letztlich gelang Weiß der spätere Sieg in einem umkämpften Duell.

11.♕g5 c6

Der Bauer erfüllt eine Doppelaufgabe. Er übernimmt die Kontrolle über d5 und unterstützt zugleich den Aufbau eines Gegenspiels, für das Schwarz den Damenflügel auserkoren hat.

12.h4 h6 13.♕g3 b5 14.♔b1 ♖b8 15.♕e1

Der weiße Angriff findet auf dem Königsflügel statt. Er soll mit g2-g4 fortgesetzt werden, weshalb die Dame den Weg des Bauern frei räumen muss. Angesichts der entgegengesetzten Rochaden ist ein zielstrebiges Vorgehen sehr wichtig.

15...♕b6

15...♗e6 16.♘h3 b4 17.♘a4 ♗d4 18.g4 c5∞

16.g4 d5 17.g5

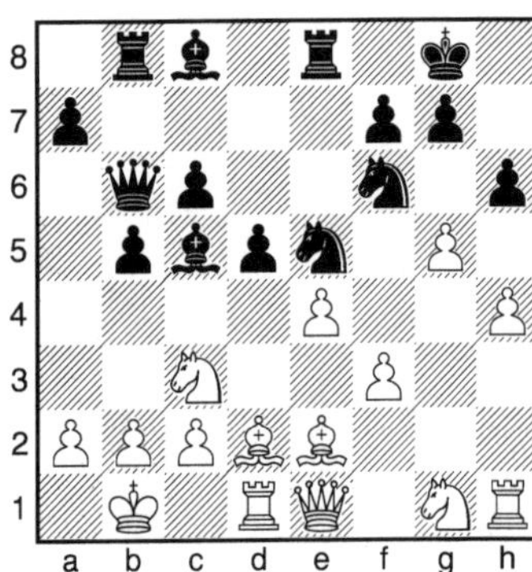

Jetzt wird das Duell auf des Messers Schneide weiter ausgefochten. Der Ausgang ist völlig offen.

17...♘h5 18.gxh6

In einer Fernschachpartie wie dieser ist der Fehler 18.exd5? eher nicht vorstellbar, im Spiel Auge in Auge aber unter gewissen Umständen schon. Schwarz antwortet natürlich nicht mit 18...cxd5, sondern mit 18...♗f5. Nach etwa 19.dxc6 ♗f2 20.♕f1 ♘g3 steht Weiß auf Verlust.

18...d4 19.f4 ♘g4

19...dxc3? wird widerlegt durch 20.♗xh5. Nach beispielsweise 20...♗f2 21.♕f1 cxd2 22.fxe5 wäre die schwarze Stellung bereits aufgabereif.

20.♘h3 dxc3

20...gxh6? 21.f5!±

21.♗xc3 b4

– 21...♖xe4?? 22.♗a5+–

– Auf 21...gxh6 wird die Variante 22.b4

♗xb4 23.♗xb4 ♖xe4 24.♖g1± möglich.

22.♗xg7

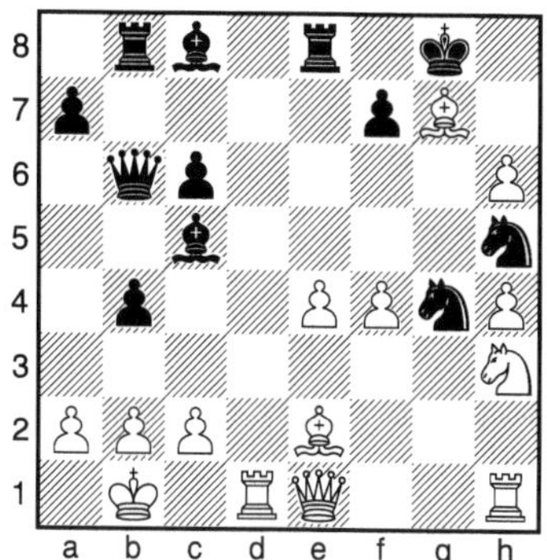

Die Partiesituation ist sehr interessant. Schwarz entschied sich für eine Aktivierung seines ♖b8, den er vermutlich via b7 in die Mitte weiterziehen wollte. Diese Entscheidung führte in seine schnelle Niederlage, was die in der Stellung liegenden weißen Chancen unterstreicht.

22...♖b7??

22...♖xe4 23.♘g5 ♖e3= hätte Schwarz alle Chancen gelassen.

23.f5!+– ♖xe4

Jetzt kommt dieser Zug zu spät. Allerdings können die Alternativen 23...♘xg7 24.♗xg4+– oder 23...♘gf6 24.♗xf6 ♘xf6 25.♕g3+ +– Schwarz ebenfalls nicht vor der Niederlage bewahren.

24.♘g5 ♖e8 25.♕f1

Jetzt lässt Weiß seinen Gegner nicht mehr aus der Falle.

25...♘e3

25...♘xg7 26.♗xg4+–

26.♗xh5 ♘xf1

Zum Abschluss noch ein hübsches, wenn auch berechenbares Damenopfer!

27.♖hxf1

Schwarz gab auf wegen 27...♗f8 28.♗d4. Es droht das Matt mit h6-h7, die Dame ist verloren.

Partie Nr. 10
G. Hansen – Sørensen
Kopenhagen 1994

1.e4 e5 2.d4 exd4 3.♕xd4 ♘c6 4.♕e3 ♘f6 5.♘c3 ♗b4 6.♗d2 0–0 7.0–0–0 ♖e8 8.♗c4 d6 9.f3 ♘e5 10.♗b3 ♗e6 11.♘ge2

Weiß setzt die Entwicklung fort. In Abspiel 1 haben wir 11.♗xe6 analysiert.

11...♗c5 12.♕g5 ♗f2

Auf 12...h6 könnte 13.♕h4 folgen, um g2–g4 vorzubereiten. Weiß hätte gute Angriffschancen am Königsflügel.

13.h4 ♘c4

Auf 13...h6 folgt 14.♕f4 mit der Absicht g2–g4.

14.♗xc4 ♗xc4 15.♘g3 h6 16.♕f4 ♕e7 17.b3 ♗a6?!

Logischer war 17...♗e6!, um die Möglichkeit zu haben, nach dem weiteren Aufmarsch mit a7–a5–a4 am Damenflügel zu kontern. Mit dem Partiezug blockiert Schwarz den Marsch seines a-Bauern.

18.♘f5 ♕e5 19.g4 ♕xf4 20.♗xf4 ♗c5 21.h5 ♗b4 22.♘d5 ♘xd5 23.♖xd5 ♗e2 24.♖h3!

Richtig! In der Variante 24.♘d4 ♗a6 25.♔b2 c6 26.♖f5 c5 27.a3 ♗xa3+ 28.♔xa3 cxd4 29.♖h2 ♖e6 30.♖d2 ♖c8 31.♔b2 ♖c3 32.♗g3 bekommt Weiß seinen Bauern zurück, aber mit dem Stellungsmerkmal der ungleichfarbigen Läufer hätte Weiß kaum noch Chancen, auf Vorteil zu spielen.

24...c6 25.♖d4 ♗a3+ 26.♔d2 ♗f1 27.♖g3

Stärker war 27.♖h2!; z.B. 27...♗c5 28.♖xd6 ♗xd6 29.♘xd6 ♖ed8 30.c4 ♖d7 31.♖f2 ♖ad8 32.♖xf1 ♖xd6+ 33.♗xd6 ♖xd6+ 34.♔e2 mit Vorteil im Turmendspiel.

27...♗c5 28.♖xd6

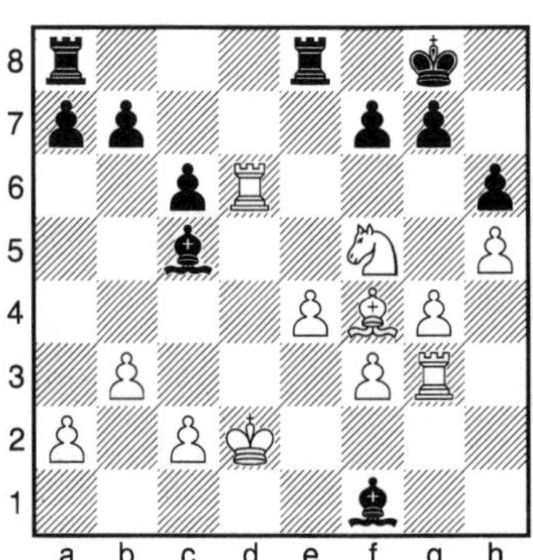

28...♗xd6?

Das verschafft Weiß einen großen Vorteil. Notwendig war deshalb 28...♗f2! und nach 29.♗e3 ♗xg3 30.♘xg3 ♖ed8 (30...♗a6!?) 31.e5 ♖xd6+ 32.exd6 ♗a6 33.♘f5 ♔f8 hätte Schwarz reale Rettungschancen.

29.♘xd6 ♖ed8 30.c4!

Nun ist der Läufer f1 gefangen.

30...b5 31.♖g1 ♗h3 32.c5 b4 33.♔e2 a5 34.♖g3 a4 35.♖xh3 axb3 36.axb3 ♖a3 37.g5 hxg5 38.♗xg5 f6 39.h6! gxh6

39...fxg5 40.h7+ ♔h8 41.♘f7#

40.♗xf6 ♖d7 41.f4

Schwarz gab auf.

Partie Nr. 11
Schirow – Karpow
Dos Hermanas 1995

1.e4 e5 2.d4 exd4 3.♕xd4 ♘c6 4.♕e3 ♘f6 5.♘c3 ♗b4 6.♗d2 0–0 7.0–0–0 ♖e8 8.♕g3 d6 9.f3 ♘e5 10.h4 ♔h8 11.♘h3 ♘h5 12.♕h2

12.♕e1 haben wir in Abspiel 2 vorgestellt.

12...c6 13.a3

Bangijew hat hier 13.♘g5!? empfohlen, es kommt dann zu einem komplizierten Spiel.

13...♗a5

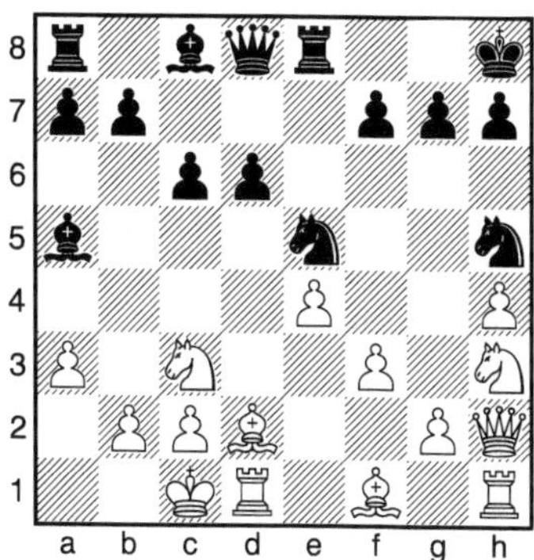

14.♗e2

Weiß plant f3–f4, aber das lässt Schwarz nicht einfach zu. Die Analyse führte später zu dem Ergebnis, dass Weiß hier besser mit 14.♘g5! fortgesetzt hätte.

A) 14...f6 15.♗e2

(15.g4!? ist eine starke Alternative.)

15...fxg5 16.hxg5 g6 17.g4 mit starkem Angriff.

B) 14...h6 15.f4 ♘g4 16.♘xf7+ ♔h7

(16...♔g8 17.♘xd8 ♘xh2 18.♗c4+ d5 19.exd5 ♖xd8 20.dxc6+ ♔h8 21.cxb7 ♗xb7 22.♖xh2+–)

17.♘xd8 ♘xh2 18.♘xb7 ♗xb7 19.♖xh2 ♗xc3 20.♗xc3 ♘xf4 21.♖xd6 ♖e7 22.g3 (22.h5!?) 22...♘h5 23.♗d3 mit entscheidendem Vorteil.

C) 14...♕e7 15.g4 ♘f6 16.♕g3 h6 17.♘h3 mit guten Angriffschancen am Königsflügel.

14...♗xh3! 15.♕xh3

Sehr unklar war 15.gxh3 wegen 15...♕xh4 und es ist fraglich, ob Weiß nach 16.♖hg1 einen ausreichenden Ersatz für den geopferten Bauern hat.

15...♗xc3 16.bxc3

16.♗xc3?? ♘f4–+

16...♘f6 17.c4?

Ein ernsthafter Positionsfehler, weil sich der Bauer von seinem König entfernt und damit dessen Stellung weiter schwächt.

Weiß hätte hier energisch mit 17.h5!? vorgehen sollen; z.B. 17...♕a5 18.♔b2 h6 19.g4 und die weißen Angriffschancen auf der rechten Seite bleiben erhalten.

17...♕b6 18.f4

18.g4 war noch zu beachten. Nach dem Partiezug geht es rasch zu Ende.

18...♘ed7 19.♗d3 ♘c5 20.e5 ♘a4 21.♗b4 dxe5 22.c5 ♕c7 23.♗c4 a5

Weiß gab auf.

Partie Nr. 12
Souleidis – I. Sokolov
Rethymnon 2003

1.e4 e5 2.d4 exd4 3.♕xd4 ♘c6 4.♕e3 ♗b4+ 5.♘c3 ♘f6 6.♗d2 0–0 7.0–0–0 ♖e8 8.♕g3 d6 9.f3 ♖b8 10.h4 ♔h8 11.h5 h6 12.♕h2 b5 13.g4 ♖e5 14.♘ge2 ♗xc3 15.♗xc3 ♖c5 16.♕f4

Zu 16.♗d2 – siehe Abspiel 2.

16...b4 17.♗xf6 ♕xf6 18.♕xf6 gxf6 19.♔b1

Besser für Weiß war 19.♘f4!, um seine Figuren zu aktivieren.

19...♗e6 20.♘d4

20.♘f4!? verdient mehr Vertrauen.

20...♘xd4 21.♖xd4 a5 22.♗e2 a4 23.♖c1 ♔g7 24.b3 ♔f8 25.♔b2 ♔e7 26.♖cd1 ♖b6 27.♖4d2 ♖bc6 28.♗d3 ♖c3 29.♖g1 ♖6c5 30.f4 ♖a5 31.♖g3 ♔f8 32.♖dg2 ♖cc5 33.♖g1 ♔g7 34.♖1g2 d5 35.exd5 ♖xd5 36.♖e2 ♖d4 37.♖e4 a3+ 38.♔c1 ♖ad5

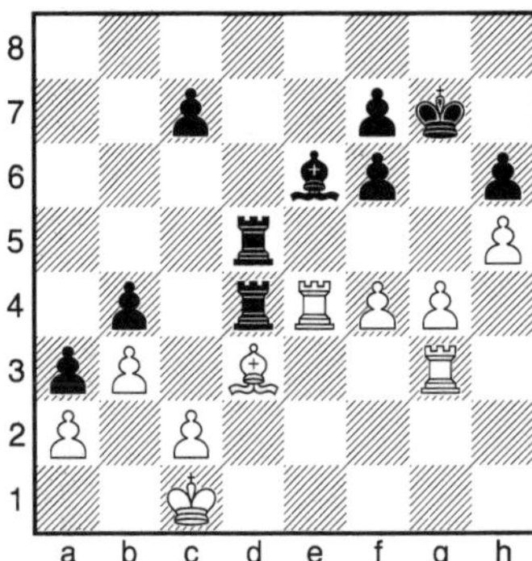

39.g5?

Im ausgeglichenen Endspiel zerstört Weiß die eigene Bauernstruktur am Königsflügel. Er hätte 39.f5! spielen sollen; z.B. 39...♗d7 40.♖xd4 ♖xd4 41.c3 bxc3 42.♔c2 c5 43.♔xc3 und die beiderseitigen Chancen im Endspiel entsprechen einander.

39...♖xe4 40.♗xe4 ♖d4 41.gxf6+

Auch nach 41.gxh6+ ♔xh6 42.♗f3 ♖xf4 wäre das weiße Endspiel nicht zu retten.

41...♔xf6 42.♖e3 ♗g4 43.c3 ♖d1+ 44.♔c2 ♖a1 45.cxb4 ♖xa2+ 46.♔b1 ♖e2 47.♖xe2 ♗xe2 48.♔a2 ♗xh5 49.♔xa3 ♗g6 50.♗h1 h5 51.b5 ♔f5 52.♔b4 ♔xf4 53.♔c5 h4 54.♔c6 ♗d3

Weiß kapitulierte.

Partie Nr. 13
J. Polgar – Hort
Prag 1995

1.e4 e5 2.d4 exd4 3.♕xd4 ♘c6 4.♕e3 ♘f6 5.♘c3 ♗b4 6.♗d2 0–0 7.0–0–0 ♖e8 8.♕g3 ♖xe4 9.a3 ♗xc3 10.♗xc3 d5 11.f3 ♖e6 12.♘e2 d4

In Abspiel 2 haben wir uns 12...♖d6 angeschaut.

13.♘xd4 ♖d6 14.♕h4 ♗e6

Sowohl nach 14...♘d5 15.♕xd8+ ♖xd8 16.♘xc6 bxc6 17.♗d4 als auch nach 14...♘e5 15.♖e1 ♘g6 16.♕f2 stünde Weiß besser.

15.♗e2 ♘d5 16.♕xd8+ ♖axd8 17.♘xe6 ♖xe6

Nach 17...♘xc3? 18.♘xd8 ♘xe2+ 19.♔b1 ♘xd8 20.♖xd6 cxd6 21.♖e1 verliert Schwarz seinen Springer.

18.♗c4 ♖ed6 19.♗d2

Den wichtigen Läufer darf Weiß nicht hergeben.

19...♘b6 20.♗a2

Die erreichte Stellung ist materiell ausgeglichen, aber das Läuferpaar eröffnet Weiß die etwas besseren Perspektiven. Schauen wir uns an, wie Polgar ihren kleinen positionellen Vorteil ausgenutzt hat.

20...♘d4 21.♖he1 ♘f5 22.b4 c6 23.c3 h6 24.♗b3 ♖6d7 25.a4 ♘d5 26.a5 a6 27.♖e4 g5 28.g3 ♘d6 29.♖d4 ♘b5 30.♖d3

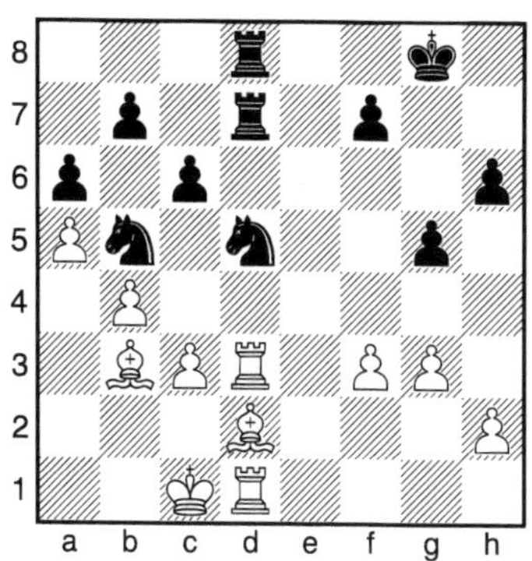

30...♘dxc3?

Nach diesem Fehler gewinnt Weiß die Partie. Hort wollte sich aber nicht mehr passiv verteidigen und entschied sich deshalb dazu, die Ereignisse zu beschleunigen.

I. Schwach wäre auch 30...♘f4? 31.♖xd7 ♘e2+ 32.♔b2 ♖xd7 33.c4 ♘bd4 (33...♘c7 34.♗xg5! ♖xd1 35.♗xd1+−) 34.♗e3 ♔f8 35.♖d2! nebst ♗d1 und weißem Gewinn.

II. Eine nachgehende Analyse zeigte, dass eine passive Verteidigung für Weiß angebracht gewesen wäre – nämlich 30...♘bc7!? und nun z.B. 31.♗e3 ♘e6 32.♗f2 (32.♗xd5 ♖xd5 33.♖xd5 ♖xd5 34.♖xd5 cxd5=) 32...♔f8 33.♔c2 ♔e7 und Schwarz kann das Endspiel halten.

31.♖xc3! ♘xc3 32.♗xc3 ♖xd1+ 33.♗xd1 ♖d5 34.♗c2 ♔f8 35.♗e4 ♖d7 36.♗f5 ♖d8 37.g4

Das Läuferpaar ist natürlich stärker als ein Turm. Nun gilt es nur noch, den König zu aktivieren.

37...♔e7 38.♔c2 f6 39.♔b3 ♖e8

Auf 39...♖d1 folgt natürlich 40.♗c8+−.

40.♔c4 ♔d6 41.♗e4 ♖e6 42.♗e1! ♖e7 43.♗g3+ ♔d7 44.♔c5 ♔d8 45.♔b6 ♖d7 46.♗f5 ♖d4 47.♗e1

Da der Bauer b7 endgültig fällt, gab Schwarz die Partie auf.

Partie Nr. 14
Xie Jun – Flear
Hastings 1996

1.e4 e5 2.d4 exd4 3.♕xd4 ♘c6 4.♕e3 ♘f6 5.♘c3 ♗b4 6.♗d2 0–0 7.0–0–0 ♖e8 8.♕g3 ♖xe4 9.a3 ♖g4 10.♕e3 ♗f8 11.h3 ♖g6 12.♗d3 ♖xg2

Zu 12...d5 – siehe Abspiel 2.

13.♘ge2

Es ist wichtig, auch die letzten noch unentwickelten Reserven ins Spiel zu bringen.

13...d6 14.♘f4 ♖g5 15.♘e6 ♗xe6 16.♕xg5

Weiß hat die Qualität erobert, aber Schwarz besitzt hierfür ausreichend Material als Kompensation. Die Stellung zeigt einen komplizierten Charakter.

16...g6 17.♕h4 ♘d5

Auf 17...♗g7 folgt 18.♗g5 mit der Drohung ♘e4.

18.♗g5

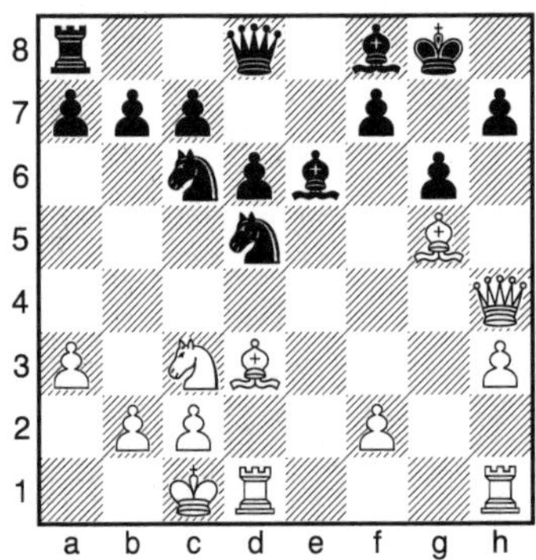

18...f6?

Eine unnötige Schwächung der Königsstellung. Stärker war wohl 18...♗e7!.

19.♘xd5! fxg5 20.♕e4 ♘e5

20...♗f5 21.♕c4 wäre günstig für Weiß.

A) 21...♘e5 22.♘e7+ ♔g7 23.♕g8+ ♔h6 (23...♔f6 24.♘d5#) 24.♘xf5+ gxf5 25.♗xf5 ♕e7 (25...♘g6 26.♗xg6 hxg6 27.♕h8#) 26.h4 mit starkem Angriff.

B) 21...♗xd3 22.♘e7+ ♔g7 23.♕g8+ ♔h6

(23...♔f6 24.♘d5+ ♔e5 25.♖xd3 mit schnellem Matt)

24.♘xc6 bxc6 25.♖xd3 mit weißem Vorteil.

C) 21...♔h8 22.♗xf5 gxf5 23.f4 und Weiß steht besser.

21.♗c4! ♗g7 22.♘e3 ♗xc4 23.♘xc4 ♔h8

Nach 23...♕f6 wäre sowohl 24.♕xb7 als auch 24.♘xe5 stark.

24.♘xe5 ♗xe5 25.h4!

Die Öffnung der h-Linie ist vorteilhaft für Weiß.

25...♕f8

25...♕e8!? war zu überlegen.

26.♔b1 ♖e8

Das Endspiel nach 26...♕g7 27.hxg5 ♖f8 28.♖d3 ♗xb2 29.♖dh3 ♗e5 30.♖xh7+ ♕xh7 31.♖xh7+ ♔xh7 32.♕xb7 ♖f7 33.♕xa7 wäre für Schwarz ebenfalls verloren.

27.hxg5 ♕g7?

Verliert glatt eine Figur. Nach 27...♕f7 könnte Schwarz noch Widerstand leisten.

28.f4

Schwarz gab sich geschlagen.

Partie Nr. 15
Smirnow – Kajumow
Alushta 2002

1.e4 e5 2.d4 exd4 3.♕xd4 ♘c6 4.♕e3 ♗b4+ 5.♘c3 ♘f6 6.♗d2 0–0 7.0–0–0 ♖e8 8.♕g3 ♖xe4 9.a3 ♗a5 10.♗e2 ♘d4?!

10...♖e6! ist besser – siehe Abspiel 2.

11.♗d3 ♖g4

Der Rückzug 11...♖e8!? sieht logischer aus.

12.♕h3 d5 13.f3

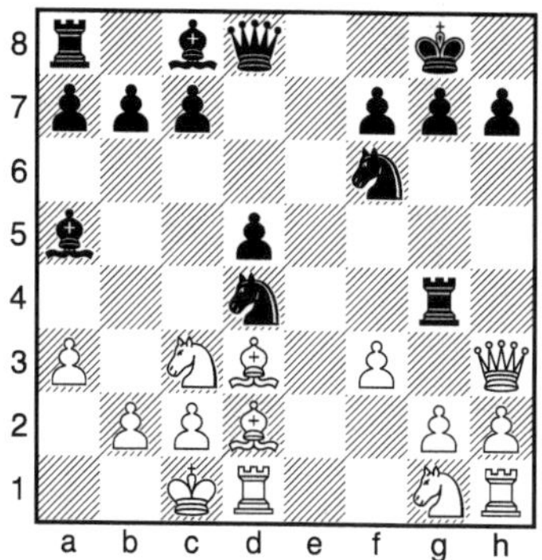

13...♖e4?

Schwarz trifft die falsche Entscheidung. Richtig behandelt wurde diese Stellung in der Partie Gorlin–Jackova, Athen 2001: 13...♖g6 14.g4 ♘e4!? 15.♘xe4 dxe4 16.♗xe4 ♗xd2+ 17.♖xd2 ♖h6 18.♕g3 ♖d6 mit gleichen Chancen.

14.g4! ♖xg4

Der Nachziehende hat sich entschieden, Material zu opfern.

Andere Züge waren auch günstig für Weiß:

– 14...♖e8 15.♕h4 mit der Drohung g4–g5;

– 14...♖e5 15.♕h4 nebst Marsch des Bauern nach g5.

15.fxg4 ♗xg4 16.♕h4

Noch stärker war 16.♗xh7+! ♔f8 (16...♔h8 17.♕h4+–) 17.♕d3 ♗xd1 18.♕xd4 ♗b6 19.♕h4 ♗g4 20.♗g5+–.

16...♗xd1 17.♕xd4 ♗h5 18.♘ge2 ♗g6 19.♗g5 ♗b6 20.♕h4 ♕d6 21.♗xf6 gxf6 22.♕g3 ♕xg3 23.♘xg3

Weiß hat sich ein Übergewicht für das Endspiel erarbeitet und wandelt dieses in den Sieg um.

23...c6 24.♖e1 ♔f8 25.♘f5 ♗c7 26.h4 ♗e5 27.♘e2 c5 28.c3 b5 29.♖f1 ♖b8 30.♘f4 ♖d8 31.h5 ♗xf5 32.♗xf5 h6 33.♘d3 c4 34.♘b4 ♖d6 35.♖d1 d4 36.cxd4 ♗xd4 37.♔b1 a5 38.♘c2 ♗c5 39.♖xd6 ♗xd6 40.♘d4 b4 41.a4 ♔e8 42.♘c6 ♗c7 43.♔c2 ♗b6 44.♔d2 ♔f8 45.♔e2 ♔e8 46.♔f3

Schwarz kapitulierte.

Partie Nr. 16
Zhang Zhong – Koneru
Wijk aan Zee 2003

1.e4 e5 2.d4 exd4 3.♕xd4 ♘c6 4.♕e3 ♘f6 5.♘c3 ♗b4 6.♗d2 0–0 7.0–0–0 ♖e8 8.♕g3 ♖xe4 9.a3 ♗d6 10.f4 ♖e8 11.♘f3 ♘h5 12.♕g4 ♘f6 13.♕h3 ♗f8

13...♗c5 haben wir in Abspiel 2 betrachtet.

14.g4 d5 15.f5 d4

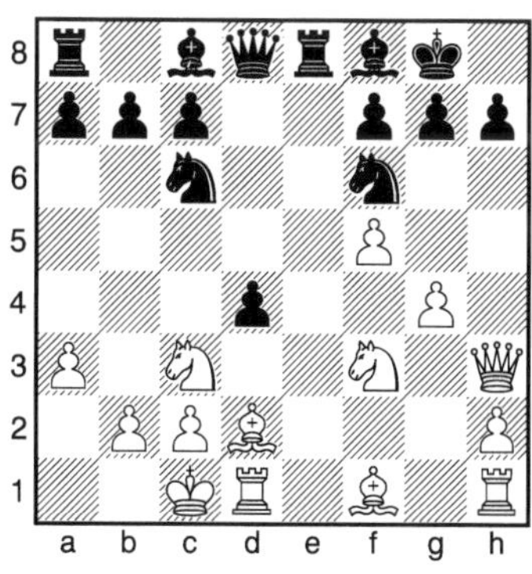

16.♗c4!?

Sehr mutig gespielt! Weiß opfert seinen Springer und spielt auf Angriff. Natürlich hätte er hier ohne Risiko mit 16.♗g5 fortsetzen können.

16...dxc3 17.♗xc3 ♗d6 18.g5 ♗xf5

Es war nicht einfach, alle Komplikationen nach 18...♘e4! zu berechnen. Der Springerzug ist hier aber ohne Zweifel stärker.

19.♕xf5 ♕d7 20.♘h4 ♕xf5 21.♘xf5 ♗f4+ 22.♔b1 ♘e4

Nach 22...♗xg5 23.♖hg1 ♘e4 24.♗xg7 ♘e7 25.♗f6 ♘xf5 26.♗xg5 ♔f8 27.♗f4 hätte Weiß das Läuferpaar für den geopferten Bauern, also eine ausreichende Kompensation. Zusätzlich ins Gewicht fällt die geschwächte schwarze Bauernstruktur auf der rechten Bretthälfte, ein weiteres aussichtsreiches Element aus der Sicht von Weiß.

23.♖df1?

Optisch gut, denn Weiß greift indirekt den Bauern f7 an.

Eine nachgehende Analyse zeigte jedoch, dass 23.♗xg7!? stärker war; z.B. 23...♘d2+ 24.♖xd2! ♗xd2 25.♗f6 ♘e5 26.♗b3 ♘g4 27.♗e7 ♘e3 28.♘h6+ ♔g7 29.♗f6+ ♔f8 (29...♔g6?? 30.♗xf7#) 30.♗xf7 ♖e4 31.♗b3 mit dem Plan h2-h4-h5 und g5-g6.

23...♘xc3+ 24.bxc3 ♗xg5 25.♖hg1 ♘e5?

Schwarz schätzt ihre Verteidigungsmöglichkeiten falsch ein. Nach der richtigen Wahl 25...h6! 26.h4 ♘e5 wäre noch alles in Ordnung für sie. Jetzt aber geht Weiß zum Angriff über.

26.♖xg5 ♘xc4 27.♖xg7+ ♔h8

Auf 27...♔f8 folgt natürlich 28.♖fg1!.

28.♖f4 ♖e4 29.♖xe4 ♘d2+ 30.♔b2 ♘xe4 31.♖xf7

Materiell ist die Stellung ausgeglichen, aber positionell hat Weiß – wegen der eroberten 7. Reihe – einen klaren Vorteil.

31...h5 32.♖xc7 ♖f8 33.♘e7 ♖f2 34.h4 ♘d6 35.♖c5 ♔g7 36.♖xh5 ♘c4+ 37.♔b3 ♘d2+ 38.♔a2 ♘e4 39.♔b2 ♖h2 40.c4 ♘d6 41.c5 ♘c4+ 42.♔b3 ♘d2+ 43.♔b4 ♘b1 44.♔b3 ♖h3+ 45.c3 ♘xc3 46.♔c4 ♘e4 47.a4 ♖h1 48.♔d4 ♘f6 49.♘f5+ ♔f7 50.♘d6+ ♔e7 51.♖e5+ ♔d7 52.♘f5 ♖d1+ 53.♔c3 ♔c7 54.♘d4 ♘d7 55.♖d5 ♖c1+ 56.♔b2 ♖h1 57.h5 a6 58.♘e6+ ♔c8 59.♔c3 ♖e1 60.♘f4 ♖c1+ 61.♔d4 ♖a1 62.♖f5 ♖xa4+ 63.♔d5

Der positionelle Vorteil für Weiß ist noch deutlicher geworden. Sein König nimmt, ganz anders als dessen Gegenüber, aktiv am Kampf teil und sein starker Freibauer auf der h-Linie schickt sich an, die entscheidende Rolle in diesem Drama zu übernehmen.

63...♖a1 64.h6 ♖h1 65.♘h5 ♘f6+ 66.♘xf6 ♖xh6 67.♘e4 ♖h7 68.♖f8+ ♔c7 69.♘f6 ♖h1 70.♖f7+ ♔b8 71.♘d7+ ♔a7 72.♘e5 ♖d1+ 73.♔e6 ♔b8 74.♘c4 ♖c1 75.♘b6 ♖e1+ 76.♔d6 ♖d1+ 77.♔e5 ♖e1+ 78.♔d4 ♖d1+ 79.♔c3 ♖d8 80.♔b4 ♖h8 81.♖g7 ♖h4+ 82.♔a5 ♖h8

82...♖h5 83.♖g8+ ♔c7 84.♖c8#

83.♘d5 ♖c8 84.♔b4 ♖h8 85.♖f7 ♖d8

86.♘b6 ♖h8 87.♔a5 ♖g8 88.♘c4 ♖c8 89.♔b4 ♖c7 90.♖f8+ ♖c8 91.♖xc8+ ♔xc8 92.♔a5 ♔c7 93.♘e5 ♔c8 94.♔b6 ♔b8 95.♘c4

Schwarz gab auf.

Partie Nr. 17
Shabalov – A. Ivanov
Key West 1994

1.e4 e5 2.d4 exd4 3.♕xd4 ♘c6 4.♕e3 ♘f6 5.♘c3 ♗b4 6.♗d2 0–0 7.0–0–0 ♖e8 8.♕g3 ♖xe4 9.a3 ♗d6 10.f4 ♖e8 11.♘f3 ♗c5 12.♗d3 d5

12...d6 haben wir in Abspiel 2 besprochen.

13.♖de1 ♖xe1+ 14.♖xe1 ♘e7 15.♘h4

Es wäre besser gewesen, sofort 15.♘e5 zu spielen.

15...♘g6 16.♘f3 ♘e7 17.♘e5 ♗f5 18.♗xf5 ♘xf5 19.♕d3 ♘e7 20.g4

Der Anziehende ist um einen Bauern ärmer, aber dafür um eine Angriffsmöglichkeit am Königsflügel reicher.

20...c6 21.g5

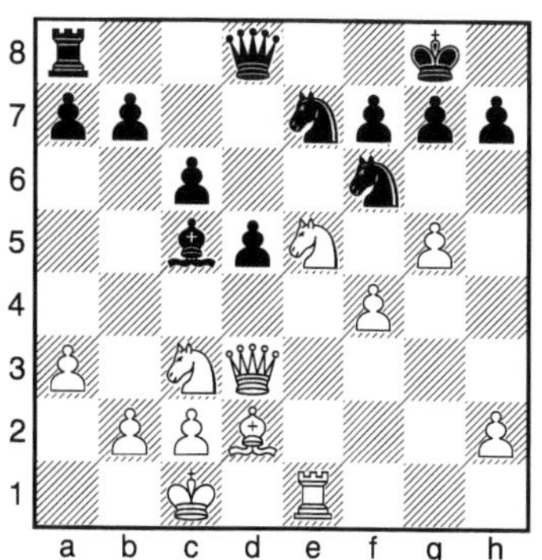

21...♘d7?

Eine passive Verteidigung, die nichts Gutes verspricht. Am besten war es, mit 21...♘e4! den Bauern zurückzugeben und die Stellung zu vereinfachen: 22.♘xe4 dxe4 23.♕xe4 ♕d5 24.♕xd5 ♘xd5 25.c4 ♘c7 26.f5 und Schwarz stünde nun zwar etwas passiv, jedoch ausreichend fest, um die Partie zu halten. Nach dem fehlerhaften Springerzug geht der Anziehende zum entscheidenden Angriff über.

22.♘g4! ♘b6 23.f5 ♕d7 24.♖f1 ♗d6

Nach 24...♘c4 25.♘e4! wäre Schwarz auch verloren.

25.♕h3 ♔h8 26.f6 gxf6 27.gxf6 ♘g6

Die Niederlage des Nachziehenden nicht abwenden könnte auch 27...♘g8 wegen 28.♕h5 mit der entscheidenden Drohung ♖f3–h3 und Matt auf h7.

28.♗h6 ♗f8 29.♗g7+! ♗xg7 30.fxg7+ ♔xg7 31.♕h6+ ♔h8 32.♘f6

Schwarz gab sich geschlagen.

Kapitel 2 – Sizilianisch

1.e4 c5

Damit greift Schwarz zur Sizilianischen Verteidigung.

2.d4

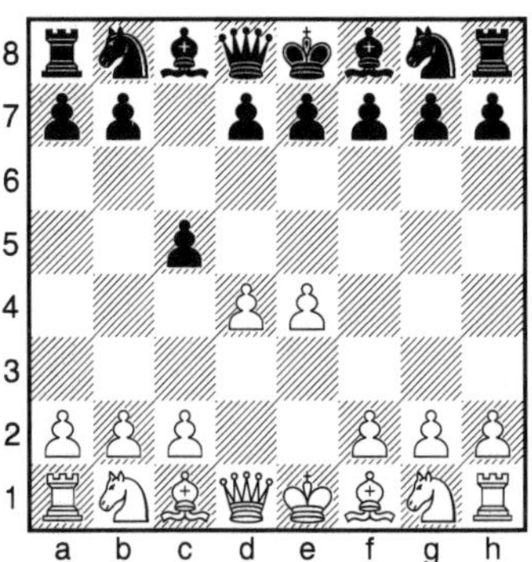

Üblicherweise wird hier 2.♘f3 gespielt. Der sofortige weiße Vorstoß im Zentrum führt häufig zu einem frühen taktischen Kampf.

2...cxd4

Diese Fortsetzung ist in der Turnierpraxis am häufigsten anzutreffen. Bevor wir weitergehen, werfen wir aber einen Blick auf einige Alternativen.

I. 2...b6 3.d5

(3.♘f3 ♗b7 4.♘c3 cxd4 5.♕xd4 ♘c6 6.♕d2 d6 7.♗c4 ♘f6 8.0–0 ♖c8 9.♕e2 e6 10.♖d1 mit der starken Drohung e4–e5.)

3...d6 4.♘f3

(Mit 4.c4 kann Weiß das Zentrum verstärken. Nach 4...♘d7 5.♘c3 g6 6.f4 e6 7.♘f3 ♗b7 8.♗d3 steht er besser.)

4...g6 5.♗f4 ♗g7 6.e5 dxe5 7.♗xe5 ♘f6 8.c4 0–0 9.♘bd2 b5 10.b3 bxc4 11.bxc4 e6 12.dxe6 ♗xe6 13.♗e2 ♘bd7 14.♗c3 ♘b6 15.0–0 h6 16.♖b1 ♕c8 17.♕c1 ♕a6 18.♖b5 ♘fd7

(18...♕xa2? 19.♖a5 ♘a4 20.♗d1 ♘xc3 21.♕xc3 ♘e4 22.♕xg7+ ♔xg7 23.♖xa2+–)

19.♗xg7 ♔xg7 20.♕c3+ ♔h7 21.♗d3 ♕c8 22.♘e4

Weiß dominiert, was sich nicht zuletzt mit der schwachen schwarzen Königsstellung begründet, Seaholm–Coffey, Chicago 1988.

II. 2...♘f6 3.e5 ♘g8 (3...♘d5 4.c4!)

A) 4.dxc5 ♕a5+ 5.♘c3 ♕xc5 6.♘f3 e6 7.♗e3 ♕a5 8.a3 a6 9.b4 ♕c7 10.♘a4

Es kommt auch ernsthaft 10.♘e4!? infrage.

10...♘c6 11.♘b6 ♖b8 12.♘c4 ♘h6 13.♗b6 1–0, Madranges–Gruet, Toulon 1999

B) 4.d5 d6 5.♘f3 ♗g4 6.♗b5+ ♘d7 7.e6! fxe6 8.dxe6 ♗xe6 9.♘g5 ♗f7 10.f4 a6 11.♘xf7 ♔xf7 12.♗c4+ e6 13.0–0 ♘df6 14.f5 d5 15.fxe6+ ♔xe6 16.♗e2 ♔d7 17.c4

Weiß führt einen starken Angriff, Pierrot–Malbran, Buenos Aires 2009.

C) 4.c3 cxd4 5.cxd4 e6 6.♘f3 d5 7.♗d3 ♘e7 8.♘c3 ♘g6 9.h4 ♗e7 10.h5 ♘f8 11.♗f4 a6 12.♖c1 ♘c6 13.♕d2 ♗d7

(13...b5? 14.♘xb5! axb5 15.♗xb5 ♖xa2 16.♗xc6+ ♗d7 17.0–0±, Keller–Rulitz, Finkenstein 1995)

14.h6 g6 15.0–0

Schwarz hat seine Eröffnungsprobleme noch nicht gelöst und wird sich auch mit einer schnellen Abhilfe schwertun. Weiß steht besser.

III. 2...♕a5+

A) 3.♗d2 ♕b6 4.d5 ♕xb2

Infrage kommt 4...d6, um die Entwicklung fortzusetzen.

5.♘c3 ♕b6 6.♘f3 d6 7.♗d3 ♘f6 8.0–0

Weiß verfügt über ausreichend Kompensation für den geopferten Bauern.

B) 3.♘c3 cxd4 4.♕xd4 ♘c6 5.♕d1

(5.♕d5!? ♕b6 6.♘f3 ♘f6 7.♕b5 ist auch möglich.)

5...e6 6.♗d2 ♕b4 7.♘f3 ♘f6

(7...♕xb2?? 8.♖b1 ♕a3 9.♘b5+–)

8.♗d3 ♕b6 9.0–0 d6 10.♕e2 ♗e7 11.♗e3 ♕d8 (11...♕xb2?? 12.♘b5+–) 12.♖ad1 a6 13.♘d4

Der geplante Bauernvorstoß f2–f4 verspricht Weiß ein aktives Spiel am Königsflügel.

IV. 2...♘c6 3.d5

A) 3...♘a5 4.♘c3

(Spielbar ist auch 4.c4 d6 5.♘c3 und der schwarze Springer auf a5 ist ein passiver Vertreter seiner Art.)

4...d6 5.♗b5+ ♗d7 6.♗xd7+ ♕xd7 7.♘f3 ♘f6 8.0–0 g6 9.♗f4 ♘h5 10.♗g5 ♗g7 11.♕d3 a6 12.a4 0–0 13.♖fe1 ♕g4

Nun hätte Weiß in der Partie Umapathysivam–Skoric, Australien 1999, einfach 14.♗xe7!? spielen sollen; z.B. 14...♘f4 15.♕f1±.

B) 3...♘e5 4.f4 ♘g6 5.♘f3 ♕c7

(Oder 5...d6 6.♘c3 e6 7.♗b5+ ♗d7 8.dxe6 fxe6 9.♗xd7+ ♕xd7 10.0–0 ♘h6 11.f5 exf5 12.♗xh6 gxh6 13.exf5 ♕xf5 14.♕e2+ ♗e7 15.♘d4 mit starkem Angriff, Georgelin–Cozien, Brest 2003.)

6.g3

(6.♘c3 a6 7.a4 e6 8.g3 d6 9.h4 ♘6e7 10.♗c4 exd5 11.♗xd5 ♗e6 12.♗xe6 fxe6 13.♘g5 ♕d7 14.♕g4±, Henchoz–Vano Novau, Andorra 2000)

6...e6 7.♘c3 d6 8.♗e3 ♗d7 9.♕d2 ♘f6 10.dxe6 fxe6 11.♗c4 a6 12.♘g5

Weiß diktiert das Geschehen, Pham Thanh Tung–Mahesh, Rasht 1998.

V. 2...♘a6

A) 3.♘f3 cxd4 4.♕xd4

(4.♘xd4 geht auch.)

4...d6 5.♘c3 e5 6.♕a4+ ♗d7 7.♗b5 ♘f6 8.♗g5 ♘c5 9.♕c4 ♖c8 10.♗xf6 gxf6 11.0–0–0

Aufgrund seines Vorsprungs in der Entwicklung steht Weiß besser.

B) 3.♘c3 ♘c7 4.♘f3 g6 5.♗e3 ♗g7 6.♕d2 d5 7.dxc5 dxe4 8.♕xd8+ ♔xd8 9.0–0–0+ ♔e8 10.♘xe4 mit weißem Vorteil.

VI. 2...d5

A) 3.dxc5 ♕a5+

(3...dxe4 4.♕xd8+ ♔xd8 5.♘c3 ♘f6 6.♗e3 ♘c6 7.0–0–0+ ♔c7 8.♗c4±)

4.♕d2 ♕xd2+ 5.♘xd2 e6 6.exd5 exd5 7.♘b3 a6 8.♗e3 ♘c6 9.♘f3 ♘ge7 10.0–0–0 h6 11.♖e1

Weiß hat nun einen satten Mehrbauern und die bessere Stellung, Grott–Brunner, Email 2004.

B) 3.exd5 ♕xd5 4.♘c3 ♕xd4 5.♕xd4 cxd4 6.♘b5 ♔d8 7.♗f4 ♘a6 8.0–0–0 ♗d7 9.♖xd4 f6 10.♘f3 e5 11.♗xe5! ♗c5 (11...fxe5 12.♘xe5 ♘f6 13.♘f7+ ♔e8 14.♘xh8+–) 12.♖d2 ♘h6 13.♗c4! ♘g4 (13...fxe5 14.♖hd1+–) 14.♗g3 ♔c8 15.♖hd1 ♗xb5 16.♗e6+ ♗d7 17.♗xd7+ ♔d8 18.♗xg4+ +–, Hjornevik–Joensen, Kopenhagen 2010.

3.♕xd4

Dies ist unser Vorschlag für den mutigen Spieler. Weiß bringt früh seine Dame ins Spiel mit der Idee, lang zu rochieren und schnell einen Angriff gegen den gegnerischen König zu organisieren.

In letzter Zeit ist die Gambitfortsetzung 3.c3 populär geworden, die zum scharfen Morra–Gambit führt. Diese Eröffnung trägt einen selbstständigen Charakter und wird von uns nicht behandelt.

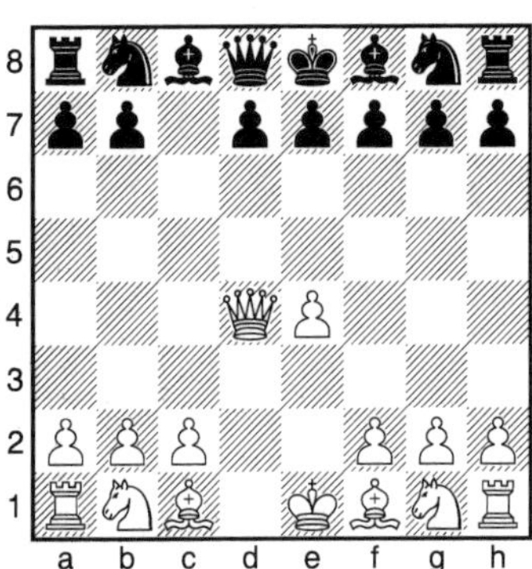

3...♘c6

Dies ist die logische Fortsetzung. Schwarz greift die ins Feld getretene gegnerische Dame an und zwingt sie, sofort noch einmal zu ziehen.

Schwarz kann natürlich auch andere Züge wählen.

I. 3...d6 4.♗d2 ♘c6 5.♕e3 ♘f6 6.♘c3 g6 7.0–0–0 führt mit Zugumstellung zur Hauptvariante.

II. 3...♘f6 4.♘c3

A) 4...♘c6 5.♕e3

(Zu prüfen ist 5.♕a4 e6 6.♘f3 ♗b4 7.♗d2 nebst 0–0–0 usw.)

5...e5

(5...g6 6.♗c4 ♗g7 7.♗d2 0–0 8.0–0–0 d6 9.f3 ♗d7 10.g4 ♘a5 11.♗d3 b5 12.h4 ♘c4 13.♗xc4 bxc4 14.h5 ♕b6 15.hxg6 hxg6 16.♘ge2 ♖fb8 17.♕xb6 axb6 18.a3 b5 19.♘b1 ♗c6 20.♗b4±, Kujawski–Maliszewski, Polen 1991)

6.♗c4

(Die starke Fortsetzung 6.♗d2 stellen wir in der **Partie Nr.18**, Rodkin–Jankowski, St. Petersburg 2006, vor.)

6...♘d4

(Nach 6...♗b4 7.♗d2 0–0 8.0–0–0 steht Weiß wegen der Kontrolle über das Feld d5 besser.)

7.♗d3

(Einen spannenden Verlauf nahm das Duell Hardarson–Gikas, Budapest 2004 nach 7.♕d3, siehe **Partie Nr.19**.)

7...♗c5 8.♕g3 d6 9.♘ge2

(9.♕xg7? ♖g8 10.♕h6 ♖g6 11.♕d2 ♖xg2–+)

9...♗e6 10.0–0

(10.♗d2 nebst 0–0–0 ist eine tiefere Prüfung wert.)

10...0–0 11.♗g5 a6 12.a4 ♖c8 mit beiderseitigen Chancen.

B) 4...e6 5.♗g5

(Es geht auch 5.♗d2!? ♘c6 6.♕e3 und dann weiter wie in der Hauptvariante.)

5...♗e7 6.♘f3 0–0 7.♗e2 ♘c6 8.♕d2 ♗c5?

(△8...d6 9.0–0–0 ♕a5 10.♔b1±)

9.e5 h6 10.♗xh6

(10.exf6! hxg5 11.♕xg5+–)

10...♘g4 11.♘e4 ♘xh6 12.♘xc5 ♕a5 13.♕xa5 ♘xa5 14.♖d1

Weiß hat schon sehr früh eine Gewinnstellung erlangt, Topet–Dieudonné, Ludison 1996.

III. 3...a6

A) 4.♘c3 ♘c6 5.♕e3 d6 6.♗d2 g6 7.0–0–0 ♗g7 8.h3 ♘f6 9.f4 ♕c7 10.g4 ♘a5?

Notwendig war 10...0–0, um den König aus der Mitte ins gesicherte Rochade–Asyl zu führen.

11.g5 ♘d7 12.♘d5 ♕d8 13.e5 dxe5 14.fxe5 ♗xe5 15.♘f3 ♗g7 16.♗xa5+–, Zabarskij–Hetzner, Fürth 2002

B) 4.♗e3 d6 5.♘c3

(Möglich ist auch 5.c4!? ♘f6 6.♘c3 ♘bd7 7.♗e2 g6 8.h3 ♗g7 9.♕d2 0–0 10.♘f3 b6 11.♗h6 ♗b7 12.♗xg7 ♔xg7 13.♕e3 ♖c8 14.0–0 mit der folgenden Zentralisation der Türme ♖a1–c1 und ♖f1–d1. Als Lohn für sein systematisches Vorgehen in der Eröffnung erhält Weiß ein aktives Spiel.)

5...♘c6 6.♕d2 ♘f6 7.0–0–0

Weiß hat am Königsflügel den Hut auf.

IV. 3...e6 4.♘c3

A) 4...♘c6 5.♕e3

(5.♕a4 ♗b4 6.♗d2 ♕a5 7.♕xa5 ♗xa5 8.♗c4 ♘f6 9.f3 0–0 10.♘ge2 ♘b4 11.♗b3±, Boudier–Parent, La Fère 2009)

5...♘f6 6.♘f3 (6.♗d2!?) 6...d6 7.♗c4 a6

(7...♗e7 8.0–0 a6 9.h3 b5 10.♗b3 ♗b7 11.♖d1 ♕c7 12.a3 0–0 13.♕d3 h6 14.♗f4 e5 15.♗g3 ♖fc8 16.♗d5 ♘d7 17.♗a2 ♘c5 18.♕d2 ♘a7 19.♗d5±, Mersmann–Armbruster, Lingen 1995)

8.♕e2 ♗e7 9.♗f4 0–0 10.0–0–0 ♕c7 11.e5 dxe5 12.♘xe5 ♘xe5 13.♗xe5 ♕a5 14.f4 b5 15.♗b3 ♗b7 16.♗xf6 ♗xf6 17.♘e4 ♗xe4 18.♕xe4 ♕c7 19.f5 exf5 20.♕xf5 ♖ad8 21.g3 ♖fe8 22.♖he1 ♖xe1 23.♖xe1 h6 24.♗d5 ♕d6 25.♖d1 ♕e7 26.c3 a5 27.♗e4 ♖xd1+ 28.♔xd1 g6 29.♕d5 ♔g7 30.♔c2 b4 31.c4 a4 32.c5 ♗e5 33.b3 a3 34.♔d3 ♕f6 35.♔c4

Trotz der ungleichfarbigen Läufer hat Weiß gute Gewinnchancen, Karnik–Walek, Tatranska Lomnica 1999.

B) 4...a6 5.♗c4

(Augenmerk verdient 5.♗d2!? nebst 0–0–0 usw.)

5...♕c7 6.♗b3 ♘c6 7.♕e3 ♗b4 8.♗d2 ♘f6 9.♘f3 0–0

Nun hätte Weiß in der Partie Lanfer–Hunold, Deutschland 2004, 10.0–0–0 spielen sollen. Die kurze Rochade kommt natürlich auch in Frage.

Weiß hat nun die Wahl zwischen zwei Hauptfortsetzungen, die wir in der Reihenfolge 4.♕e3 (siehe **Abspiel 1**) und 4.♕a4 (siehe **Abspiel 2**) behandeln werden.

Abspiel 1

Die Fortsetzung 4.♕e3

1.e4 c5 2.d4 cxd4 3.♕xd4 ♘c6 4.♕e3

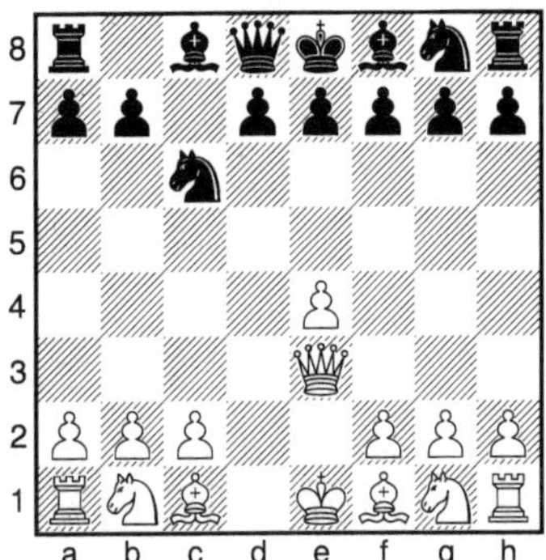

Eine logische Fortsetzung. Die Dame bleibt im Zentrum und kann jederzeit zum Königsflügel überführt werden. Weiß hat nun einen einfachen Plan: ♘b1–c3, ♗c1–d2 und 0–0–0.

4...d6

Schauen wir uns auch andere Erwiderungen an.

I. 4...e6 5.♘f3 ♘f6

A) 6.♘c3 ♗e7

(6...♗b4 analysieren wir in der Partie **Nr.20**, Zimniok–Folk, Tschechische Republik 2003.)

7.e5 (7.♗d2 d5!) 7...♘g4 8.♕e4

(Stärker sieht 8.♕f4!? f5 9.h3 aus.)

8...f5 9.exf6

(Auf 9.♕e2 folgt 9...♗c5 10.♘d1 d6 11.exd6 ♕xd6 mit gutem Spiel für

Schwarz, Rosca–Szilveszter, Miercurea Ciuc 2009.)

9...♘xf6 10.♕a4 0–0 11.♗g5 a6 12.0–0–0 d5 13.♗b5 ♗d7 14.♗xc6 bxc6

(Auf 14...♗xc6 folgt 15.♕d4! h6 16.♗h4; Weiß dominiert auf den schwarzen Feldern und steht deshalb etwas besser.)

15.♘e5 ♗d6 16.♘xd7 ♕xd7 17.♖he1 ♕c8

Schwarz hat keine Probleme.

B) 6.h3 ♘b4 7.♗d3 ♕c7 8.♘c3 ♗c5 9.♕e2 0–0 10.0–0

(Infrage kommt 10.e5!? ♘fd5 11.♘xd5 ♘xd5 12.a3 mit dem Plan eines „kleinen Bauernsturms“ mit b2–b4 und c2–c4, woraufhin Weiß gute Aussichten attestiert werden können.)

10...d5 11.a3 ♘xd3 12.♕xd3 ♖d8 13.e5 ♘e8 14.b4 ♗f8 15.♗d2 g6 16.♘b5 ♕d7 17.♖ac1 a6 18.♘bd4

Die weiße Stellung ist vorzuziehen, da die schwarzen Kräfte arg passiv stehen, Biondo–Ceterski, Flint 1994.

II. 4...♘f6

A) 5.♘c3 e6 6.♗d2 ♕c7

(6...a6 7.0–0–0 d6 8.f4 ♕c7 9.♔b1 ♗e7 10.♘f3±)

7.♘b5 ♕d8 8.♗e2 d5 9.exd5 ♘xd5 10.♕g3 a6 11.♘c3 b5 12.0-0-0 ♘ce7 13.♗d3 ♕b6 14.♘f3 ♗b7 15.♖he1

Weiß hat seine Entwicklung mit Stellungsvorteil abgeschlossen, der sich nicht zuletzt damit begründet, dass der gegnerische König noch im Zentrum verharrt, Zabarskij–Landleiter, Nürnberg 1999.

B) 5.♗c4 e6 6.♘c3

B1) 6...♕c7 7.♗d2 ♗e7 8.♘ge2

(8.0–0–0!? ist allerdings auch möglich.)

8...d6 9.0–0 0–0 10.♗b3 a6 11.f4 b5 12.f5 b4 13.♘a4

Weiß will mit c2–c3 die c-Linie öffnen und sich so ein aktives Spiel verschaffen.

B2) 6...a6 7.a4

(Spielbar ist auch 7.♘f3!?.)

7...♗b4 8.♘ge2 0–0 9.0–0 d5 10.exd5 exd5 11.♖d1 ♖e8 12.♕g5 h6 13.♕h4 ♗g4 14.♗xh6 gxh6

Nun hätte Weiß in der Begegnung McGregor–Marks, Hawick 2006, mit 15.♘xd5! einfach gewinnen können.

B3) 6...♗e7 7.♕g3 d5 8.exd5 exd5 9.♗b3 ♗e6 10.♗d2 ♕d6 11.0–0–0 ♕xg3 12.hxg3 ♗c5 13.f3 0–0–0 14.♗g5 ♘a5 15.♘ge2 ♘xb3+ 16.axb3 ♗e7 17.♘f4 und Weiß steht besser, Jandera–Vecsey, Prag 1928.

III. 4...e5

A) 5.♘c3 ♗b4

(In der Partie Hardarson–Postupa, Prag 2005, konnte Weiß nach 5...d6 6.♗c4 ♘f6 7.♗d2 ♘d4 8.0–0–0 ♗e6 9.♗xe6 ♘xe6 10.♘ge2 ♗e7 11.f4 a6 12.f5 ♘c5 13.♕f3 b5 14.♗e3 ♖c8 15.♘g3 ♕a5 16.♔b1 0–0 17.♘h5 ♘cd7 18.♘xf6+ ♘xf6 mit dem Zug 19.♘d5!

einen positionellen Vorteil erreichen, denn Schwarz bleibt mit seinem passiven Läufer im Hintertreffen.)

6.♗d2 ♘f6 7.0–0–0 ♕a5 8.♔b1 d5 9.exd5 ♘xd5 10.♘xd5 ♕xd5 11.♕d3

(Nach 11.♘f3 ♗e6 12.b3 ♗xd2 13.♖xd2 ♕a5 hätte Schwarz gute Konterchancen am Damenflügel.)

11...♕xd3 12.♗xd3 ♗xd2 13.♖xd2 f5 14.♘h3 g6 15.♖e1 ♗d7 16.f3 0–0–0 17.♖de2 f4 18.♘f2

(18.♘g5!? dürfte stärker sein.)

18...♔c7 19.c3 ♖hf8 20.♗b5

Weiß erobert den Bauern auf e5, Kujawski–Kawelczyk, Polen 1991.

B) 5.♘f3 ♘f6

(Oder 5...♘b4? 6.♘a3 ♕b6 7.c3 ♕xe3+ 8.♗xe3 ♘c6 9.♘b5 ♔d8 10.0–0–0 h6 11.♗c4 mit weißem Vorteil, Larsson–Young, USA 1941.)

6.♗b5

(6.♗c4 d5 7.exd5 ♘xd5 8.♕e2 ♗e6 9.0–0 ♕c7=)

6...b6 7.0–0

(Die Entwicklung der eigenen Kräfte steht ganz oben. Nach 7.♗xc6 dxc6 8.♘xe5 ♗c5 9.♕e2 0–0 bekommt Schwarz für den Bauern eine starke Initiative.)

7...♗c5 8.♕d3 0–0 9.♘c3 a6 10.♗a4 ♗b7 11.♗g5 mit positionellem Druck. Es droht das Schlagen auf f6 mit Eroberung des Feldes d5.

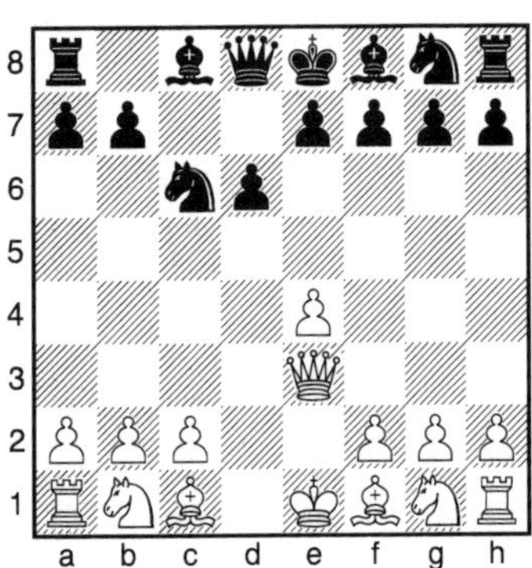

5.♗d2

Konsequent nach dem Hauptplan gespielt – Weiß strebt die lange Rochade an. Natürlich ist auch eine Zugumstellung möglich: 5.♘c3 nebst 6.♗d2 usw.

In der Diagrammstellung gibt es noch zwei interessante Alternativen zu beachten.

I. 5.♘f3 ♘f6

A) 6.♗b5 ♗d7

(Nach 6...♕a5+ 7.♘c3 ♗d7 8.♗d2 nebst 9.0–0–0 kommt Weiß zu guten Aussichten. Alternativ ist auch 9.0–0 möglich, was tendenziell zu einem etwas ruhigeren Verlauf führt.)

7.♗d2 e6 8.0–0

(Es geht auch 8.♘c3!? nebst 0–0–0.)

8...♕c7 9.♗c3

(Dieser Entwicklungszug steht in Verbindung mit der feinen Idee des Springermanövers ♘b1–d2–f1–g3.)

9...a6 10.♗d3 ♗e7 11.♘bd2 b5 12.a3 0–0

In der Partie Krpan–Simic, Ljubljana

1995, folgte nun 13.♖fd1 e5 14.♘f1 ♘h5 15.♘g3 ♘f4 16.♗f1 ♗e6. Hier hätte Weiß mit 17.♘f5!? seinen Springer gleich weiter nach vorne beordern sollen, um sich so einen Vorteil zu sichern.

B) 6.h3 g6 7.♗e2 ♗g7 8.0–0 0–0 9.♘c3 ♘d7 10.♖d1 ♘b4

10...♕b6 nutzte Weiß in Varga–Kovchan, Debrecen 2019, um sich mit 11.♕xb6 ♘xb6 12.♘d5± einen Vorteil zu verschaffen.)

11.♘e1 b6 12.a3 ♘a6 13.b4 ♗b7 14.♖b1 ♘c7 15.♗b2 ♖c8

In dieser ausgeglichenen Stellung ist der weitere Verlauf der Partie nicht vorgezeichnet.

In Vaibhav–Deepan Chakkravarthy, Jammu 2018, setzte Weiß mit 16.♘d5 fort, woran sich die Entwicklung mit 16...♘e5 17.c4 ♘xd5 18.cxd5 ♕d7 19.♕b3 b5 20.♖bc1 ♖xc1 21.♖xc1 ♗h6 22.♖c2 anschloss. Weiß beabsichtigt ♗b2xe5 und ♘e1–d3, womit er sich die besseren Aussichten verschafft.

II. 5.♗c4

A) 5...e6 6.♘c3 a6 7.♗b3 ♘f6 8.a4

(Alternativ ist 8.♘f3!? spielbar; z.B. 8...♗e7 9.0–0 usw.)

8...♗e7 9.♕g3 ♘h5 10.♕d3 h6 11.♘ge2 ♘e5 12.♕h3 ♘f6 13.0–0 ♕c7 14.f4 ♘g6 15.a5 0–0 16.f5 mit aktivem weißem Spiel auf dem Königsflügel, Tzamtzis–Managias, Kallithea 2002.

B) 5...♘f6 6.♘c3

(Es ist auch 6.♘f3 anzutreffen, woraufhin es wie folgt weitergehen kann: 6...e6 7.a3 ♗e7 8.♕e2 0–0 9.♘c3 und Weiß hat nun die Wahl zwischen 0–0–0 und 0–0.)

6...g6

(6...e6 7.♘ge2 ♗e7 8.0–0 0–0 9.♘f4 ♘e5 10.♗b3 a6 11.a4 b6 12.♕e2 ♕c7 13.♗e3 ♖e8 14.♖ad1 ♗b7 15.f3 ♗f8 16.♕f2 ♘fd7 17.♖d4 ♘c5 18.♖fd1 ♘c6 19.♖4d2 ♖ad8 20.♘h5±, Bauma–Ivlev, Prag 1996)

7.♘ge2 ♗g7 8.0–0 0–0 9.♕g3 ♘h5 10.♕h4 ♗d7 11.♗e3 a6 12.a3 b5 13.♗a2 ♖b8 14.f4 ♗f6 15.♕e1 e6 16.g4 ♘g7 17.g5 ♗e7 18.h4 a5 19.♖f2 b4 20.axb4 axb4 21.♘d1 f6 22.♘g3 ♗e8 23.♖h2

Weiß hat gute Angriffsmöglichkeiten am Königsflügel, Tzamtzis–Dovas, Kallithea 2002.

5...♘f6 6.♘c3

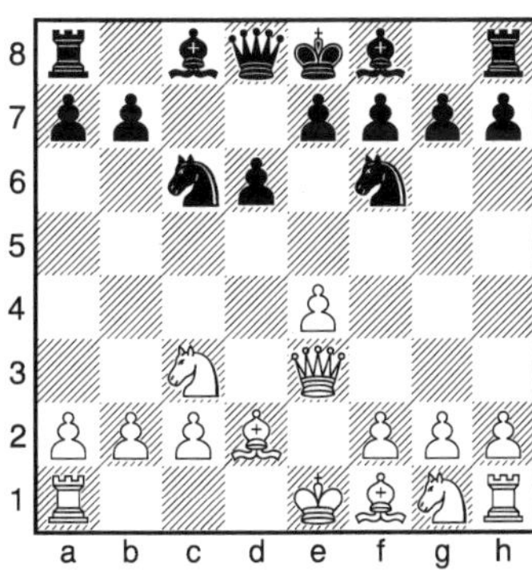

6...e6

Wir haben eine kritische Stellung erreicht. Schwarz plant, mit ♗f8–e7 und 0–0 seine Entwicklung zu beenden und seinen König zu sichern. Weiß rochiert lang mit Aktionsmöglichkeiten auf der rechten Seite.

Schauen wir uns kurz ein paar Alternativen für Schwarz an.

I. 6...♘g4 7.♕g3 g6 8.h3 ♘f6 9.0–0–0 ♗g7 10.f4 0–0 11.♕f2 ♗d7 12.g4 ♕a5 13.♔b1 a6 14.f5

(Gut sieht 14.g5!? ♘h5 15.♘ge2 b5 16.♘d5 b4 17.♗g2 aus.)

14...b5?

(Besser ist 14...♘b4! und nun wäre 15.a3? schwach wegen 15...♘xc2! 16.♔xc2 ♘xe4 17.♘xe4 ♕a4+ 18.♔c1 ♕xe4 19.♘f3 ♖fc8+ 20.♗c3 ♗xc3 21.bxc3 ♖xc3+ 22.♔b2 ♖ac8 mit starkem Angriff.)

15.g5 ♘e8

(Nach 15...♘h5 16.♘d5 ♕d8 17.♗e2 ist die weiße Stellung vorteilhaft.)

16.h4 ♗d4 17.♕g2 ♕b6 18.h5 ♘c7 19.♘f3 ♗g7 20.hxg6 fxg6 21.♕h2 und Schwarz kann aufgeben, Lee–Delai, Santos 1997.

II. 6...♗d7 7.0–0–0 g6 8.f3

(8.f4!? ist natürlich auch möglich.)

8...♗g7 9.g4 ♗e6 10.♘ge2

(– Auf 10.h4 ist 10...h5! stark.

– Und 10.♗b5 stellen wir in der **Partie Nr.21**, Dunst–Maibaum, Recklinghausen 2005, vor.)

10...♖c8 11.♘f4 ♘d7 12.♘xe6 fxe6 13.h4 nebst h4–h5 mit weißer Initiative.

III. 6...a6 7.0–0–0

(Zu 7.a3 siehe **Partie Nr.22**, Zabarskij–Grünenschild, Nürnberg 1999.)

7...g6 8.♘d5 ♗g7 9.♗c3 ♘g4 10.♕e1 ♗xc3 11.♕xc3 0–0 12.♖d2 ♗e6 13.f3 ♘f6

Nun hatte Weiß in der Partie H. Schmidt–Judas, Oldenburg 2000, die Möglichkeit, wie folgt fortzusetzen: 14.♘xf6+ exf6 15.♘e2 ♖c8 16.♘f4 und wegen der schwarzen Schwäche auf d6 hat er die besseren Aussichten.

IV. 6...g6 7.0–0–0

(Zu überlegen ist die Aufstellung 7.♗c4 ♗g7 8.♘ge2 0–0 9.f3 ♗d7 10.0–0–0 ♖c8 11.g4 ♘e5 12.♗b3 mit dem Plan h2–h4–h5 usw.)

7...♗g7 8.f3

(– Nach 8.♗c4 ♗d7 9.f3 ♘e5 10.♗e2 a6 11.g4 h6 12.h4 ♖c8 13.♔b1 ♘c4 14.♗xc4 ♖xc4 15.♘ge2 ♕c8 16.♖c1 b5 17.♖he1 ♕c5 18.♕xc5 ♖xc5 19.♗e3 ♖c8 mit der Absicht ♘e2–f4–d5 verdient die weiße Stellung den Vorzug, Kujawski–Gaida, Polen 1991.

– Zu 8.♘d5 – siehe **Partie Nr.23**, Hardarson–Halldorsson, Hafnarborg 2003.)

8...0–0 9.♘ge2 a6

(Auf 9...d5 folgt 10.♗e1!.)

10.g4 b5 11.♔b1 b4 12.g5 bxc3 13.gxf6 ♗xf6 14.♗xc3 ♗xc3 15.♘xc3 ♖b8 16.h4 ♕a5 17.h5 ♗e6 18.hxg6 fxg6 19.♘d5 und Weiß führt den Dirigentenstab.

7.0–0–0 ♗e7

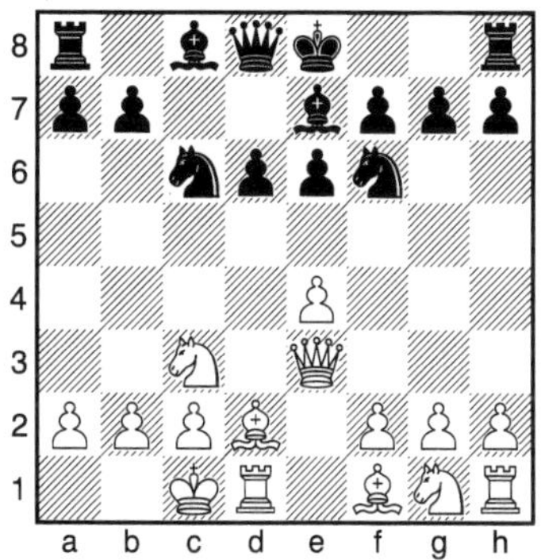

8.♗d3

– Die aktive Fortsetzung 8.f4 stellen wir in der **Partie Nr.24**, Hoxha–Gayson, Plovdiv 2012, vor.

– Dagegen folgte Weiß im Duell Schmaltz–Soffer, Internet 1999, einem anderen Plan: 8.f3 0–0 9.g4 a6 (9...d5!?) 10.g5 ♘d7 11.h4 b5 12.h5 ♕a5 13.♔b1 b4 14.♘ce2 ♘ce5 15.♘c1 ♗b7 16.♘b3 ♕c7 17.g6! fxg6 18.hxg6 h6 (18...♘xg6 19.♘d4!) 19.♖xh6! gxh6 20.♕xh6 ♘f6 21.♘d4 ♘f7 (21...♗c8 22.♗h3!+–) 22.gxf7+ ♖xf7 23.♘xe6 ♕d7 24.♕g6+ ♔h8 25.♕xf7+–.

8...0–0 9.f4 d5 10.e5 ♘d7

Material kostet 10...d4? 11.♕h3 dxc3 12.♗xc3 h6 13.exf6 ♗xf6 14.♗h7+ ♔xh7 15.♖xd8 ♗xd8 16.♘f3 und Weiß kann schon mal den Sekt kaltstellen.

11.♘f3 ♘c5 12.♘b5 a6 13.♘bd4 ♘xd3+ 14.♕xd3 ♗d7 15.♔b1 ♘xd4 16.♘xd4 ♖c8 17.g4

Weiß beabsichtigt f4–f5 mit guten Angriffsmöglichkeiten am Königsflügel und hat recht gute Perspektiven.

Zusammenfassung: Wir sehen in der Idee, mit der Dame auf d4 zu schlagen und sie dann nach der Anrempelung durch den Springer auf e3 zu postieren, gefolgt von der langen Rochade, für Weiß gute Aussichten auf einen erfolgreichen Königsangriff. Dabei liegt ein Faustpfand darin, dass Weiß mit dieser Methode vielen ausanalysierten Varianten nach 2.♘f3 aus dem Weg gehen kann. Der Nachziehende kann so aus der Komfortzone seines Eröffnungswissens geraten.

Abspiel 2

Die Fortsetzung 4.♕a4

1.e4 c5 2.d4 cxd4 3.♕xd4 ♘c6 4.♕a4

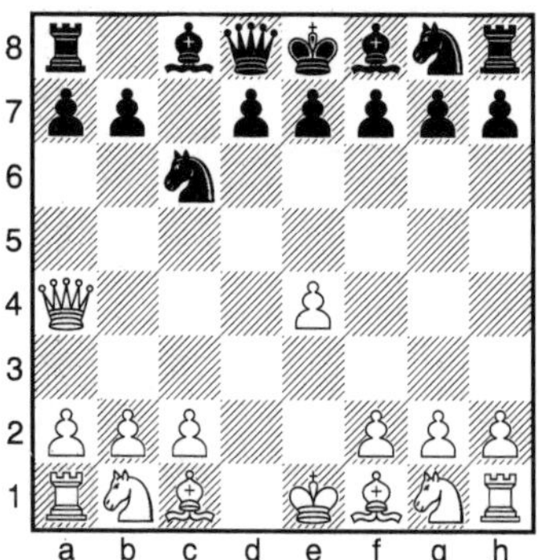

Der Vorteil dieses Zuges liegt darin, dass die Dame von hier aus sowohl am Damenflügel als auch im Zentrum und sogar am Königsflügel aktiv wirken kann. Als Nachteil ist zu beachten, dass sie von Schwarz mit a7–a6 und b7–b5 in die Defensive gedrängt werden kann.

4...d6

Schwarz plant ♗c8–d7, um die weiße Dame zu bedrängen.

Hier ein Blick auf einige Alternativen.

I. 4...♕a5+ 5.♕xa5 ♘xa5 6.♗d2

(Nach 6.♘c3 a6 7.♗f4 e6 8.0–0–0 ♗b4 9.♘ge2 ♘e7 10.a3 ♗xc3 11.♘xc3 0–0 12.♗d6 ♖e8 13.g4 b5 14.♗g2 steht Weiß besser, Andrighetti-McRorie, London 1994.)

6...♘c6 7.♘f3

(Zu beachten ist 7.♘c3!? nebst 0–0–0.)

7...♘f6

(7...d6 8.♗c4 ♗d7 9.0–0 ♘f6 10.♘c3 ♖c8 11.♗b3 e6 12.♖fd1 ♗e7=)

8.♗d3 d6 9.h3 g6 10.0–0 ♗g7 11.♗c3 0–0 12.♘bd2 ♗d7 mit etwa gleicher Stellung, De Mayolas-Atue, Ushuaia 2004.

II. 4...e6 5.♘f3

A) 5...d6 6.♗e2

(6.♘c3!? ♗d7 7.♗g5 nebst 0–0–0 sieht besser aus.)

6...♘f6

(6...g6? 7.♘c3 ♗g7 8.♗g5 ♘ge7 9.♘b5 0–0 10.0–0–0 ♕b6 11.♗e3 ♕a6 12.♕xa6 bxa6 13.♘xd6+–, Klaus-Bexten, DESC email 1999)

7.♘c3 ♗e7 8.0–0 a6 9.♖d1 ♗d7 und Schwarz sollte Ausgleich halten können.

B) 5...♕c7 6.♘c3 ♗b4 7.♗d2 ♕b6 8.♗d3

(8.♘b5! ist sehr stark.)

8...a6 9.0–0 d6 10.♖fe1 ♗d7? (◯10...♗c5) 11.♘d5! exd5 12.exd5+ ♘ce7 13.♕xb4+–, Hon-Raymond, Montreal 2006

III. 4...g6

A) 5.♘c3 ♗g7 6.♗d2 a6 7.0–0–0 ♘f6 8.♘f3 0–0

(Nach 8...♘g4 9.♗e1 0–0 10.h3 ♘ge5

11.♘xe5♗xe5 12.g3 nebst f2–f4 steht Weiß aktiver und damit besser.)

9.e5♘e8 10.h4!?♘xe5 11.♘xe5♗xe5 12.h5 mit aktivem Spiel für den geopferten Bauern. Mit ♕a4–h4 kann die Dame in den Königsangriff eingebunden werden.

B) 5.♗b5 ♗g7 6.♘f3

(Infrage kommt auch 6.♘c3!? mit dem Plan ♗c1–d2 nebst 0–0–0.)

6...♘f6 7.♘c3 0–0 8.e5 ♘e8 9.♗f4 ♘c7 10.0–0–0 a6 11.♗xc6 bxc6 12.h4 ♘e6 13.h5

(Zu überlegen ist 13.♗e3!?, um den starken Läufer zu behalten.)

13...♘xf4 14.♕xf4

Weiß ist besser entwickelt und steht aktiver, Barbalic–Myakonikikh, Fernschach 2011.

IV. 4...a6 5.♘f3

(Möglich ist auch 5.c3!? ♘f6 6.♗f4 e6 7.♘d2 ♕b6 8.♘c4 ♕c5 9.♗e3 ♕h5 10.♗e2 ♕g6 11.♘b6 ♖b8 12.♗f3±.)

5...d6 6.♘c3 ♘f6 7.♗d3

A) 7...g6 8.0–0 ♗g7 9.e5

(Zu ruhig und damit unambitioniert ist 9.h3 mit der schlichten Absicht, die schwarzen Leichtfiguren nicht nach g4 zu lassen. Nach 9...0–0 10.♗e3 ♖b8 hat Schwarz gute Aussichten.)

9...♘g4 10.exd6 ♕xd6 11.♗f4 ♕b4 12.♗e4 ♕xa4 13.♘xa4

Schwarz muss sich auf Probleme einstellen.

B) 7...e6 8.0–0 ♗d7 9.♕b3 b5 10.a4 b4 11.♘e2 ♗e7 12.♗d2 0–0 13.c3 bxc3 14.♗xc3

Weiß stellt seine Türme auf c1 und d1 und freut sich über eine aktive Stellung.

V. 4...♘f6 5.♘f3

(Nach 5.♗d3 g6 6.♘e2 ♗g7 7.♘bc3 0–0 8.♗g5 d5 9.exd5 ♘xd5 10.0–0 ♗e6 11.♖ad1 ♕b6 12.♘xd5♗xd5 13.b3 ♖fd8 14.♘f4 kann Weiß mit seiner Stellung zufrieden sein, Kutnar–Sperhake, Buchholz in der Nordheide 1987.)

5...e6 6.♗b5

(Einen Versuch wert ist 6.♘c3!? mit dem Plan ♗c1–d2 und 0–0–0 usw.)

6...a6

(Schwarz kann seine Kräfte auch nach dem Schema 6...♗e7 7.♘c3 0–0 8.0–0 ♕c7 entwickeln.)

7.e5 ♘d5 8.♗xc6 dxc6 9.0–0 ♕c7 10.♘bd2 ♗d7 11.♘e4 c5 12.♕a3 b5 13.♖d1 b4 14.♕d3 ♗b5 15.♕d2 ♗e7

Schwarz steht aktiv, Lyubinin–Stepanov, IECG Email 1999.

VI. 4...e5

A) 5.♘f3 d6 6.♗b5

Elastischer ist 6.♘c3!?, denn die Entscheidung darüber, wohin der Läufer ziehen soll, wird erst noch zurückgestellt.

6...♗d7 7.♘c3 ♘f6 8.♗g5 a6 9.♗xc6 ♗xc6 10.♕b3 ♗e7 11.♗xf6 ♗xf6 12.0–0 0–0 13.♖ad1 ♕d7 14.♖d3 ♖fe8 15.♖fd1

♖e6 16.♘d5 ♗d8 17.♕a3 mit positionellem Druck gegen den Punkt d6, Lyubinin–Kokkinos, IECG Email 1999.

B) 5.♗c4 ♗d6 6.♘e2 ♕f6 7.♘bc3 ♘ge7 8.0–0 0–0 9.♗e3 ♗b8 10.f4 d6 11.f5 a6 12.♘d5 ♘xd5 13.♗xd5 ♗a7 14.♗xa7 ♘xa7 15.♖f3 ♘b5 16.♕b3 ♖b8 17.♖h3 ♘c7 18.♘g3

(Zu beachten ist 18.♘c3!?, um im Falle des Schlagens auf d5 mit dem Springer zurückzunehmen.)

18...♘xd5 19.♕xd5 ♕e7 20.♖f1 ♔h8 21.♘h5 f6 22.♖ff3 ♖f7 23.♖h4 mit aktivem Spiel am Königsflügel, Städtekampf Orleans – Valenciennes 1843.

5.♘f3

Die Entwicklung des Königsflügels ist voranzutreiben.

In Betracht kommt aber auch 5.♘c3!?, um erst den Damenflügel zu entwickeln und nach ♗c1–d2 sogar lang zu rochieren.

5...♘f6

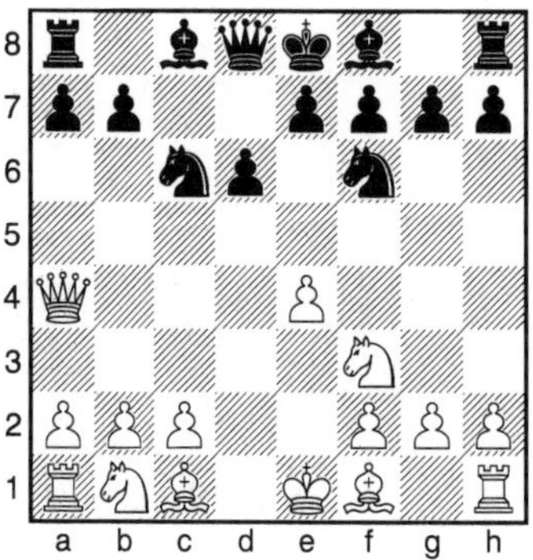

6.♗d3

Weiß strebt den schnellen Abschluss der Entwicklung seines Königsflügels an.

I. Eine Alternative ist 6.♗g5 ♗d7

(Auf 6...e6 folgt 7.e5 dxe5 8.♘xe5 ♗d7 9.♘xd7 ♕xd7 10.♗b5 mit weißem Druck.)

7.♗xf6

Dieser Abtausch ist nicht zwingend. Infrage kommt auch die Weiterentwicklung des Damenflügels mit 7.♘c3!?.

7...gxf6 8.♘c3

(8.♘bd2 erörtern wir in der **Partie Nr.25**, Hegner–H. Schmidt, Frankfurt 2000.)

8...♖g8 9.0–0–0 ♘e5 10.♕b3 ♘xf3 11.gxf3 ♕b6 12.♕xb6 axb6 13.♔b1 e6 14.♘b5 ♗xb5 15.♗xb5+ ♔e7 16.♖hg1 ♖g5=

II. Einem anderen Plan folgt 6.♘c3 ♗d7 7.♗g5 ♘e5 8.♕b3 ♘xf3+ 9.gxf3 ♕c7 10.0–0–0 a5 11.♗b5 e6 12.♖hg1 ♘h5 13.♗xd7+ ♕xd7 14.♘b5 f6 15.♕a4! ♖c8

(15...fxg5 16.♘c7+ ♔e7 17.♕xd7+ ♔xd7 18.♘xa8 ♔c6 19.♖xg5 ♘f4 20.♖xa5+–)

16.♗e3 ♕c6 17.♖d3 ♔f7 18.♖gd1 g6 19.♕b3+–, Jenneborg–Laureles, Lechenicher SchachServer 2009.

6...♗d7 7.♕b3 ♕c7 8.♗f4 e6 9.c3

9.♘c3!? ist eine alternative Idee.

9...♗e7 10.♘bd2 a6 11.0–0 0–0 12.♖fe1 b5 13.♖ac1 e5 14.♗g5 h6 15.♗h4

15.♗xf6!? ♗xf6 16.♘f1 ♗e6 17.♕c2 ♘e7 18.♘e3 ist auch spielbar.

15...g5 16.♗g3 ♘h5 17.c4 ♗e6 18.♕d1 ♘xg3 19.hxg3 b4 20.b3 ♔g7 21.♘f1 h5 22.♘e3 ♕b7 23.♘f5+ ♗xf5 24.exf5 ♕b6 25.♗e4 ♖ac8 26.♕d2 f6 27.♗d5

Schwarz bleibt mit seinem passiven Läufer auf e7 zurück. Weiß hat bessere Aussichten, Hemmingsen-Schelderup, Norwegen 1997.

Zusammenfassung: Die Fortsetzung 4.♕a4 befindet sich noch in der Erprobungsphase und es lässt sich noch nicht genau feststellen, wie viel sie wert ist. Die Zukunft wird entscheiden müssen, ob sich ihr Einsatz lohnt oder ob sie eine vergängliche Randnotiz in der Eröffnungstheorie bleibt.

Partie Nr. 18
Rodkin – Jankowski
Sankt Petersburg 2006

1.e4 c5 2.d4 cxd4 3.♕xd4 ♘c6 4.♕e3 ♘f6 5.♘c3 e5 6.♗d2

Zu 6.♗c4 werfen Sie bitte einen Blick in den Theorieteil.

6...♘d4?

Ein Verstoß gegen eines der wichtigen Schachprinzipien: Zieh in der Eröffnung nicht zweimal dieselbe Figur.

– Stark war hier 6...d5!? mit Öffnung der Diagonale c8–h3 für den weißfeldrigen Läufer; z.B. 7.exd5 ♘xd5 8.♕g3 nebst 0–0–0.

– Möglich war auch 6...♗b4!?.

7.0–0–0 ♕c7 8.♗d3

Energischer war 8.♘f3!? ♗c5 (8...♘xf3 9.gxf3! mit Öffnung der g–Linie) 9.♕g5! und Weiß übernimmt die Initiative.

8...b5

Ohne die Entwicklung seines Königsflügels abzuschließen, provoziert Schwarz erste Scharmützel am Damenflügel.

9.♘ge2 b4 10.♘d5 ♘xd5 11.exd5 b3?

Dies ist ein inkorrektes Figurenopfer, das von Weiß leicht widerlegt wird. Aber was sollte Schwarz spielen? Auf 11...♗c5 12.♘xd4 ♗xd4 13.♕g3 ♕b6 14.d6 kommt Weiß klar in Vorteil.

12.♘xd4 bxa2 13.♘b3 ♖b8 14.♘a1

Stärker war 14.♗a5! ♖xb3 (14...♕d6 15.♔d2 ♕xd5 16.♕e4+–) 15.♗xc7 a1♕+ 16.♔d2 ♖xd3+ 17.♕xd3 ♗b4+ 18.♔e2 ♕xb2 19.♖b1+−.

14...♗a3 15.♗b5 ♗xb2+ 16.♔xb2 ♖xb5+ 17.♘b3

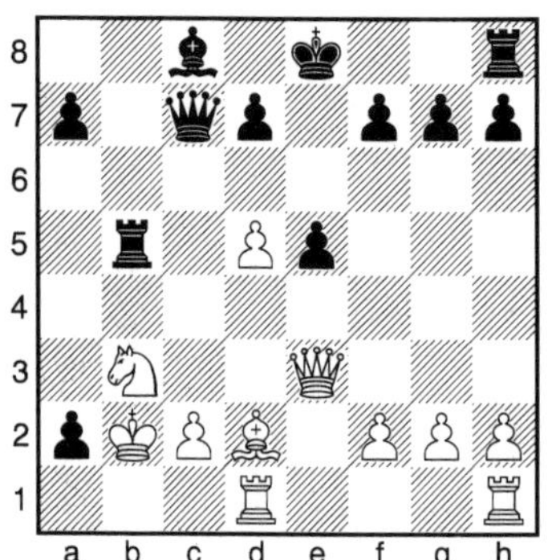

17... ♖xd5?

Diese Raffgier beschleunigt nur die schwarze Niederlage. Besser war 17...0−0, um den König in Sicherheit zu bringen.

18.♗b4 ♖b5

18...♖xd1 19.♖xd1 f6 20.♕c5+−

19.♗d6 a1♕+ 20.♔xa1 ♕c4

20...♕xc2 21.♖c1+−

21.♕xa7

Stark war auch 21.♗xe5!? 0−0 22.♗d6 ♖d8 23.♖he1 f6 24.♕d3+−.

21...f6

Auch nach 21...♕c3+ 22.♔b1 ♖xb3+ 23.cxb3 ♕xb3+ 24.♔a1 ♕c3+ 25.♔a2 ♕c2+ 26.♔a3 ♕c3+ 27.♔a4 ♕c2+ 28.♔a5 ♕a2+ 29.♔b6 ♕xf2+ 30.♗c5 ♕f6+ 31.♖d6 wäre alles klar.

22.♕c7 ♕a4+ 23.♔b2 ♔f7 24.♖a1

24.♖d3! hätte die Sache ebenfalls entschieden.

24...♕e4 25.♖hd1 ♔g6 26.f3 ♕e2 27.♖e1 ♕f2 28.♕c4 ♖b7 29.♗c5 ♕d2 30.♕e4+ ♔f7 31.♕xb7!

Schwarz gab auf.

Partie Nr. 19

Hardarson – Gikas

Budapest 2004

1.e4 c5 2.d4 cxd4 3.♕xd4 ♘c6 4.♕e3 ♘f6 5.♘c3 e5 6.♗c4 ♘d4 7.♕d3

7.♗d3 haben wir im Theorieteil erörtert.

7...♗b4 8.♗d2 ♗xc3?

Der Abtausch des Läufers ist unlogisch, denn welchen Vorteil sollte er bringen?

Dagegen hätte der energische Bauernvorstoß 8...b5!? Schwarz ein gutes Spiel beschert; z.B. 9.♗d5

(Nach 9.♘xb5 ♗xd2+ 10.♕xd2 ♘xb5 11.♗xb5 ♕b6 bekommt Schwarz seinen Bauern mit gutem Spiel zurück.)

9...♘xd5 10.♘xd5 ♗xd2+ 11.♕xd2 ♗b7.

9.♗xc3 d5 10.♗xd5 ♘xd5 11.♗xd4

Aber nicht 11.exd5? wegen 11...♗f5−+.

11...exd4 12.♕b5+ ♕d7 13.♕xd5 ♕xd5 14.exd5 ♗f5

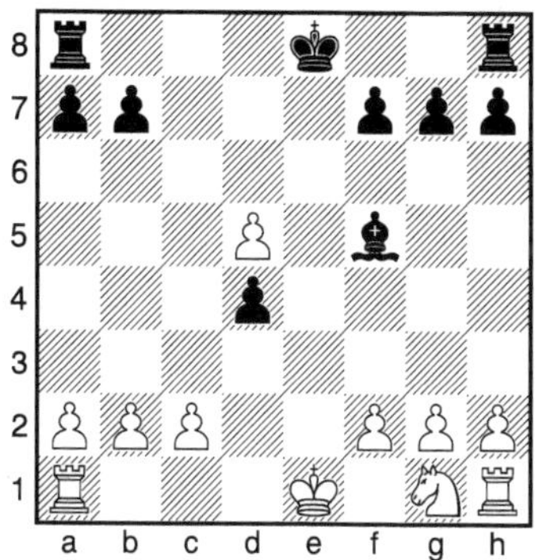

15.♖d1

Zu empfehlen war 15.0–0–0!? ♖c8 16.♖d2 d3 17.♘f3 ♖xc2+ 18.♖xc2 dxc2 19.♖e1+ ♔d8 20.♘d4 ♗g6 21.f4 ♗d3 22.♖e3 ♗f1

(22...♗c4 23.♘f5 g6 24.♘d6 ♗xd5 25.♖d3 ♔e7 26.♖xd5 ♖d8 27.♖b5 ♖xd6 28.♖xb7+ ♔e6 29.♔xc2±)

23.g3 mit besserem Endspiel für Weiß.

15...♗xc2?

Nur nach 15...♖c8! 16.♘e2 ♔d7 17.c3 dxc3 18.♘xc3 ♖he8+ 19.♔d2 b5! hätte Schwarz noch kämpfen können. Der Partiezug eröffnet Weiß den Weg zu einem deutlichen Vorteil.

16.♖xd4 ♔d7 17.♔d2 ♗g6

Der Anziehende erfreut sich eines Mehrbauern und macht sich nun daran, diesen Vorteil in klingende Münze umzuwandeln.

18.♘e2 ♔d6 19.♘c3 a6 20.h4 f6 21.h5 ♗f7 22.♘e4+ ♔e5

Oder 22...♔e7 23.h6 gxh6 24.d6+ ♔d8 25.d7 mit klarem Übergewicht.

23.♔e3! ♖ad8

Es verliert auch 23...♗xd5 24.f4+ ♔e6 25.♘c5+ ♔d6 26.♘xb7+ usw.

24.f4+ ♔f5 25.d6 b6 26.♔f3 ♔e6 27.h6

Zum Gewinn führte auch 27.d7! ♔e7 28.♖e1+–. Und 27...♖xd7 28.♘c5+! endet sogar mit einem Sieg im Blitzlichtgewitter.

27...g5

27...gxh6 28.♖xh6 ♗g6 29.g4+–

28.fxg5 f5 29.♘f6 ♔e5 30.♖d2 f4 31.g4 fxg3 32.♔g4 ♗e6+ 33.♔xg3 ♔f5 34.♔h4 ♖c8 35.♖f1+ ♔g6

Keine Rettung bringt 35...♔e5 36.♖e1+ ♔f5 37.♖f2+ ♔g6 38.♘g4 ♗xg4 39.♖f6#.

36.♘g4

Schwarz kapitulierte.

Partie Nr. 20
Zimniok – Folk
Tschechische Republik 2003

1.e4 c5 2.d4 cxd4 3.♕xd4 ♘c6 4.♕e3 e6 5.♘f3 ♘f6 6.♘c3 ♗b4

Die Entwicklung des Läufers mit 6...♗e7 haben wir in Abspiel 1 behandelt.

7.♗d2 0–0 8.e5 ♗xc3 9.♕xc3 ♘e4 10.♕e3 ♘xd2 11.♕xd2 f6 12.exf6 ♕xf6 13.0–0–0 d5 14.♗b5!

Mit dem Ziel, den Springer c6 zu beseitigen, um das Feld e5 zu beherrschen.

14...♗d7

Der Springerabtausch nach 14...♘e5 15.♘xe5 ♕xe5 und dann 16.g3 ♖f3 17.♖hf1 ♕f6 18.♕d4 ♕xd4 19.♖xd4 a6 20.♗e2 ♖f6 21.f4 ♗d7 22.♔d2 wäre günstig für Weiß, weil er nun die Kontrolle über den Punkt e5 hätte und der weiße Läufer seinem schwarzen Widerpart überlegen wäre.

15.♖he1 ♖ac8 16.♗xc6 ♗xc6 17.♕e3 ♗d7 18.c3 ♖c7 19.♖d4 a5 20.♕e5 ♕xe5 21.♖xe5 ♖f6 22.♔d2 ♗e8 23.♔e3 h6 24.♖d2

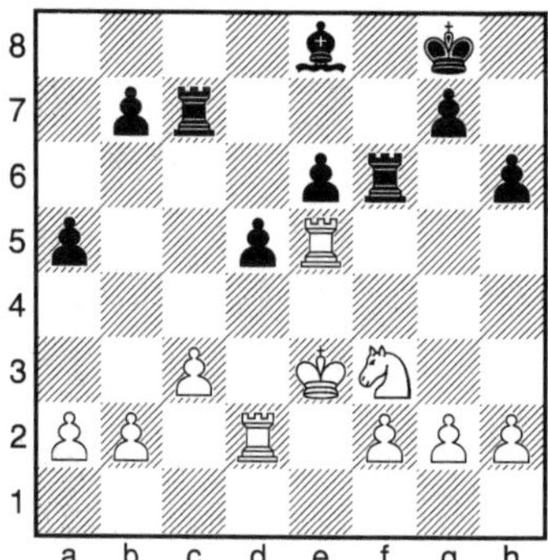

24...♖cf7?

Unvorsichtig gespielt, weil Schwarz die folgende starke Antwort zulässt.

Stärker war wohl 24...♔f7!? mit einer passiven Stellung, aber dennoch guten Verteidigungsmöglichkeiten.

25.c4! dxc4

Auf 25...♗c6 folgt 26.♘d4!.

26.♖xa5 ♗c6 27.♘e5 ♖c7 28.♖d8+ ♖f8

28...♔h7 29.♖aa8 g5 30.♖h8+ ♔g7 31.♖ag8#

29.♖xf8+ ♔xf8 30.♖c5!

Der positionelle Vorteil von Weiß ist offensichtlich.

30...♔e7 31.♘xc6+ bxc6

Natürlich wäre das Bauernendspiel nach 31...♖xc6 32.♖xc6 bxc6 33.♔d4 für Schwarz verloren.

32.♖xc4 ♔d6 33.♖d4+ ♔c5 34.f4 ♖a7 35.a3 ♖b7 36.b4+ ♔b5 37.♔e4 ♖a7 38.♖d3 c5 39.bxc5 ♔xc5 40.♔e5 ♖f7 41.♖c3+ ♔b5 42.g3 ♖f6 43.♖c7 ♖g6 44.♖e7 h5 45.♖xe6 ♖g4 46.♔f5

Schwarz gab auf.

Partie Nr. 21

Dunst – Maibaum

Recklinghausen 2005

1.e4 c5 2.d4 cxd4 3.♕xd4 ♘c6 4.♕e3 d6 5.♗d2 ♘f6 6.♘c3 ♗d7 7.0–0–0± g6 8.f3 ♗g7 9.g4 ♗e6 10.♗b5

Zu 10.h4 – siehe Abspiel 2.

10...a6 11.♗a4

Weiß hält die Spannung des Kampfes aufrecht. Nach 11.♗xc6+ bxc6 12.♘ge2 ♘d7 13.h4 ♕b6 hätte Schwarz ausreichende Verteidigungsmöglichkeiten.

11...b5 12.♗b3 ♗xb3 13.axb3 ♘b4 14.♕e1?!

Weiß plant eine Überführung seiner Dame mittels ♕e1–h4 zum Königsflügel. Logischer war jedoch 14.♘ge2, um die Entwicklung fortzusetzen.

14...♕c7 15.♘ge2 ♖c8 16.♔b1 ♘d7

17.♗e3 ♘e5 18.♕f2 0–0?

Nicht immer ist die Rochade ein guter Zug. Schwarz hätte hier mit 18...♘xc2! sofort eine Gegenoffensive starten können. Nach 19.♔xc2 b4 wäre deutlich geworden, dass sich der weiße König im Zielkreuz der schwarzen Kräfte befindet.

19.h4 ♕b7?

Schwarz übersah die weitere gute Möglichkeit 19...♘xc2!, denn nach 20.♔xc2 b4 hätte er auf gute Angriffschancen bauen können.

20.♘d4 ♘ec6 21.h5 ♘xd4 22.♗xd4 ♘c6

Die Folgen von 22...e5 23.♗e3 ♘xc2 24.♕xc2 b4 25.♖xd6 bxc3 26.bxc3 ♕c7 27.♖d3 wären günstig für Weiß.

23.♗xg7 ♔xg7 24.♘d5

24.♕h4! war sehr stark.

24...e6 25.h6+

Weiterhin war 25.♕h4! spielbar.

25...♔h8 26.♘f6 ♕e7 27.g5 ♖fd8 28.f4 e5 29.f5 ♘d4

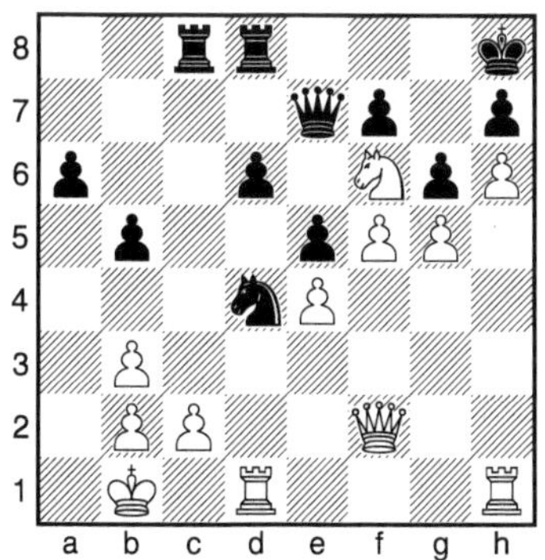

30.fxg6

Das verlangsamt die weiße Aktion leider nur. Energischer war 30.♘d5! ♕xg5 31.♖xd4! exd4 32.♕xd4+ f6 33.♘xf6 und Schwarz kann aufgeben.

30...fxg6

Oder 30...hxg6 31.♘d5 ♕e6 32.♖hf1 ♖xc2 33.♕xf7 ♕xf7 34.♖xf7 ♖g2 35.♘f6 nebst Matt.

31.♖d2 ♖c6 32.♖xd4! exd4 33.♕xd4 ♖dc8?

Das verliert sofort. Nach 33...♖c5 müsste Weiß noch um den Sieg kämpfen.

34.♘d7+ ♔g8 35.♕d5+

Schwarz gab auf wegen 35...♔h8 36.♖f1 ♕xd7 37.♖f7 ♕xf7 38.♕xf7 ♖6c7 39.♕f6+ ♔g8 40.♕xd6 und der Marsch des e-Bauern entscheidet.

Partie Nr. 22
Zabarskij – Grüneschild
Nürnberg 1999

1.e4 c5 2.d4 cxd4 3.♕xd4 ♘c6 4.♕e3 d6 5.♘c3 ♘f6 6.♗d2 a6 7.a3

Weiß kann auch 7.0–0–0 spielen. Mit dieser Möglichkeit haben wir uns in Abspiel 1 befasst.

7...g6 8.♗e2 ♗g7 9.f4 e6 10.h3

10.0–0–0!? sieht stark aus, und so sollte Weiß denn wohl auch tatsächlich spielen.

10...0–0 11.g4?

Ein schwacher Zug, weil Schwarz jetzt aktiv im Zentrum kontern könnte. Richtig war 11.0–0–0!.

11...b5?

Schwarz lässt seine Chance ungenutzt. Mit dem gebotenen Bauernvorstoß 11...d5! hätte er die Initiative an sich reißen können.

12.g5 ♘d7 13.h4

Weiß ist ungeduldig und überhastet seine Aktion auf dem Königsflügel. Er hätte erst einmal seine Entwicklung mit 13.♘f3!? fortsetzen sollen.

13...♗d4

13...d5! war stärker.

14.♕g3 ♕b6?

Nur Zeitverlust. Zu beachten war 14...♘c5!? mit der Entwicklung des Läufers nach b7.

15.♘f3 ♗b7 16.h5 ♗e3

Nach 16...♘c5 17.♕h3 ♕c7 18.0–0–0 wäre der weiße Angriff sehr stark; z.B. 18...♗xc3 19.♗xc3 ♘xe4 20.hxg6 fxg6 21.♕xe6+ ♕f7 22.♖xh7! ♘xc3 23.♖xf7 ♘xe2+ 24.♔d2 ♖xf7 25.♕xg6+ ♔f8 26.♕xd6+ ♖e7 27.♖h1+–.

17.♕h2! ♗xd2+ 18.♘xd2 ♘d4 19.0–0–0

19.hxg6! wäre noch energischer.

19...♘xe2+ 20.♘xe2 ♖fc8 21.hxg6 ♘f8 22.gxh7+ ♔h8 23.♕h6 ♕d8

Auf 23...♘g6 entscheidet 24.♘g3+–.

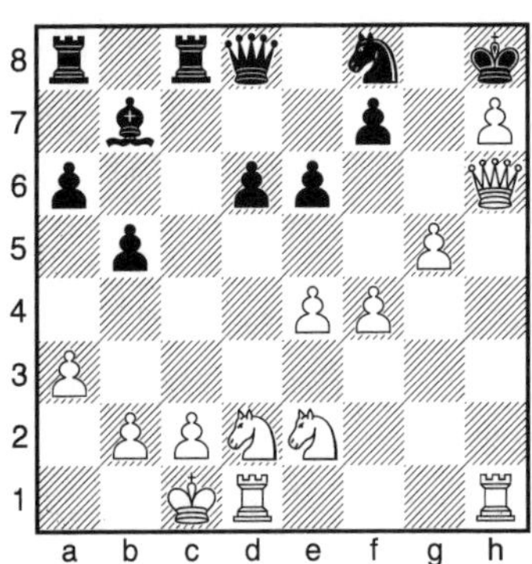

24.♘g3

Schade, dass Weiß die in der Stellung schlummernde Kombination 24.♕g7+! ♔xg7 25.h8♕+ ♔g6 26.♕g8# nicht gesehen hat.

24...♘g6 25.f5 exf5 26.♘xf5 ♕f8 27.♕xf8+ ♖xf8 28.♘xd6 ♗c6 29.♖h6 ♘e5 30.♖f1 ♖a7 31.♖f5

31.g6! hätte den Sieg sofort sichergestellt.

31...♖e7 32.♖f4 ♖c7 33.♔b1 a5 34.g6 f6 35.♘f5 b4 36.axb4 axb4 37.g7+ ♖xg7 38.♘xg7 ♔xg7 39.♖hxf6! ♖xf6 40.♖xf6 ♔xh7 41.♖e6

Schwarz kapitulierte.

Partie Nr. 23

Hardarson – Halldorsson

Hafnarborg 2003

1.e4 c5 2.d4 cxd4 3.♕xd4 ♘c6 4.♕e3 g6 5.♘c3 ♗g7 6.♗d2 d6 7.0–0–0 ♘f6 8.♘d5

Mit dem Zug 8.h3 haben wir uns in Abspiel 1 beschäftigt.

8...e6

Zu erwägen ist 8...♗e6!?.

9.♘xf6+ ♕xf6 10.♗c3 e5 11.♗c4 0–0 12.♘e2 ♗e6 13.♗d5

Das Beste. Nach 13.♗b3 ♗xb3 14.axb3 a5 bekommt Schwarz ein starkes Gegenspiel am Damenflügel.

13...♗xd5 14.exd5 ♘e7 15.f4 b5

Mit dem Plan, schnell am Damenflügel zu attackieren. Solider sah jedoch 15...♘f5!? aus; z.B. 16.♕f2 ♖fe8 und nach 17.g4 ♕h4! verfügt Schwarz über ein gutes Spiel.

16.g4 b4 17.fxe5 ♕h4 18.♗xb4

18.exd6?? verbietet sich wegen 18...♗h6 19.♘f4 ♘f5–+.

18...♕xg4 19.♗c3

Über die Zugfolge 19.♗xd6 ♘f5 20.♕d3 ♘xd6 21.exd6 ♕b4 22.c3 ♕xd6 würde Schwarz die halboffene b-Linie und c-Linie erhalten, die er trefflich zum Königsangriff nutzen könnte. Deshalb entschied sich Weiß zu einem Vorgehen, das die Spannung aufrechterhielt.

19...♘f5 20.♕d3 dxe5 21.♘g3 ♘d6

21...♘d4!? wäre eine starke Alternative.

22.♖he1 ♕a4

Sieht logisch aus, denn Schwarz spielt auf dem Flügel, auf dem der weiße König sein Domizil genommen hat.

Infrage kam jedoch 22...f5!; z.B. 23.♗xe5 ♗xe5 24.♖xe5 ♕f4+ 25.♕e3 ♕xe3+ 26.♖xe3 f4 27.♖e6 fxg3 28.♖xd6 g2 und Weiß kann aufgeben.

23.♔b1 ♖ab8 24.b3

Es verbietet sich 24.♗xe5?? ♗xe5 25.♖xe5 ♘c4–+.

24...♖fe8 25.♗b2 ♕b4 26.♘e4 ♘b5?

Schwarz konzentriert seine Kräfte auf den Angriff gegen den gegnerischen König. Das bringt jedoch nichts. Stärker war also 26...f5! und Schwarz bliebe noch am Ball.

27.d6!

Der Anziehende nutzt seinen Freibauern aus.

27...♖ed8 28.c3 ♕a5

Nach 28...♘a3+ 29.♗xa3 ♕xa3 30.♕d5 wäre die Stellung klar besser für Weiß.

29.♕d5 ♘a3+ 30.♗xa3 ♕xa3 31.♖f1 ♖d7

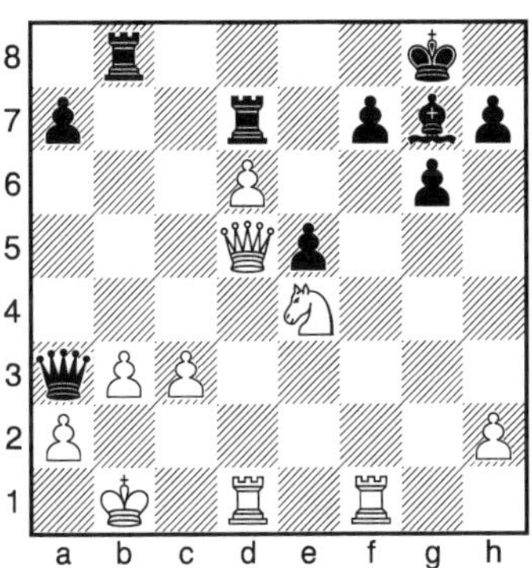

32.♖xf7!

Endlich kann Weiß zuschlagen!

32...♖xf7 33.♖f1 ♖bf8 34.♖xf7 ♖xf7 35.♘g5 h6 36.♕xf7+

Schwarz gab auf.

Partie Nr. 24
Hoxha – Gayson
Plovdiv 2010

1.e4 c5 2.d4 cxd4 3.♕xd4 ♘c6 4.♕e3 e6 5.♘c3 d6 6.♗d2 ♘f6 7.0–0–0 ♗e7 8.f4

8.♗d3 haben wir in Abspiel 1 analysiert.

8...0–0 9.♕g3 ♕c7 10.♘f3 a6 11.e5 ♘e8

Nach 11...♘d5 12.♘xd5 exd5 13.♗d3 dxe5 14.fxe5 stünde Weiß aktiver; z.B. ginge jetzt nicht 14...♘b4?? wegen 15.♗xb4 ♗xb4 16.♕h4 mit Figurengewinn.

12.h4 f5 13.exf6 ♘xf6 14.h5 ♘b4 15.♘g5 ♘fd5

Zu erwägen war ein Intermezzo mit 15...h6!?.

16.♘ge4 ♗f6 17.♘xf6+ ♖xf6 18.♔b1 e5?

Ein ernster Fehler, da nun im schwarzen Lager viele Schwächen entstehen. Besser war 18...♖f7!?.

19.fxe5 dxe5 20.♗d3

20.a3! war offensichtlich stärker, um dem Springer auf b4 sofort klar zu machen, dass er hier unerwünscht ist.

20...♘xc3+ 21.♗xc3 ♘xd3 22.♖xd3 ♖f8 23.♗xe5

Der Bauer ist gefallen. Das sind die vergifteten Früchte des Fehlers im 18. Zug.

23...♕f7 24.♖f3 ♕e7 25.♖xf8+ ♕xf8 26.h6 g6 27.♗c3 ♕c5 28.♕f3

Es ist schade, dass Weiß die elegante Variante 28.♕xg6+! hxg6 29.h7+ ♔f7 30.h8♕ übersieht.

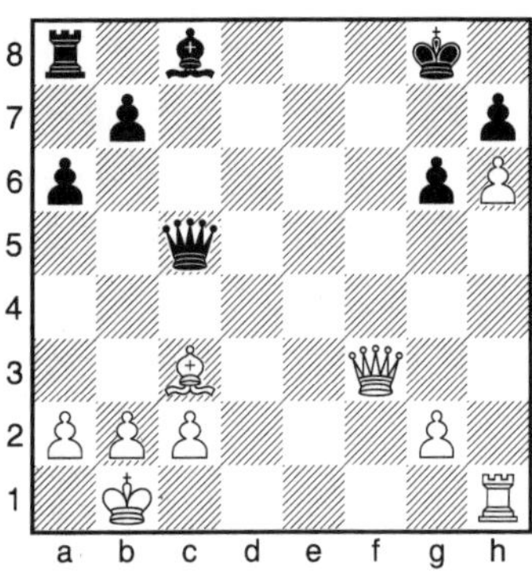

28...♕f5 29.♕e3 ♗e6 30.♕d4 ♔f7 31.♕g7+ ♔e8 32.♗f6 ♕c5 33.♖e1 ♕d6 34.♕g8+ ♔d7 35.♕xa8 ♗xa2+ 36.♔xa2 ♕d5+ 37.♔b1

Schwarz kapitulierte.

Partie Nr. 25
Hegner – H. Schmidt
Frankfurt 2000

1.e4 c5 2.d4 cxd4 3.♕xd4 ♘c6 4.♕a4 ♘f6 5.♘f3 d6 6.♗g5 ♗d7 7.♗xf6 gxf6 8.♘bd2

8.♘c3 haben wir in Abspiel 2 besprochen.

8...♘e5

Hier sollte Schwarz 8...a6!? erwägen, um den Ausfall ♗f1–b5 nicht zuzulassen.

9.♗b5 a6 10.♗xd7+ ♕xd7 11.♕xd7+ ♔xd7 12.♘xe5+ fxe5

Die Stellung hat sich vereinfacht, aber der Kampf geht weiter.

13.♘c4 ♔c7 14.♖d1

In Betracht kommt 14.a4!?, um das Manöver b7–b5 zu erschweren.

14...b5 15.♘e3 e6 16.♔e2 ♗e7 17.♖hf1 ♗g5 18.♖d3 ♗xe3

Schwarz wählt das Viertürme-Endspiel.

19.♔xe3 ♖ad8 20.f4 exf4+ 21.♖xf4 ♖d7 22.♖g4 f6 23.♔f4

Nach 23.♖f4 ♖f8 24.♖d2 ♖g7 25.♖df2 ♖g6 verteidigt Schwarz seine Position.

23...♖f8 24.♔e3 f5 25.exf5 ♖xf5 26.♖f4 ♖df7 27.♖xf5 ♖xf5 28.♔e2 a5 29.♖h3 h5 30.♖f3 ♖e5+ 31.♖e3 ♖xe3+?

Der Übergang ins Bauernendspiel ist eine falsche Endscheidung, denn Weiß kann auf der rechten Seite auf eine mobile Bauernmehrheit setzen. Deshalb hätte der Nachziehende die Türme mittels 31...♖g5! auf dem Brett halten sollen, denn dieses Endspiel wäre ausgeglichen gewesen.

32.♔xe3 e5 33.g3?!

Weiß will schnell einen Freibauern am Königsflügel bilden. Logischer war aber 33.♔e4!, um den König zu aktivieren, was im Bauernendspiel besonders wichtig ist.

33...♔c6?

Nach 33...d5! wäre das Endspiel für Weiß nicht zu gewinnen.

34.h3?

Unglaublich, aber die Aktivierung des Königs mit 34.♔e4! wäre immer noch richtig gewesen.

34...♔d5 35.g4 hxg4 36.hxg4 ♔e6 37.b3?

So darf man nicht spielen, denn die weißen Bauern am Damenflügel werden zur Untätigkeit verdammt. Nach 37.a3 d5 38.b4 axb4 39.axb4 ♔f6 40.♔f3 ♔g5 41.♔g3 e4 42.c3 wäre die Stellung remislich.

37...b4! 38.c4 ♔f6

Das Damenendspiel nach 38...bxc3 39.♔d3 ♔f6 40.a3 ♔g5 41.b4 axb4 42.axb4 ♔xg4 43.b5 ♔f3 44.b6 e4+ 45.♔xc3 e3 46.b7 e2 47.b8♕ e1♕+ 48.♔c2 wäre für Schwarz trotz eines Mehrbauern nicht zu gewinnen.

39.♔e4 ♔g5

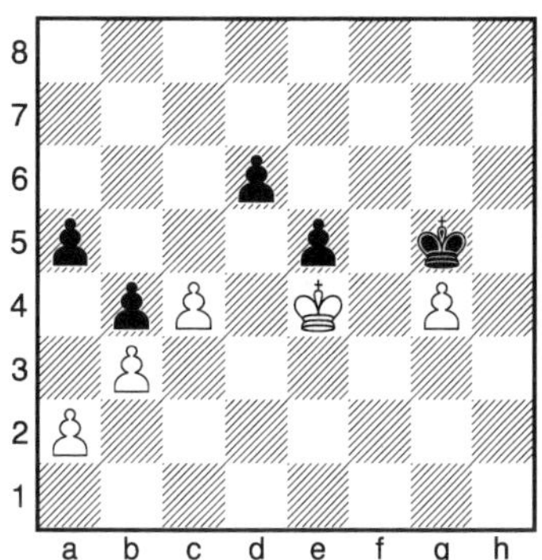

40.c5??

Wahnsinn! Die Grundlagen der Bauernendspiele muss man kennen. Unbedingt notwendig war 40.♔d5! ♔f4 41.♔xd6 e4 42.c5 e3 43.c6 e2 44.c7 e1♕ 45.c8♕ ♕d2+ 46.♔e7 ♕xa2 47.♕f5+ ♔g3 48.g5 a4!

(48...♕xb3?? 49.g6 ♕g8 50.♕g5+ ♔f3 51.g7 b3 52.♕f5+ ♔e3 53.♕h3+ ♔d2 54.♕h8+–)

49.g6 axb3 50.g7 b2 51.♕g5+ ♔f2 52.♕f4+ ♔e2 53.♕g4+ ♔e3 54.♕g3+ mit ewigem Schach.

40...dxc5 41.♔xe5 ♔xg4??

Die Tragödie nimmt ihren Lauf! Nun verliert Schwarz. Mit 41...c4! hingegen schafft er den Durchbruch: 42.bxc4 (42.♔d4 c3–+) 42...a4 43.♔d4 a3 44.♔d3 b3 45.axb3 a2–+.

42.♔d5 ♔f4 43.♔xc5 ♔e4 44.♔b5 ♔d5

44...♔d3 hilft auch nicht: 45.♔xa5 ♔c3 46.♔a4 und der Nachziehende verliert seinen Bauern.

45.♔xa5 ♔c5

Schwarz gab sich geschlagen wegen 46.♔a4 und der Bauer b4 geht verloren.

Kapitel 3

Caro–Kann

Die Fortsetzung 3.♕f3

1.e4 c6

Mit diesem Zug läutet Schwarz die Caro–Kann–Verteidigung ein.

2.♘c3

Die prinzipielle Fortsetzung ist hier 2.d4, um das Zentrum zu besetzen. Der Springerzug verfolgt einen anderen Zweck – Weiß will eine schnelle Figurenentwicklung erreichen.

2...d5

So wird üblicherweise in dieser Verteidigung gezogen.

3.♕f3

Nach 3.d4 geht das Spiel in die Hauptvariante über.

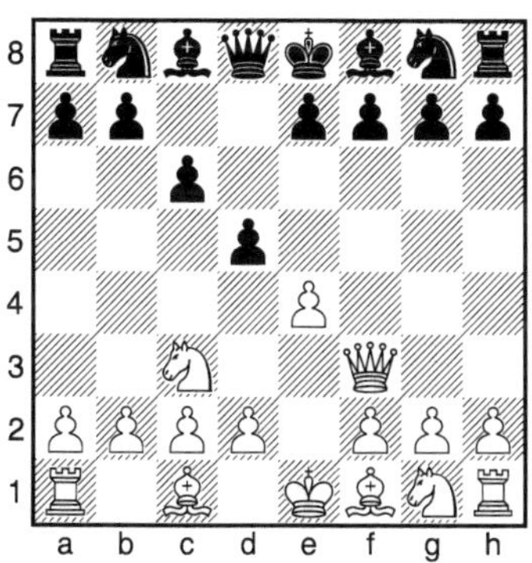

Die von uns vorgeschlagene Variante ist noch nicht ausführlich ausgearbeitet worden, sie führt aber zu sehr interessantem Spiel. Die Dame wird früh ins Spiel einbezogen und kann so schnell an einem Königsangriff teilnehmen. Wir werden dies auf der Basis von Analysen und einigen Beispielpartien veranschaulichen.

An dieser Stelle möchten wir anmerken, dass die Idee des frühen Damenzugs mit dem amerikanischen Meister Warren H. Goldman (1923–1992) verbunden ist, der sie in Analysen und auch in der Praxis populär gemacht hat. Dies gilt auch für Publikationen, z.B. „New Ideas in Old Setting" 1958.

In der Diagrammstellung stehen Schwarz insbesondere die folgenden Fortsetzungen zur Wahl.

I. 3...dxe4 (siehe **Abspiel 1**)

II. 3...d4 (siehe **Abspiel 2**)

III. 3...e6 (siehe **Abspiel 3**)

IV. 3...♘f6 (siehe **Abspiel 4**)

Andere Züge kommen selten auf das Brett.

I. 3...e5 4.exd5

A) 4...cxd5 5.♕xd5

(Es geht auch 5.♘xd5 ♗e6 6.♗c4±, Zamora–Ramos, Extremadura 2007.)

5...♕xd5 6.♘xd5 ♗d6 7.f4 exf4 8.d4 ♗e6

(8...g5 9.♘f3 f6 10.h4 ist günstig für Weiß.)

9.♘xf4 mit weißem Vorteil.

B) 4...♘f6 5.dxc6 ♘xc6 6.♗b5 ♗d7 7.♘ge2 ♗e7 8.0–0 0–0 9.d3 h6 10.♘e4 a6 11.♘xf6+ ♗xf6 12.♗c4 b5 13.♗b3 ♖c8

Nun hätte Weiß in der Partie Lauer–Simmons, Lechenicher SchachServer 2010, einfach 14.c3 spielen und sich so einen Vorteil sichern sollen.

II. 3...♗e6

A) 4.d3 ♘f6

(Nach 4...d4 5.♘ce2 ♘a6 6.a3 ♕b6 7.♕g3 ♘f6 8.♘f3 c5 9.♘f4 g6 10.♘xe6 ♕xe6 11.♗e2 ♗g7 12.0–0 hat Weiß das Läuferpaar und gute Aussichten.)

5.e5 d4

(Auf 5...♘fd7 folgt 6.♕g3! mit dem Plan f2–f4, ♘g1–f3 usw.)

6.exf6 dxc3 7.bxc3 exf6 8.♘e2 ♘d7 9.♘d4 ♕a5 10.♗d2 0–0–0 11.♗e2 ♗d5 12.♕g3

In dieser Stellung sind die weißen Aussichten gut. Mit der kurzen Rochade und dann ♖f1–b1 kann der Anziehende schnell Initiative am Damenflügel entwickeln.

B) 4.exd5 cxd5 5.d4

(Spielbar ist 5.♗b5+ ♘c6 6.♘ge2 ♘f6 7.0–0 ♗g4 8.♕f4 e6 9.♕a4 usw.)

5...♘c6 6.♗b5

(6.♗e3 ♘f6 7.h3 g6 8.0–0–0 ist eine gute weitere Option.)

6...♘f6 7.♘ge2 ♗g4 8.♕d3 g6 9.♗f4 ♗f5 10.♕d2 ♗g7 11.0–0 0–0 12.♘g3 ♗e6 13.♗xc6 bxc6 14.♖fe1 ♘d7 15.♘a4 ♖e8 16.♖ad1 mit dem Plan h2–h4–h5.

III. 3...g6 4.exd5

A) 4...♘f6 5.dxc6 ♘xc6 6.♘e4 ♗g7 7.♗b5 ♘d7 8.♘e2 ♕b6 9.♕e3 ♘d4 10.♘xd4 ♗xd4 11.♕b3 0–0 12.c3 ♗g7 13.d4 e5 14.d5 a6 15.♗c4

(Nach 15.♗xd7!? ♕xb3 16.axb3 ♗xd7 17.♗e3 liegt der weiße Vorteil klar auf der Hand.)

15...♕xb3 16.♗xb3 f5 17.♘d6 ♘c5 18.♗c2 ♖d8 19.♗e3 ♗f8 20.♗xc5 ♗xd6 21.♗b6 mit weißem Übergewicht, Schmitz–T. Fischer, Deutschland 2003.

B) 4...♗g7 5.dxc6 ♘xc6 6.♗b5 ♗d7 7.♘ge2 a6 8.♗a4 b5 9.♗b3 ♘e5 10.♕f4 ♘h6 11.d3 0–0 12.0–0 ♘f5 13.h3 und Schwarz hat keinen Ersatz für den Bauern.

Abspiel 1

Die Fortsetzung 3...dxe4

1.e4 c6 2.♘c3 d5 3.♕f3 dxe4

Das Schlagen des Bauern erfolgt ganz im Sinne der Caro-Kann-Verteidigung, so wird deshalb am häufigsten verfahren. Schwarz erhofft sich von diesem Abtausch Ausgleich im Zentrum.

4.♘xe4

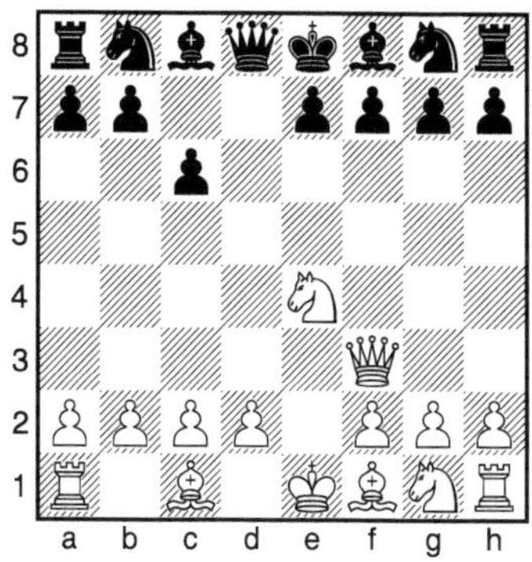

4...♘d7

Mit der Idee ♘g8–f6, um die Position des weißen Springers auf e4 zu klären. Im Falle des Schlagens auf f6 nimmt der nun auf d7 postierte Springer zurück.

Auf diese Weise wird die Bauernstruktur nicht geschwächt, was nach einem sofortigen 4...♘f6 5.♘xf6+ passieren könnte. Auch dazu wollen wir uns ein paar Varianten anschauen.

A) 5...gxf6 6.♗c4

A1) 6...e5 7.♘h3

(Infrage kommt 7.♘e2!?.)

7...♘d7?

(Stärker war 7...♖g8!?.)

8.♘g5! ♘b6 9.♘xf7 ♕d4 10.♘xh8 (10.♗b3!?) 10...♕xc4 11.♕h5+ ♔d8 12.♕xh7 ♗e6 13.b3 ♕g4 14.0–0 ♗d5 15.♕g6 ♕h4 16.♘f7+ ♔c7 17.d4 ♗d6 18.c4 ♗e4 19.♕g7 ♗f8 20.♕g3 ♕xg3 21.fxg3 mit materiellem Vorteil für Weiß, Fidalgo Fernandez–Alarcia Astriz, Madrid 2005.

A2) 6...h5 7.♘e2 (7.♕b3!?) 7...♘d7 8.d4 ♘b6 9.♕b3

(Gut ist 9.♗b3!?, um den Läufer zu behalten.)

9...♘xc4 10.♕xc4 ♗e6 11.♕d3 ♕d7 12.♗f4 ♗f5 13.♕d2 ♕d5 14.0–0 ♖g8 15.f3 0–0–0 16.♖ac1 e5 17.c4 ♕d7 18.♗e3 ♗h3 19.♖f2 ♔b8 20.♕c3 h4 21.♔h1 ♗f5 22.dxe5 fxe5 23.♕xe5+ ♗d6 24.♕d4 c5 25.♕xd6+ ♕xd6 26.♗f4

Weiß konnte sich im weiteren Verlauf der Partie den Sieg sichern, Bakos–Monus, Gongyos 2002.

A3) 6...♘d7 7.d4 e6 8.♘e2 ♘b6 9.♗b3 ♗d7 10.0–0 ♗d6 11.c4 ♗c7 12.♗f4 ♗xf4 13.♘xf4 ♕e7 14.♘h5 f5 15.d5 (15.a4!?) 15...0–0–0 16.a4 ♔b8 17.a5 ♘c8 18.a6 b6 19.dxc6 ♗e8 20.♖fd1+–, Larocca–Baisotti, Buenos Aires 1992

A4) 6...♕d4 7.d3

(7.♕b3!? kann zu scharfem Spiel führen: 7...♕e4+ 8.♘e2 ♕xg2 9.♖g1 ♕xh2 10.♗xf7+ ♔d8 11.d4 ♗h6 12.♗e3 ♗xe3 13.♕xe3 nebst 0–0–0 und Weiß hat sich einen ausreichenden Ersatz für den Bauern verschafft.)

7...♖g8 8.h3 ♕e5+ 9.♘e2 ♗f5 10.♗d2 ♗g6 (10...♕xb2?? 11.♗c3+–) 11.0–0–0 ♘d7 12.♘g3 0–0–0 13.h4 h5 14.♖he1 ♕c5 15.♗e3 ♕a5 16.♗d2 ♕c5 17.♗f4 e6 18.♘e4 ♗xe4 19.♕xe4 ♕xf2??

(19...♗d6!? war notwendig.)

20.♕xc6+!

Schwarz kann das drohende Matt nicht parieren.

20...bxc6 21.♗a6#, Dropka–Minzner, Albuquerque 1997

B) 5...exf6 6.♗c4 ♗d6

B1) 7.d4 0–0 8.♘e2 ♖e8

(Oder 8...♕a5+ 9.c3 ♖e8 10.♗d3 ♘d7 11.0–0 ♕c7 12.♗f4 ♗xf4 13.♘xf4 b6 14.♖ae1 ♗b7 15.♘h5 ♘f8 16.♕g4 ♘g6 17.f4 mit der starken Drohung f4–f5. Weiß steht vorteilhaft, Schmitz–Predescu, Edmondton 2000.)

9.0–0 ♕c7 10.♗f4 ♗e6 11.♗d3 ♘d7 12.c4 mit dem Plan ♖f1–e1 und dem etwas besseren Spiel für Weiß.

B2) 7.♘e2 0–0

(Einen kurzen Verlauf hatte die Partie Forgo–Zilahi, Balatonbereny 1994: 7...♘d7 8.d4 ♘b6 9.♗d3 ♗e6 10.♘f4 ♕d7 11.0–0 0–0 12.h3 ♗c4 13.♗xc4 ♘xc4 14.♘h5 ♕e6 15.♗h6! gxh6 16.♖fe1 ♘d2 17.♕d3 1–0.)

8.0–0 ♘d7 9.d4 ♘b6

(– Nach 9...♖e8 10.♗f4 ♘f8 11.♖ad1 ♗e6 12.d5 cxd5 13.♗xd5 ♗xd5 14.♖xd5 ♕e7 15.♖xd6 ♕xe2 16.♕xe2 ♖xe2 17.♖d2 ♖xd2 18.♗xd2 ♘e6 19.♗e3 a6 20.♖d1 ♖d8 21.♖xd8+ ♘xd8 22.♔f1 ♔f8 23.♔e2 ♔e7 24.♔d3 ♔d6 25.c4 ♘e6 26.b4 f5 27.a4 bekam Weiß ein besseres Endspiel und baute seinen Vorteil bis zum späteren Sieg aus, Negele–Epding, Leverkusen 2003.

– Nach 9...c5 10.♗f4 ♗xf4 11.♕xf4 cxd4 12.♘xd4 ♘e5 13.♗b3 steht der Anziehende aufgrund der schwarzen Bauernschwächen am Königsflügel etwas besser.)

10.♗b3 a5 11.c4 a4 12.♗c2 ♗c7 (12...♘xc4?? 13.♕d3+–) 13.♗d2 ♗e6 14.b3 ♕d7 15.♗c3 ♖fe8 16.♘g3 axb3 17.axb3 ♖xa1 18.♖xa1 ♗xg3 19.hxg3 ♘c8 20.♕d3 f5 21.g4 ♘e7 22.♗b4 g6 23.♗c3 f6 24.g5! fxg5 25.d5 mit der entscheidenden Drohung ♕d3–d4, Short–I. Silber, Hastings 1979/80.

5.d4

Mit diesem prinzipientreuen Zug kämpft Weiß um Raumvorteil im Zentrum.

Nach der anderen Idee 5.b3 ♘gf6 kann Weiß sich zwischen zwei alternativen Fortsetzungen entscheiden.

A) 6.♗b2 ♘xe4 7.♕xe4 ♘f6

(7...e6 8.♘f3 ♘f6 9.♕h4 ♗e7 10.♕g3 g6 11.♘e5 0–0 12.h4 ♘e4 13.♕e3 f5 14.0–0–0 ♗f6 15.h5 g5 16.g4 ♕a5 17.f4 gxf4 18.♕xf4 ♗g5 19.♕h2 f4 20.♘f3

In dieser scharfen Stellung liegen die besseren Aussichten auf der Seite von Weiß, was ihm in der Partie Pelikian–Salvi, Americana 2000, als Basis für den späteren Sieg reichte.)

8.♗xf6

(Zu beachten ist 8.♕h4!? nebst langer Rochade.)

8...gxf6 9.♘f3 ♗g7 10.c3 ♕a5 11.b4 ♕d5 12.♕xd5 cxd5 13.♗b5+ ♗d7 14.a4 f5=, Paleologu–Patuzzo, Lugano 2006

B) 6.♘g3 analysieren wir in der **Partie Nr.26**, Lombardy – Brinck-Claussen, Krakau 1964.

5...♘df6

Diese Fortsetzung ist ein Vorschlag von Großmeister Boleslawski.

Nach der Alternative 5...♘gf6 kann sich das Spiel wie folgt entwickeln.

A) 6.♗c4 e6

(– 6...♕a5+ – siehe **Partie Nr.27**, Veksler–Mietner, Deutschland 2001.

– 6...♘b6 – siehe **Partie Nr.28**, Sutton–Revell, England 1998.)

7.♘e2 ♘xe4 8.♕xe4 ♘f6 9.♕f3 ♗d6 10.♗g5 ♕a5+ 11.♗d2 ♕c7 12.0–0–0 h6

(Auf 12...♗d7!? mit dem Plan 0–0–0 sollte Weiß am besten seinen Läufer nach b3 stellen, um c2–c4 folgen zu lassen. Dann haben beide Spieler ein scharfes Spiel vor der Brust.)

13.g4 ♘d5 14.♗b3 b6 15.c4 ♘b4 16.♘c3 0–0 17.♘e4 ♗e7 18.♗f4 und Weiß steht ausgezeichnet.

B) 6.♗d3 ♘xe4 7.♕xe4 ♘f6 8.♕h4

B1) 8...♕d5 9.♘f3 ♗g4 10.c4 ♕h5 11.♕xh5 ♗xh5 12.♘e5

Weiß ist besser entwickelt und steht damit aktiver.

B2) 8...♕a5+ 9.♗d2 ♕h5 10.♕xh5

(Infrage kam 10.♕g3!?, um die Dame auf dem Brett zu halten.)

10...♘xh5 11.♘f3 e6 12.c4 ♗e7 13.0–0 0–0 14.♘e5 ♘f6 15.♖ad1 c5 16.dxc5 ♗xc5 17.b4 ♗d6 18.♗c3 ♗xe5 19.♗xe5 ♘d7 20.♗d6

Weiß befindet sich klar im Vorteil, denn neben dem Läuferpaar verfügt er auch über die bessere Entwicklung, Schiller–Bowden, Fernpartie 2000.

B3) 8...♗f5 9.♗xf5 ♕a5+ 10.c3 ♕xf5 11.♘f3

(11.♘e2!? geht auch; es lockt die Platzierung des Springers auf g3.)

11...♕e4+ 12.♕xe4 ♘xe4 13.0–0 e6 14.♖e1 ♘f6 15.♗f4 ♗e7 16.♖ad1 ♖d8 17.c4

Weiß ist leicht im Vorteil, Tinture–M. Garcia, IECG 2006.

B4) 8...e6 9.♘f3 ♗e7 10.♕g3

(Nach 10.0–0 b6 11.♘e5 ♗b7 12.c3 a6 13.♖e1 c5 14.dxc5 ♗xc5 15.♗g5 ♗e7 16.♖ad1 ♘d5 17.♗xe7 ♕xe7 18.♕g3 steht Weiß ebenfalls besser, 1–0 Schiller–Bowden, Fernschach 2000.)

10...0–0 11.♗h6 ♘e8 12.0–0–0 ♕a5 13.♔b1 ♗d6 14.♗f4 ♗xf4 15.♕xf4 ♘f6 16.♘e5 ♘d5 17.♕h4 h6 18.c3 c5 19.dxc5 ♕xc5 20.♖he1 a5 21.g4

Weiß greift am Königsflügel an, Vila Gonzalez–Aranaz Murillo, Linares 2007.

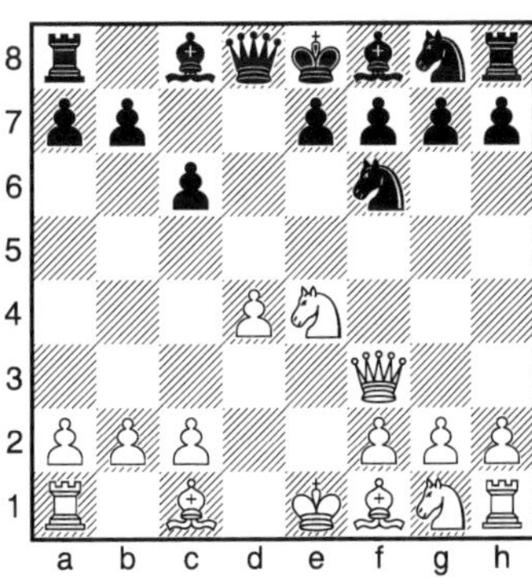

6.♗d3!?

Ohne Zweifel die stärkste Fortsetzung. Mit diesem Bauernopfer verschärft Weiß das Spiel.

I. Ebenfalls möglich ist das ruhigere 6.c3 ♘xe4.

(Auf 6...♗g4 folgt 7.♕g3!.)

7.♕xe4

A) 7...♕d5 8.♕xd5 cxd5 9.♘f3 a6 10.♘e5 ♘f6 (10...f6 11.♘d3±) 11.♗d3 g6 12.a4 ♗f5 13.a5 ♘d7 14.♘xd7 ♗xd7 15.♗f4 e6 16.h4 ♗e7 17.♔d2 ♗b5 18.f3 ♗xd3 19.♔xd3 h5 20.♗g5 ♔d7 21.♗xe7 ♔xe7 22.♖a4 ♖ac8 23.♖b4

Der weiße Endspielvorteil ist nur gering, dennoch reichte er dem Anziehenden in der Partie Dolmatow–Machulski, Wilna 1978, um den Gegner niederzuringen und den vollen Punkt zu ernten.

B) 7...♘f6 8.♕c2 ♗g4

(8...♕d5 9.♘f3 ♕e4+ 10.♕xe4 ♘xe4 11.g3 ♗e6 12.♗g2 ♗d5 13.0–0 g6 14.♖e1±)

9.♘e2 e6 10.♘g3 ♕d5 11.f3 ♗h5 12.♘xh5 ♕xh5 13.♗f4 ♘d5 14.♗g3 ♕g5 15.♕d2 ♗e7 mit Remis, Lutikow–T. Petrosian, Leningrad 1960.

II. Der Zug 6.♗c4!? wurde in der Praxis noch nicht genau unter die Lupe genommen.

A) 6...e6 7.♗g5 ♗e7 8.0–0–0 ♘xe4 9.♗xe7 ♘g5 (9...♕xe7!?) 10.♗xd8 ♘xf3 11.♘xf3 ♔xd8 12.♖he1 ♘f6 13.♘e5 ♖f8 14.♖d3 ♘h5? (14...♘d5!? ist stärker.) 15.♖h3 g6 16.g4 ♘f6 17.g5 b5 18.gxf6 bxc4 19.♖xh7 ♔e8 1–0, Auerswald–Demmler, Fernpartie 1988.

B) 6...♕xd4 7.♘xf6+ ♘xf6

(Zu prüfen ist auch 7...♕xf6!.)

8.♕b3 e6 9.♗e3 ♕d8

(Nach 9...♕g4 10.♗e2 ♕g6 11.♘f3 ♗e7 12.0–0–0 ♘d5 13.h4 ♘xe3 14.♕xe3 h5 15.♘e5 ♕h6 ist die erreichte Stellung unklar, Andreas–Apelt, Fernpartie 1987.)

10.♘f3 ♗e7 11.0–0 0–0 12.♖ad1 ♕c7 13.♗g5 ♘d5 14.♗xe7 ♕xe7 15.♖fe1 ♕c7 16.♘e5 b6 17.♖d3 ♗b7 18.♖g3 ♖ac8

(Zu beachten war 18...f6!?, um den weißen Springer aus seiner aktiven Position zu zwingen.)

19.♕f3 c5?

(19...f6! war schon notwendig.)

20.♕h5 ♔h8 21.♗xd5 ♗xd5 22.♖xg7! ♔xg7 23.♕g5+ ♔h8 24.♕f6+ ♔g8 25.♖e3 1–0, Schiller–Mussio, Fernpartie 2000

6...♕xd4

Getreu dem Gedanken: Ein Bauer ist ein Bauer!

Natürlich kann Schwarz darauf verzichten, den Bauern einzuheimsen und mit 6...♗g4 fortsetzen; z.B. 7.♕f4 ♘xe4 8.♕xg4 ♘gf6.

(Oder 8...♘ef6 9.♕e2 e6 10.♘f3 mit dem Plan ♗c1–d2 und 0–0–0.)

A) 9.♕h4 ♕xd4 10.♘f3 ♕d5 11.♗e3 (11.0–0 e6 12.♖e1 ♘c5 13.♗c4 ♕h5=)

11...e6 12.0–0–0 ♗c5 13.c4 ♗xe3+ 14.fxe3 g5 15.♕h6 ♕c5 16.♗xe4 ♘xe4 (16...♕xe3+? 17.♘d2 ♘xe4 18.♖he1+–)

17.♖d4 ♘d6 18.♕f6! ♖g8 19.♖hd1 ♕f5

Nun hätte Weiß in der Partie Mehne–Pfrommer, Lampertheim 2000, die folgende Fortsetzung wählen sollen: 20.♕e5! ♕xe5 21.♘xe5 ♘f5 22.♖d7 ♘xe3 23.♖1d3 ♘xg2 24.♖xf7 mit weißem Vorteil.

B) 9.♕e2 ♕xd4 10.♘f3 ♕b4+ 11.♘d2 ♘xd2 12.♗xd2 ♕xb2 13.0–0 ♕b6 14.♕e5 ♕d8 15.♖ab1 b6 16.♗g5 ♕d6 17.♕e2 ♘d5 18.♕f3 h6 19.♗d2 ♕f6 20.♕e4 e6 21.c4 ♘e7 22.c5 ♖d8 23.cxb6 axb6 24.♗e3

Angesichts der unvollständigen Entwicklung von Schwarz besitzt Weiß einen Ersatz für den geopferten Bauern, Lagemann–Kuttruf, Email 2004.

7.♘e2

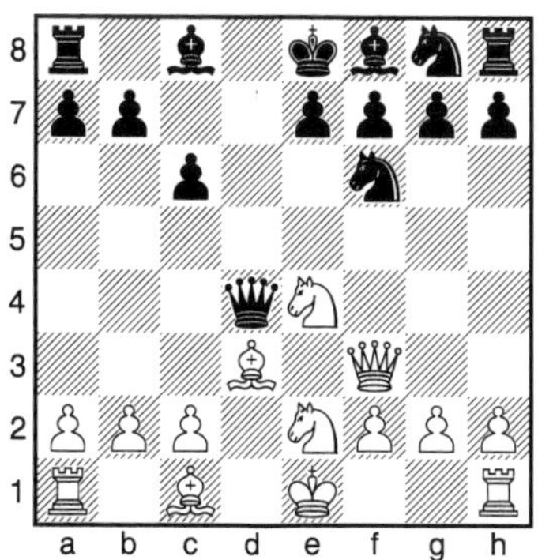

7...♕b6

Schwarz kann seine Dame mit verschiedenen Zielfeldern aus der Bedrohung führen. Es lohnt sich ein vertiefender Blick auf die unterschiedlichen Folgen.

I. 7...♕d7

A) 8.♗g5 ♕g4 9.♕e3 ♘xe4 10.♗xe4 f6 11.♗f4 e5 12.0–0–0 ♗e7 (12...exf4?? 13.♗g6#) 13.♗g3 ♘h6 14.f4 ♘f5 15.♗xf5 ♗xf5 16.fxe5 ♕e4 17.♕b3 ♕xe2

(Nach 17...fxe5 18.♘c3 ♕e3+ 19.♔b1 ♕b6 20.♕xb6 axb6 21.♗xe5 hat Weiß seinen Bauern zurückerobert und steht gut.)

18.exf6 gxf6 19.♖he1 ♕xc2+ 20.♕xc2 ♗xc2 21.♔xc2 mit der Drohung ♗g3–d6 und Kompensation für den Bauern.

B) 8.♘2g3 h5

(Die Folgen von 8...♘xe4 9.♘xe4 ♘f6 10.0–0 ♕g4 11.♕e3 ♘xe4 12.♗xe4 ♗f5 13.f3 ♕g6 14.♗xf5 ♕xf5 15.♕b3 0–0–0 16.♗e3 ♔b8 17.♖ad1 sind gut für Weiß, denn für seinen Bauern verfügt er über aktives Spiel.)

9.h3 h4 10.♘c5 ♕d4 11.♘ge4 ♘xe4 12.♘xe4 ♘f6 13.0–0 ♘xe4 14.♗xe4 ♕f6 15.♕b3 e5 16.♗e3 ♕e6 17.♕c3 f5 18.♗d3 ♕f6 19.♖fe1 ♔f7 20.♖ad1 ♗e6 21.f3 ♗e7 22.♗c5 ♗xc5+ 23.♕xc5 ♗d5 24.♗c4 ♗xc4 25.♕xc4+ ♔g6 26.♕b4 ♔h7 27.♖d7 mit ausreichendem Ersatz für den Bauern, MacDonald–L. Andersen, IECG 2003.

II. 7...♕d8

A) 8.♗g5 ♗g4

(Einer Empfehlung Stefan Bückers folgt 8...♘xe4 9.♗xe4 ♘f6 10.♗xf6 usw.)

9.♕g3 ♗xe2

(Im Duell Sletebo–Wunfhal, Fernpartie 1982/83, geschah 9...♘xe4 10.♗xe4 ♗xe2 11.♔xe2 ♘f6 12.♖hd1 ♕b6 13.♗xf6 exf6 14.♖d3 ♖d8 15.♖xd8+ ♕xd8 16.♖d1 ♕c8 17.♗f5! 1–0.)

10.♔xe2 ♘xe4 11.♗xe4 ♘f6

(Einen kurzen und scharfen Verlauf hatte die Fernpartie Fiorito–Mikov aus dem Jahr 1992: 11...♕d4 12.♗d3 ♕xb2 13.♖hb1 ♕d4 14.♖xb7 f6 15.♖d1 ♕a4 16.♕h3 ♔f7 17.♗d2 ♕xa2 18.♖b3 ♖d8 19.♗c4+ ♖d5 20.♕c3 1–0.)

12.♖ad1 ♕a5 13.♗xf6 gxf6 14.♕f3 ♕b5+ 15.♕d3 ♕xd3+ 16.♖xd3 ♖d8 17.♖b3

Weiß holt sich seinen Bauern mit besserer Stellung zurück. In der Partie Fedorko–Niedermayr, IECG 1998, sicherte er sich später auch tatsächlich den Sieg.

B) 8.0–0 ♗g4 9.♘xf6+ ♘xf6 10.♕g3 g6 11.♗g5 ♗xe2 12.♗xe2 ♘e4 13.♕e5 f6 14.♕xe4 fxg5 15.♕e5!?

(Nach 15.♖ad1 ♕c7 16.♗g4 ♗g7 hätte Weiß in der Partie Lopez Gomez–Au Cardero, Kuba 1997, 17.♖d7 spielen sollen, was ihn in Vorteil gebracht hätte.)

15...♖g8 16.♖ad1 ♕c8 17.♗c4 ♗g7 18.♕e3 ♖f8 19.♗e6 mit klarem weißem Übergewicht.

III. 7...♕e5 8.h3

(Gespielt wurde hier auch schon 8.♗f4 mit der Folge 8...♕h5 9.♕g3 ♘xe4 10.♗xe4 ♘f6 11.♗d3 ♕g4 12.0–0–0 ♕xg3 13.♗xg3 g6 14.♖he1 ♘d5 15.♗e4 ♗h6+ 16.♔b1 ♘b6 17.♘d4 f5 18.♗e5 0–0 19.♗d3 ♖e8 20.h4 und das aktive Spiel von Weiß kompensiert den Minderbauern, Zimniok–Splichal, Moravia 2003.)

8...♘xe4 9.♗xe4

A) 9...♗d7 10.♗f4! ♕xb2

(Die Erwiderung 10...♕a5+ analysieren wir in der Fernpartie 1999, Negele–Melson, siehe **Partie Nr.29**.)

11.0–0 ♕f6

(11...0–0–0 12.♖fb1 ♕f6 13.♕a3+–)

12.♖ab1 e5 13.♖xb7! exf4 14.♖d1 ♖d8

(14...0–0–0 15.♖db1 ♕e5 16.♗xc6 ♗e6 17.♖xa7+–)

15.♖dxd7 ♖xd7 16.♗xc6+–, Analyse von Stefan Bücker.

B) 9...♕c7 10.♗f4

(Einer beachtenswerten Idee folgt 10.♗g5!? ♘f6 11.♗xf6 exf6 12.0–0–0 und das Spiel hat sehr an Schärfe gewonnen.)

10...e5

(Nach 10...♕b6 kann Weiß natürlich 11.0–0–0! spielen.)

11.♗xe5! ♕xe5 12.♗xc6+ ♔d8 13.0–0–0+ ♔c7 14.♗xb7 ♗xb7 15.♖d7+ ♔xd7 16.♕xb7+ ♔e6 17.♕xa8 ♕xe2

(Auf 17...♘f6 folgt 18.♖e1! mit kräftiger Initiative.)

18.♕xf8 ♔f6 19.♕d6+ ♕e6 20.♕f4+ ♔g6 21.♕g3+

Weiß remisiert durch Dauerschach. Schwarz muss sehr genau spielen, um diese Stellung zu erreichen.

IV. 7...♕b4+

A) 8.♗d2!? ♕xb2 9.0–0 ♘xe4 10.♗xe4 ♘f6 (10...♕f6 11.♕g3!) 11.♖fb1 ♕e5 12.♗xc6+ ♗d7 13.♗xd7+ ♘xd7 14.♗f4 ♕c5 15.♖xb7 ♖c8 16.♖d1+–

B) 8.c3 ♕b6 9.0–0 ♘xe4 10.♕xe4 ♘f6 11.♕e5 e6 12.♕g3 ♗d7 13.♗e3 ♕a5

(Ungünstig für Schwarz ist 13...♕xb2? 14.♖fb1 ♕a3 15.♖xb7, denn er hat Schwierigkeiten, seine Entwicklung abzuschließen, was Weiß in Vorteil bringt.)

14.♗d4 c5 15.♗xf6 gxf6 16.♕f3 ♕c7

(Nach 16...♗e7 17.♕xb7 stünde Weiß wegen der schwachen schwarzen Bauern besser.)

17.♕xf6 ♖g8 18.♗xh7 ♗e7 19.♕h6 ♖g5 20.♘g3 0–0–0 21.♗e4 f5 22.♗f3 a6 23.♖ad1 mit einem Mehrbauern für Weiß, dem es in der Partie Piron–De Wel 1989 gelang, den Vorteil in einen Sieg umzuwandeln.

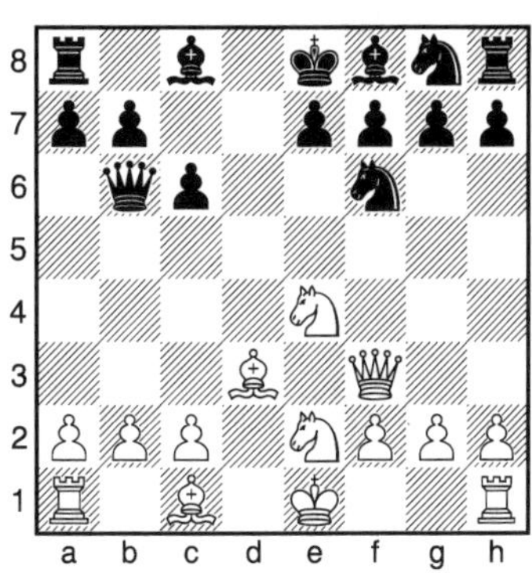

8.♗e3!?

Das Opfer des zweiten Bauern entspricht dem Wesen dieser Variante.

Weiß kann dieses Risiko aber auch meiden und ruhiger spielen; z.B. 8.h3 ♘xe4 9.♕xe4 e6 10.0–0 ♘f6 11.♕e5 ♕c5 12.♕g3 g6 13.♗e3 ♕e7 14.c4 ♗g7 15.♘c3 0–0 16.♖fe1 b6. Allerdings hat Schwarz hier keine Probleme, Schatz–Mitura, Ludwigshafen 2003.

8...♕xb2 9.0–0 ♗g4

9...♘xe4 10.♗xe4 ♕f6

(Schwach ist 10...♘f6? wegen 11.♗xc6+!.)

11.♕g3 e5

(11...e6 12.♗g5 ♕b2 13.♖fb1 ♕a3 14.♕c7 ♕d6 15.♖xb7!+–)

12.f4 ♗d6 13.♖ad1 ♗c7

(13...exf4? 14.♗xf4 ♗xf4 15.♘xf4+–)

14.fxe5 ♕xe5 15.♗f4 ♗b6+ 16.♔h1 ♕xe4 17.♕xg7 ♗h3 18.♖fe1 ♕xg2+ (18...♗f2?? 19.♘c3+–) 19.♕xg2 ♗xg2+ 20.♔xg2 ♗a5

(Nach 20...♘e7 21.♘g3 ♖d8 22.♗d6 ♖xd6 23.♖xd6 ♗c7 24.♖d3 hat Weiß aufgrund seines Qualitätsvorteils die besseren Aussichten.)

21.♘c3+ ♔f8 22.♗d6+ ♔g7 23.♖e3 ♗xc3 24.♖xc3 ♘h6 25.♗e5+ f6 26.♖d7+ ♔g6 27.♗f4 ♘f5 28.♖xb7 ♖hc8

Zwar verfügt Schwarz über einen Mehrbauern, aber in dieser Stellung ist dies ohne größere Bedeutung. Das Endspiel ist praktisch ausgeglichen.

10.♕g3 ♗xe2

Nach 10...♘xe4 11.♕xg4 ♘gf6 12.♕f3 ♘d6 13.♖fb1 ♕a3 14.♖xb7! reißt Weiß die Initiative an sich, die dann kräftig und nachhaltig wirkt. Es kann folgen: 14...♘xb7 15.♕xc6+ ♘d7 16.♗b5 ♖d8 17.♕xb7 e6 18.♗xd7+ ♖xd7 19.♕c8+ ♖d8 (19...♔e7 20.♗c5+ mit Damenfang) 20.♕c6+ ♖d7 21.♖d1 ♗d6 22.♘c3 mit den entscheidenden Drohungen ♘c3–b5 und ♘c3–e5.

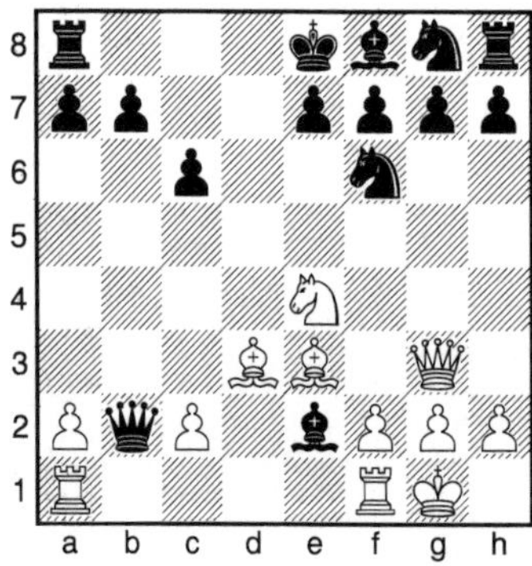

11.♘xf6+

Weiß will kein Tempo verlieren und rasch die verletzliche Position des schwarzen Königs im Zentrum ausnutzen. Schwarz muss nun genau spielen, um nicht unter die Räder zu kommen.

Erhebliche Komplikationen entstehen nach 11.♖ab1!? ♘xe4 12.♕c7 ♕c3 13.♕xb7 ♖d8 14.♗xe4 f5 15.♗xc6+ ♔f7.

A) 16.♕c7 ♕f6

(Die Folgen von 16...♗xf1 17.♗e8+ ♖xe8 18.♕xc3 ♗a6 19.♕a5 ♗c8 20.♕xa7 ♘f6 sind völlig unklar, denn der weiße Freibauer auf der a-Linie kann sehr gefährlich werden.)

17.♕xd8 ♕xc6 18.♖fe1 ♗c4 19.♖b8 ♘f6 20.♖c8 ♕e6 21.♖c5 ♗xa2 22.♕a5 ♗c4 23.♗g5 mit Remis, Weidemann-Ster, Fernpartie 2002.

B) 16.♖fe1 ♗c4 17.♕c7 ♖d6 18.♗f4 ♖xc6 19.♕xc6 ♕d4 20.♖b4

(Auch zu beachten ist 20.♖bd1!? ♕xf4 21.g3 ♕b8 22.♕xc4+ ♔g6 23.♕e6+ ♘f6 24.♖e5 f4 25.gxf4 h6 26.c4 ♔h7 27.c5 ♖g8 28.c6 und der Freibauer auf der c-Linie kann sehr gefährlich sein, während die schwarzen Figuren am Königsflügel nicht wirklich am Spiel teilnehmen.)

20...♕xf4 21.♖xc4 ♕d6 22.♕xd6 exd6 23.♖c7+ ♔g6 24.♖e8 ♘f6 25.♖a8 ♖g8 26.♖cc8 ♔f7 27.♖xa7+ ♔e6 28.a4 ♗e7 29.♖xg8 ♘xg8 30.a5 ♗f6 31.a6 ♗d4 32.♖xg7 ♘e7 33.♖xh7 d5 34.h4 f4 35.h5 ♔f6 36.c3 ♗c5 37.h6 ♘f5 38.♖c7 1–0, Waxman-McDaniel, Fernpartie 1998

11...gxf6

Das ist wohl die beste Lösung.

11...♘xf6? ist schwächer; z.B. 12.♖ab1 ♕xa2 13.♗xe2

A) 13...♕xc2 14.♗f3 ♘d5 15.♖xb7 f6

(15...♘xe3 16.♕c7 f6 17.♗xc6+ ♔f7 18.♗d5+ ♘xd5 19.♕xc2+–)

16.♕h3 ♘xe3 17.♕d7+ ♔f7 18.fxe3 ♕c5 19.♗xc6 ♕xe3+ 20.♔h1 g6 21.♖bb1+–

B) 13...b5 14.♕c7 ♕e6 15.♖xb5 cxb5 (15...♖c8 16.♖b8+–) 16.♗xb5+ ♘d7 17.♖d1 ♖d8 18.♕xa7 f6 19.♗b6 ♕g4 20.♖d4 ♕f5 21.♕a4

(21.♗d3!? ist auch stark.)

21...♔f7 22.♗xd8 ♘c5 23.♕a2+ e6

(23...♔g6 24.♗e8+ ♔g5 25.♕a5 e5 26.♕d2+ +–)

24.♕a7+ ♔g8 25.♗e7 ♗xe7 26.♕b8+ ♗f8

(26...♔f7 27.♕xh8 ♗f8 28.♖d8+–)

27.♖d8 ♔f7 28.♗e8+ ♔g8 29.♗g6

Die schwarze Stellung ist nicht mehr als eine Ruine und der beste Zug ist die sofortige Aufgabe.

12.♗xe2 ♕e5

Auch wenn Schwarz einen materiellen Vorteil auf der Habenseite verbucht, muss er sehr genau spielen.

Nicht gut ist 12...♕xc2? 13.♕c7 ♗h6

(13...♕xe2?? 14.♕xb7 ♖d8 15.♕xc6+ ♖d7 16.♖ad1+–)

14.♕xb7 ♖d8 15.♖ad1 ♗xe3 16.♖xd8+ ♔xd8 17.♗g4 e6 (17...f5 18.♗xf5+–) 18.fxe3 und die Drohung ♖f1–d1+ ist nicht zu parieren.

13.f4

Keinen Vorteil verspricht 13.♕h4 ♗h6 14.♗xh6 ♘xh6 15.♕xh6 ♕xe2 16.♖ae1 ♕xc2 17.♕xf6 0–0–0 18.♖xe7 ♖he8 19.♖xe8 ♖xe8 20.♕xf7 ♕g6 mit ausgeglichenem Endspiel.

13...♕c7

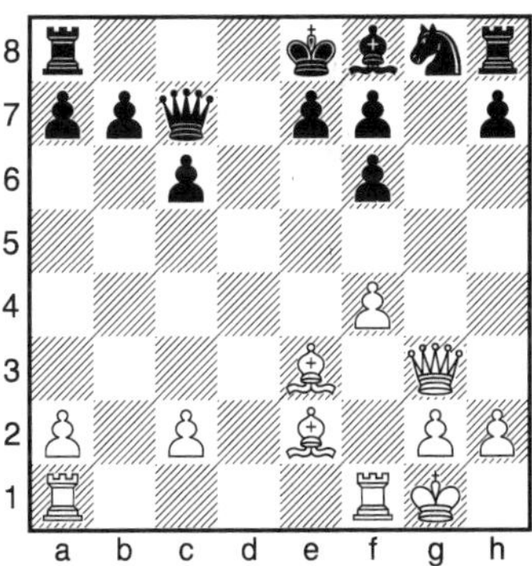

14.♕f2

So ist es richtig. Weiß drückt gegen die schwarze Stellung am Damenflügel.

Nach 14.♖ad1 e6 15.♗h5 ♘e7 16.♕h4 (16.♗d4? ♘f5∓) 16...♗g7 17.f5 0–0! hat Schwarz seinen König gesichert und es ist nichts zu sehen, worauf sich Weiß bei der Reklamation eines Vorteils berufen könnte.

14...f5

Räumt das Feld f6, um dem Springer auf g8 den Sprung ans Tageslicht zu erlauben.

Gefährlich ist hingegen 14...b6 wegen 15.f5!; z.B. 15...♗h6 16.♗d4 ♗d2

17.♗h5 ♗b4 18.♕h4 0–0–0

(Oder 18...♖d8 19.c3 ♗d6 20.♖ad1 c5 21.♗e3 mit der starken Drohung ♕h4–c4, womit das Feld f7 schwer unter Beschuss gerät.)

19.c3 c5 20.♖ad1 cxd4 21.cxb4 und Schwarz hat Probleme.

15.♗xa7 ♘f6 16.♗b6 ♕c8 17.♖ad1 ♘e4 18.♕e3

Nach 18.♕d4 ♖g8 kommt es wie in der Hauptvariante zu einer komplizierten Stellung.

18...♗g7! 19.♖d8+ ♕xd8 20.♗xd8 ♖xd8 21.♖d1 ♖xd1+ 22.♗xd1 ♔d7 23.♗f3 ♘d6 24.♕a7 ♔c7 25.♔f1

Die entstandene Stellung ist recht kompliziert. Weiß sollte versuchen, mit dem a–Bauern zu marschieren, was ihm gute Aussichten verspricht.

Zusammenfassung: Weiß ist im Kampf um die Initiative bereit, sogar *zwei* Bauern zu opfern. Schwarz muss sehr genau spielen, um Ausgleich zu halten. In dieser scharfen Variante ist es nicht schwer, Fehler zu machen. Sie eröffnet Weiß gute Chancen.

Abspiel 2

Die Fortsetzung 3...d4

1.e4 c6 2.♘c3 d5 3.♕f3 d4

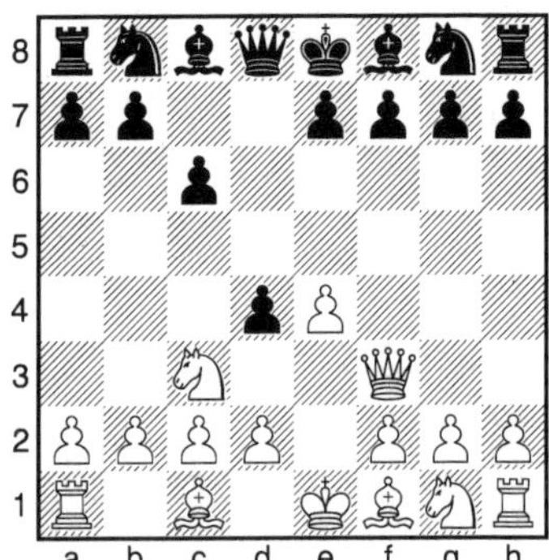

Eine Einladung zu scharfem Spiel.

4.♗c4!

Das Feld c4 ist zugänglich geworden und Weiß nutzt diesen Umstand aus: Der Bauer f7 wird angegriffen.

4...e6

I. 4...dxc3 verliert, wie die folgenden Varianten zeigen.

A) 5.♕xf7+! ♔d7 6.dxc3 ♔c7 (6...b5 7.♗f4!+–) 7.♗f4+ ♔b6 8.♘f3

(– Weiß gewinnt auch nach 8.a4 a5 9.♖d1 ♘d7 10.e5 ♘gf6 11.♘f3 ♕e8 12.♘g5 ♕xf7 13.♘xf7 ♖g8 14.exf6 gxf6 15.♘d6 ♖g4 16.♘xc8+ ♖xc8 17.♗e3+ ♔c7 18.♗e6 ♘e5 19.f4 ♗h6 20.g3 ♖f8 21.♗c5 b6 22.♗xg4 ♘xg4 23.h3 1–0, Zedtler–Wolter, Fernpartie 2003.

– Oder 8.♖d1 ♗d7 9.e5 ♕e8 10.♕xe8 ♗xe8 11.♖d8 1–0, Kovacic–Schlanitz, Finkenstein 1997.)

8...♘f6 9.♗e2 e6 10.♘e5 ♕e7

(10...a6 11.♘c4+ ♔a7 12.♗c7 1–0, Smorodinsky–Miltuzis, Riga 1987)

11.♘c4+ ♔a6 12.a4 ♕xf7 13.♘b6+ ♔a5

(13...♔xb6 14.a5+ ♔c5 15.b4#)

14.b4+ ♗xb4 15.cxb4+ ♔xb4 (15...♔xb6 16.a5#) 16.♗d6+ ♔c3

(16...♔a5 17.♘c4+ ♔a6 18.♘e5+ b5 19.axb5+ ♔b6 20.bxc6! ♗a6 21.♖b1+ ♔a5 22.0–0 ♗xe2 23.♖a1+ ♔b6 24.♖fb1+ ♗b5 25.c4 a6 26.♖xb5+ axb5 27.c5#)

17.♖a3+ ♔d4 18.f3 axb6 19.0–0 ♘xe4 20.♖d1+ ♘d2 21.♖xd2#

B) 5.♗xf7+!?

Eine starke Alternative!

5...♔d7 6.♕f5+?

Nur mittels 6.dxc3! verbunden mit der Vorbereitung der langen Rochade kann Weiß den Angriff fortsetzen. Der Partiezug ist problematisch.

6...♔c7 7.♕e5+ ♕d6 8.♕xc3 e5

Stärker war 8...♕f4! und Weiß wäre der Nachweis, ausreichend Kompensation für die geopferte Figur zu haben, ganz sicher nicht leicht gefallen.

9.♘f3 ♘f6 10.0–0 ♘xe4 11.♕e3 ♕f6 12.♕xe4 ♕xf7 13.d4 exd4 14.♗f4+ ♗d6 15.♗xd6+ ♔xd6 16.♕xd4+ ♔c7 17.♕e5+ ♔b6 18.b4 ♕f6??

(Notwendig war 18...a6!.)

19.♕a5#, Wilson–Love, Kalifornien 1993

II. Eine starke Alternative ist hingegen 4...♘f6!?.

A) 5.♘ce2 e5

(Nach 5...♘bd7 6.♗b3 e5 7.d3 ♘c5 8.h3 ♗e6 9.♕g3 ♘fd7 10.♘f3 ♘xb3 11.axb3 f6 12.0–0 c5 13.♘h4 g5 14.♘f5 ♘b6 15.h4 hat Weiß gute Perspektiven am Königsflügel, Miloševic–Wehrle, Basel 2012.)

6.d3 ♗e6 7.♗xe6 fxe6 8.♕h3 ♕d7 9.f4 exf4 10.♘f3 ♗b4+ 11.♗d2 ♗xd2+ 12.♔xd2 e5 13.♘xe5 ♕xh3 14.gxh3 0–0 15.♘xd4 ♖d8 16.♔c3 ♘bd7 17.♘xd7 ♖xd7 18.♖af1 c5 19.♘e2 mit materiellem Vorteil für Weiß, Lang–Hirschinger, Hauenstein 1991.

B) 5.e5 dxc3

(Nach 5...♗g4 6.♕d3± oder 5...♘bd7 6.exf6 ♘e5 7.♗xf7+ ♘xf7 8.fxg7 ♗xg7 9.♘ce2 d3 10.cxd3 0–0 11.♕g3 e5 12.♘h3 ♗f5 13.b3 ♕xd3 14.♕xd3 ♗xd3 15.♗b2 ♖fe8 16.♘g3 c5 17.♔d1 ♖ad8 18.f3 ♗h6 19.♗c3 ♗g6 20.♖e1 hat Weiß einen Mehrbauern, Soszynski–Clement, Fernpartie 2008.)

6.exf6

B1) 6...cxd2+ 7.♗xd2 exf6

(Zu 7...gxf6 siehe **Partie Nr. 30**, Bellin–Pribyl, Graz 1979.)

8.0–0–0 stellen wir in der **Partie Nr.31**, Negele–Th. Bialas, 1996, vor.

B2) 6...gxf6 7.♕h5! (7.dxc3!?) 7...cxd2+

(7...e6 beantwortet Weiß günstig mit 8.dxc3.)

8.♗xd2 e6 9.♘f3 nebst 0–0–0 mit einer starken Initiative für den Bauern.

B3) 6...cxb2 7.♗xf7+! ♔d7

(7...♔xf7 8.fxg7+ ♔xg7 9.♗xb2+ ♔g8 10.♕g3+ ♔f7 11.♗xh8+–)

8.♗xb2 exf6 9.0–0–0 ♔c7 10.d4 ♗d6 11.♘e2 ♕e7 12.♗c4 ♘d7 13.♖he1 g5 14.♘c3 ♕g7 15.d5 ♘e5 16.♕e2 ♖d8 17.dxc6 bxc6 18.♖xd6! ♖xd6 19.♘e4 ♘xc4 20.♕xc4 ♗e6 21.♕a6 ♖d5 22.♘xf6 ♕f7 23.♘xd5+ ♗xd5 24.♗e5+ ♔d8 25.♗d6 ♕xf2 26.♗g3 ♕c5 27.♕b7+–, Johnsen–Fedin, Norwegen 1999

B4) 6...exf6!?

Dies scheint die beste Verteidigung zu sein.

7.♕xc3

(7.dxc3 analysieren wir in der **Partie Nr. 32**, Van Bentum–Tuchtenhagen, Mecklenburg 1998.)

7...♗d6

(– 7...c5!? 8.♘e2 ♘c6 9.0–0 ♗d6 10.♕e3+ ♕e7 11.♕xe7+ ♗xe7=, Mork–Egeli, Stavanger 1991

– 7...♗e6!? 8.♘e2 ♗d6 9.♗xe6 fxe6 10.♕b3 ♕d7 11.0–0 ♘a6 12.d4 0–0–0 13.♗e3 ♖he8 14.♖fd1 ♔b8 15.c4 ♕f7 mit beiderseitigen Chancen, Eberth–Karacsony, Ungarn 1980.)

8.d4 0–0 9.♘e2 ♕c7 10.♗e3 a5 11.♕d2 ♖e8 12.h3 ♘d7 13.♗d3 ♘b6 14.c4 ♗b4 15.♘c3 ♗e6 16.a3

Nun hätte Schwarz in der Partie Pritchard–Freeman, Ayr 1978, 16...♗f8 folgen lassen sollen. Die beiderseitigen Chancen hätten sich dann in etwa die Waage gehalten.

5.♘ce2

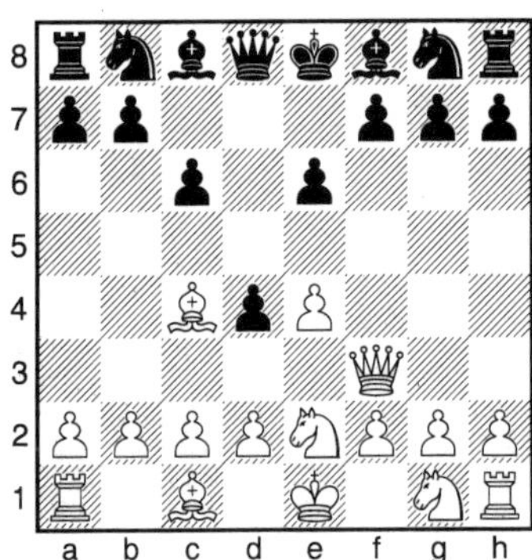

5...c5

Eine logische Entscheidung: Schwarz verteidigt seinen Bauern d4 und macht das Feld c6 für seinen Springer frei.

Hier ein Blick auf andere Erwiderungen.

I. 5...♗c5 6.d3

A) 6...♕f6 7.♕xf6

(Es geht auch 7.♕g3!?, um die Dame zu behalten.)

7...♘xf6 8.♘f3 a5 9.a4 ♗b4+ 10.c3 dxc3 11.bxc3 ♗e7 12.♗e3 ♘bd7 13.h3 0–0 14.♔d2 ♖d8

Weiß ist besser entwickelt, was ihm einen Stellungsvorteil verbürgt. Nach dem geplanten ♔d2–c2 und ♖h1–b1 ist es für Schwarz nicht einfach, die

Entwicklung seines Damenflügels abzuschließen, Tyda–Tumolewska, Torun 2002.

B) 6...♘d7 7.♕g3 ♕f6 8.♘f3 h6 9.♗f4 g5 10.♗e5 ♘xe5 11.♕xe5 ♕xe5 12.♘xe5 a5 13.a3 ♘e7 14.0–0 ♗d6 15.♘g4 ♘g6 16.♘xd4 e5 17.♘f5 ♗xf5 18.exf5 ♘h4 19.♖fe1 ♘xf5 20.♘xe5

Weiß verfügt über einen gesunden Mehrbauern, Kiernan–Chomu Clement, Dubai 1986.

II. 5...b5 6.♗b3

(6.♗d3!? e5 7.♕g3 ist zu überlegen.)

6...♗b7

(Nach 6...c5 kann der Anziehende 7.d3 ♗b7 8.a4 spielen.)

7.d3 c5

A) 8.♕g3 ♘c6

(Einen interessanten Verlauf nahm die Partie Berescu–Streikus, Patras 1999.

8...♘e7 9.♘f3 ♘g6 10.h4 ♘d7 11.h5 ♘e7 12.a3 ♘b6 13.♗a2 ♘c6 14.♗f4 ♖c8 15.♖d1 ♕d7 16.♘g5 ♗e7 17.♘xe6! fxe6 18.♕xg7 ♖f8 19.♕xh7 ♗f6 20.♕g6+ ♔e7 21.h6 ♕e8 22.♕g4 ♕f7 23.♖h5 ♘d7 24.h7

Weiß bekam für die geopferte Figur ausreichend Kompensation und gewann später.)

9.c3 ♕d6 10.f4 ♖d8 11.c4 bxc4 12.♗xc4 ♘b4 13.♖b1 ♗xe4?

(Das ist zu optimistisch; besser war 13...♗a6!?.)

14.dxe4 d3 15.♘f3 dxe2 16.♔xe2 ♘c2 17.♗e3 ♘xe3 18.♔xe3 f6 19.♖bd1±, Mujunen–Lemettinen, Finnland 1994

B) 8.a4 a6 9.♘g3 ♘f6 10.♕e2 ♘c6 11.f4 ♗e7 12.♘f3 ♕b6 13.♘g5 ♘a5 14.♗a2 ♖c8 15.axb5 axb5 16.f5 c4 17.fxe6 fxe6 18.0–0 0–0 19.♔h1 ♕c6 20.♗d2 b4 21.♘h5 ♘xh5 22.♕xh5 ♗xg5 23.♕xg5 b3 24.♕xa5 ♖xf1+ 25.♖xf1 ♖a8?

(Unbedingt notwendig war 25...bxa2!.)

26.♕h5 g6 27.♕f3 und Weiß gewann, Trabert–Wenner, Deutschland 1996.

C) 8.♘h3 ♘d7 9.0–0 ♘gf6 10.♘g3 ♗d6 11.♕e2 ♗xg3 12.hxg3 ♕b6 13.c3 c4 14.dxc4 bxc4 15.♗xc4 ♘xe4 16.cxd4 ♘d6? (16...0–0! war notwendig.) 17.♗xe6! 0–0–0

(17...fxe6 18.♕xe6+ ♔d8 19.♗g5+ ♘f6 20.♗xf6+ gxf6 21.♕xf6+ ♔d7 22.♕g7+ ♔c6 23.♖fc1+ ♔b5 24.♖c3+–)

18.♗xd7+ ♖xd7 19.♗f4+–, Deak–Lodi, Ungarn 1997

III. 5...♘f6 6.d3

Es geht auch 6.e5, obwohl wir der Ansicht sind, dass die Fortsetzung d2–d3 eher den Gesetzen der Logik entspricht, denn damit setzt Weiß seine Entwicklung fort, um später konkret über die weiteren Schritte gegen Schwarz zu entscheiden.

A) 6...c5 7.♕g3 ♘c6 8.c3

(Nach 8.f4 bekommt Schwarz mit 8...b5! eine gute Stellung.)

8...a6 9.a4 e5 10.♘f3 ♕e7 11.♘g5 ♘d8 12.f4 h6

(12...♘h5 13.♕h4 ♘xf4 14.♗xf4 exf4 15.♘xf4 h6 16.♘d5±)

13.♘f3 exf4 14.♘xf4

Nach 0–0 hat Weiß gute Angriffschancen am Königsflügel, wobei er insbesondere auch auf die offene f–Linie setzen kann.

B) 6...e5 7.♕g3 ♘bd7 8.♘f3 h6 9.♗d2

(Ein krasser Fehlgriff wäre 9.♘xe5??, denn diese Gefräßigkeit führt über 9...♕a5+ 10.♗d2 ♕xe5 zum Springerverlust.)

9...♕e7 10.h4 b5 (10...g6 11.c3 c5 12.b4!±) 11.♗b3 a5 12.a4 ♘h5 13.♕h2 b4 14.g4 ♘hf6 15.♕g3

Weiß ist besser entwickelt und hat die besseren Aussichten.

IV. 5...♘d7

A) 6.♘xd4 ♘e5 7.♕c3 ♘f6

(7...♗b4 8.♕xb4 ♕xd4 9.d3 a5 10.♘e2 ♕xe4 11.dxe4 axb4 12.♗b3 c5 13.♗f4 ♘d7 14.c3 e5 15.♗e3 bxc3 16.♘xc3 ♘e7 17.0–0–0 ♘c6 18.♖d5 ♘b4 19.♖d6 ♖a6 20.♖hd1 ♖xd6 21.♖xd6 ♔e7 22.♖d2 f6 23.♘a4 ♘a6 24.♗c4 g5 25.♗xa6 bxa6 26.♗xc5+ ♔e8 27.♖d6

Der weiße Vorteil liegt klar auf der Hand, Hietanen–Nurmesniemi, Finnland 1976.)

8.♘xe6!

(8.♘df3 ♘eg4 9.d3 b5 10.♗b3 a5 11.a3 ♕b6 12.♘h3 ♗e7 13.0–0 0–0 14.♕e1 ♗a6 15.e5 ♘d7 16.♕e4 h5 17.♘hg5 ♗xg5 18.♘xg5 g6 19.♘xe6+–, Roeder–Hashemi, Deutschland 2003)

8...♕d6 (8...♗xe6 9.♕xe5±) 9.♘xf8 ♖xf8 10.♗e2 ♗e6

(10...♘xe4 11.♕e3 f5 12.f3 ♘f6 13.d4+–)

11.d4 ♘xe4 12.dxe5 ♕d5 13.♕a3

Weiß liegt mit einem ganzen Läufer materiell in Front, Tew–Jensen, IECC 2004.

B) 6.♕g3 ♘gf6 7.d3 e5 8.♘f3 h6 9.♗d2

(Und wieder scheitert 9.♘xe5?? an 9...♕a5+ mit Figurenverlust.)

9...♕e7 10.h4

Die weiße Stellung ist leicht vorzuziehen.

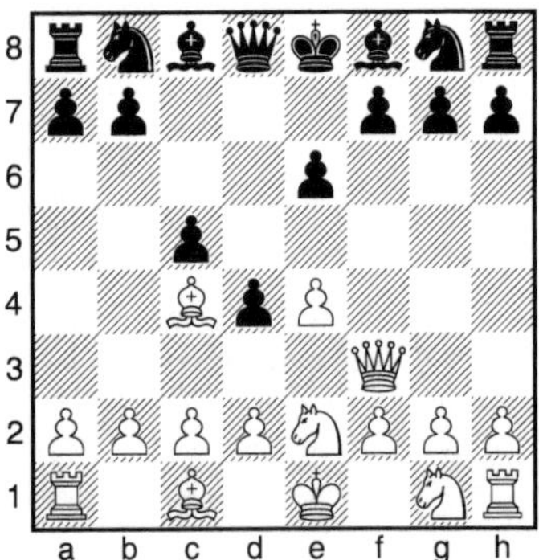

6.♕g3

Die Dame räumt das Feld f3 für den Springer. Sie selbst übt nun Druck auf das Feld g7 aus und verhindert damit die elastische Entwicklung des schwarzen Königsflügels.

Zu überlegen ist 6.♘g3!?; z.B. 6...♘c6 7.♕e2 ♗d6 8.d3 e5.

(Nach 8...♕c7 9.♘h3 ♘ge7 10.f4 e5 11.f5 ♗d7 12.♘g5 ♘d8 13.♕h5 g6 14.♕h6 steht Schwarz bei der Verteidigung seiner Stellung vor einer schwierigen Aufgabe, Deschner–Vetter, Baunatal 2001.)

9.h4 ♘f6 10.♘h5 ♘xh5 11.♕xh5 ♕f6 12.♗g5 ♕g6 13.♕xg6 hxg6 14.a3 ♗g4 15.f3 ♗d7 16.♘e2 f6 17.♗d2 ♔e7 18.♔f2 a6 19.g4 ♗e6 20.♗xe6 ♔xe6 21.♖ag1 ♖af8 22.♔g3

Weiß steht etwas aktiver, Greiner–Baumgartner, Bergen 2007.

6...♘c6

Hier lohnt sich auch ein Blick auf einige Alternativen.

I. Nach 6...♗d7 7.a3 ♘c6 8.f4 g6 9.♘f3 ♗g7 10.d3 ♘ge7 11.0–0 ♕c7 12.♖b1 ♘a5 13.♗a2 b5 14.b4 ♘b7 15.♗b2 cxb4 16.♘exd4 bxa3 17.♗xa3 ♕b6 18.♕f2 a6 19.♔h1 ♕d8 (19...♘c6 20.♘xe6+–) 20.f5! führt Weiß einen kräftigen Angriff.

II. 6...a6 7.d3 ♘c6 8.a3 ♘f6 9.f4 b5 10.♗a2 ♗b7 11.♘f3 ♕b6 12.0–0 ♗e7 13.f5 c4 14.e5 ♘d7 15.♕xg7 0–0–0 16.♕xf7+–, Stulik–Rajkovic, Jablonec nad Nisou 1954

III. 6...♘e7 7.d3 ♘g6 8.f4 ♗e7 9.♕f2 ♘c6 10.a4 a6 11.♘f3 e5 12.f5 ♘f8 13.g4 ♘d7 14.g5 ♘b6 15.♗b3 ♕d6 16.a5 c4 17.dxc4 ♘d7

(17...♘xc4?? 18.♗xc4 ♕b4+ 19.♘d2 ♗xg5 20.♗d5+–, Willand–Menken, Gießen 1991)

18.♘g3 ♘c5 19.♗a2 mit dem Plan ♗c1–d2 und b2–b4, der Weiß die besseren Aussichten verspricht.

7.d3

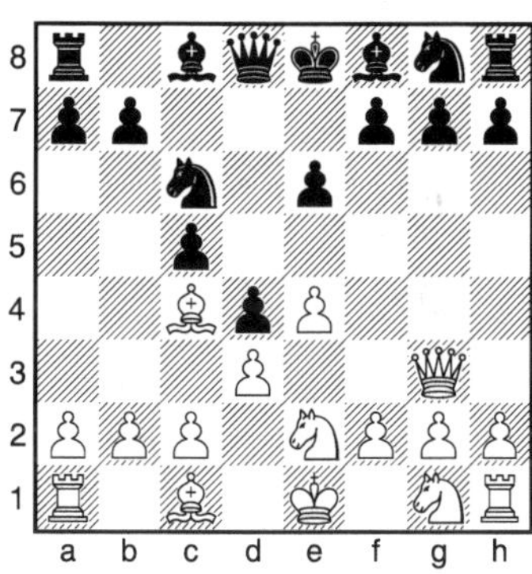

7...♘f6

Ein normaler Entwicklungszug.

Hier ein Blick auf andere Versuche.

I. 7...♕d6 8.f4 ♗d7 9.♘f3 f6 10.0–0 0–0–0 11.♗d2 ♘ge7 12.c3 h5 13.♔h1 dxc3 14.♗xc3 ♖h6 15.a3 h4 16.♘xh4 g5 17.♘f3 gxf4 18.♕xf4 e5 19.♕g3 ♖g6 20.♕f2 ♘d4 21.♘fxd4 exd4 22.♗a5±, Czebe–Barta, Pecs 1996

II. 7...♘ge7 8.♘f3

(Nach 8.c3 ♘g6 9.f4 a6 10.a4 ♘a5 11.cxd4 ♘xc4 12.dxc4 cxd4 13.♕d3 ♗c5 14.♘f3 ♘h4 15.0–0 ♘xf3+ 16.♖xf3 0–0 kann Schwarz f7–f6 und e6–e5 spielen. Seine Stellung ist dann fest, er verfügt über ein stabiles Zen–

trum und auf lange Sicht wohl über die besseren Aussichten.)

8...b5 9.♗b3 ♘g6 10.♘g5 ♘a5 11.f4 ♘xb3 12.axb3 ♗e7 13.h4 h6 14.♘f3 h5 15.♘g5 a5 16.♕f3 ♖a6 17.e5 ♕c7 18.♘g3 ♗b7 19.♕e2 c4 20.dxc4 bxc4 21.bxc4 ♗b4+ 22.♔f1

Weiß steht frei, aktiv und initiativ. In der Partie Di Paolo–Mollero, Genova 1998, verstand er es, mit seinen Pfunden bis zum Sieg zu wuchern.

III. 7...g6 8.h4

(8.f4!? nebst ♘g1–f3 sieht gut aus.)

8...♗d6 9.f4 h5 10.♘f3 ♘h6 11.0–0 ♕b6 12.♘g5 ♗d7 13.♘xe6!? ♗xe6 14.♗xe6 fxe6 15.♕xg6+ ♘f7 16.♕xe6+ ♗e7 17.♘g3 ♘b4 18.♕b3 ♘c6 19.♕c4 ♘d6 20.♕e6 ♘b4 21.♖f2 ♘f7 22.♕h3 ♕g6 23.a3 ♘c6 24.♘f5 ♕g4 25.♕xg4 hxg4 26.g3 ♔d7 27.♗d2

Für die Figur hat Weiß drei Bauern eingeheimst, die zusammen mit ihren Kollegen sogar noch ausgezeichnet postiert sind. In der Partie Starr–Dahl, Kuala Lumpur 1990, gelang es dem Anziehenden, aus dieser Konstellation heraus den vollen Punkt zu gewinnen.

8.f4 b5!

Schwarz muss am Damenflügel aktiv vorgehen, denn eine passive Ausrichtung führt mehr oder weniger direkt ins Hintertreffen; z.B. 8...♕c7 9.♘h3 h6 10.0–0 ♗d7 11.c3 0–0–0 12.cxd4 ♘xd4 13.♘xd4 cxd4 14.♗d2 ♗c6 15.b4 ♔b8 16.♖fc1 ♕d7 17.a4! b6.

(17...♗xa4 sieht verdächtig aus: 18.f5+ ♔a8 19.fxe6 fxe6 20.b5 ♗xb5 21.♗xb5 ♕xb5 22.♕c7 und Schwarz kann aufgeben.)

18.b5 ♗b7 19.a5 ♘h5 20.♕f3 ♘f6 21.axb6 axb6 22.♕d1 ♗c5 23.♕a4 ♕c7 24.f5 e5 25.♗xf7! ♕xf7 26.♕a7+ ♔c8 27.♕xb6 ♘d7 28.♖xc5+ ♘xc5 29.♕xc5+ ♕c7 30.♕a7 ♕b8 31.♖c1+ ♔d7 32.♕b6 ♗d5 33.♕g6 ♖c8 34.♕xg7+ ♔d6 35.♗b4+ 1–0, Huesmann–A. Hoffmann, Deutschland 2006

9.♗b3 ♕c7

Nach 9...♕b6 sieht sowohl 10.c3 als auch 10.a4 gut aus.

10.a4

Auch ein zentrales Vorgehen mit 10.e5!? ist möglich; z.B. 10...♘h5 11.♕h3.

(Von 11.♕f3 sollte Weiß die Finger lassen. Nach 11...g6 12.g4 ♘g7 13.♘g3 h5 14.h3 ♗b7 steht Schwarz ausgezeichnet.)

11...g6 12.♘f3 ♗e7 13.♗d2 ♘g7 14.0–0 und es entbrennt ein scharfer Kampf.

10...♘a5

10...c4 11.axb5 ♘b4

(11...cxb3 12.bxc6 bxc2 13.♘xd4 ♗b4+ 14.♔f1±)

12.♗a4 ♕a5 13.♗d2 ♘xc2+ 14.♔d1 ♘e3+

(14...c3 15.♔xc2 cxd2 16.♘xd4±)

15.♕xe3 ♕xa4+ 16.♖xa4 dxe3 17.♗xe3 cxd3 18.♘c3 ♗d7 19.♔d2±

11.♗a2 b4

11...bxa4 12.♘f3 ♗e7 13.0–0 0–0 14.f5 ♕xg3 15.♘xg3 exf5 16.♘xf5 ♗xf5 17.exf5 ♖ab8 18.♗b1 ♘d5 19.♖xa4 ♘c6 20.♖e1±

12.♘f3 ♗e7 13.0–0 0–0 14.♗d2

Das weiße Läuferpaar entfaltet eine größere Wirkung als das schwarze und diese lässt sich weiter ausbauen. Der Plan des Anziehenden setzt auf f4–f5 mit Öffnung der f–Linie sowie Nutzung der Diagonale c1/h6 für den Angriff.

Zusammenfassung: Nur mit dem energischem 4.♗c4! kann Weiß um einen Eröffnungsvorteil kämpfen. Schwarz dagegen muss 8...b5! spielen, wenn er zu Gegenspiel kommen will.

Abspiel 3

Die Fortsetzung 3...e6

1.e4 c6 2.♘c3 d5 3.♕f3 e6

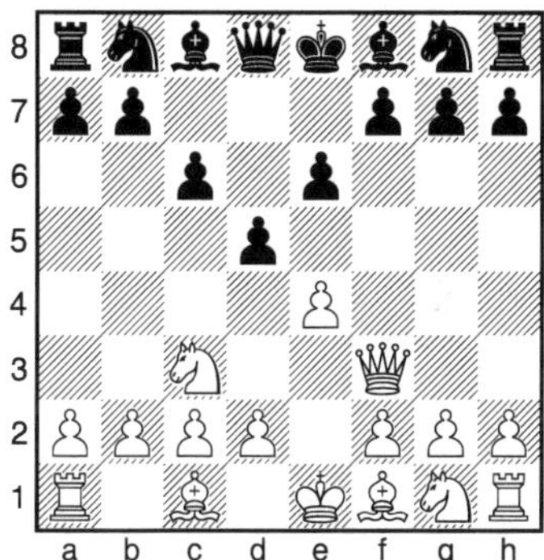

Schwarz spielt im Stil der Französischen Verteidigung. In Vorbereitung ist der Vorstoß c6–c5.

4.d4

Eine leicht nachvollziehbare Reaktion: Weiß besetzt immer gerne das Zentrum, wenn der Gegner dies erlaubt. Unseres Erachtens ist 4.d4 der beste Zug für den Anziehenden, sogar wenn er mit einem Bauernopfer verbunden ist.

Natürlich kann Weiß das Risiko auch meiden und ruhiger spielen.

I. 4.exd5

A) 4...exd5 5.d4

A1) 5...h6 6.♗d3 ♘f6 7.♗f4 ♗d6 8.h3 ♗e6 9.g4 ♕c7 10.♘ge2 ♘bd7 11.b4 a6 12.a4 ♗xf4 13.♘xf4 ♔d8

Die lange Rochade wäre eine schlechte Wahl, weil Weiß selbst kurz rochieren oder über ♔d2, b5 etc. einen heftigen Angriff gegen den nur scheinbar gesicherten König führen könnte. In der Brettmitte aber ist der König auch Gefahren ausgesetzt, die nicht von schlechten Eltern sind. Deshalb wäre 13...0–0!? in der gegebenen Situation die beste Lösung.

14.♘ce2 ♖e8 15.0–0 ♘f8 16.♖fc1 ♘8h7 17.♘xe6+ ♖xe6 18.c4 ♘g5 19.♕g2

Der schwarze König ist zum weiteren Verharren im Zentrum verurteilt. Weiß verfügt über die besseren Aussichten, Laurent-L. Martinez, Matinhos 1999.

A2) 5...♘f6 6.♗g5 ♗e7 7.♗d3 ♘bd7 8.♘ge2 ♘f8 9.0–0 ♘g6 10.♘g3 0–0 11.♖fe1 ♗g4 12.♕e3 ♗b4 13.f3 ♗d7 14.♘h5 ♖e8 15.♕d2 ♗e7 16.♗xf6

(Besser war 16.♖xe7! ♘xh5 17.♖xf7±.)

16...♗xf6 17.♖xe8+ ♗xe8 18.♗xg6 hxg6 19.♘xf6+ ♕xf6 20.♖e1

Der Springer ist aktiver als der schwarze Läufer. Weiß ist deshalb leicht im Vorteil, Kovacic–Zorko, Kranj 1997.

A3) 5...♗d6 6.♗d3 ♕f6

(Oder 6...♘f6 7.♗g5 ♘bd7 8.♘ge2 0–0 9.0–0–0 mit scharfem Spiel.)

7.♕xf6 ♘xf6 8.♘ge2 ♗g4 9.f3 ♗h5 10.♗f4 ♗xf4 11.♘xf4 ♘bd7 12.0–0–0 ♗g6 13.♖de1+ ♔d8 14.♖e2 ♖e8 15.♖he1 ♘f8 16.♗xg6 ♖xe2 17.♘cxe2 hxg6 18.♘d3 ♘8d7 19.♘ef4 ♘h5 20.♘h3 f5 21.♘g5 ♘f8 22.♘e6+ ♘xe6 23.♖xe6 ♘f6 24.h4 mit der Absicht ♘d3–f4 und Eroberung des Bauern auf g6. Weiß steht besser, auch wenn es noch zu früh ist, über seinen möglichen Sieg in der Partie zu sprechen, M. White-Walden Jones, England 1998.

B) 4...cxd5

B1) 5.d4 ♘c6 6.♗b5 a6

(Die Erwiderung 6...♗d7 haben wir in der **Partie Nr. 33**, Bredewout–Besser, Hamburg 1965, erörtert.)

7.♗xc6+ bxc6 8.♘ge2 ♘e7 9.♗f4 ♘g6 10.♗g3 h5 11.♘f4 ♘xf4 12.♗xf4 ♕b6 13.♕d3 h4

(13...♕xb2 14.♖b1 ♕a3 15.0–0 ♗b4 16.♖b3 ♕a5 17.♕g3±)

14.h3 ♕xb2 15.♖b1 ♕a3 16.0–0 ♕a5 17.♗e5 ♖h5 18.♖b2 c5 19.♖fb1 ♖f5 20.♖b6 cxd4 21.♗xd4 ♗c5 22.♖c6 ♗b4 23.♖b3 ♗xc3 24.♗b6 ♕a4 25.♕xc3 ♗d7 26.♖c7±, Glowatzky–H. Schulz, Fernpartie 2003

B2) 5.♗b5+ ♘c6

(5...♗d7 6.♗xd7+ ♕xd7 7.♘ge2 ♘c6 8.♘g3 g6 9.0–0 ♗g7 10.♖e1 ♘ge7 11.d3 0–0∞, Roumeliotis–Skalkotas, Athen 2007)

6.d4 ♗d7 7.♗xc6

(Es geht auch 7.♘ge2 nebst 0–0.)

7...♗xc6 8.♘ge2 ♘f6 9.♗g5 ♗e7 10.0–0

(Zu gefährlich ist 10.0–0–0 b5 und Schwarz geht zum Angriff über.)

10...0–0 mit etwa gleichen Chancen.

II. 4.d3

A) 4...♘d7 5.♗d2 ♕f6

Die Dame steht hier nicht optimal.

(Zu beachten ist 5...♗d6 6.♕g4 g6 7.♘f3 f5 8.exf5 exf5 9.♕d4 ♕f6 10.0–0–0 ♕xd4 11.♘xd4 ♘gf6 12.♖e1+ ♔f7 und Schwarz sollte in der Lage sein, die Stellung zu halten.)

6.♕g3 ♗e7 7.h4 h6 8.0–0–0 ♗c5 9.♘f3 ♕g6 10.♕h2 ♘gf6 11.h5 ♕h7 12.♕f4 g5 13.hxg6 ♕xg6 14.exd5 ♘xd5 15.♘xd5 cxd5 16.d4

(16.♗c3!? ♖h7 17.d4 ♗f8 18.♗d3 f5 19.♖de1 wäre eine gute Alternative.)

16...♗f8 17.♖h3 ♕f6 18.♕c7 a6 19.♗d3 ♕d8 20.♕h2 ♘f6 21.♘e5 ♗d6 22.♖xh6

Während die „halbe Mannschaft“ des Nachziehenden noch nicht im Spiel ist, sind die weißen Figuren aktiv und harmonisch aufgestellt, ihr Angriff läuft bereits. Der weiße Vorteil ist deutlich, Alcaraz Carcel–Gil Quilez, Cullera 2006.

B) 4...♗b4 5.♗d2

(5.♕g3 g6 6.a3 ♗a5 7.♗g5 f6 8.♗f4 ♘d7 9.exd5 exd5 10.b4 ♗b6 11.h4 ♘e7 12.♔d2 ♘f5 13.♕h2 ♔f7 14.g4 ♘g7 15.♘ge2 ♘e6 16.♗g3 a5 17.♗g2 ♗c7 18.f4 axb4 19.axb4 ♖xa1 20.♖xa1 ♘g7 21.h5±, Nestler–Poulsen, Luxemburg 1998)

5...♘e7

(5...♘d7 6.♕g3 ♕f6 7.f4 ♘e7 8.♘f3 ♘g6 9.♗e2 ♗xc3 10.bxc3 dxe4 11.dxe4 ♘c5 12.♗d3 ♗d7 13.0–0 ♘xd3 14.cxd3 0–0 15.h4±, Krege–Butschek, Willingen 2003)

6.♕g3 ♖g8 7.f4 c5 8.♘f3 ♘bc6 9.♗e2 ♘d4 10.♗d1 ♕a5 11.a3 ♗d7 12.0–0 ♘xf3+ 13.♗xf3 ♗xc3 14.♗xc3 ♕b6 15.exd5 exd5 16.♖ae1 mit einer nachhaltigen Initiative für den Anziehenden, Mollekens–Wong, Buenos Aires 1978.

C) 4...♘f6 5.a3 ♘bd7 6.g4 h6 7.h4 ♕a5 8.♗d2 ♕b6 9.0–0–0 d4 10.♘b1 ♘c5 11.g5 hxg5 12.hxg5 ♖xh1 13.♕xh1 ♘g4

(13...♘b3+ 14.cxb3 ♕c5+ 15.♘c3 dxc3 16.♗xc3 ♕xg5+ 17.♔b1±)

14.♕g2 ♘e5 15.♕g3 ♗d6 16.f4 ♘g6 17.♘e2 ♘a4 18.b3 ♘c3 19.♘bxc3 dxc3 20.♗xc3 ♗xa3+ 21.♔d2 ♗b4 22.♗h3

Weiß steht vorteilhaft, was ihm in der Partie Lombardy–Schumacher, Siegen 1970, für einen späteren Sieg reichte.

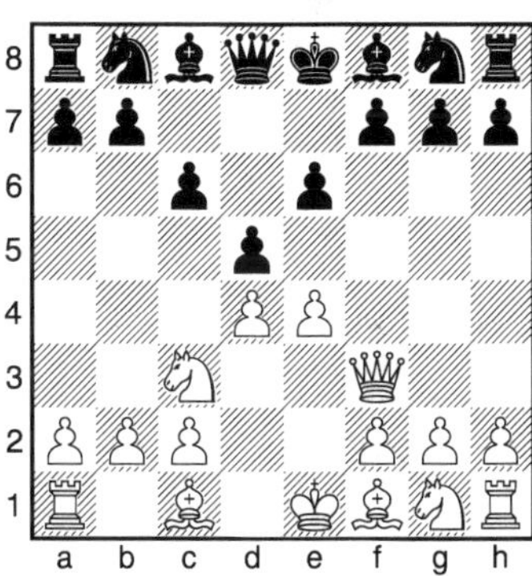

4...dxe4

Das ist die natürliche Reaktion. Schwarz tauscht im Zentrum und ist bereit, auf d4 zu schlagen, wenn der Gegner es ihm erlaubt.

Hier ein Blick auf einige Alternativen.

I. 4...♗b4

A) 5.♗d3 h6 (5...dxe4 6.♕xe4 ♘f6 7.♕h4⩲) 6.♘ge2 ♘f6 7.e5 ♘fd7 8.♕g3 g5 (8...♔f8!?) 9.h4 ♗e7 10.hxg5 ♖g8 11.gxh6 (11.g6!+–) 11...♖xg3 12.fxg3 ♘f8 13.h7 ♘xh7 14.♖xh7 ♔d7 15.♗e3 ♕g8 16.0–0–0 ♗g5 17.♗xg5 ♕xg5+ 18.♔b1 ♔e7 19.♖f1 ♕g8 20.♘f4 ♘d7 21.♘g6+ ♔e8 22.♖h8, 1–0 Solinas–Longo, Italien 1997

B) 5.♕g3 g6

(5...dxe4 6.♕xg7 ♕f6 7.♕xf6 ♘xf6 8.♘ge2 ♘bd7 9.a3 ♗a5 10.b4 ♗c7 11.♘g3⩲)

6.e5 c5 7.a3 ♗xc3+ 8.bxc3 ♘c6 9.♘f3 ♕a5 10.♗d2 ♕a4 11.dxc5 ♕xc2 12.♗b5 ♕b2 13.♗xc6+ bxc6 14.0–0 ♘e7 15.♕h4 ♘f5 16.♕f6 0–0 17.g4 ♘g7 18.♗h6

In der Partie Smerdon–Slapikas, Beijing 2008, gab Schwarz auf, und zwar wegen 18...♘e8 19.♕e7 ♘g7 20.♖fc1 mit der Idee ♕e7–h4, ♘f3–g5 und starkem Angriff am Königsflügel.

II. 4...♘f6

A) 5.♗g5 ♗e7

(5...dxe4 6.♘xe4 ♘bd7 7.0–0–0 ♗e7 8.♗c4 0–0 9.♘e2 ♘xe4 10.♗xe7 ♕xe7 11.♕xe4 ♘f6 12.♕h4 b5 13.♗d3 c5 14.♗xh7+ 1–0, Kennaugh–Houska, Torquay 1998)

6.e5

(6.0–0–0 b5 7.e5 ♘fd7 8.h4 a6 9.♕g3 f6 10.exf6 ♗xf6 11.♘f3 0–0 12.♗d3 c5 13.dxc5 ♘xc5 14.♔b1 b4 15.♘e2 ♘c6 16.♘f4±, Lipski–Hoppe, Rowy 2006)

6...♘fd7 7.♗xe7

(7.h4 h6 8.♗xe7 ♕xe7 9.♕g3 ♔f8 10.♘f3 c5 11.♗d3 ♘c6 12.dxc5 ♘xc5 13.0–0 ♘xd3 14.cxd3 ♕b4 15.♖ab1 h5 16.♖fc1⩲, Waxman–Harris, New York 1998)

7...♕xe7 8.♕g3 0–0 9.f4 b6 10.♘f3 ♗a6 11.0–0–0 ♖d8 12.h4 ♔h8 13.♘g5 ♘f8 14.♕h3 ♗xf1 15.♖hxf1 f6 16.exf6 gxf6 17.♘f3 ♘bd7 18.g4 ♕d6 19.♔b1 ♖e8 20.g5 ♘g6 21.gxf6 ♘xf4 22.♕g3 ♘xf6 23.♘e5+–, Hofstetter–Bayer, Deutschland 2005

B) 5.e5 ♘fd7 6.♕g3

(6.♘h3 ♗e7 7.♗d3 b6 8.♘f4 g6 9.♕h3 ♗g5 10.♗xg6 ♗xf4 11.♕xe6+ ♕e7 12.♗xf7+ ♔f8 13.♗xf4 ♕xf7 14.♗h6+ ♔g8 15.♕h3 ♕e8 16.♕h4 1–0, Nunn–R. Smith, Islington 1970)

6...a6

(6...c5 7.♘f3 cxd4 8.♘xd4 ♘c6 9.♘f3 a6 10.♗d3 d4 11.♘e4 ♘dxe5 12.♘xe5 ♕a5+ 13.♗d2 ♕xe5 14.f4 ♕d5 15.0–0 ♘e7 16.♖ae1 ♘f5 17.♕h3 ♗d7 18.♘g5 ♘d6 19.♖e5 ♕c6 20.f5 0–0–0 21.fxe6 fxe6 22.♘xe6 ♖e8 23.♘xd4±, Di Paolo–Kiss, Finkenstein 1995)

7.♘f3 c5 8.dxc5 ♘xc5 9.♗e3 ♕a5 10.♗d2 ♕b6 11.0–0–0 ♘c6 12.♗e3 ♕a5 13.♔b1 ♗d7 14.♘d4 ♘a4 15.♘xa4 ♕xa4 16.♗e2 ♖c8 17.c3 ♕a5 18.f4 ♘xd4 19.♗xd4 g6 20.♕f2 ♗c5 21.g4 ♗xd4 22.♖xd4 ♗b5 23.♖hd1 ♗xe2 24.♕xe2 b5 25.f5 mit weißer Initiative am Königsflügel, Bellin–Bergsson, Reykjavik 2007.

III. 4...♗e7 5.♗e3

(Auch möglich ist die Blockade des Zentrums mit 5.e5!?.)

5...dxe4 6.♘xe4 ♘f6

A) 7.♘xf6+ ♗xf6 8.0–0–0 ♕d5

(Nach 8...0–0 würde Weiß die Initiative am Königsflügel an sich reißen. Es könnte folgen 9.♗d3 a5 10.♘e2 ♘d7 11.h4 und die Zeichen stehen auf Angriff.)

9.c4 ♕a5 10.♔b1±

B) Nach 7.♗d3 ♘xe4 8.♗xe4 ♘d7 9.♘e2 ♘f6 10.♗d3 ♘d5 11.0–0 ♘b4 12.♖ad1 ♘xd3 13.♖xd3 ♗f6 14.♘g3 ♗d7 15.♘e4 ist Weiß besser und harmonischer entwickelt, was uns seine Stellung vorziehen lässt, Pritchard-Ladanyike Karakas, Romford 1967.

IV. 4...♘d7

A) 5.♗d3 dxe4 6.♘xe4 ♘gf6

A1) 7.♗g5 ♗e7 8.0–0–0 ♘xe4

(8...♕a5 9.♗xf6 ♘xf6 10.♔b1 ♗d7 11.♕g3 ♘xe4 12.♗xe4 0–0 13.♘f3 ♖fd8 14.♘e5 ♗e8 15.f4±, Di Paolo–Tortarolo, Celle Ligure 1995)

9.♗xe7 ♕xe7 10.♕xe4

(Es geht auch 10.♗xe4!?, woraufhin Schwarz natürlich nicht zu 10...♘f6? greifen darf, weil sonst der Einschlag 11.♗xc6+! käme.)

10...♕g5+ 11.♔b1 ♘f6 12.♕e2 ♗d7

(Zu gefährlich wäre 12...♕xg2 13.♘f3 mit der starken Drohung ♖d1–g1.)

13.♘f3 ♕a5 14.♘e5 ♖f8 15.c4 0–0–0 16.♕e3 h6 17.f4

Der starke Springer auf e5 verbürgt Weiß einen positionellen Vorteil, Bezanilla–G. Garcia, Havanna 1999.

A2) 7.♘e2 ♘xe4 8.♕xe4 ♘f6 9.♕h4 c5 10.0–0 ♗d7 11.♗g5 cxd4 12.♘xd4 ♗e7 13.♖fe1 ♘d5 14.♗xe7 ♘xe7 15.♘b5 ♗xb5 16.♗xb5+ ♘c6 17.♕c4 0–0 18.♖ad1 ♕e7 19.c3 ♖ac8 20.♗xc6 ♖xc6 21.♕d4 b6 22.♖e2 ♖fc8 23.g3 g6 24.♖ed2

Weiß beherrscht die d–Linie und steht besser, Rogers–Kroeze, Enschede 2002.

B) 5.exd5 cxd5

(Nach 5...exd5 6.♗f4 ♘gf6 7.♗d3 ♗e7 8.♘ge2 0–0 9.h3 hat Weiß die Wahl zwischen der kurzen und der langen Rochade.)

6.♗d3 a6 7.♘ge2 ♘e7 8.♗g5 h6 9.♗h4 ♘b8 10.0–0–0 ♘bc6 11.♖he1 g5 12.♗g3 ♗g7 13.h4 ♗d7 14.hxg5 hxg5 15.♖h1 ♕b6 16.♖xh8+ ♗xh8 17.♕h5 ♗f6 18.♕h6 ♘g8 19.♕h7±, Lovric–Dizdarevic, Rijeka 2003

V. 4...♕b6 5.♗d3!?

Ein Bauernopfer mit dem Ziel, einen Entwicklungsvorteil zu erlangen.

5...♕xd4 6.♘ge2

A) 6...♕b6 7.♗e3 ♕d8

(Nach 7...♕xb2 8.0–0 hätte Weiß für das geopferte Material in der Entwicklung klar die Nase vorn.)

8.0–0–0 ♘f6 9.♕g3 dxe4 10.♗xe4 ♕a5 11.♘d4 ♘a6

(Den Bauern auf a2 sollte sich Schwarz aus dem Kopf schlagen, denn nach 11...♘xe4 12.♘xe4 ♕xa2? 13.♘b3 sieht seine Stellung schon sehr verdächtig aus.)

12.♘b3 ♕c7 13.♗f4 ♕b6 14.♗f3!?

(14.♗e3 ♕c7 15.♗f4 ♕b6 16.♗e3 ♕c7 17.♗f4 ½–½, Gonzalez Galvan–Almagro Llanas, Leon 2006)

14...♗d7 15.♘d2 0–0–0 16.♘c4 ♕c5 17.♘d6+ ♗xd6 18.♗xd6 ♕f5 19.♕xg7 ♖hg8 20.♕h6 (20.♕xf7?? ♗e8–+) 20...♘d5 21.♘e4 mit weißem Übergewicht.

B) 6...♕f6 7.♕g3 h6 8.exd5 exd5 9.♗f4 ♘d7 10.0–0 ♗b4 11.♖ae1 ♘e7 12.a3 ♗xc3 13.♘xc3 0–0 14.♖e2 ♖e8 15.♖fe1 ♘f8 16.h4 ♗f5 17.♗e5

(17.♖xe7 ♖xe7 18.♖xe7 ♘g6 19.♖xb7 ♗xd3 20.♗xh6 ♗xc2 21.♗g5 ♕e5 22.♕xe5 ♘xe5 23.♗e3±)

17...♕g6 18.♗xg7 ♔xg7 19.♗xf5 ♕xg3 20.fxg3 ♔f6 21.g4 ♖ad8 22.h5 ♖d6 23.♖f1±, Katona–Nelson, Budapest 2004

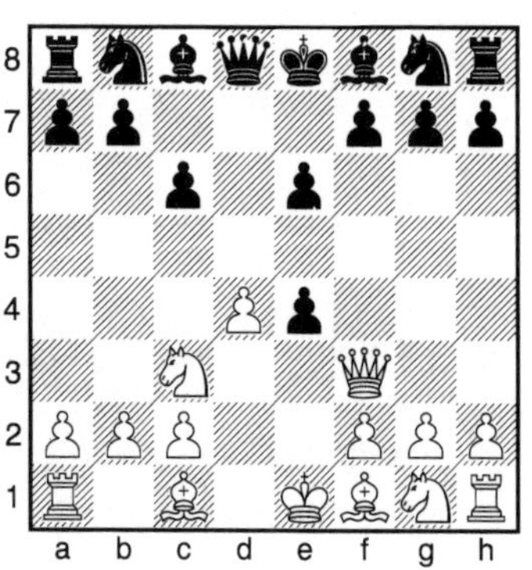

5.♘xe4

Weiß ist bereit, seinen Bauern d4 zu opfern.

Er kann aber auch ohne dieses Gambitspiel fortsetzen.

5.♕xe4 ♘f6 6.♕h4

A) 6...♗e7 7.♗g5

(Einem anderen Entwicklungsplan folgt die Variante 7.♘f3 ♘bd7 8.♗g5 ♕a5 9.♗d3 b6 10.0–0 usw.)

A1) 7...♕a5 8.0–0–0 ♘bd7 9.♘f3 b5 10.♔b1 ♖b8 11.♘e4 ♖b6 12.♘c5 ♘xc5 13.dxc5 ♖a6 14.a3 ♗xc5?? (⌓14...h6) 15.♗xf6 gxf6 16.♕xf6 ♖f8 17.b4 ♗xb4 18.axb4 ♕xb4+ 19.♕b2 ♕c5 20.♕d4+–, Röder–Hirn, Nürnberg 2002

A2) 7...♘d5 8.♗xe7 ♕xe7 9.♕xe7+ ♘xe7

(9...♔xe7 10.♘xd5+ cxd5 11.♘f3 ♘d7 12.h4 ♘b6 13.h5 h6 14.♘e5 ♖d8 15.♗d3 ♗d7 16.♖h3 ♖ac8 17.♖g3 ♔f8 18.0–0–0 ♖c7 19.♖e1 a6 20.♖ee3 ♖dc8 21.c3 ♗b5 22.♗xb5 axb5 23.a3 ♘c4 24.♘xc4 ♖xc4 25.♔d2±, C. Andersson–Topel, Dresden 2004)

10.♘f3 ♘d7 11.♗d3 b6 12.0–0 ♗b7 13.♖fe1 c5 14.♘e4 ♗xe4 15.♗xe4 ♖d8 16.♖ad1 0–0 17.c3 cxd4 18.♘xd4 ♘f6 19.♗c2 a6 20.♘f3 ♖xd1 21.♖xd1 ♘ed5 22.♔f1

In dem entstandenen Endspiel hat Weiß etwas bessere Perspektiven, Lechenbauer–Breitfuß, Triesen 2006.

B) 6...♗b4 7.♗d3 c5 8.♘ge2 ♘c6 9.dxc5 ♗xc5 10.♗g5 ♗e7 11.0–0

(11.0–0–0!? ist eine starke Alternative; z.B. 11...♕a5 12.♔b1 usw.)

11...♘d5 12.♗xe7 ♘cxe7 13.♘xd5 ♘xd5 14.♕xd8+ ♔xd8 15.♖ad1 ♔e7 (15...♔c7!?) 16.♘d4 ♗d7 17.♗e4 ♘f6 18.♗f3 ♘e8? (⌓18...♖ab8) 19.♗xb7! ♖b8 20.♗c6 ♖xb2 21.♘f5+ exf5 22.♖xd7+ ♔f6 23.♖d8 ♖xc2 24.♗xe8 1–0, Tocco–Riga, SEMI 1997

5...♕xd4

Wenn Schwarz auf den Gewinn des Bauern verzichtet, erreicht Weiß problemlos einen Eröffnungsvorteil; z.B. 5...♘d7 6.♗d3 ♘df6 7.♗g5 ♕a5+ 8.♗d2 ♕b6 9.0–0–0 ♘xe4 10.♕xe4 ♘f6 11.♕h4 ♗d7 12.♘f3 0–0–0 13.♘e5 ♗e8 14.c3 ♘d5 15.♖he1 ♕c7 16.♔b1 ♗d6 17.♕g4 und Weiß spielt die aktive Rolle in der Partie, Hermlin–Vesalainen, Pori 2001.

6.♗d3

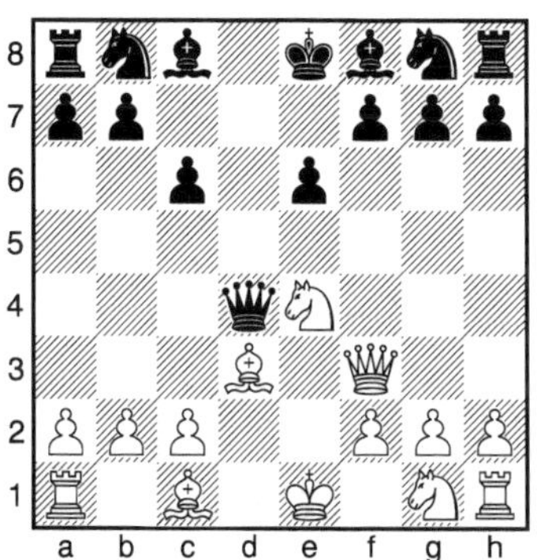

Für den hingegebenen Bauern hat sich Weiß einen Vorsprung in der Entwicklung verschafft und damit gute Chancen, völlig die Initiative zu übernehmen. Schauen wir uns einige praktische Beispiele hierzu an.

6...♘f6

I. 6...♕d8 7.♕g3 ♘f6 8.♘xf6+ ♕xf6 9.♘e2 ♗e7 10.h4 h6 11.♗e3 ♘d7

(Nach 11...♕xb2 12.♗d4 ♕b4+ 13.♗c3 ♕a4 14.♕xg7 ♖f8 15.♕xh6 ♘d7 16.h5 stellt der starke Freibauer h5 für Schwarz eine echte Gefahr dar.)

12.0–0–0 e5 13.♘c3 mit der Vorbereitung von f2–f4 und guten Perspektiven für Weiß.

II. 6...♗e7 7.♘e2 ♕d8 8.♕g3 ♔f8 9.♗f4 ♘d7 10.♗c7 ♕e8 11.0–0–0 f5 12.♘f4! ♘df6

(12...fxe4 13.♘xe6+ ♔f7 14.♕xg7+ ♔xe6 15.♗c4+ ♔f5 16.g4#)

13.♘g5 ♘h5 14.♘gxe6+ ♗xe6 15.♘xe6+ ♔f7 16.♕f3 ♘gf6 (16...g6 17.♗c4+–) 17.♗xf5 g6 18.♗h3 ♘g7 19.♘g5+ ♔f8 20.♖he1 h6 21.♗d6 hxg5 22.♖xe7 und Schwarz kann aufgeben, Dunn–Khemoudj, London 1994.

III. 6...f5 7.♘g5

(Spielbar ist auch 7.♘c3; z.B. 7...♘f6 8.♕e2 ♗b4 9.♗d2 0–0 10.a3 ♗d6 11.♘f3 ♕g4 12.h3 ♕h5 13.0–0–0 mit Initiative für den Bauern, aus der heraus Weiß über g2–g4 einen starken Angriff auf der rechten Seite organisieren kann, Skuinia–Skripchenko, Manila 1992.)

7...♗e7 8.♘e2 ♕d8 9.h4 ♕d5 10.♕h3 ♘h6 11.♘f4 ♕e5+ 12.♔d1 ♘g4 13.♕f3 0–0??

(13...♗xg5 war ein Muss.)

14.♖e1 ♕a5 15.♕xg4! e5

(15...fxg4 16.♗xh7+ ♔h8 17.♘g6#)

16.♕h5 1–0, Alfoldy–Jankovec, Stary Smokovec 1967

IV. 6...♘d7 7.♘e2 ♕b6 8.♗f4

(8.♗e3 c5 9.0–0–0 ♘gf6 10.♘2c3 ♘xe4 11.♘xe4 ♕c6 12.♕f4 ♗e7 13.♕g4 ♖f8 14.♘c3 ♗f6 15.♗b5 ♕b6 16.♕a4 ♕c7 17.♗f4 e5 18.♘d5 ♕d8 19.♖he1+–, Snarheim–Sorensen, Gausdal 1999)

8...♕xb2 9.0–0 ♘e5 10.♕g3 ♘xd3 11.♕xd3 ♘f6 12.♖fd1 ♗e7 13.♘d6+ ♗xd6 14.♗xd6

Schwarz steht mit seinem König im Zentrum sehr gefährdet, Shim Ng Min–Wiltenburg, IECG 1999.

7.♘e2 ♕d8 8.♗g5

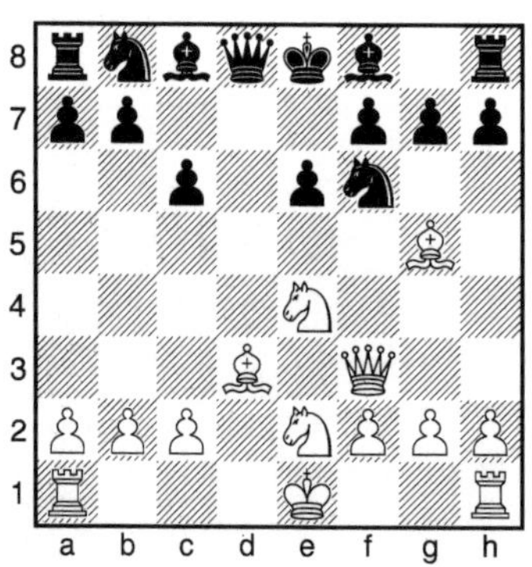

8... ♗e7

In der Partie Amonatov–Paichadze, chess.com INT 2019, wählte Schwarz stattdessen 8...♘bd7, worauf es zu 9.0–0–0 ♗e7 kam.

– In der Folge des vorsichtigen Vorgehens 10.♔b1 konnte Weiß keine Kompensation für den Minderbauern nachweisen. Es ging mit 10...♘xe4 11.♗xe7 ♕xe7 12.♕xe4 ♘c5 13.♕e5 0–0 14.♘d4 ♘xd3 15.♖xd3 f6 weiter und die Partie endete mit einem schwarzen Sieg nach 40 Zügen.

– Mit 10.♘2c3 hätte dieser Entwicklung vorgebeugt werden können. Nach 10...♘xe4 11.♗xe7 ♕xe7 12.♘xe4 wäre ♘d7–e5 entschärft gewesen.

9.♗xf6 ♗xf6 10.0–0–0 0–0 11.♕h5 g6

Auf 11...h6 folgt 12.h4 mit der Idee g2–g4–g5 und kompromisslosem Angriff.

12.♘xf6+ ♕xf6 13.♕h6 ♕g7 14.♕e3 ♘d7 15.h4

Laut Goldman hat Weiß gute Aussichten auf einen erfolgreichen Angriff am Königsflügel.

Zusammenfassung: Nach 3...e6 kann Weiß die beiden ruhigen Fortsetzungen 4.exd5 oder 4.d3 wählen. Mit dem aktiven Vorstoß 4.d4 aber bekommt er sehr gute Perspektiven auf eine starke Initiative.

Abspiel 4

Die Fortsetzung 3...♘f6

1.e4 c6 2.♘c3 d5 3.♕f3 ♘f6

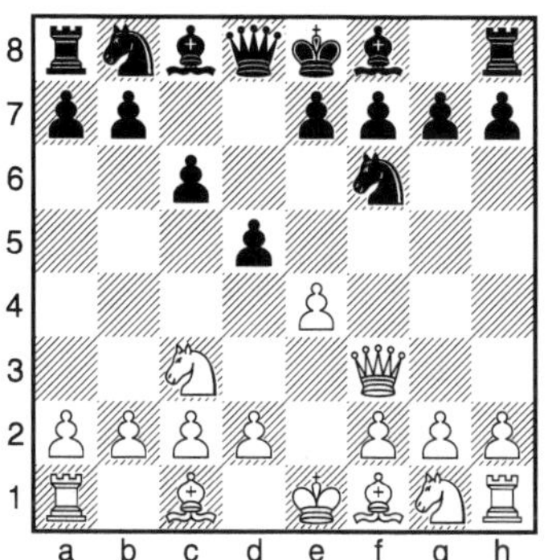

Nach dieser Erwiderung kann eine der Französischen Verteidigung ähnliche Stellung entstehen.

4.e5 ♘fd7

Das ist die übliche Antwort.

Hier ein Blick auf einige Alternativen.

I. 4...♘g4 5.d4

A) 5...g6

A1) 6.♘h3 ♗g7 7.♗d3 0–0 8.♘f4 ♘h6 9.♘ce2 e6 10.h4! f5?

(Logischer ist 10...c5!?.)

11.♕g3 ♘f7 12.h5 g5 13.h6! ♗xh6 14.♖xh6 ♘xh6 15.♘xe6! ♗xe6 16.♗xg5 ♕e8 17.♗xh6+ ♕g6 18.♗xf8 ♔xf8 19.♕h4 ♗d7 20.♘f4 ♕f7 21.0–0–0 ♘a6 22.e6 ♗xe6 23.♗xa6 bxa6 24.♕h6+ ♔g8 25.♖d3 ♖e8 26.♖g3+ 1–0, Kogan–Felipo Pages, Barcelona 2000

A2) 6.h3 ♘h6 7.g4 f6 8.♗f4 ♘f7 9.exf6 exf6 10.0–0–0 ♗d6 11.♖e1+ ♔f8 12.♗d2 ♔g7 13.♗d3 ♘d7 14.h4 mit Königsangriff, Llaneza Vega–Gosset, Cappelle La Grande 2008.

A3) 6.♗d3 ♘h6 7.h3 ♕b6 8.♘ce2 ♘f5 9.c3 e6 10.g4 ♘e7 11.♕f6 ♖g8 12.♕h4 ♖h8 13.♘f3 ♘d7 14.0–0 ♗g7 15.a4 h6 16.a5 ♕d8 17.♕g3 mit dem Plan ♘f3–h2 und f2–f4 und Angriff, Jevtic–Jovicevic, Becici 1994.

B) 5...h5 6.h3 g6 7.♗d3 b6?? (□7...♘h6) 8.hxg4! hxg4 9.♖xh8 gxf3 10.♗h6 ♘d7 11.e6! 1–0, Reuter–Tschudi, Biel 1981

II. 4...♘g8

A) 5.d3 e6 6.♕g3 ♘d7 7.f4 ♘e7 8.♘f3 ♘f5 9.♕f2 h5 10.g3 b5 11.♗h3 ♘h6 12.0–0 b4 13.♘d1 ♗e7 14.♕e2

(Zu überlegen war 14.♘e3!? mit der Absicht f4–f5.)

14...a6 15.♘e3 ♘b6 16.♘g2 ♘f5 17.♘e3 c5 18.♗g2 a5 19.♘xf5 exf5 20.h4 ♗e6 21.♗d2 ♖c8 22.a3 a4 23.♕e1 0–0 24.axb4 cxb4 25.♗xb4 ♖xc2 26.♘d4 ♖c8 27.♕d2 ♗c5 28.♗xc5 ♖xc5 29.♖fc1 mit einem positionellen Übergewicht für Weiß, denn Schwarz hat einen passiven Läufer auf e6 und einen schwachen Bauern auf a4, Ramos–Cunanan, Manila 1997.

B) 5.d4 e6

(Auf 5...g6 kann 6.♗d3 ♗g7 7.h4 folgen.)

6.♕g3 b6 7.♘f3 ♘e7 8.♗g5 h6 9.♗xe7

♕xe7 10.♗e2 ♗a6 11.0–0 g6 12.♗xa6 ♘xa6 13.♘e2 ♘c7 14.c3 0–0–0 15.a4 ♖g8 16.♘d2 f5 17.♖fc1 ♕g5 18.♕d3 c5 19.dxc5 bxc5 20.b4 ♔d7 21.♖ab1 ♔e8 22.bxc5 ♗xc5 23.♖b7 ♖d7 24.♘b3 ♕e7 25.♘ed4±, Hengelbrock–Serrer, Dortmund 1989

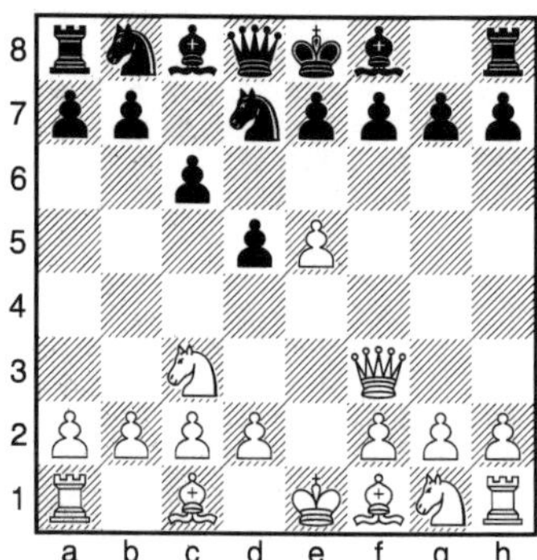

5.d4

Der Zentrumsbauer e5 wird unterstützt und zugleich die Diagonale c1–h6 geöffnet.

Eine starke Alternative ist 5.♕g3. Die Dame verteidigt zugleich den angegriffenen Bauern und drückt gegen g7. Nach 5...e6 kann es wie folgt weitergehen.

A) 6.f4 c5

(6...a6 7.a4 c5 8.♘f3 ♘c6 9.♗e2 ♘d4 10.♘xd4 cxd4 11.♘d1 ♕c7 12.c3 dxc3 13.bxc3 g6 14.d4 ♘b6 15.0–0 ♗d7 16.♘b2 ♘c8 17.♕h3 ♘a7 18.♗d2 ♘c6 19.♖fb1±, Cueto Chajtur–Fuentealba, Santiago 1999)

7.♘f3 ♘c6 8.♗e2 g6 9.0–0 ♗g7 10.d4 0–0

(10...cxd4 11.♘b5 0–0 12.♘bxd4 ♘xd4 13.♘xd4 ♘c5 14.♗e3 ♘e4 15.♕e1 ♗d7 16.c4±)

11.♗e3 f6 12.♘b5!

(12.♖ad1? fxe5 13.♘xe5 ♘xd4 14.♗xd4 cxd4 15.♘b5 ♕b6∓, Eberth–Molnar, Heves 2001)

12...cxd4 13.♘fxd4 und Weiß steht besser.

B) 6.d4

Hiernach kann die Partie unter Zugumstellung in die Hauptvariante übergehen.

6...c5 7.♘b5 cxd4 8.♘f3 ♘c6 9.♘bxd4 ♘dxe5

(Nach 9...♘c5 kann Weiß einfach 10.♗d3 spielen.)

10.♘xe5 ♘xd4 11.♕f4 f6 12.♕xd4 fxe5 13.♕xe5 ♕f6 14.♗f4 ♗d7 15.♗d3 ♗c5 16.0–0 ♗d4 17.♕h5+ g6 18.♕h6 ♕f7 19.c3 ♗g7 20.♕g5 ♕f6 21.♕xf6 ♗xf6 22.♖ae1 b5 23.♗e5 ♗xe5 24.♖xe5 ♔e7 25.♖fe1±, Ardeleanu-Izeta Txabarri, Ubeda 1997

C) 6.♘f3 a6

(– Im Duell Bujukliev–I. Ivanov, Struga 2002, bekam Weiß nach 6...b6 7.♗e2 ♗a6 8.d3 c5 9.0–0 ♘c6 10.♖e1 ♕c7 11.♗d1 0–0–0 12.a4 gute Perspektiven am Damenflügel.

– Hingegen empfahl der schwedische Großmeister Ståhlberg 6...c5 7.♘b5 g6 usw.)

7.♗e2

(7.d4!? sieht logischer aus.)

7...c5 8.0–0 ♘c6 9.♖e1 ♘d4 10.♗d1 ♘b8

(Die Fortsetzung 10...♘f5 haben wir in der **Partie Nr. 34**, Smyslow–Flohr, Budapest 1950, analysiert.)

11.♘xd4 cxd4 12.♘e2 ♘c6 13.c3 dxc3 14.dxc3 ♕c7 15.♘f4 ♘e7 16.♗c2 ♗d7 17.♗e3 0–0–0 18.a4 ♘c6 19.♘d3 mit dem einfachen Plan b2–b4–b5 usw., Alexander–Giustolisi, Biel 1960.

5...e6

Bereitet den typischen Zentrumsvorstoß c6–c5 vor.

Hier ein Blick auf andere Ideen.

I. 5...♘b6 6.♗d3 ♘a6 7.a3 ♗e6 8.♘ge2 ♕d7 9.♘f4 ♗g4 10.♕g3 ♗f5 11.b3 ♘c7 12.0–0 g6 13.a4 a5 14.♘ce2 ♗g7 15.♗d2 0–0 16.f3 ♘c8 17.♗xf5 ♕xf5 18.♘d3 mit der Absicht ♕g3–h4, ♘e2–g3 nebst dem Marsch des Bauern nach f4, Regan–Rohde, New York 1977.

II. 5...♕b6 6.♕f4

(Nach 6.♕h5 ♕xd4 7.♘f3 g6 8.♘xd4 gxh5 9.e6 ♘f6 10.exf7+ ♔xf7 hat Schwarz keine Probleme.)

6...e6 7.♘f3 ♗e7

(7...h6 8.♗d3 c5 9.0–0 ♘c6 10.dxc5 ♘xc5 11.♗e2 ♗d7 12.a3 ♘e7 13.b4 ♘a4 14.♘xa4 ♗xa4 15.♗e3 ♘g6 16.♕g3 ♕c7 17.♖fc1 a6 18.c4 dxc4 19.♗xc4±, Miloševic–Patuzzo, Schweiz 2005)

8.♕g4 ♔f8 9.h4 c5 10.dxc5 ♗xc5 11.♕g3 ♘c6 12.♗d3 ♗d4 13.♘xd4 ♕xd4 14.f4 ♘b4 15.♘b5 ♘xd3+ 16.♕xd3 ♕xd3 17.cxd3 ♘c5 18.♔e2 b6 19.♗e3 ♗d7 20.♘d6 nebst ♖a1–c1 mit besseren Chancen für Weiß, Miloševic–Patuzzo, Schweiz 2004.

6.♕g3

Hier steht die Dame aktiv, denn sie hat das Feld g7 ins Visier genommen.

Weiß kann auch mit 6.♘h3 die weitere Entwicklung des Königsflügels verfolgen.

6...♗e7

(6...h6 besprechen wir in der **Partie Nr. 35**, Negele–Hofstetter, Fernpartie 1999.)

7.♕g3 g6 8.♗d3 c5 9.♘g5 ♕b6

(9...cxd4 10.♘xe6 fxe6 11.♗xg6+ hxg6 12.♕xg6+ ♔f8 13.♗h6+ ♖xh6 14.♕xh6+ ♔f7 15.♕h7+ Remis)

10.dxc5 ♘xc5 11.♕f4 ♗xg5 12.♕xg5 ♘xd3+ 13.cxd3 ♘d7 14.0–0 0–0 15.♕h4 f6

(Nach 15...♘xe5 16.♗h6 droht ♕h4–f6 und Schwarz muss die Qualität hergeben.)

16.♗h6 ♖f7 17.d4 fxe5 18.dxe5 ♘f8

(Zu gefährlich ist 18...♘xe5, denn nach 19.♖fe1 ♘d3 20.♖e3 ♘xf2 21.♖f1 d4 22.♘d5! steht Schwarz auf Verlust.)

19.♘d1 d4 20.f3 ♗d7 21.♘f2 ♗b5 22.♖fd1 ♘d7 23.♕xd4 ♕xd4 24.♖xd4 ♘xe5 25.♘e4 ♗c6 26.♖ad1 ♗d5 27.♘c3 ♘c6 28.♖4d2 ♘e7 29.♗g5 ♗c6 30.♖d6 mit weißem Vorteil, Mitkov–Lima, Lalin 1994.

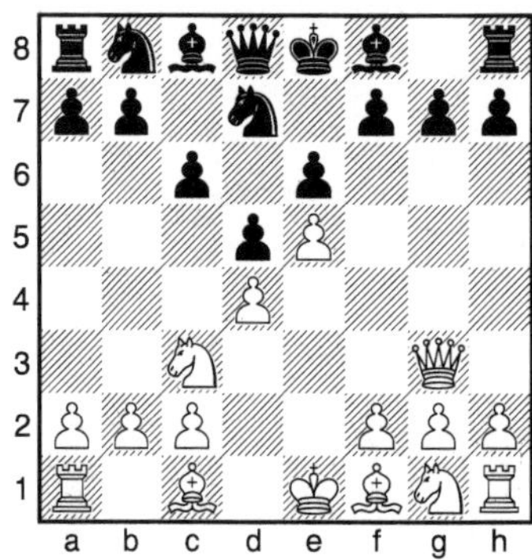

6...c5

Ganz im Geiste dieser Variante.

Es sind aber auch andere schwarze Versuche bekannt.

I. 6...a6 7.♘f3 c5 8.♗e2 ♘c6 9.dxc5 ♕c7 10.0–0 ♘xc5

(10...♘dxe5 11.♗f4 f6 12.♘a4±)

11.♗e3 ♘d7 12.♖fe1

A) 12...♘dxe5 13.♗f4 f6

(13...♘xf3+?? 14.♗xf3 ♕b6 15.♘xd5+–)

14.♘xe5 fxe5 15.♗h5+ g6 16.♗xe5 ♘xe5 17.♖xe5 ♗d6 18.♘xd5 ♕f7 19.♖ae1

Der schwarze König steht noch immer gefährdet im Zentrum.

B) 12...g6 13.♖ad1 ♗g7 14.♘g5

(14.♘xd5 exd5 15.e6 ♕xg3 16.exd7+ ♗xd7 17.hxg3 ♗xb2 18.♖xd5 ♗e6=)

14...0–0?

Das ist zu dogmatisch, denn nun wartet Ungemach auf Schwarz. Mit der Rochade sollte der Nachziehende noch warten und 14...♘dxe5!? spielen.

15.f4 ♖d8 16.♕h3 ♘f8 17.♗f2 b5 18.♔h1 ♗b7 19.♗c5 h6 20.♗d6 ♕a5 21.♗xf8 ♔xf8 22.♘h7+ ♔e7 23.♗g4 b4 24.♕h4+ ♔e8 25.♘e2 ♔d7 26.♘f6+ ♔c7 27.c3

In dieser dynamischen Stellung verfügt Weiß über die besseren Aussichten, Slibar–Sitnik, Slowenien 1993.

II. 6...h6

A) 7.♗e3 ♕c7 8.♘f3 b6 9.♗d3 ♗a6 10.0–0 ♗xd3 11.cxd3 ♘a6 12.♖fc1 ♕b7 13.a3 0–0–0?

(Eine falsche Entscheidung. Schwarz sollte 13...g6 spielen mit der Idee ♗f8–g7 und der kurzen Rochade.)

14.b4 ♘c7 15.b5 ♔b8 16.bxc6 ♕xc6 17.a4 ♕b7 18.♕f4 g6 19.♕xf7 1–0, Wolodarski–Bedarjew, Nowokusnetsk 1997.

B) 7.♘f3 c5 8.♗e3 cxd4 9.♘xd4 ♘c6 10.f4 (10.0–0–0!?) 10...♘xd4 11.♗xd4 ♘b6?

(Den Springerausfall nach b5 sollte Schwarz nicht zulassen. Richtig war deshalb 11...a6!?.)

12.♘b5! a6 13.♘d6+ ♗xd6 14.exd6 ♖g8

(Die Folgen von 14...♕xd6 15.♕xg7 ♖f8 16.♗d3 sind auch nicht besser für Schwarz.)

15.♗d3 g6 16.f5 ♘c4 17.fxg6 f5 18.♗xc4 dxc4 19.g7+–, Sorli–Szuveges, Calicut 1998

III. 6...b6

A) 7.f4 g6 8.♘f3 ♗e7 (8...♗g7!?) 9.♗e2 ♗a6 10.0–0 ♗xe2 11.♘xe2 c5 12.c3 ♘c6 13.♗e3 ♕c7 14.b3 nebst ♖f1–c1 und Öffnung der Stellung am Damenflügel. Die Lage ist recht kompliziert.

B) 7.♘f3 ♗a6 8.h4!?

Weiß zögert nicht mit seinen Aktionen am Königsflügel.

(Zu schematisch wäre 8.♗xa6 ♘xa6 9.a3 ♘c7 10.♗g5 ♕c8 11.0–0 ♕a6 und Schwarz hätte alles unter Kontrolle.)

8...♗xf1 9.♔xf1 a6 10.h5 c5 11.♗g5 ♕c7 12.h6 g6

(12...gxh6 13.♗xh6 cxd4 14.♘xd4 ♕xe5)

13.♘e2 ♘c6 14.c3 ♗e7 15.♕f4 0–0 16.♖h3 ♖ac8 17.♕h4 ♕d8 18.♖e1 ♗xg5 19.♘xg5 ♕e7 20.♕g4 cxd4 21.cxd4 ♖c7 22.♖c3 ♖fc8 23.♖ec1

Weiß steht am Damenflügel aktiv und kann Schwarz auf dem Königsflügel mit Mattdrohungen das Leben schwer machen. Seine Chancen sind besser, was auch der Verlauf der Partie Kislinski–Tscherniakowski, Kiew 2001, beweist.

7.♘f3

Ein logischer Entwicklungszug, aber wir müssen uns auch mit zwei anderen Fortsetzungen beschäftigen.

I. 7.♘b5

A) 7...♘c6 8.♘f3 a6 9.♘d6+ ♗xd6 10.♕xg7 ♗xe5 11.dxe5 ♖f8 12.♘g5 ♘e7 13.♗d3 ♕c7 14.f4 b6 15.c4

(Möglich ist auch 15.0–0 c4 16.♗xh7 mit weißem Vorteil.)

15...♗b7

(15...dxc4 16.♗xc4 ♘f5 17.♕xh7±)

16.cxd5 ♗xd5 17.0–0 ♕b7 18.♖f2

In dieser dynamischen Stellung sind Weiß gute Aussichten zu attestieren.

B) 7...g6 8.♗g5 ♕b6 9.0–0–0 ♘c6 10.♘f3 ♘xd4 11.♘fxd4 cxd4 12.h4 h5 13.♘d6+ ♗xd6 14.exd6 0–0 15.♗e7 ♖e8 16.♗d3 ♘f8 17.♕g5 e5 18.♕xe5 ♘e6 19.g4 1–0, Alvir–Knoflicek, Österreich 2000

C) 7...cxd4 8.♘f3 ♘c6

(– Nach 8...g6 ist 9.h4! stark.

– Dagegen kam Weiß in der Partie Delander–Schmidt, Berlin 1970, nach 8...a6 9.♘bxd4 ♘c6 10.♗d3 ♕c7 11.♘xc6 bxc6 12.0–0 ♘c5 13.b4 ♘xd3 14.cxd3 ♗b7 15.♗d2 g6 16.♖ac1 ♗g7 17.a4 0–0 18.♗e3 ♕d7 19.♗c5 ♖fe8 20.a5 f6 21.d4 positionell in Vorteil, weil Schwarz der passive Läufer b7 verblieb.)

9.♗d3 ♕b6 10.0–0 g6 11.♖e1 a6 12.♘d6+ ♗xd6 13.exd6 0–0 14.♗h6 ♖e8 15.♘h4 ♘f8 16.♘f5 ♕d8 17.♘g7 ♗d7 18.♘h5! e5 19.♗g5 ♕c8 20.♘f6+ ♔g7 21.♕h4 h5 22.♘xh5+! gxh5 23.♗f6+ 1–0, Kostyutschenko–Samikowski, Kiew 1963

II. 7.dxc5

A) 7...♘c6 8.♗f4 g6 9.0–0–0 ♗g7 10.♘f3 0–0 11.h4 h5 12.♕h2 ♕e7 13.♗d3 ♘xc5 14.g4 ♘xd3+ 15.cxd3 f6

(15...hxg4 16.h5 gxf3 17.♖dg1 f6 18.hxg6 ♖d8 19.♕h7+ ♔f8 20.♗h6+–)

16.gxh5 fxe5 17.♘xe5 ♖xf4 18.♘xc6 ♕f6 19.♘e7+ ♔f7 20.♘xg6 ♖xf2 21.♕c7+ ♔e8 22.d4 ♗d7 23.♔b1 b5 (23...♖c8 24.♕xb7±) 24.♔a1 ♕f5 25.♕b7 ♖d8 26.♘xb5 ♗xb5 27.♕e7#, Gunnarsson–Kjartansson, Reykjavik 2007

B) 7...♘xc5 8.♘f3

(Einen scharfen Verlauf nahm die Partie Gonzalez Galvan–Sahelices Casado, Leon 2006: 8.♗e3 ♕a5 9.♗b5+ ♗d7 10.♗xc5 ♗xb5 11.♗xf8 ♔xf8 12.♕e3 ♘d7 13.♘f3 h6 14.0–0–0 ♔e7 15.♘d4 ♗c4 16.f4 ♖hc8 17.f5 ♗xa2 18.♕g3 ♖xc3 19.bxc3 ♖c8 20.fxe6 ♘c5 21.♕xg7 ♕a3+ 22.♔d2 ♘e4+ 23.♔e3 ♘g5 24.exf7 ♖f8 25.♕f6+ ♔d7 26.e6+ ♔c8 1–0.)

8...♘c6 9.♗e3 ♕a5 10.♗d2 ♕b6 11.0–0–0 d4

(11...a6 12.♗e3 ♕a5 13.♔b1 h6 14.♘d4 ♗d7 15.♗e2 g6 16.h4 ♕c7 17.f4 ♘xd4 18.♗xd4 b5 19.♘xd5 exd5 20.e6+–, Jamilov–Galin, Ufa 2004)

12.♘b5 ♘a4 13.b3 a6 14.♘d6+ ♗xd6 15.exd6 ♕c5 16.bxa4 ♕a3+ 17.♔b1 ♘b4 18.♗c4 ♗d7 19.♘xd4 ♕xa4 20.♕b3 1–0, Pelikian–Ferreira, Americana 2000

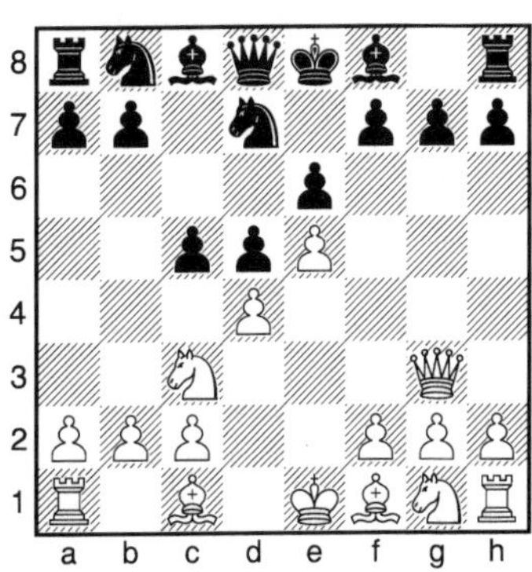

7...♘c6

Im Duell Tornay Gomez–Cano Gonzalez, San Sebastian 2003, gelang es Schwarz nicht, seine Eröffnungsprobleme zu lösen: 7...cxd4 8.♘xd4 ♘c6 9.♘f3 f6 10.♗b5 fxe5 11.♘xe5 ♗d6?? (□11...♘dxe5 12.♕xe5 ♗d7=) 12.♘xc6 ♗xg3 13.♘xd8 ♗xf2+ 14.♔xf2 ♔xd8 15.♗g5+ ♔c7 16.♖he1+–.

8.♗d3

Mit der Absicht, die Entwicklung zu beenden und den König zu sichern.

Weiß kann auch einen Plan mit Einbezug der langen Rochade verfolgen.

8.♗e3 cxd4 9.♗xd4 a6

(Die Antwort 9...♘xd4 haben wir in der **Partie Nr. 36**, Regan–Shamkovich, New York 1977, analysiert.)

10.0–0–0 b5 11.♔b1 ♗b7

Schwarz sollte seinen Läufer nach g7–g6 auf g7 postieren und lang rochieren. Wir meinen, dass Weiß in dieser Stellung die besseren Möglichkeiten auf aktive Handlungen hat.

8...a6

Scharf wurde der Kampf in Sinkewitsch-Wunder, St. Petersburg 1996: 8...f5 9.exf6 ♘xf6 10.♘b5 c4 11.♘c7+ ♔f7 12.♘xa8 cxd3 13.cxd3 ♗d6 14.♘e5+ ♔g8 15.♗h6 ♘h5 (15...♘e8!?) 16.♕f3 ♘xe5 17.dxe5 ♗b4+ 18.♗d2 ♗xd2+ 19.♔xd2 g6 20.g4 ♕g5+ 21.♕e3 (21.♔d1!?+-) 21...♕xg4 22.♖ac1 ♕b4+ 23.♔c2 ♔g7 24.♔b1 ♖d8 25.♕g5 ♕f8 26.♖c7+ ♗d7 27.♖xb7 ♔g8 28.♖c1 ♗a4 29.♘c7+-.

9.dxc5 ♘xc5 10.0-0 ♗d7 11.a3 ♕c7 12.♖e1 0-0-0

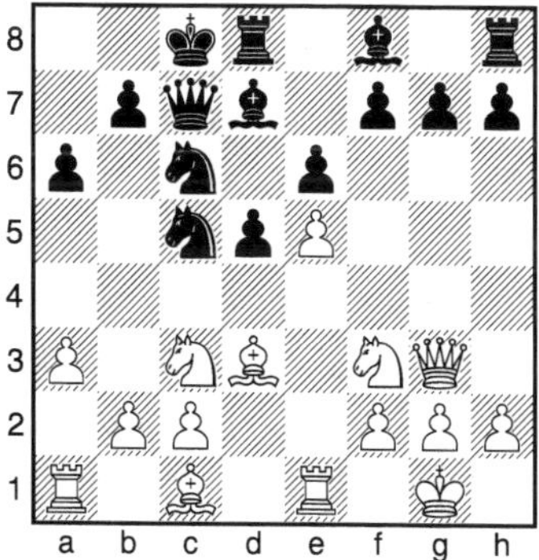

Die kritische Stellung dieser Variante: Die Parteien haben entgegengesetzt rochiert. Die Stellung trägt einen scharfen Charakter. Weiß am Zuge kann sofort zum Königsangriff blasen.

13.b4 ♘xd3 14.cxd3 nebst ♗c1-d2, ♖f1-c1 und ausgezeichneten Chancen für Weiß; z.B. wäre nun die Variante **14...♘xb4 15.axb4 ♕xc3 16.♗g5** klar besser für ihn.

Zusammenfassung: Weiß stehen in dieser Variante die zwei starken Optionen 5.d4 und 5.♕g3 offen. Wir meinen, dass beide Fortsetzungen ihm gute Aussichten auf Angriff versprechen. Auch allgemein betrachtet ist diese Variante, die noch relativ selten in der Praxis erprobt wurde, nicht schlecht für ihn. Aggressiven Spielern bietet sie sehr schöne Möglichkeiten.

Partie Nr. 26
Lombardy – Brinck-Claussen
Krakau 1964

1.e4 c6 2.♘c3 d5 3.♕f3 dxe4 4.♘xe4 ♘d7 5.b3 ♘gf6 6.♘g3

Zu 6.♗b2 siehe Abspiel 1.

6...g6 7.♗b2 ♗g7 8.h4

Weiß hat sich entschieden, sofort auf der rechten Seite anzugreifen. 8.0-0-0 sieht jedoch besser aus.

8...♕c7

Zu überlegen war 8...♘b6!? und wegen der Drohung ♗c8-g4 kann Weiß nicht lang rochieren.

9.0-0-0 0-0 10.♖e1 e5

Lässt den Marsch des h-Bauern zu. Also war 10...♘b6!? erneut zu beachten, um dies zu verhindern.

11.h5 a5 12.hxg6 hxg6

Die Öffnung der Diagonale a2-g8 nach 12...fxg6? gäbe Weiß auch eine starke Initiative; z.B. 13.♗c4+ ♔h8 14.♘h3 b5

(14...♘d5 15.♘g5! ♖xf3 16.♖xh7+ ♔g8

17.♗xd5+ cxd5 18.♖xg7+ ♔xg7 19.♘e6+ +–)

15.♗e6 ♗h6 16.♘e4 ♘xe4 17.♕xe4 ♕d8 (17...a4 18.♕h4+–) 18.♗xd7 ♕xd7 19.♕xe5+ ♗g7 20.♕xg7+ ♕xg7 21.♗xg7+ ♔xg7 22.♖e7+ ♖f7 23.♖xf7+ ♔xf7 24.♘g5+ +–.

13.♘e4

Stark war 13.♘h3!?, um den Springer sofort ins Spiel zu bringen.

13...♖e8 14.♘h3 ♘xe4 15.♖xe4 a4?

Dieser Versuch ist nur ein Zeitverlust und auch der Grund für die schnelle Niederlage. Schwarz hätte sich der Verteidigung seiner Königsstellung widmen sollen. Richtig war also 15...♘c5! 16.♖h4 ♘e6 usw.

16.♘g5 ♘f6 17.♗c4! ♘d5

Zum Verlust führt 17...♘xe4 18.♗xf7+ ♔f8 19.♗xg6+ ♘f6 20.♘h7+ ♔e7 21.♘xf6 ♗xf6 22.♖h7+ mit Damengewinn.

18.♖eh4 b5

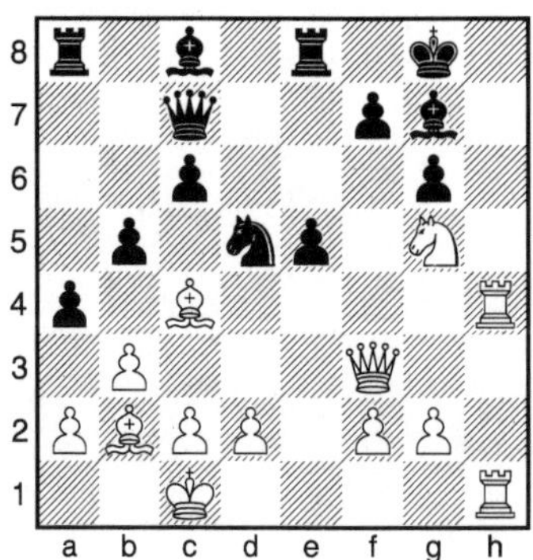

19.♘xf7!

Dieser hübsche taktische Schlag bringt Weiß den Sieg.

19...bxc4

Oder 19...♕xf7 20.♖h8+! ♗xh8 21.♖xh8+ ♔xh8 22.♕xf7 ♗f5 23.♗xd5 cxd5 24.♗xe5+ ♖xe5 25.♕f6+ ♔h7 26.♕xe5+–.

20.♘h6+ ♗xh6

Keine Rettung brächte 20...♔h8 21.♘f5+

(21.bxc4!? a3 22.♗a1 ♘f4 23.♘f5+ ♔g8 24.♘xg7 ♕xg7 25.♖h8+ ♕xh8 26.♖xh8+ ♔xh8 27.♕xf4 ♔g8 28.♗xe5 ♖a5 29.d4+–)

21...♔g8 22.♘xg7 ♕xg7 23.bxc4+–.

21.♖xh6 ♕g7 22.bxc4 a3 23.♗a1 ♗f5

23...♘c7 hätte auch nichts mehr geändert: 24.♕xc6 ♖a6 25.♖h8+ ♕xh8 26.♖xh8+ ♔xh8 27.♕xc7+–.

24.g4 e4 25.♖h8+ ♔f7 26.♖8h7 exf3 27.♖xg7+ ♔e6 28.gxf5+ ♔xf5 29.cxd5 cxd5 30.♖f7+

Schwarz gab auf.

Partie Nr. 27
Veksler – Mietner
Deutschland 2001

1.e4 c6 2.♘c3 d5 3.♕f3 dxe4 4.♘xe4 ♘d7 5.d4 ♘gf6 6.♗c4 ♕a5+

Andere Antworten haben wir in Abspiel 1 besprochen.

7.♗d2 ♕h5 8.♕xh5 ♘xh5 9.0–0–0

Weiß ist besser entwickelt und daher auch leicht im Vorteil.

9...♘b6 10.♗b3 ♘d5 11.♘e2 ♗f5 12.f3 ♘hf6 13.♘2g3 ♗g6 14.c4 ♘xe4 15.♘xe4 ♘c7 16.h4 0–0–0

Nach 16...h6 17.h5 ♗h7 18.♖he1 e6 19.d5! cxd5 20.cxd5 0–0–0 21.dxe6 ♘xe6 22.♗c3 sähe sich Weiß positionell im Vorteil, denn Schwarz hätte Probleme mit der Entwicklung seines Königsflügels.

17.♗e3 e6 18.h5 ♗xe4 19.fxe4 b6 20.♖hf1 f6 21.♖f3 ♗e7 22.a3 g5 23.g4 ♖hf8 24.♔c2 ♔b7 25.♖df1 h6 26.♔c3 a5 27.♗g1 b5 28.c5

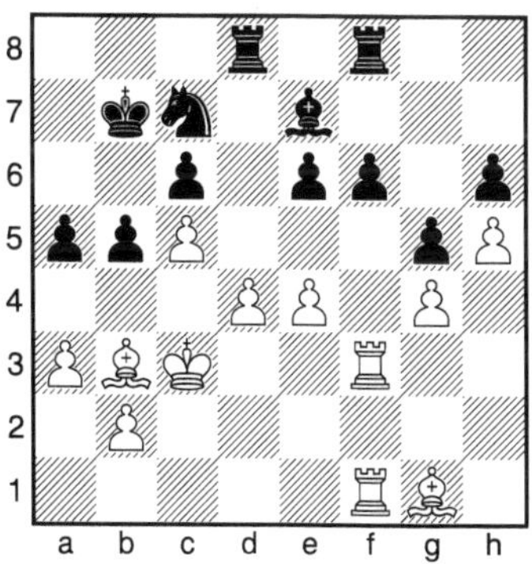

28...e5?

Schwarz steht passiv, aber dieser Zug beschleunigt die Ereignisse nur zu seinen Ungunsten.

Hier wäre eine abwartende Strategie mit 28...a4!? 29.♗a2 ♖g8 besser gewesen und nun z.B. 30.♗h2 b4+ 31.♔c4

(31.axb4 ♘b5+ ist günstig für Schwarz.)

31...b3 32.♗b1 ♖d7 und Schwarz steht solide. Ist Weiß zu ungeduldig und überzieht mit 33.♖xf6?, so kommt Schwarz nach 33...♗xf6 34.♖xf6 ♖gd8 35.♗e5 ♘b5 zu Gegenspiel.

29.dxe5 fxe5 30.♖f7! ♔a6 31.♔c2

⌓31.♖1f5!

31...♔b7 32.♖1f5 ♖xf7 33.♖xf7 ♗f8 34.♗e6! ♔b8

34...a4 35.♗f5+–

35.♗d7 ♔b7 36.b4 ♘a6 37.♔b3 axb4 38.axb4 ♘b8 39.♗e8+ ♔a8 40.♖xf8 ♘d7 41.♖f7

Schwarz gab auf.

Partie Nr. 28
Sutton – Revell
Fernpartie 1999

1.e4 c6 2.♘c3 d5 3.♕f3 dxe4 4.♘xe4 ♘d7 5.d4 ♘gf6 6.♗c4 ♘b6

Andere Züge finden Sie in Abspiel 1.

7.♗d3 ♕xd4 8.♘e2 ♕e5 9.0–0 ♘xe4 10.♗xe4 f5

Im Duell Glaser–Cardozo, ICCF Email 2002, wählte Schwarz 10...♕f6 mit der Folge 11.♕g3 ♗f5 12.♗g5 ♕e6 13.♗xf5 ♕xf5 14.♖ad1 ♕g6 15.♘f4 ♕xc2 16.♗xe7!? ♗xe7

(16...♔xe7 17.♖fe1+ ♔f6 18.♘h5+ ♔f5 19.♖e5#)

17.♕xg7 ♖f8 18.♖fe1 ♕c5?

(18...♕f5!? war wohl stärker.)

19.♖e5 ♕b4 20.♘h5 ♘d5 21.♘f6+ ♘xf6 22.♕xf6 ♖d8 23.♖de1 ♔d7

(23...♖d7 24.a3 ♔d8 25.♖xe7 ♕xe7 26.♖xe7 ♖xe7 27.♕d6+ ♔e8 28.♕b8+

♔d7 29.♕xb7+ ♔d6 30.♕b4+ c5 31.♕f4+ ♔d7 32.h3±)

24.♖xe7+ ♔c8 25.h3 und Weiß steht besser.

11.♗d3 g6 12.♗f4!?

Die Entscheidung zugunsten eines sehr energischen Vorgehens: Die schnelle Entwicklung ist noch einen Bauern wert.

Nach 12.♘c3 ♗g7 13.♗f4 ♕c5 14.♖fe1 0–0 15.♕g3 ♘d7 Δe7–e5 stünde Schwarz ganz gut.

12...♕xb2 13.c3 ♗g7 14.a4 ♕b3

Der Bauer ist tabu: 14...♗xc3?? 15.♖ab1 ♕a3 16.♗c1 ♕c5 17.♘xc3 ♕xc3 18.♗b2+–.

15.a5 ♘d7 16.♗b1 ♕d5 17.♕g3 e5 18.♗a2

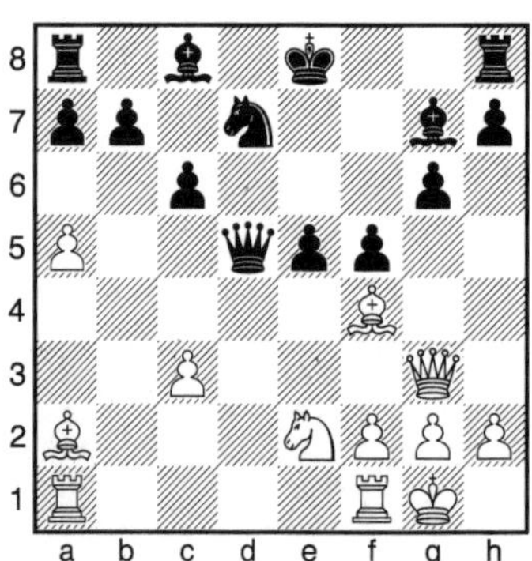

18...exf4?

Riskanter „Materialfraß“! Nun bekommt Weiß einen starken Angriff gegen den im Zentrum verharrenden schwarzen König.

Besser war 18...♕d6!? mit dem Plan ♘d7–c5 nebst ♗c8–e6.

19.♘xf4 ♕d6 20.♖fe1+ ♗e5 21.♖ad1 ♕f6 22.♕e3 ♕e7 23.♗e6 b6

Auch nicht einfach würde es für Schwarz nach 23...♔f8 24.♖xd7 ♗xd7 25.♕xe5 ♖g8 26.a6! bxa6 27.♗xd7 ♕xe5 (27...♕xd7 28.♕f6+ ♕f7 29.♘e6+ ♔e8 30.♘c5+ ♔f8 31.♘d7#) 28.♖xe5 mit weißem Vorteil.

24.♕f3 ♔f8 25.♕xc6 ♗xf4 26.♗xd7 ♗b7 27.♕xb7 ♖b8 28.♕xa7

Schwarz kapitulierte.

Partie Nr. 29
Negele – Melson
Fernpartie 1999

1.e4 c6 2.♘c3 d5 3.♕f3 dxe4 4.♘xe4 ♘d7 5.d4 ♘df6 6.♗d3 ♕xd4 7.♘e2 ♕e5 8.h3 ♘xe4 9.♗xe4 ♗d7 10.♗f4 ♕a5+

10...♕xb2 haben wir in Abspiel 1 analysiert.

11.♗d2

11.c3 ♘f6 12.♗c2 0–0–0 wäre gut für Schwarz.

11...♕c7 12.0–0

Eine starke Alternative war 12.0–0–0!?.

12...♘f6 13.♗d3 e6 14.♘g3 ♗d6 15.♖fe1 0–0 16.♗c3

Der Anziehende hat dank seines starken Läuferpaars ausreichenden Ersatz für seinen Bauern.

16...e5

Mit dem Ziel, den Läufer vom Feld c3 zu verscheuchen.

Hier könnte der Nachziehende auch 16...♘d5!? ausprobieren. Für Weiß wäre es dann wahrscheinlich das Beste, sich mittels 17.♗xh7+ ♔xh7 18.♕h5+ ♔g8 19.♗xg7 ♔xg7 mit Dauerschach zufriedenzugeben.

17.♖ad1 ♘d5 18.♗xe5! ♗xe5 19.♕e4

Ein Doppelangriff auf e5 und h7.

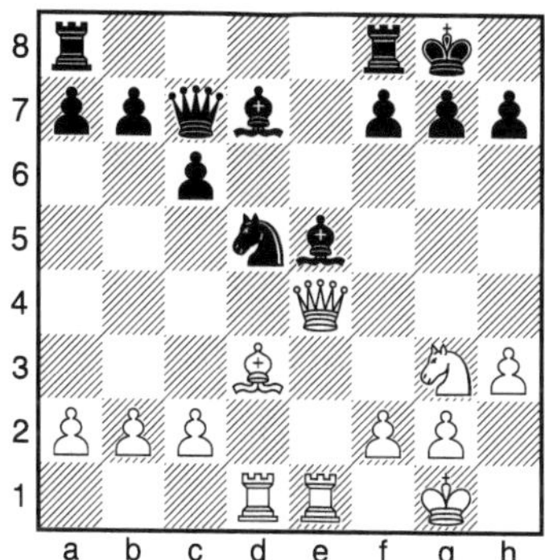

19...♖fe8?

Schwarz hat die Angriffsmöglichkeiten des Gegners unterschätzt. Notwendig war 19...g6! 20.♕xe5 ♕xe5 21.♖xe5 ♖fe8 22.♖xe8+ ♖xe8 mit einer ausgeglichenen Stellung. Allerdings wollte der Nachziehende wohl mehr erreichen.

20.♕xh7+ ♔f8 21.c4 ♘f6

Das Endspiel nach 21...♘f4 22.♕h8+ ♔e7 23.♕xg7 ♘xd3 24.♖xd3 ♔d8 25.♕xf7 ♔c8 26.♖de3 b6 27.♕h5 ♗xg3 28.♖xe8+ ♗xe8 29.♖xe8+ ♔b7 30.fxg3 ♖xe8 31.♕xe8 ♕xg3 32.♕e2 wäre für Weiß einfach gewonnen.

22.♕h8+ ♔e7 23.♕xg7 ♖g8

Auf 23...♗e6 wäre 24.♘f5+! stark.

24.♕h6 ♗e6 25.♘f5+ ♔d8

Andere Antworten sind auch nicht besser.

I. 25...♔e8 26.f4 ♗xb2 (26...♗xf4 27.♕xf6+–) 27.♘g7+ ♖xg7

(27...♔e7 28.♘xe6 fxe6 29.♗f5+–)

28.♕xg7 ♗d4+ 29.♔h1 ♕xf4 30.♖xe6+ fxe6 31.♕xb7 ♖b8

(31...♖d8 32.♗g6+ ♔f8 33.♕f7#)

32.♗g6+ ♔d8 33.♖xd4+ ♕xd4 34.♕xb8+ ♔d7 35.♕b3

Weiß ist stolzer Besitzer eines Mehrbauern.

II. 25...♗xf5 26.♗xf5 ♖ae8 27.f4 ♖h8 28.♕g5 ♖hg8 29.♖xe5+ ♕xe5 30.♖d7+ ♔f8 31.♕h6+ ♖g7 32.fxe5 ♘xd7 33.♕d6+ ♖e7 34.♗xd7+–

26.♘g7 ♔c8 27.♗f5 ♗xf5 28.♘xf5 ♔b8 29.♕e3 ♘d7 30.♘h6 ♖c8 31.♘xf7 ♗h2+

Auf 31...♗xb2 folgt 32.♖d2 mit der möglichen Folge 32...♗g7 33.♘d6 ♖d8 34.♘e8+–.

32.♔h1 ♘b6 33.♕e6 ♖f8 34.c5! ♖xf7

34...♕xf7 verliert wegen 35.♖d8+!.

35.cxb6 axb6 36.♖d8+! ♔a7

36...♕xd8 37.♕xf7+–

37.♖xa8+ ♔xa8 38.♕b3 ♗e5

Als Erwiderung auf 38...♖f5 hat Stefan Bücker 39.♖e8+ vorgeschlagen und als weitere Folge 39...♔a7 40.♕a3+ ♖a5 41.♕f8 ♔a6 42.♖a8+ ♔b5 43.♕f5+ ♕e5 44.♕d3+ ♔c5 45.♕c2+ ♔d6 46.♕g6+ ♔c5 47.♖e8

♕xb2 48.♕f5+ ♔b4 49.♖e4+ ♔a3 50.♕f3+ ♔xa2 51.♖e2+– angegeben.

39.♖xe5! ♕xe5 40.♕xf7 ♕xb2 41.g4

Schwarz gab auf.

Partie Nr. 30
Bellin – Pribyl
Graz 1979

1.e4 c6 2.♘c3 d5 3.♕f3 d4 4.♗c4 ♘f6 5.e5 dxc3 6.exf6 cxd2+

6...exf6!? ist die beste Verteidigung für Schwarz; siehe hierzu Abspiel 2.

7.♗xd2 gxf6 8.♕h5

Ein anderer Plan basiert auf der langen Rochade: 8.0–0–0!? ♕c7 9.♘h3 ♘d7??

(Notwendig war 9...♖g8!? 10.♘g5 ♖g7 und Schwarz zeigt, dass er noch lebt.)

10.♗xf7+! ♔xf7 (10...♔d8 11.♘f4+–) 11.♘g5+ ♔g6 12.♕e4+ 1–0, Ribeiro–Lloret, Linares 1995.

8...e6 9.0–0–0 ♕e7 10.♗c3

In der Partie Romcovici–Timofejew, Peterhof 2007, wählte Weiß einen anderen Weg: 10.♘f3 ♕c5 11.♕h4 ♗e7 12.♖he1 ♘d7 13.♗e3 ♕a5 14.♗h6 ♖g8 15.♗d2 ♕f5 16.♗d3 ♕g4 17.♕xh7 ♘f8 (17...♕xg2?? 18.♖g1+–) 18.♕h6 ♗d7 19.h3 ♕a4 20.♔b1 c5 21.b3 ♕c6 22.♗e4 ♕c8 23.g4 und die weiße Stellung ist vorzuziehen.

10...♗g7?

– Nach 10...b5 kann 11.♕f3 folgen; z.B. 11...♗g7 (11...bxc4 12.♗xf6+–) 12.♗xb5±.

– Schwarz sollte ernsthaft daran denken, seinen König schnellstmöglich aus der Gefahrenzone zu schaffen. Zur Vorbereitung infrage kam deshalb 10...♘d7!?.

11.♖d3 b5 12.♖g3 bxc4

So verhilft Schwarz dem Anziehenden zu einem großen Übergewicht. Aber es war für ihn auch nicht einfach, sich für die Variante 12...♗f8 13.♕f3 e5 14.♗xb5! zu entscheiden.

13.♖xg7 ♘d7 14.♘f3 ♗b7 15.♘d2 ♕f8 16.♖xh7 ♖xh7 17.♕xh7 c5 18.♘xc4 ♔e7

18...♗xg2 19.♖g1 ♗d5 20.♖g8+–

19.♘e3 ♕g8 20.♕d3!

Weiß spielt auf Angriff und geht zu Recht dem Endspiel nach 20.♕xg8 ♖xg8 21.f3 usw. aus dem Weg.

20...♕g6 21.♕d2 ♘b6 22.♖d1 ♘d5 23.♘xd5+ ♗xd5 24.♕e3

Für Schwarz ist die Situation angesichts seines in der Mitte verbliebenen Königs kritisch.

24...♔d6 25.♕f4+ e5 26.♕f3 e4 27.♕f4+ ♔e6

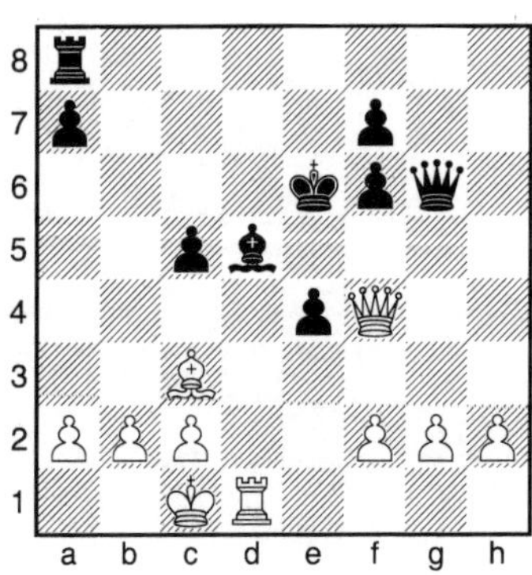

28.♗xf6!

Ein forcierter Weg zum gewonnenen Endspiel.

28...♕xf6 29.♕xf6+ ♔xf6 30.♖xd5 ♖h8 31.h3 ♖g8 32.g4 ♖h8 33.♖xc5 ♖xh3 34.♖f5+ ♔g6 35.♔d2 f6 36.♖f4

Schwarz kapitulierte.

Partie Nr. 31
Negele – Th. Bialas
Fernpartie 1996

1.e4 c6 2.♘c3 d5 3.♕f3 d4 4.♗c4 ♘f6 5.e5 dxc3 6.exf6 cxd2+

Die Antwort 6...exf6!? ist besser – siehe Abspiel 2.

7.♗xd2 exf6 8.0–0–0

Für den geopferten Bauern hat Weiß volle Kompensation und befindet sich schon in den Startlöchern, um dem noch im Zentrum feststeckenden gegnerischen König mit aktiven Handlungen auf den Pelz zu rücken. Wir werden sehen, wie Weiß seinen positionellen Vorteil lehrreich realisiert.

8...♘d7

– Einen lustigen Verlauf hatte die Partie Thoeng–Risch, Luxemburg 1993: 8...♕d4?? 9.♕b3 ♗e7 10.♗xf7+ ♔f8 11.♗h5 g6 12.♗h6+ 1–0.

– Nach 8...♗e7 9.♕g3 ♔f8 (9...0–0 10.♗h6+–) 10.♗f4 ♘d7 (10...♗d7 11.♗xb8 ♖xb8 12.♖xd7+–) 11.♘f3 Δ♖h1–e1 kommt Weiß klar in Vorteil.

9.♗f4!

Dies scheint die beste Alternative für Weiß zu sein.

– Interessant ist auch 9.♗c3!? ♗e7 10.♕g3 0–0 11.♘f3 b5 12.♗d3 b4 13.♗d2 ♕a5 14.♗h6 g6 15.♗xf8 ♗xf8 16.♗c4 ♘b6 17.♗b3 ♘d5 18.♘d4 ♗h6+ 19.♔b1 ♗b7 20.♖he1 ♗f4 21.♕f3 ♗e5 22.♘xc6+–, Rivinius–Angermann, Duisburg 2005.

– Unklar hingegen ist 9.♖e1+ ♗e7 10.♕g3 g6 (10...g5 11.h4±) 11.♗f4 ♘b6 12.♗c7 ♕d4∞, Analyse von Negele.

9...♗e7

Nicht ausreichend für Schwarz wäre 9...♕a5 wegen 10.♕e4+! ♗e7 11.♗d6 ♕d8 12.♘h3 ♔f8 13.♖he1 ♗xd6 14.♖xd6 g6 15.♘f4 ♔g7 16.♗xf7! ♕a5 (16...♔xf7 17.♕c4+ ♔g7 18.♘e6+ mit Damengewinn) 17.♗xg6 1–0, Figlio–Teijeira, UECC Email 1998.

10.♕g3 ♔f8?

Der Verzicht auf die Rochade beschleunigt nur die Niederlage.

Mehr Widerstand könnte Schwarz nach 10...0–0 leisten; z.B. 11.♗h6 g6 (11...g5 12.♗xf8 ♕xf8 13.h4±) 12.h4 ♕a5 (12...♖e8 13.♗xf7+ ♔xf7 14.♕b3#) 13.♗xf8 ♘xf8 14.h5 mit weißem Vorteil, aber der Kampf würde noch weiter andauern.

11.♘f3 b5

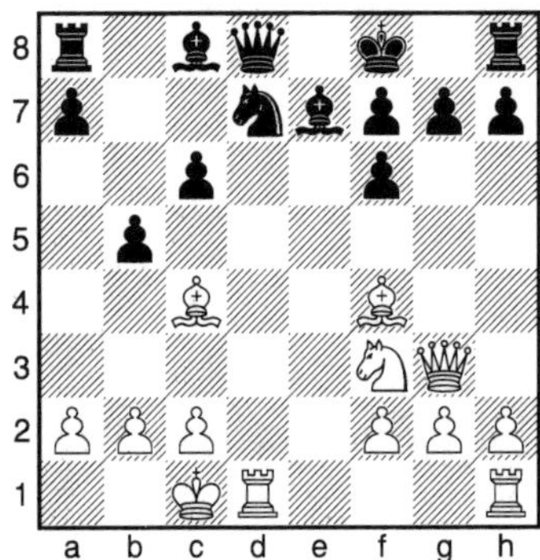

12.♖he1!

Der Läufer haucht sein Leben auf dem Opferwege aus, der weiße Sturm nimmt derweil Orkanstärke an. **12...bxc4**

Auch nach 12...♔g8 13.♘d4 gäbe es keine Rettung; z.B. 13...♗b7 (13...♘e5 14.♗xe5 fxe5 15.♘xc6+–) 14.♘f5 g6 (14...♗f8 15.♘h6#) 15.♗xf7+! ♔xf7 16.♕b3+ ♔f8 17.♗h6+ ♔e8 18.♘d6#.

13.♗c7 ♕e8 14.♖xe7! ♕xe7

14...♔xe7 15.♕d6#

15.♗d6 c3 16.♗xe7+ ♔xe7 17.♕d6+

Schwarz gab auf.

Partie Nr. 32
Van Bentum – Tuchtenhagen
Deutschland 1998

1.e4 c6 2.♘c3 d5 3.♕f3 d4 4.♗c4 ♘f6 5.e5 dxc3 6.exf6 exf6 7.dxc3

Zu 7.♕xc3 siehe Abspiel 2.

7...♗d6

I. 7...♘d7 8.♗f4 ♗c5 9.0–0–0 0–0 10.♕g3 ♖e8 11.♘f3 b5 12.♗d3 ♕b6 13.♗h6 g6 14.♖he1 ♖xe1 15.♖xe1 ♗b7 16.♕f4 ♕d8

(16...♗xf2 17.♖e7 ♖d8 18.♕e4 ♘f8 19.♘e5 f5 20.♖xf7! fxe4 21.♖g7+ ♔h8 22.♘f7#)

17.♖e2 ♘f8 18.h4 ♕d6 19.b4 ♕xf4+ 20.♗xf4 ♗b6 21.c4 ♘e6 22.♗d6 mit der Drohung c4–c5 und weißem Vorteil, Short–Saud, Turin 2006.

II. 7...g6 8.♗f4 ♗g7 9.♖d1 ♕e7+ 10.♘e2 ♗f5 11.0–0 ♘d7 12.♘d4 ♕c5 13.♖fe1+

(13.♘xf5! ♕xf5 14.♖fe1+ ♘e5 15.g4 ♕c8 16.♗xe5+–)

13...♘e5 14.♘xf5 gxf5 15.♗xe5 fxe5 16.♗xf7+! ♔xf7 17.♕xf5+ ♔e8 18.♖d7+–, Melnikow–S. Grigoriew, Ufa 2007.

8.♗f4

Ein anderer Plan basiert auf 8.♗e3!? nebst 0–0–0.

8...♗xf4 9.♕xf4 ♗e6 10.♘e2 ♘d7 11.♗xe6

11.0–0–0!? wäre eine Alternative.

11...fxe6 12.♕c4 ♕e7 13.♘d4 ♔f7 14.0–0 ♘b6 15.♕b3 ♖he8 16.♖fe1

Weiß übt einen unangenehmen Druck auf e6 aus.

16...♕d7 17.♖ad1 ♕d5 18.♕a3

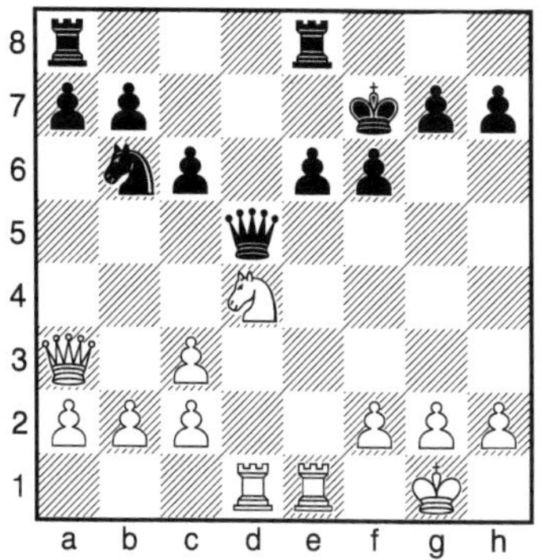

18...♖ed8?

Diese Ungenauigkeit führt dazu, dass Schwarz bald SOS funkt.

Er sollte 18...♘c4! spielen. Für Weiß wäre dann kein Weg ersichtlich, der ihn in Vorteil bringen könnte; z.B. 19.♕b3 (19.♕b4 c5 20.♕b3 ♖ad8 21.h3 a6=) 19...♘b6 und Schwarz trotzt den Bemühungen des Anziehenden und hält die Stellung.

19.♖d3! e5 20.♘f5 ♕e6 21.♘d6+ ♔g8 22.♘xb7

Nun ist ein Bauer erobert und Weiß im Vorteil.

22...♖xd3 23.cxd3 ♕g4 24.♕d6 ♖c8 25.h3 ♕f5 26.♘c5 h5 27.♖e4 ♘d5 28.g4 hxg4 29.hxg4 ♕f3 30.♕e6+ ♔h7 31.♕xc8 ♘f4 32.♖xf4! exf4 33.♕f5+ g6 34.♕d7+ ♔h6 35.♘e4 f5 36.g5+

Zum Gewinn führte auch 36.♘f6! ♕d1+ (36...♔g5 37.♕e7+–) 37.♔g2 ♔g5 38.♕e7 f3+ 39.♔g3 ♕g1+ 40.♔xf3 ♕h1+ 41.♔e2+–.

36...♔h5 37.♕h7+ ♔g4 38.♘d2 ♕xd3 39.♘f1 ♔xg5 40.♕xa7 ♕h3 41.♕e7+

Schwarz gab sich geschlagen.

Partie Nr. 33
Bredewout – Besser
Hamburg 1965

1.e4 c6 2.♘c3 d5 3.♕f3 e6 4.exd5 cxd5 5.d4 ♘c6 6.♗b5 ♗d7

6...a6 haben wir in Abspiel 3 besprochen.

7.♘ge2 ♘f6

Schwarz kann mittels 7...a6 den weißen Läufer sofort zur Entscheidung zwingen.

8.♕g3 ♘b4 9.♗d3 ♘xd3+ 10.♕xd3 ♗e7 11.0–0 ♖c8 12.♗g5 a6 13.f4 g6 14.♖ae1

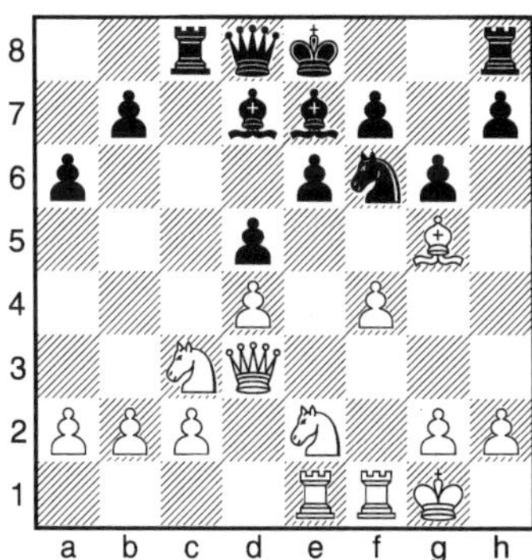

14...♕c7?

Mit diesem unvorsichtigen Zug erlaubt Schwarz dem Gegner, sofort den Schalter auf Angriff umzulegen. Notwendig war 14...0–0!.

15.f5!

Eine energische Aktion gegen den schwarzen König!

15...gxf5

15...exf5 16.♘f4+–

16.♘g3 ♘g8

Die Folgen von 16...♘e4 17.♗xe7 ♘xc3 (17...♔xe7 18.♘xf5+ ♔d8 19.♘h6+–) 18.♗f6 ♗b5 19.♕xc3 ♕xc3 20.bxc3 ♗xf1 21.♗xh8 wären ebenfalls vorteilhaft für Weiß.

17.♗xe7 ♘xe7 18.♘xf5!

Ein schöner taktischer Schlag!

18...♘xf5

18...exf5 19.♘xd5+–

19.♕xf5 ♕c4

19...♖f8 20.♘xd5 ♕xc2 21.♕f6+–

20.♕e5 ♖g8 21.♘xd5 ♕xc2 22.♖f2 ♕c6 23.♖xf7! ♖xg2+

23...♔xf7 24.♕f6+ ♔e8 25.♕e7#

24.♔f1

Es ist schwer zu verstehen, warum Weiß die einfache Variante 24.♔xg2! ♕c2+

(– 24...♕xd5+ 25.♕xd5 ♗c6 26.♖xe6+ ♔xf7 27.♖xc6+ +–

– 24...♔xf7 25.♕f6+ ♔g8 26.♖g1+–)

25.♔h1+– abgelehnt hat.

24...♖g8 25.♖f3?

Wieder zu ungenau! Energischer gewesen wäre 25.♖xh7! ♕b5+

(25...♖f8+ 26.♔g1 ♖g8+ 27.♔f2 ♖f8+ 28.♔g3 ♖g8+ 29.♔h4+–)

26.♖e2 ♖c1+

(26...♖f8+ 27.♔g2 ♖g8+ 28.♔f2 ♖f8+ 29.♘f6+ ♔d8 30.♔g3 ♖c7 31.d5 ♕d3+ 32.♔h4+–)

27.♔f2 ♖f8+ 28.♔e3 ♕xd5 29.♕xd5 exd5 30.♔d2+ ♔d8 31.♔xc1+–.

25...♕b5+?

Schwarz hätte besser 25...♕xd5!? spielen sollen. Nach 26.♕xd5 ♗b5+ 27.♕xb5+ axb5 28.♖xe6+ ♔d7 29.♖e2 ♖g7 wäre ihm noch einiges an Widerstand möglich gewesen. Nach dem Partiezug aber geht es schnell.

26.♖e2 ♖c1+ 27.♔f2 ♔d8 28.♕f6+ ♔c8 29.♘e7+ ♔b8 30.♘xg8 ♗c6 31.♕e5+

Noch eindeutiger war 31.♕f4+! ♔a7 32.♕xc1 ♗xf3 33.♖xe6+–.

31...♕xe5 32.dxe5

32.♖f8+! ♔a7 33.♖xe5+–

32...♗xf3 33.♔xf3

Der weiße materielle Vorteil entscheidet.

33...♖g1 34.♖g2 ♖f1+ 35.♖f2 ♖g1 36.♘f6 ♖g5 37.♔f4 ♖f5+ 38.♔g3 ♖g5+ 39.♔h4 ♖xe5 40.♘d7+

Schwarz gab auf.

Partie Nr. 34
Smyslow – Flohr
Budapest 1950

1.e4 c6 2.♘c3 d5 3.♕f3 ♘f6 4.e5 ♘fd7 5.♕g3 e6 6.♘f3 a6 7.♗e2 c5 8.0–0 ♘c6 9.♖e1 ♘d4 10.♗d1 ♘f5

In Abspiel 4 analysieren wir 10...♘b8.

11.♕h3 ♘b8

Der Springer stattet diesem Feld nur eine Stippvisite ab. Sein Ziel ist c6, um von dort aus besser im Zentrum wirken zu können.

12.♘e2 ♘c6 13.c3 ♕c7 14.♘f4 ♗d7 15.♗c2 ♘fe7 16.a3

Es ist klar, dass Schwarz lang rochieren wird. Also bereitet Weiß b2–b4 vor.

16...0–0–0 17.b4 cxb4 18.axb4 ♘xb4 19.cxb4

Mit 19.♗b1!? ♘bc6 20.♗a3 hätte Weiß volle Kompensation für den hergegebenen Bauern erhalten.

19...♕xc2

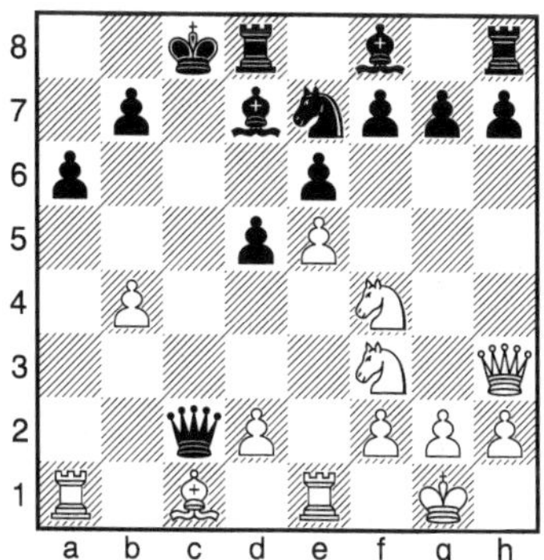

20.♘g5

Der schwedische Großmeister Ståhlberg schlug hier 20.♘d4!? vor; z.B. 20...♕c4 21.♗b2 ♕xb4 22.♗c3 mit guten Angriffschancen.

20...♕f5

Ein Qualitätsopfer! Zu überlegen war 20...♘g6!? 21.♘h5 ♗e8 usw.

21.♕xf5 ♘xf5 22.♘xf7 ♗xb4 23.♘d3 ♗e7 24.♗a3 ♗xa3 25.♖xa3 ♗b5 26.f3

26.♘c5!? war eine gut aussehende Alternative.

26...♖he8 27.♘xd8 ♔xd8 28.♔f2 ♘d4 29.♖c1 ♗xd3 30.♖xd3 ♘c6

Die Stellung befindet sich im Gleichgewicht, weil die schwarzen Freibauern sehr stark sind. Dies kompensiert den Verlust der Qualität vollständig.

31.♖b3 ♔c7 32.♖b4 b5 33.♖f4 ♖e7 34.♖f8 ♔b7 35.f4 a5 36.♔e3 a4 37.♖a1 ♔b6 38.g4 g6 39.♖f6 ♘b4 40.♖c1 ♔a5 41.♖f8

Remis

Partie Nr.35
Negele – Hofstetter
Fernpartie 1999

1.e4 c6 2.♘c3 d5 3.♕f3 ♘f6 4.e5 ♘fd7 5.d4 e6 6.♘h3 h6

Den Zug 6...♗e7 haben wir in Abspiel 4 behandelt.

7.♘f4 ♕b6 8.♕h5!?

Weiß entscheidet sich für ein scharfes Vorgehen. Er tut gut daran, denn nach 8.♘ce2 c5 9.c3 cxd4 10.cxd4 ♗b4+ hätte Schwarz keine Probleme.

8...♕xd4

Der Nachziehende wählt die einfachste, aber auch riskante Lösung.

Nach 8...g6!? hingegen und dann 9.♘xg6 fxg6 10.♕xg6+ ♔e7 (10...♔d8!?) 11.♗d3 ♕xd4 müsste sich Weiß wohl nach den weiteren

Zügen 12.♗g5+ hxg5 13.♕xg5+ ♔f7 14.♗g6+ ♔g8 15.♗f5+ mit dem Dauerschach zufriedengeben. Es kann sein, dass Schwarz mehr wollte als ein Remis.

9.♘xe6 ♕b6 10.♘xf8 ♘xf8

In einer späteren Partie Schweitzer-Limpert, Deutschland 2002, erreichte Weiß nach 10...♔xf8 11.♗d3 (11.♗e2!?) 11...♕d4 12.f4 ♘c5 13.♗e2 g6 14.♕f3 ♘e4 15.♘xe4 ♕xe4 16.♕xe4 dxe4 17.♗e3 ♗e6 18.g4 ♘d7 19.♖f1 f5 20.exf6 ♘xf6 21.♗d4 ♔e7 22.g5 ♘d5 23.c4 ♘b6 24.♗f6+ ♔f7 25.♗xh8 einen klaren Vorteil.

11.f4

11.♗d3!? wäre eine starke Alternative.

11...♗e6

– Auf 11...♘e6 sollte Weiß mit 12.f5 fortsetzen; z.B. 12...♘c5 (12...♘d4 13.♗d3±) 13.♕g4 g6 14.e6 gxf5 15.♕g7 ♖f8 16.exf7+ ♖xf7 17.♕g8+ ♔e7

(Oder 17...♖f8 18.♕g6+ ♖f7 19.♗xh6 und weiter wie in der Hauptvariante.)

18.♗xh6 ♕xb2 19.♗g5+ ♔d6 20.♔d2 mit starkem Angriff.

– Zu beachten war aber auch 11...♘bd7!?; z.B. 12.♗d3 ♘c5 13.f5 ♘xd3+ 14.cxd3 g6 15.fxg6 ♘xg6 mit dem Plan ♗c8–e6 und 0–0–0.

12.♕f3

Das weitere Spiel auf Entwicklung mittels 12.♗d3!? war eine gute Alternative.

12...♗f5 13.♗d3 ♗xd3 14.♕xd3 ♘a6 15.a3 0–0–0 16.b4

Weiß geht zu aktiven Handlungen am Damenflügel über.

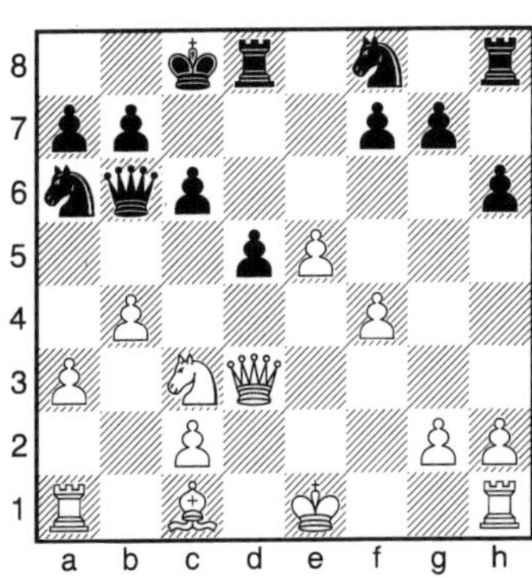

16...f6?

Ein Fehler, wie wir gleich sehen werden.

Besser war die Springeraktivierung 16...♘e6!? mit guten Verteidigungsmöglichkeiten nach z.B. 17.f5 ♘ec7.

17.♗e3!

Eine Provokation zu d5–d4. Da es sich um eine Fernschachpartie handelt, konnte Weiß alle Komplikationen genau berechnen.

17...d4 18.♗f2 ♘e6

18...dxc3 19.♕f5+ ♔b8 20.♗xb6+–

19.♕f5 ♘ac7 20.0–0 ♖hf8 21.exf6 ♖xf6

Auf 21...gxf6 folgt 22.♖fe1 mit Vorteil.

22.♕h3 ♖d7

22...♔b8 23.f5 ♘g5 (23...♘f4 24.♕g4 g5 25.fxg6 ♘xg6 26.♘e4+–) 24.♕g4±

23.f5 ♘g5 24.♕g4 ♕a6 25.♘e2 ♕c4 26.♖fe1 ♕f7

Stefan Bücker hat in Kaissiber 3/2000 die folgenden Varianten analysiert:

– 26...♕xc2 27.♘xd4 ♕c4 28.♖ac1 ♕d5 29.♖c5 ♕d6 30.h4 ♘h7 31.♖ce5 a6 32.♘e6 ♖ff7 33.♗b6 ♘f6 34.♕g3+–;

– 26...♖d5 27.♘xd4 ♖fxf5 28.♕xf5+! ♖xf5 29.♘xf5 ♕xc2 30.♘e7+ ♔b8 (30...♔d8 31.♖ad1+ +–) 31.♗g3 a6 32.♖ac1 ♕a4 33.♘xc6+ bxc6 34.♖e7 ♕xa3 35.♗xc7+ ♔c8 36.♖d1 ♘e6 37.♗a5+–.

27.♘xd4 g6 28.♖e5 b6 29.h4 gxf5 30.♘xf5 ♘ge6 31.h5

Es droht ♗f2–h4.

31...♕f8 32.♗h4 ♖ff7 33.c4 ♖d2 34.♖ae1 ♔b7 35.♕e4

Schwarz gab auf.

Partie Nr. 36
Regan – Shamkovich
New York 1977

1.e4 c6 2.♘c3 d5 3.♕f3 ♘f6 4.e5 ♘fd7 5.d4 e6 6.♕g3 c5 7.♘f3 ♘c6 8.♗e3 cxd4 9.♗xd4 ♘xd4

9...a6 finden Sie in Abspiel 4.

10.♘xd4 a6

Dieser Zug muss früher oder später kommen, denn sonst kann das gegnerische Manöver mit dem Springervorstoß nach b5 immer mal wieder gefährlich werden.

11.0–0–0

Weiß hat seinen König nunmehr gesichert und ist bereit, aktiv gegen den gegnerischen Monarchen vorzugehen. Schwarz hingegen hat seine Entwicklungsprobleme noch nicht gelöst.

11...g6 12.f4 ♗g7?

Der erste Schritt zur Umsetzung eines falschen Planes. Schwarz sollte seinen König am Damenflügel verstecken. Deshalb wäre sein Läufer auf f8 besser aufgehoben. Nach 12...b5 nebst ♗c8–b7 sollte er die lange Rochade angehen.

13.h4! h5 14.♗d3 ♘c5

Das Opfer auf g6 liegt in der Luft. Schwarz sollte nicht leichtfertig darüber hinweggehen und ernsthaft darüber nachdenken, erst prophylaktisch 14...♘f8!? zu spielen. Der bekannte Großmeister bagatellisierte diese Drohung jedoch. Sein Gegner war ein 16-jähriger Knabe...

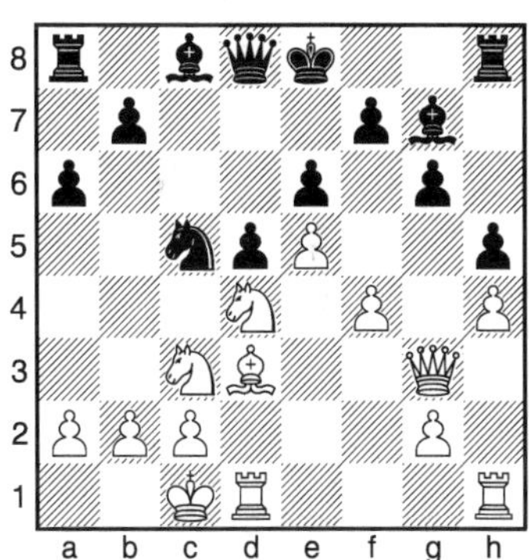

15.♗xg6!

Mit Mut und Herz gespielt!

15...fxg6 16.♕xg6+ ♔f8 17.b4 ♖h6 18.♕g5 ♕b6 19.bxc5

Weiß hat seine Figur zurückbekommen und ist im Vorteil.

19...♕xc5 20.♖h3 ♕e7 21.♖g3 ♖h7

21...♕xg5 22.hxg5 ♖h8 (22...♖g6

23.♘f3+–) 23.♘a4 ♖b8 24.♘b6 ♔e7 25.♖c3 ♗d7 26.♖c7 ♖hd8 27.♖h1+–

22.♖e1 ♗d7 23.♕xe7+ ♔xe7 24.f5! exf5 25.♖xg7+

Noch einfacher war 25.♘xd5+!+–.

25...♖xg7 26.e6 ♗c6 27.♘xf5+ ♔f6 28.♘xg7 ♔xg7 29.♖e5 ♔f6 30.♖xh5 ♖g8

30...♔xe6 31.♖g5+–

31.♘xd5+ ♔xe6 32.♘f4+ ♔f6 33.♖c5 ♗e4

33...♗xg2 34.♖g5!+–

34.g3! b6

34...♖xg3 35.♘h5+ +–

35.♖c3 ♔f5 36.♔d2 ♔e5 37.♘e2 ♗f5 38.♖c6 ♖b8 39.c3 ♖d8+

39...♗e4 40.♖h6 ♖d8+ 41.♔e1+–

40.♘d4 ♖g8 41.♘xf5

Ein Übergang ins leicht gewonnene Turmendspiel.

41...♔xf5 42.♖xb6 ♖xg3 43.♖xa6 ♔e4

43...♖g2+ 44.♔d3 ♖g3+ 45.♔c4+–

44.♖a4+ ♔d5 45.♔c2 ♖h3 46.♔b3 ♔c5 47.♖g4

47.♖b4+–

47...♖h2 48.♖g5+ ♔b6 49.♖h5 ♖f2 50.♖h8 ♔c5 51.h5 ♖f6 52.h6 ♖c6

52...♖b6+ 53.♔c2+–

53.h7 ♖c7 54.a4 ♖b7+ 55.♔c2 ♖c7 56.a5

Schwarz kapitulierte.

Kapitel 4

Französisch

1.e4 e6 2.d4

Dies ist die mit Abstand populärste Fortsetzung gegen die Französische Verteidigung. Weiß besetzt mit d4 ein wichtiges Zentralfeld, deshalb ist diese Fortsetzung auch besonders logisch.

2...d5

Bei seinem Zug 1...e6 hat Schwarz diese Pointe seiner Verteidigung bereits im Auge. Der Bauer greift seinen weißen Widersacher auf e4 an und zwingt den Anziehenden zur sofortigen Entscheidung. Weiß kann nun – neben der von uns gleich vorgestellten Fortsetzung – ♘b1–c3, ♘b1–d2 oder auch e4–e5 spielen. Jede dieser drei Alternativen führt in bekannte und weit ausanalysierte Systeme. Wir richten unser Augenmerk auf einen noch selten anzutreffenden, aber interessanten Plan.

3.exd5

Mit diesem Abtausch des Zentrumsbauern reduziert Weiß zunächst einmal die Dynamik des Spiels. Dies ist aber nicht mehr als nur ein quasi vorbereitendes Intermezzo, denn er wird gleich sofort in der Mitte angreifen und das Spiel beleben. Schwarz muss sorgfältig handeln.

3...exd5

Nach der fast nie gespielten Antwort 3...♕xd5 gibt es zwei Möglichkeiten für Weiß.

A) 4.c4 ♕d8

(4...♕e4+ 5.♗e3 ♘f6 6.♘f3 ♘g4 7.♕d2 ♘xe3 8.fxe3 ♘c6 9.♘c3 ♕g6 10.♗d3±)

5.♘f3 ♘f6 6.♘c3 b6 7.♗d3 ♗b7 8.0–0 ♗e7 9.♗f4 0–0 10.♕e2 a6 11.♖ad1 ♘bd7 12.♖fe1 ♖e8 13.♘e5 ♘f8 14.♗c2 ♕c8 15.a3 c5 16.♘a4 ♘6d7 17.dxc5 ♘xe5 18.♗xe5 mit weißem Vorteil, Danielian–Aginian, Dresden 2004.

B) 4.♘c3 ♗b4 5.♘f3 ♘f6 6.♗d3 b6 7.0–0 ♗xc3 8.bxc3 ♗a6

(Nach 8...♗b7 9.c4 ♕h5 10.♗e2 ♘bd7 11.♖e1 ♕a5 12.a4 ♖d8 13.♗d2 ♕f5 hätte Weiß in der Partie Chao–Nouri, Kuala Lumpur 2007, konsequent 14.a5! mit aktivem Spiel am Damenflügel ziehen sollen.)

9.♗a3 ♗xd3 10.♕xd3 (10.cxd3!?) 10...♘bd7 11.c4 ♕e4 12.♖fe1 ♕xd3 13.cxd3 c6 14.♗d6 mit dem Plan a2–a4–a5 und besseren Perspektiven für Weiß.

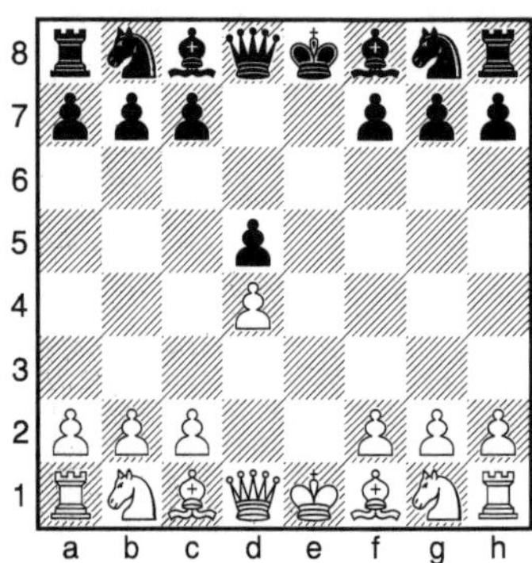

4.c4!?

Normalerweise trifft man hier 4.♗d3 oder 4.♘f3 an. Der von uns vorgeschlagene Zug signalisiert, dass Weiß nach dem Schlag im Zentrum, der die Bauernstruktur verändert hat, um Initiative kämpfen will. Der entstehende Isolani kann stark sein, sich aber genauso auch als Schwäche erweisen. Auf jeden Fall aber gibt die Stellung mit dem isolierten d-Bauern Weiß viel Freiraum für die Entfaltung der Wirkung seiner Figuren.

Wir werden nun drei Hauptfortsetzungen analysieren:

4...♘f6 (**Abspiel 1**);

4...♗b4+ (**Abspiel 2**);

4...dxc4 (**Abspiel 3**).

Andere Antworten sind nur Exoten.

I. 4...♘c6 5.♘f3

A) 5...♗g4 6.♗e3

(6.cxd5 ♕xd5 7.♘c3 ♗b4 8.♗e2 0–0–0 9.0–0 ♕a5 10.♗e3 ♘f6 11.h3 ♗h5 12.♕b3±)

6...dxc4 7.♗xc4 ♗b4+ 8.♘c3 ♘f6 9.0–0 0–0 10.h3 ♗h5 11.g4 ♗g6 12.♘e5 ♘xe5 13.dxe5 ♘d7 14.f4 ♗xc3 15.bxc3 ♗e4 16.e6 ♕h4 17.♔h2 ♘b6 18.♗xb6 axb6 19.♕e1 ♕xe1 20.♖fxe1 ♗c6 21.exf7+ ♔h8 22.f5 ♗a4 23.♖e7+–, Gaponenko–Arnetta, Forni di Sopra 2011

B) 5...♘f6 6.♘c3 ♗b4

(6...♗e7 7.♗g5 ♗g4 8.♗e2 dxc4 9.0–0 0–0 10.♗e3 ♘d5 11.♗xc4 ♗e6 12.♗d3 ♗f6 13.♘e4 h6 14.♘c5 ♕c8 15.♘xe6 ♕xe6 16.♖e1 ♕d7 17.♖c1 ♖fe8 18.♗b1 ♗e7 19.♕c2±, Prichodko–Trapeznikowa, St. Petersburg 2011)

7.♗g5 0–0 8.cxd5 ♕e8+

(8...♗xc3+ 9.bxc3 ♕e8+ 10.♗e2 ♘xd5 11.♕c2 ♗e6 12.0–0, Szalko–Afandiyev, Liverpool 2011)

9.♗e2 ♘xd5 10.♗d2 ♗e6 11.0–0 ♖d8 12.♖e1 ♕d7 13.♘e4 ♗xd2 14.♕xd2 ♖fe8 15.♗b5 mit der unangenehmen Drohung ♘f3–e5. Weiß steht aktiv.

II. 4...c6 5.♘c3

A) 5...♘e7 6.♗d3

(Es geht auch 6.♘f3 ♘f5 7.♗d3 dxc4 8.♗xc4 ♗e7 9.0–0 0–0 10.♗f4 ♘d7 11.♖e1 ♘b6 12.♗b3 ♗f6 13.♗e5 und die weißen Kräfte sind aktiv und harmonisch aufgestellt.)

6...♗e6 7.c5!?

Eine radikale Entscheidung. Weiß schließt die Stellung um den Isolani und plant nun, am Damenflügel um Vorteil zu kämpfen.

7...♗f5 8.♘f3 ♗xd3 9.♕xd3 ♘g6 10.0–0 ♗e7 11.b4 a6 12.a4 0–0 13.♗d2 b6 14.♖fb1 bxc5 15.bxc5 ♕c8 16.♖b3 ♘d7 17.♖ab1 ♖b8 18.♖xb8 ♘xb8 19.a5 ♗f6 20.♘e2 h6 21.♘g3 ♗d8 22.♘f5

Der weiße Vorteil ist offensichtlich, Hamperl–Schouwstra, Guernsey 2009.

B) 5...♘f6 6.♘f3

(6.♗d3 dxc4 7.♗xc4 ♗e7 8.♘ge2 0–0 9.0–0 ♘bd7 10.♖e1 ♘b6 11.♗b3 ♘bd5 12.♘f4 ♖e8 13.♗xd5 ♘xd5 14.♘fxd5 cxd5 15.♕b3±, Kislik–L.Toth, Budapest 2009)

6...♗e7 7.♗d3 0–0 8.h3 dxc4 9.♗xc4 b5 10.♗b3 b4 11.♘e2 c5 12.0–0 ♗b7 13.♘g3 ♘c6 14.♗e3 cxd4 15.♘xd4 ♘xd4 16.♕xd4 ♕xd4 17.♗xd4 ♖fd8 18.♘f5 ♗f8 19.♘h6+ gxh6 20.♗xf6

Das erreichte Endspiel eröffnet Weiß die besseren Aussichten, Giurgiu–Komissarow, Lechenicher Schach-Server 2011.

Abspiel 1

Die Fortsetzung 4...♘f6

1.e4 e6 2.d4 d5 3.exd5 exd5 4.c4 ♘f6

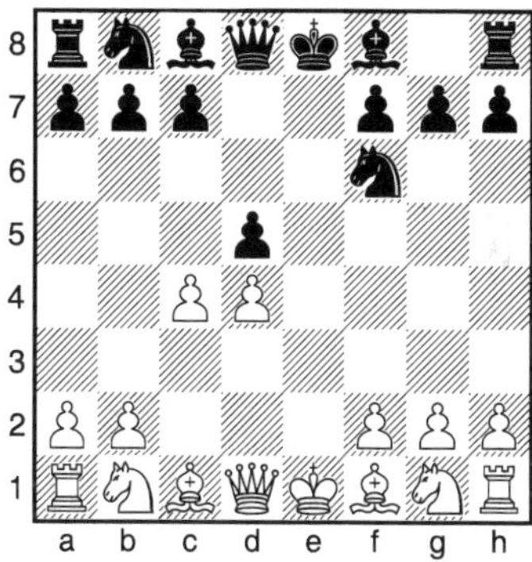

Ein normaler Entwicklungszug. Im Falle des Schlagens auf d5 wird der Bauer mit dem Springer zurückgenommen.

5.♘c3

So wird der Druck gegen den Bauern d5 verstärkt.

Ein anderer Plan führt über 5.♘f3, um den Königsspringer zu entwickeln, was der raschen Mobilisierung des Königsflügels insgesamt dient.

A) 5...dxc4 6.♗xc4 ♗e7

(Auf 6...♗d6 kann 7.0–0 0–0 8.♗g5 h6 9.♗h4 ♗g4 10.h3 ♗xf3 11.♕xf3 ♘c6 12.♗xf6 ♕xf6 13.♕xf6 gxf6 14.♖d1 ♘a5 15.♗f1 c5 16.dxc5 ♗xc5 17.♘c3 ♘c6 18.♘e4 ♗d4 19.♘d6 ♗xb2 20.♖ab1 ♗a3 21.♖b3 ♗xd6 22.♖xd6 folgen; Weiß ist im Vorteil, Sandipan–Nabaty, Pardubice 2012.)

7.0–0 0–0 8.♗g5

(Die beiden Parteien können ihre Kräfte auch anders ins Spiel bringen: 8.♘c3 ♘bd7 9.h3 ♘b6 10.♗b3 ♘bd5 11.♖e1 c6 12.♗g5 ♗e6 13.♘e5 ♖e8 14.♖c1 und Weiß steht aktiv.)

8...♘bd7 9.♘c3 ♘b6 10.♗b3 ♗g4 11.♖e1 c6 12.♕d3 ♗xf3 13.♕xf3 ♖e8 14.♖ad1 h6 15.♗f4 ♕d7 16.♗e5

Das stark aufgestellte Läuferpaar sichert Weiß das bessere Spiel. Schwarz muss auf sein Feld f7 aufpassen, das jederzeit angegriffen werden kann, Lenore–Townsend, Parsipanny 2009.

B) 5...♗b4+ 6.♗d2 ♕e7+ 7.♗e2

Aus der Sicht des Anziehenden ist es angeraten, die Damen auf dem Brett zu halten.

(Nach 7.♕e2 ♘c6 8.♕xe7+ ♗xe7 9.♘c3 ♗g4 10.cxd5 ♗xf3 11.dxc6 ♗xc6 12.♗f4 0–0–0 13.0–0–0 ♘d5 14.♘xd5 ♗xd5 stand Schwarz in der Partie Payen–Coursaget, Caen 2009, besser, auch wenn sich die beiden Kontrahenten letztendlich auf ein Remis einigten.)

7...♗e6 8.0–0 ♗xd2 9.♘bxd2

Mit seinem Entwicklungsvorsprung hat sich Weiß die etwas besseren Aussichten erarbeitet.

C) 5...c6 6.♘c3 ♗d6

(Die Erwiderung 6...♗e7 stellen wir in der **Partie Nr. 37**, Geirnaert–Vandemeulebroucke, Brasschaat 2009, vor.)

7.♗d3

(7.c5!? ♗e7 8.♗d3 ist auch möglich.)

7...0–0 8.0–0 dxc4 9.♗xc4 ♗g4 10.h3 ♗h5 11.g4 ♗g6 12.♘e5 ♕b6

(12...♘bd7 13.♘xg6 hxg6 14.♗b3 ♕c7 15.♕f3 ♖fe8 16.g5 ♘d5 17.♘xd5 cxd5 18.♗xd5±, Kozlowski–Labutin, Tomsk 2012)

13.♗e3 ♘bd7 14.g5 ♕xb2 15.♘a4 ♕b4 16.a3 ♕a5 17.♘xg6 hxg6 18.gxf6 b5 19.fxg7 ♖fd8 20.♗xf7+ ♔xf7 21.♕f3+ ♔xg7 22.♕xc6 ♗e7 23.♘c5 ♘xc5 24.dxc5 ♗f6 25.♖ad1 ♕xa3 26.♕xb5

Mit ihrem gesunden Mehrbauern steht Weiß klar besser, Galunowa–Terzidaki, Montevideo 2012.

D) 5...♘c6 6.♗e2 dxc4 7.♗xc4 ♗b4+ 8.♘c3 0–0 9.0–0 ♗g4 10.♗e3

(Zu 10.a3 siehe **Partie Nr. 38**, Stojanovic–Sedlak, Sarajevo 2009.)

10...♕d6 11.♗e2 ♖fe8 12.♖c1 a6 13.♕d3 ♗h5 14.a3 ♗g6 15.♕c4 ♗xc3 16.♕xc3 ♘d5 17.♕d2 ♕e7 18.♖fe1 ♘xe3 19.fxe3 ♕xe3+

(Nach 19...♗e4 20.♗d3 ♕d6 21.♘g5 ♗g6 22.♗xg6 ♕xg6 23.♘f3 ♖ad8 24.♕c2 ♕xc2 25.♖xc2 f6 26.♔f2 steht Weiß wegen seines stabilen Bauernzentrums etwas besser, Miezis–Kazhgaleyev, Dresden 2008.)

20.♕xe3 ♖xe3 21.d5 ♘e5 22.♖xc7 ♘xf3+ 23.gxf3 ♗d3 24.♔f2 ♖ae8 25.d6 ♖xe2+ 26.♖xe2 ♖xe2+ 27.♔g3 ♗b5 28.d7 ♗xd7 29.♖xd7 g6 30.♖xb7

Das erreichte Turmendspiel steht materiell ausgeglichen. Weiß verfügt aber über die Bauernmehrheit am Damenflügel. Zusammen mit seinem aktiven Turm lässt dies Gewinnversuche keinesweg als Wunschvorstellung erscheinen.

5...♗b4

Durch die Fesselung des Springers will Schwarz den weißen Druck auf den Bauern d5 abschwächen.

Hier ein Blick auf andere Pläne.

I. 5...♗e6

A) 6.cxd5!? ♘xd5 7.♘f3 ♗e7 8.♗d3 0–0 9.0–0 ♘c6 10.a3

(10.♖e1±, Miezis–Kortschnoi, Puhajarve 2011)

10...♗f6 11.♗e4 g6 12.♗h6 ♖e8 13.♖e1 ♕d7 14.♕d2 ♗h8 15.♖ad1

Weiß hat seine Kräfte elastisch aufgestellt und steht etwas besser, Gjuran–Kortschnoi, Rogaska Slatina 2011.

B) 6.♕b3 ♘c6

(Schlecht spielte Schwarz in der Partie Vargyas–Suhajda, Budapest 2009: 6...b6 7.♘f3 ♗e7 8.cxd5 ♘xd5 9.♗c4 c6 10.0–0 0–0 11.♖e1 ♗f6 12.a4 ♕d6 13.♘e5 ♘d7 14.♘e4 ♕c7 15.♘xd7 ♕xd7 16.♘xf6+ ♘xf6 17.♖xe6! b5 18.axb5 cxb5 19.♖xf6 bxc4 20.♕g3 mit weißem Gewinn.)

7.♘f3 dxc4 8.♗xc4 ♗xc4 9.♕xc4 ♗b4 10.0–0 ♗xc3 11.bxc3 0–0 12.♕b3 b6 13.♗g5 ♕d6 14.♗xf6 ♕xf6 15.♖fe1 und Weiß steht aktiver.

II. 5...♘c6 6.♘f3

A) 6...♗e7 7.♗e2

(7.cxd5!? ♘xd5 8.♗c4 ist eine Alternative.)

7...0–0 8.0–0 dxc4 9.♗xc4 ♗g4 10.♗e3 a6 11.♗e2 ♗d6 12.h3 ♗f5 13.d5 ♘e7 14.♘d4 h6 15.♗f3 ♗c8 16.♖e1 ♘f5 17.♘xf5 ♗xf5 18.♗d4 ♘d7 19.♗e4 ♕g5 20.h4 ♕g6 21.♕f3 ♗xe4 22.♖xe4 f5 23.♖e6 ♘f6 24.♖ae1

Weiß diktiert das Geschehen, Miezis–Sarakauskas, Riga 2012.

B) 6...♗b4 7.♗e2 ♘e4 8.♕c2

(8.♕b3 dxc4 9.♗xc4 0–0 10.0–0 ♗xc3 11.bxc3 ♘a5 12.♕b4 ♘xc4 13.♕xc4 ♗e6=, Potapow–Iwantschuk, Olginka 2011)

8...♗f5 (8...0–0 9.0–0±) 9.♗d3 0–0 10.0–0 ♗xc3 11.bxc3 ♖e8 12.♖e1 ♗g6 13.♖b1

Die weiße Stellung erfüllt alle Voraussetzungen für einen nachhaltigen Vorteil.

C) 6...♗g4 7.cxd5 ♘xd5 8.♗e2 ♗e7 9.♕b3!? ♗b4

(Dieser Versuch ist hier nur ein Temposverlust. Besser war 9...♘b6!.)

10.0–0 ♗xc3 11.bxc3 ♖b8?

(Notwendig war 11...0–0!.)

12.♗c4 ♗e6 13.♗a3 ♘a5 14.♕a4+ c6 15.♗xd5 ♕xd5 16.♕b4 ♕d8 17.♖fe1 b6 18.♖ad1 ♖b7 19.c4

Der weiße Vorteil hat schon ein entscheidendes Ausmaß angenommen, Pass–Roset, Creon 2009.

III. 5...c6

A) 6.h3 ♗e7 7.♘f3 0–0 8.♗d3 dxc4 9.♗xc4 ♘bd7 10.0–0 ♘b6 11.♗b3 h6 12.♕d3 ♘bd5 13.a3 ♗e6 14.♖e1 ♖e8 15.♗c2 ♗f8 16.♘e5 ♕c7 17.♘xd5 ♗xd5 18.♗f4 ♕a5 19.b4 ♕b5 20.♕g3 ♘h5 21.♕h4 ♘xf4 22.♕xf4

Weiß verfügt über ausgezeichnete Angriffschancen. Es kommt z.B. ein Plan infrage, der die Überführung des Turms auf den Königsflügel via ♖e1–e3–g3 beinhaltet, Haak–Galle, Vlissingen 2009.

B) 6.♘f3 ♗d6 7.c5 ♗e7

(7...♗c7 8.♗d3 0–0 9.0–0 ♗g4 10.h3 ♗h5 11.♖e1±, Siikaluoma–Stolz, Fernpartie 2006)

8.♗d3

(8.a3 ♗f5 9.♗d3 ♗g6 10.0–0 ♘bd7 11.♖e1 0–0 12.h3 ♖e8 13.♗f4 ♘f8 14.♗h2 ♘6d7 15.b4± ist auch möglich, Reich–Knaak, München 2010.)

8...b6

(8...0–0 9.0–0 ♗g4 10.h3 ♗h5 11.♖e1 ♘bd7 12.g4 ♗g6 13.♗f4±, Metz–Rossini, Lechenicher SchachServer 2011)

9.cxb6 axb6 10.0–0 ♗a6 11.♗xa6 ♖xa6 12.♕d3 0–0 13.♗g5 h6 14.♗h4 ♘h5 15.♗xe7 ♕xe7 16.♖fe1±, M. Gurevich–P. Nikolic, Belgrad 1991

C) 6.♗d3 ♗e7 7.♘ge2 0–0 8.0–0 ♗g4 9.♖e1 ♗h5 10.♕b3 dxc4 11.♗xc4 b5 12.♗d3 b4 13.♘e4 a5 14.♘f4 ♗g4 15.h3 ♗c8 16.♗e3 ♗a6 17.♖ac1 ♘d5 18.♘xd5 cxd5 19.♘c5

Weiß steht ausgezeichnet, Hamperl–Guller, Andorra la Vella 2009.

IV. 5...♗e7

A) 6.cxd5 ♘xd5 7.♘f3

(Aussichtsreich ist auch 7.♗c4!? ♘f6 8.♘f3 0–0 9.0–0 usw.)

7...0–0 8.♗d3 ♘b6 9.h3 ♗e6 10.0–0 ♗c4 11.♗xc4 ♘xc4 12.♕b3 ♘b6 13.♖e1 h6 14.♗f4±, Okhotnik–Soldo, Hum na Sutli 2012.

B) 6.♘f3 0–0 7.♗e2 dxc4 8.♗xc4 ♗g4 9.0–0 ♘bd7 10.h3 ♘b6 11.♗b3 ♗f5

(Im Duell Miezis–Battaglini, Borup 2009, griff Schwarz zu 11...♗h5 und nach 12.♖e1 c6 13.♗g5 ♖e8 14.♖e5 ♘bd7 15.♗xf6 ♗xf3 16.♗xe7 ♗xd1 17.♗xd8 ♘xe5 18.♖xd1 ♖axd8 19.dxe5 ♖xd1+ 20.♗xd1 ♖xe5 21.f4 sah sich Weiß im Vorteil.)

12.♘e5 ♘bd5 13.♗g5 c6 14.♖e1 ♕d6 15.♕e2 ♖ae8 16.♖ad1 ♗e6 17.♗c2 ♘xc3 18.bxc3 ♘d5 19.♗d2 b5 20.a4

Das Pendel der Stellungsbewertung schlägt Richtung Weiß aus, insbesondere wegen des starken Springers auf e5, Bae–Ostmoe, Bergen 2009.

6.♗d3

Es wird auch 6.♘f3 gespielt, aber Schwarz kann nach ♗c8–g4 problemlos ausgleichen. Wir schlagen einen Plan mit der Entwicklung des weißen Springers nach e2 vor.

6...0–0 7.♘ge2

Zu 7.♘f3 – siehe **Abspiel 2**.

7...dxc4

Eine andere Idee basiert darauf, mittels 7...♘c6 die Spannung im Zentrum nicht sofort aufzulösen; z.B. 8.♗g5

(Zu beachten ist 8.0–0!?, um die weitere Entwicklung erst später zu bestimmen.)

8...dxc4 9.♗xc4 h6 10.♗h4 ♗f5 11.0–0 ♗e7 12.a3 ♘e4 13.♗xe7 ♘xe7 14.♖e1 ♘d6 15.♗a2 ♕d7 16.♘f4 ♘g6 17.♘d3 ♗xd3 18.♕xd3 ♕g4 19.♘d5 c6 20.♘e7+ ♘xe7 21.♖xe7±, Miezis–Schiendorfer, Zürich 2011.

8.♗xc4

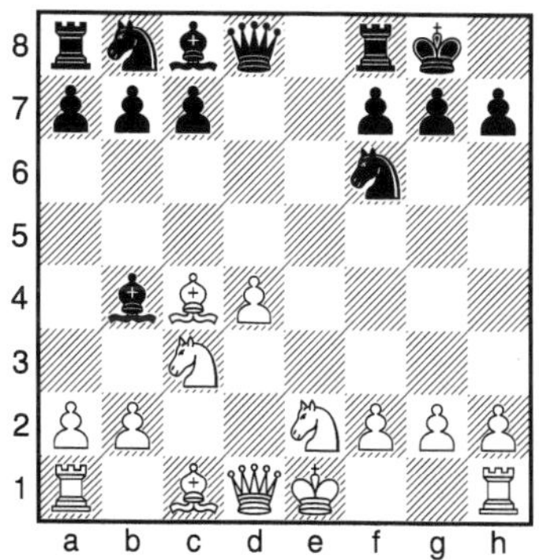

8...♘bd7

Schwarz will seine Figuren am Damenflügel schnell ins Spiel bringen. Er plant den Springer auf b6 zu postieren und nach c7–c6 die Blockade des isolierten Bauern auf d4 vorzubereiten.

Es stehen ihm allerdings auch andere Möglichkeiten zur Verfügung.

I. 8...♘c6 9.0–0 ♗f5

(9...♗g4 10.f3 ♗h5 11.♗e3 ♘a5 12.♗d3 ♗g6 13.♘e4 ♘d5 14.♗f2 ♘c6 15.♖c1 ♘ce7 16.♗c4 ♗d6 17.♘xd6 ♕xd6 18.♘c3 ♘xc3 19.bxc3 ♖ad8 20.♖e1 ♖fe8 21.♗h4 ♖c8 22.♕b3 ♘f5 23.♗f2 ♕b6 24.♕a4 ♘d6 25.♗b3 a5 26.♖e5 ♖a8 27.♖ce1±, Miezis–Maenhout, Gent 2009)

10.a3

Nun muss sich der Läufer erklären.

(Nach 10.♗g5 ♗e7 11.f3 ♘d5 12.♗xe7 ♘dxe7 13.a3 ♘c8 14.♕d2 ♘d6 15.♗a2 ♖e8 16.♘g3 ♕d7 17.♖ad1 ♖ad8 hat Schwarz keine Probleme, Pornariyasombat–Prusikin, Dresden 2008.)

10...♗xc3 11.bxc3 ♘e4 12.♗f4 ♘d6 13.♗a2 ♘a5 14.♘g3 ♗d7 15.♕h5 ♘ac4 16.♗g5 ♕c8 17.♗b1 f5 18.♖e1 ♗c6 19.♗e7 g6 20.♕g5

Wegen der geschwächten schwarzen Königsstellung ist Weiß klar im Vorteil, Pap–Berescu, Timisoara 2005.

II. 8...c5 9.0–0 ♘c6 (9...cxd4 10.♘xd4±) 10.♗g5 cxd4 11.♘d5 ♗e7 12.♘xe7+ ♕xe7 13.♘xd4 ♕c5 14.♘xc6 (14.♗xf6 ♕xc4 15.b3 ♕d5=) 14...♕xg5 15.♕c1 ♕xc1 16.♘e7+ ♔h8 17.♖axc1 ♗d7 18.♗b3 und Weiß steht aktiver; z.B. 18...♖fe8 19.♘d5 ♘xd5 20.♗xd5 ♖e2 21.♖c7 ♗c6 22.♗xc6 bxc6 23.♖b1 mit Bauerngewinn.

III. 8...h6 stellen wir in der **Partie Nr.39**, Paichadze–Martinovic, Fermo 2009, vor.

9.0–0 ♘b6 10.♗b3 c6 11.♗g5 h6

Auf 11...♗e7 sollte Weiß mit 12.♕d3 ♘bd5 13.a3 ♗e6 14.♗c2 g6 15.♘g3 antworten. Danach kann er einem Plan auf der Basis von f2–f4–f5 folgen.

12.♗h4 ♗e7

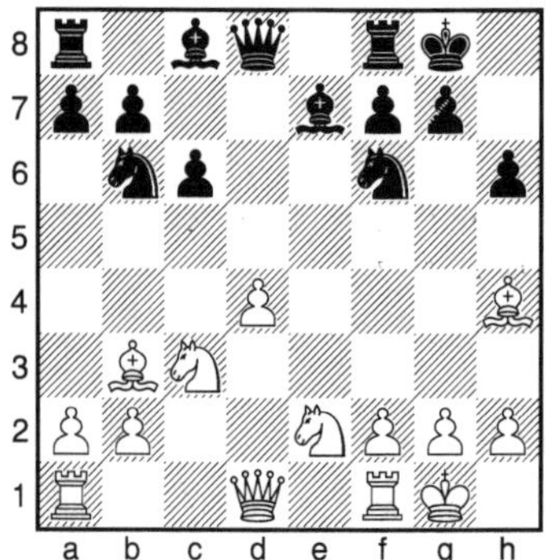

13.♖e1

Weiß kann sich auch mit 13.♕d3 gut entwickeln. Die Türme sollen auf d1 und e1 ihren Platz finden. Weiß trägt sich mit der Absicht d4–d5; z.B. 13...♖e8

(Die sofortige Blockade mit 13...♘fd5 14.♗xe7 ♕xe7 15.♘xd5 ♘xd5 16.♗xd5 cxd5 17.♘c3 ist schlechter für den Nachziehenden, denn Weiß behält den aktiven Springer, der dem gegnerischen Läufer hier überlegen sein dürfte.)

14.♖fe1 ♘fd5 15.♗xe7 ♕xe7 16.♘xd5 ♘xd5 17.♗xd5 cxd5 18.♕d2 ♗f5 mit etwa gleichen Chancen.

13...♘bd5 14.♘xd5 ♘xd5 15.♗xe7 ♘xe7 16.♘f4 ♗f5 17.♕h5 ♗h7 18.♖ad1 ♘f5 19.d5

Weiß ist seinen Isolani los und verfügt über ein aktives Spiel. Die Partie endete schließlich mit seinem Sieg, Miezis–Akesson, Gent 2009.

Zusammenfassung: Diese Variante verspricht Weiß gute Perspektiven auf einen Vorteil. Aufmerksam machen möchten wir auch auf die Alternative 5.♘f3, die mit der Idee der vorrangigen Entwicklung des Königsflügels verbunden ist.

Abspiel 2

Die Fortsetzung 4... ♗b4+

1.e4 e6 2.d4 d5 3.exd5 exd5 4.c4 ♗b4+

Schwarz will die Entwicklung seines Königsflügels a tempo beschleunigen.

5.♘c3

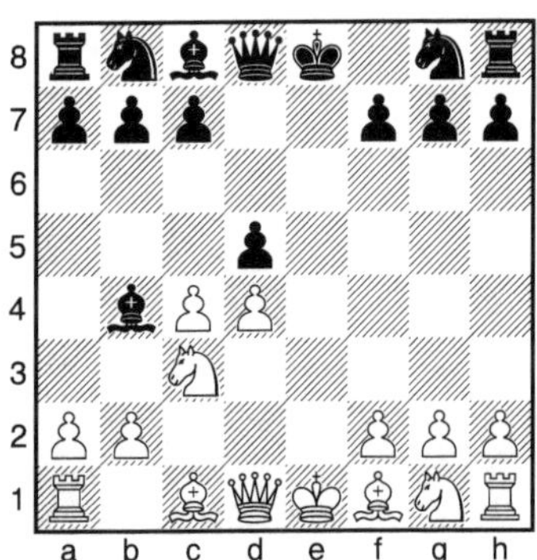

5...♘f6

I. Auf 5...♕e7+ sollte Weiß mit 6.♗e3 reagieren.

A) 6...♗e6 7.♕b3 dxc4 8.♗xc4 ♗xc4 9.♕xc4 ♘f6 10.♘f3 ♘g4 11.0–0 ♗xc3 12.bxc3 ♘xe3 13.fxe3 0–0

(13...♕xe3+? geht nicht wegen

14.♔h1 0–0 15.♖ae1 ♕h6 16.♘g5! ♕xg5 17.♕xf7+! ♖xf7 18.♖e8+ ♖f8 19.♖exf8#.)

14.e4 Weiß steht aktiver. Nun scheitert 14...♕xe4? an 15.♘e5 und Schwarz sieht sich vor Probleme gestellt.

B) 6...♘f6 7.♘f3

(Möglich ist auch 7.♗d3 0–0 8.♘ge2 usw.)

7...0–0 8.♗d3 ♘g4 9.0–0 ♘xe3 10.fxe3 ♗xc3 11.bxc3 dxc4 12.♗xc4 ♘d7 13.♕d3 c5 14.♗b3 ♔h8 15.e4 ♘b6 16.♖ae1

Weiß hat seine Entwicklung mit besserer Stellung abgeschlossen, Gjuran–Okhotnik, Szombathely 2004.

II. Interessant ist auch 5...♘e7. Hierauf kann es wie folgt weitergehen.

6.♗d3 ♘bc6

(– 6...♗f5 7.♘f3 ♘bc6 8.0–0 ♗xc3 9.bxc3 ♗xd3 10.♕xd3 dxc4 11.♕xc4 0–0 12.♖b1±, Kostin–Wolkow, Woronesch 2009

– 6...dxc4 7.♗xc4 0–0 8.♘ge2 ♗g4 9.0–0 ♘bc6 10.f3 ♗h5 11.♗g5 ♕d7 12.♘e4 ♗g6 13.a3 ♗d6 14.♘xd6 ♕xd6 15.♗f4 ♕d7 16.♕d2± Rolvaag–Holst, Helsingor 2009)

7.♘ge2 dxc4

(7...♗f5 8.0–0 ♗xd3 9.♕xd3 0–0 10.♗f4±)

8.♗xc4 0–0 9.a3 ♗d6 10.♗g5 h6 11.♗h4 ♕d7 12.f3 ♘f5 13.♗f2 ♗e7 14.0–0 ♗f6 15.♘d5 ♗g5 16.♕d3

Weiß erfreut sich eines aktiven Spiels, Miezis–Wagner, Schwäbisch Gmünd 2012.

6.♗d3

Eine gute Alternative ist 6.a3!?; z.B. 6...♗xc3+ 7.bxc3 0–0 8.♗d3 ♖e8+ 9.♘e2 dxc4 10.♗xc4 ♘d5 11.0–0 und das weiße Läuferpaar verbürgt gute Aussichten auf einen Vorteil.

6...0–0 7.♘f3

Zu 7.♘ge2 – siehe **Abspiel 1**.

7...♕e7+ 8.♗e3

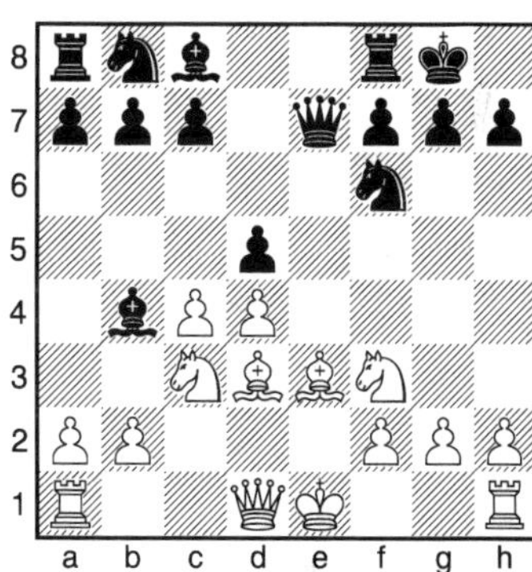

8...dxc4

So verschafft Schwarz dem Anziehenden einen isolierten Bauern auf d4.

– 8...♗e6 wird in der **Partie Nr. 40**, Okhotnik–Haub, Vandoeuvre 2005, analysiert.

– Nach 8...♘g4 9.0–0 ♗xc3 10.bxc3 dxc4 11.♗xc4 ♘xe3 12.fxe3 ♕xe3+ 13.♔h1 ♘c6 14.♕c2 ♗g4 (14...♗d7 15.♗d3±) 15.♖ae1 ♕h6 16.♕f2 ♖ad8 17.♕g3 ♗xf3 18.♕xf3 ♕g6 19.♖e4 steht Weiß vor einem aussichtsreichen Angriff am Königsflügel, Miezis–Quillan, Liverpool 2007.

9.♗xc4 ♗e6 10.♗d3 ♘bd7

Man kann Schwarz nur empfehlen, schnell seine Entwicklung abzuschließen.

Nicht ratsam ist das Spiel auf Bauerngewinn mit 10...♘d5 11.0–0 ♘xc3?

(11...♘c6!? ist richtig.)

12.bxc3 ♗xc3 13.♖c1 ♗b4 14.d5 ♗g4

(Nach 14...♗xd5? 15.♗xh7+ ♔xh7 16.♕xd5 steht Schwarz ziemlich im Regen.)

15.♖c4 ♗xf3 16.♕xf3 ♗d6 17.♗xh7+! ♔xh7 18.♕h3+ ♔g8 19.♖h4 f6 20.♖h8+ ♔f7 21.♕h5+ g6 22.♖h7+ +–.

11.0–0 h6 12.♖e1 c6 13.♕d2 ♖fe8 14.a3 ♗d6 15.h3

Verwehrt den schwarzen Leichtfiguren das Betreten des Feldes g4.

Die Fortsetzung 15.♖ad1 stellen wir in der **Partie Nr. 41**, Geirnaert–Saiboulatov, Aalst 2005, vor.

15...♕f8 16.♗f4

Im Duell Okhotnik–Dgebuadze, Selestat 1996, entstand über 16.♘h4 ♘b6 17.♕e2 ♘bd5 18.♘xd5 ♘xd5 19.♕f3 ♗c7 eine weitgehend ausgeglichene Stellung.

16...♖ad8 17.♖ad1 ♘b6

Auf 17...♗b3 folgt 18.♖c1±.

18.♗e5 ♘bd5 19.♗c2 mit weißem Vorteil.

Zusammenfassung: In dieser Variante hat Weiß ganz gute Perspektiven. Schwarz blockiert zwar das Feld d5, der Anziehende bekommt dafür aber den Stützpunkt e5 für seine Leichtfiguren. Weiß hat immer die Möglichkeit in der Hinterhand, mit ♗d3–b1 und ♕d2–c2 einen Angriff gegen den gegnerischen König zu führen.

Abspiel 3

Die Fortsetzung 4...dxc4

1.e4 e6 2.d4 d5 3.exd5 exd5 4.c4 dxc4

Schwarz löst das Zentrumsproblem sofort und plant, gegen den isolierten gegnerischen Bauern auf d4 zu spielen. Andererseits kommt der weiße Läufer schnell ins Spiel.

5.♗xc4 ♘f6

I. Nach 5...♗b4+ 6.♘c3 ♕e7+ 7.♘ge2 ♘f6 8.0–0 0–0 9.♗g5 ♗e6 10.♘d5 ♗xd5 11.♗xd5 c6 12.♗f3 ♗d6 13.♖e1 ♖e8 14.♕d2 ♘bd7 15.♘c3 steht Weiß mit seinem Läuferpaar etwas aktiver, Udowitschenko–Otyrba, Beloretschensk 2009.

II. Auch im Duell Ochotnik–Keschitz, Budapest 1991, bekam Weiß nach 5...♗d6 6.♘f3 ♕e7+ 7.♗e3 ♗e6 8.♗xe6

(8.d5!? ♗g4 9.h3 ♗xf3 10.♕xf3 ♘f6 11.0–0 0–0 12.♘c3 ♘bd7 13.♗b3±)

8...♕xe6 9.0–0 ♘e7 10.♘c3 ♘d7 11.♖e1 ♕c4 12.♗g5 (12.♘e4!?) 12...f6 13.♗h4 0–0 14.♗g3 ♘f5 15.♗xd6 ♘xd6 16.♖c1 ♕f7 (16...♖fe8!?) 17.d5 ♘b6

18.♖e6 ♖ad8 19.♕e2 die etwas bessere Stellung.

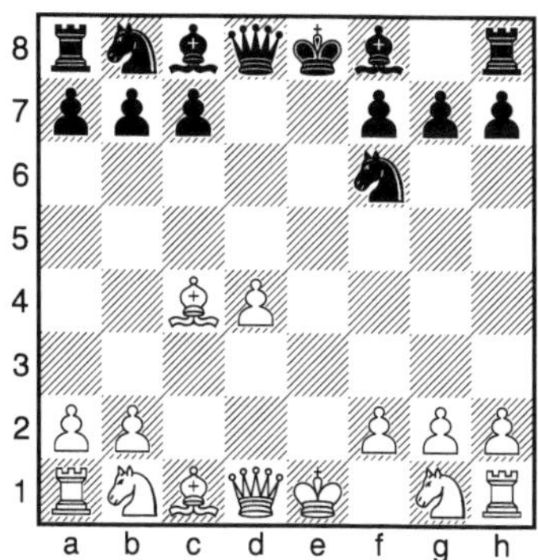

6.♕b3

Auf diese Weise will Weiß die Position seines Läufers auf c4 direkt ausnutzen.

Er kann seine Kräfte auch anders entwickeln.

– 6.♘f3 ♗d6 7.0–0 0–0 8.♘c3 ♘c6 9.h3 h6 10.♖e1 usw.

– 6.♘e2 g6 7.♘bc3 ♗g7 8.0–0 c6 9.♗g5 0–0 10.♖e1 b5 11.♗b3 a5 12.a4 und das weiße Spiel ist leicht vorzuziehen, Wright–Simongini, Fermo 2009.

6...♕e7+ 7.♘e2

Sieht logisch aus, denn Weiß entwickelt seinen Königsspringer und bereitet die kurze Rochade vor.

Er kann in dieser Stellung aber auch zwei andere gute Wege wählen.

I. 7.♗e3

A) Zu 7...♕b4+ – siehe **Partie Nr. 42**, Okhotnik–Legky, St. Quentin 1999.

B) 7...g6 8.♘f3 ♗g7 9.0–0 0–0 10.♖e1 ♘c6 11.♗d2 ♕d8 12.d5 ♘e7 (12...♘b8 13.♘c3±, Plaskett) 13.♗b4 ♘fxd5 (13...♖e8?? 14.d6+–) 14.♗xd5 ♘xd5 15.♗xf8 ♔xf8 16.♘c3 ♘xc3 17.bxc3 mit weißem Vorteil, Plaskett–Lukin, Plovdiv 1984.

C) 7...♘bd7 8.♘f3 ♘b6 9.0–0 ♘xc4 10.♕xc4 ♗e6 11.♕c2 ♕d8 12.♘c3 ♗e7 13.♖ad1 0–0 14.♗g5 ♖e8 15.♖fe1 c6 16.h3 h6

Hier hat Weiß in der Partie Sorokin–Scarella, Villa Ballester 1996, mutig fortgesetzt: 17.♗xh6!? gxh6 18.♖xe6 fxe6 19.♕g6+ ♔h8 20.♘e5 ♖f8 21.♕xh6+ ♘h7 22.♕xe6 ♖f6 23.♘f7+ ♖xf7 24.♕xf7 ♕f8 25.♕xf8+ ♗xf8 26.d5 ♖d8 27.dxc6 ♖xd1+ 28.♘xd1 bxc6 29.f4 und mit drei Bauern gegen die Leichtfigur hat er das Endspiel siegreich gestaltet.

II. 7.♔f1 ♘bd7

(Die Erwiderung 7...g6!? analysieren wir in der **Partie Nr. 43**, Waganjan–Klovans, UdSSR 1968.)

8.♘c3 ♘b6 9.♗g5 ♘xc4 10.♕xc4 c6

(10...♕b4 11.♖e1+ ♗e6 12.♕xb4 ♗xb4 13.♗xf6 gxf6 14.d5+–)

11.d5 ♕c5

(11...♕b4 12.♖e1+ ♔d8 13.♕d3 ♔c7 14.♘f3 ♗d6 15.♖c1 mit gefährlichem Angriff.)

12.♖e1+ (12.♕e2+ ♕e7 13.♕f3±) 12...♔d8 13.♕e2 ♗e7 14.♗e3 ♕b4 15.a3 ♕d6 16.♗f4! ♕d7 17.dxc6 bxc6 18.♘f3 a5 19.♕e3 ♗a6+ 20.♔g1 mit der starken Drohung ♘f3–e5!

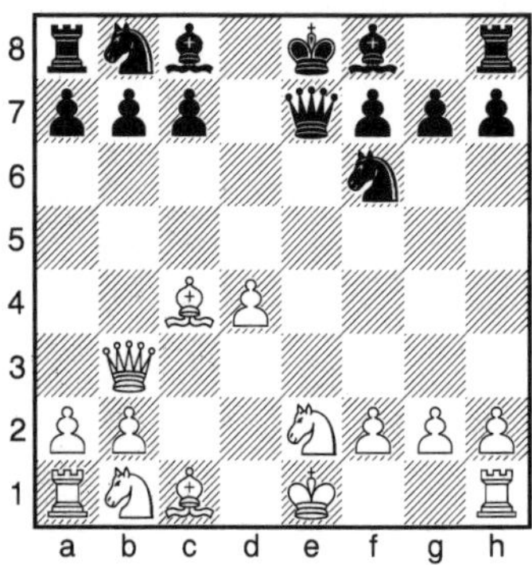

7...♕b4+

Schwarz will die Stellung durch Damentausch vereinfachen und sich so die Aufgabe der Verteidigung erleichtern.

Nicht zu empfehlen ist 7...♘c6 wegen 8.0–0 mit der Drohung ♖f1–e1 und Schwarz kann sich große Schwierigkeiten einfangen.

8.♘bc3 ♕xb3

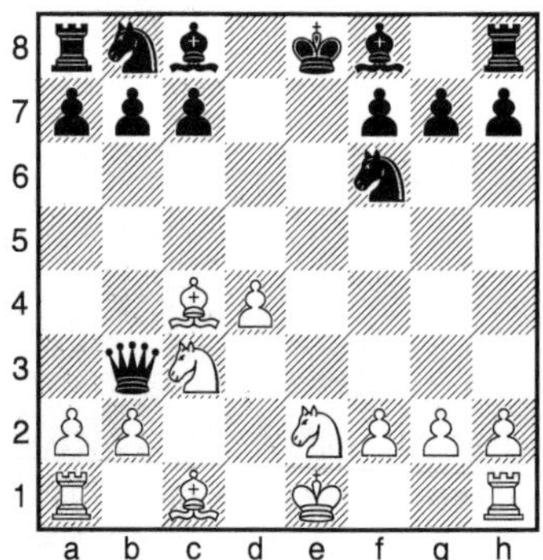

9.axb3!?

Weiß strebt beharrlich nach Vorteil. Die Öffnung der a–Linie verfolgt das Ziel, dem Nachziehenden die weitere Entwicklung des Damenflügels zu erschweren.

Wir sehen in dieser Fortsetzung größere Perspektiven auf Vorteil als mit 9.♗xb3. Hier könnte folgen: 9...♗d6 10.♗f4 a6 11.0–0–0 0–0 12.♗xd6 cxd6 13.♘g3 ♘c6 14.♖he1 ♖d8 15.♘ce4 ♘xe4 16.♖xe4 ♔f8 17.♖de1 d5!?

(In der Partie Banikas–Mastrovasilis, Kalithea 2008, geschah 17...♖a7 18.h4 b5 19.♖f4 h6 20.h5 ♖c7 21.♔b1 ♘a5 22.♗d5 ♘c4 23.a3 ♘b6=.)

18.♖h4 h6 19.♘f1 ♗e6 20.♘e3 ♖ac8 21.♔d2 g5 22.♖xh6 ♔g7 23.♖h5 ♔g6 24.♗d1 ♘xd4 25.h4 gxh4 26.♖xh4 ♘b5 27.♖eh1 ♘d6 und die Stellung ist weitgehend ausgeglichen.

9...c6

9...♗e6 10.d5 ♗d7 11.♗g5

(11.♗f4!? ♗d6 12.♗xd6 cxd6 13.♘d4 0–0 14.0–0±)

11...♗e7 12.0–0–0

(Es geht auch 12.0–0!?.)

12...♘a6 13.♖he1 0–0–0 14.♘g3

(Infrage kommt auch 14.♘d4!?.)

14...♖he8 15.♘h5 h6 16.♘xf6 ♗xf6 17.♗xf6 gxf6 18.♖xe8 ♖xe8 19.d6

Der schwarze Königsflügel ist nachhaltig geschwächt. Der Vorteil liegt auf der Seite von Weiß, Gorelow–Lukin, Telavi 1982.

10.0–0 ♗b4 11.♗g5 ♘bd7 12.d5!

Ein prinzipieller Zug: Der weiße Isolani wird aufgelöst.

12...cxd5 13.♘xd5 ♘xd5 14.♗xd5

Weiß ist besser entwickelt, dement–

sprechend steht er besser. Schwarz muss noch seine Probleme am Damenflügel lösen, Archipow–Pekarek, Harkany 1985.

Zusammenfassung: Schwarz verschafft seinem Gegner einen isolierten Bauern d4 und möchte Druck gegen diesen entwickeln. Dieser Plan ist nicht gefährlich für Weiß, weil er dafür ein aktives Figurenspiel bekommt. Die interessante Alternative 7.♔f1!? bedarf weiterer genauer Analysen. In der Hauptvariante empfehlen wir 9.axb3!?, was wir als stärker als das Nehmen mit dem Läufer ansehen. Allgemein stellen wir fest, dass diese Variante Weiß ganz ordentliche Chancen vermittelt. Vor allem kann er damit viele bekannte Abspiele vermeiden und den Gegner auf ein Terrain zwingen, das diesem oft noch unbekannt sein wird.

Partie Nr. 37
Geirnaert
Vandemeulebroucke
Brasschaat 2009

1.e4 e6 2.d4 d5 3.exd5 exd5 4.c4 ♘f6 5.♘f3 c6 6.♘c3 ♗e7

6...♗d6 erörtern wir in Abspiel 1.

7.♗e2

Weiß kann die Entwicklung seines Läufers auch noch hinauszögern und hier 7.h3 ziehen, um die Fesselung des Springers zu unterbinden; z.B. 7...0–0 8.♗d3 dxc4 9.♗xc4 ♘bd7 10.0–0 ♘b6 11.♗b3 ♘bd5 12.♖e1 ♗f5 13.♖e5 ♕d7 14.♗g5 ♖fe8 15.♗xd5 ♘xd5 16.♘xd5 ♗xg5 17.♘xg5 ♖xe5 18.dxe5 ♕xd5 19.♕xd5 cxd5 20.♖d1 und Weiß steht wegen der schwarzen Schwäche d5 besser, was ihm in der Partie Campos Moreno–Carol Querol, Barcelona 1996, zum späteren Sieg reichte.

7...dxc4

Schwarz kann auch mit diesem Tausch warten und erst mit 7...♘bd7 die Entwicklung des Damenflügels fortsetzen.

8.♗xc4 b5 9.♗b3

Der Läufer bleibt auf der Diagonale a2–g8, um den Druck gegen den Punkt f7 aufrecht zu halten.

Es geht auch 9.♗e2 ♗b7 10.0–0 0–0 11.♗g5 ♕c7 12.♖c1 ♘bd7 13.♕c2±, Schaeffer–Attal, Frankreich 2002.

9...♘bd7

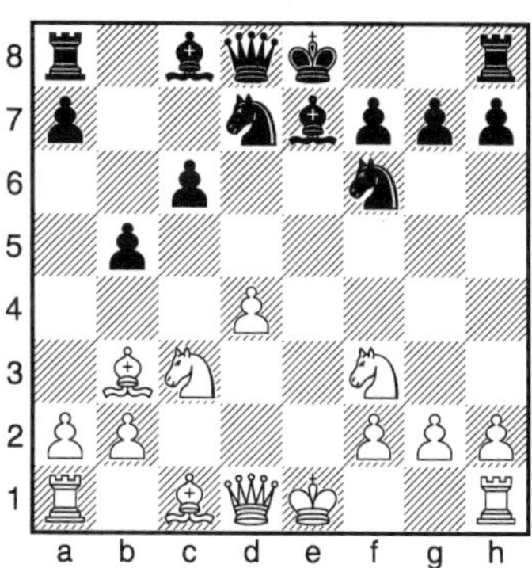

10.♗xf7+!?

Sehr mutig! Weiß gibt seinen Läufer hin, um den schwarzen König auf

Wanderschaft zu schicken. Auch dann, wenn diese Entscheidung letztendlich fehlerhaft sein sollte, bekommt Schwarz zunächst einmal große Schwierigkeiten. Natürlich ist Weiß nicht zu diesem Opfer verpflichtet, er kann beispielsweise auch einfach rochieren.

10...♔xf7 11.♘g5+ ♔e8 12.♕b3 ♘d5

Besser war wahrscheinlich 12...♘f8!?, obwohl Weiß nach 13.0–0 ♘d5 14.♖e1 zu Initiative käme.

13.♘xd5 cxd5

Nicht akzeptabel wäre 13...♗xg5? 14.♗xg5 ♕xg5 15.♘c7+ ♔e7 16.0–0! ♘f6

(16...♖b8 17.♖fe1+ ♔d6 18.♘e6 ♕f6 19.♕b4+ c5 20.dxc5+ ♔c6 21.♕e4#)

17.♖fe1+ ♔d8

(17...♔d7 18.♕f7+ ♔d8 19.♕e7#)

18.♘xa8 ♗b7 19.♕a3 ♗xa8 20.♕xa7 mit weißem Gewinn.

14.♕xd5 ♘b6 15.♕f7+ ♔d7 16.0–0

Es ist wichtig, den König in sichere Gefilde zu führen und den Turm zu aktivieren.

16...♕g8 17.♕f5+ ♔e8

Nach 17...♔c7 18.♗f4+ ♔d8 19.♕c2 hätte Weiß ausreichend Ersatz für die Figur.

18.♕xb5+ ♗d7 19.♕e2 ♘d5?!

In einer scharfen Stellung wie dieser gibt es keine Zeit für solche Züge. Schwarz sollte mit 19...♕c4! versuchen, seine Figuren ins Spiel zu bekommen; z.B. 20.♕h5+ ♔f8 und er sollte seine Position verteidigen können.

20.♖e1 h6 21.♘e4

Besser gefällt uns 21.♘f3!?, woraufhin der Springer das Feld e5 besetzen könnte.

21...♕e6 22.♕h5+ ♔d8?

Ein schwerer Fehler. Der König sollte auf seiner Flucht mit 22...♔f8! die Richtung zum Königsflügel einschlagen, im Zentrum nämlich wird er unter die Räder kommen.

23.♗d2 g6

Schwarz hätte noch 23...♕f5!? versuchen können.

24.♗a5+ ♘b6 25.♕e2 ♕f5 26.♘c5 ♗xc5 27.dxc5 ♕xc5 28.♖ac1 ♕g5 29.♕a6 ♕b5 30.♕b7

Schwarz gab auf.

Partie Nr. 38
Stojanovic – Sedlak
Sarajevo 2009

1.e4 e6 2.d4 d5 3.exd5 exd5 4.c4 ♘f6 5.♘f3 ♗b4+ 6.♘c3 0–0 7.♗e2 dxc4 8.♗xc4 ♗g4 9.0–0 ♘c6 10.a3

Zu 10.♗e3 siehe Abspiel 1.

10...♗d6 11.♗e3 a6

Eine Überlegung wert war 11...♕d7!? nebst ♖a8–e8.

12.h3 ♗h5

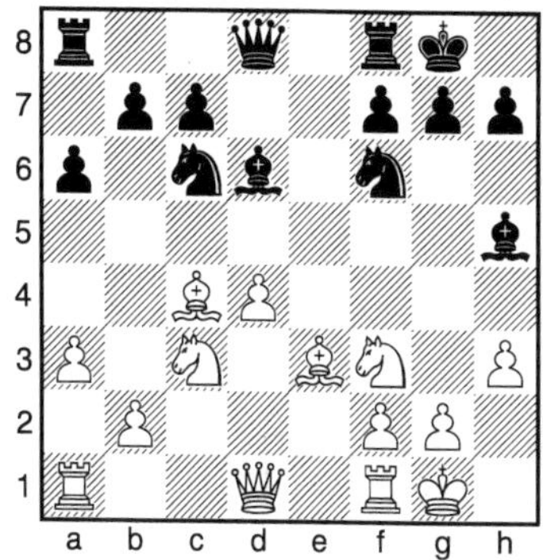

13.d5?!

Eigentlich schwach, denn Weiß gibt das Feld e5 ab und Schwarz gleicht das Spiel problemlos aus.

Ohne Zweifel stärker war die energische Alternative 13.g4!? ♗g6 14.♘h4 ♕d7 15.♘xg6 hxg6 16.♕f3 usw.

13...♗xf3 14.♕xf3 ♘e5 15.♕e2 ♖e8 16.♗b3 ♘g6 17.♕d2 ♗e5 18.♖fe1 ♕d6 19.♖ad1 ♗h2+ 20.♔h1 ♗f4 21.♗xf4 ♘xf4 22.♖xe8+ ♖xe8 23.♖e1 ♖e5

Besser war 23...♖xe1+! 24.♕xe1 g5 mit einer aktiven Stellung.

24.♖e3 ♕e7 25.♕d4 ♖xe3 26.fxe3 ♘g6 27.♕a7 h5 28.♗c2 b6 29.♕xa6 ♕xe3 30.♕c8+ ♔h7 31.♕xc7 ♕e1+ 32.♔h2 ♘g4+! 33.hxg4 ♕h4+

Schwarz remisiert durch Dauerschach.

Partie Nr. 39
Paichadze - Martinovic
Fermo 2009

1.e4 e6 2.d4 d5 3.exd5 exd5 4.c4 ♘f6 5.♘c3 ♗b4 6.♗d3 dxc4 7.♗xc4 0-0 8.♘ge2 h6

Einige Alternativen haben wir in Abspiel 1 besprochen.

9.0-0 a6

Einer anderen Idee folgt 9...♘bd7, um die Blockade des Punktes d5 vorzubereiten. Weitergehen kann es beispielsweise wie folgt: 10.♗f4 ♘b6 11.♗b3 ♗f5 12.♖c1 c6 13.a3 ♗e7 14.♖e1 ♕d7 15.♗e5 ♖ad8 16.♘g3 ♗g6 17.♕f3 ♖fe8 18.h3 ♘fd5 und nun hätte 19.♘ge4 Weiß in der Partie Klek-Vojinovic, Pardubice 2009, das bessere Spiel gebracht.

10.♗b3 ♘c6 11.♕d3 ♘e7 12.♘g3 c5 13.♘ce4 ♘xe4 14.♕xe4 cxd4 15.♖d1 ♕b6 16.♖xd4 ♗c5 17.♗e3

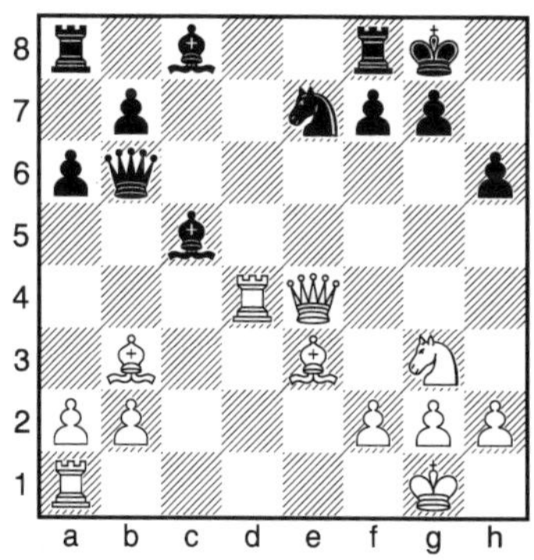

17...♗e6?

Eine verhängnisvolle Ungenauigkeit, nach der Weiß in Vorteil kommt.

– Auch nicht zu empfehlen war 17...♗xd4? 18.♗xd4 ♕d6

(Auf 18...♕c7 ist 19.♘h5! stark.)

19.♗c3 ♘c6 20.♘h5 mit kräftigem Angriff.

– Am besten war hier 17...♘f5!; z.B. 18.♖d3 ♘xe3 19.fxe3 ♗e6 20.♗xe6 ♕xe6 21.♕xe6 fxe6 22.♘e4 ♗a7 23.♖ad1 ♖ac8 mit etwa gleichen Chancen.

18.♖d3 ♖ac8 19.♗xe6 ♕xe6

19...fxe6 20.♖b3 ♕c6 21.♕xc6 ♖xc6 22.♗xc5 ♖xc5 23.♖xb7±

20.♕xb7 ♘f5 21.♘xf5 ♕xf5 22.♕xa6

Weiß hat zwei Bauern mehr. Die Partie ist praktisch entschieden, obwohl der Anziehende auf seinem Weg zum Erfolg noch ein Paar technische Probleme überwinden muss.

22...♖a8

Nach 22...♗xe3 23.♖xe3 ♖fd8 24.♖e2 wäre das Schwerfigurenendspiel natürlich vorteilhaft für Weiß.

23.♕c4 ♗xe3 24.fxe3

Stärker war 24.♖xe3!.

24...♖fc8 25.♕d4 ♕g5

Das Damenendspiel nach 25...♖c2!? 26.♖d2 ♖xd2 27.♕xd2 ♖xa2 28.♖xa2 ♕b1+ 29.♔f2 ♕xa2 wäre für Weiß nicht einfach zu gewinnen und deshalb sollte Schwarz über diese Möglichkeit nachdenken.

26.a4 ♖ab8 27.a5

Zu früh! Weiß sollte es nicht zulassen, dass der gegnerische Turm auf die zweite Reihe kommt. 27.♖d2! war angebracht.

27...♖d8?

Das beschleunigt nur den Sturz in die Niederlage. Nach 27...♖c2! hingegen hätte Schwarz noch kämpfen können; z.B. 28.♖d2 ♖bxb2 29.♖xc2 ♖xc2 30.♕e4 ♕c5 und Schwarz lebt noch.

28.♕f4 ♖xd3 29.♕xb8+ ♔h7 30.♕f4 ♕b5 31.b4 ♖b3 32.a6! ♕c6

32...♖xb4 33.♕xb4! ♕xb4 34.a7+–

33.♕f5+

Nach dem Königszug entscheidet a6–a7. Schwarz kapitulierte.

Partie Nr. 40
Okhotnik – Haub
Vandoeuvre 2009

1.e4 e6 2.d4 d5 3.exd5 exd5 4.c4 ♘f6 5.♘c3 ♗b4 6.♗d3 0–0 7.♘f3 ♕e7+ 8.♗e3 ♗e6

Alternativen haben wir in Abspiel 2 behandelt.

9.cxd5

9.c5!? sieht aussichtsreich aus.

9...♘xd5 10.0–0 ♘xe3

– In einer Partie Wehmeier–Kiriakov, Groningen 1997, versuchte Schwarz 10...♘d7 11.♕c2 h6 12.♖fe1 ♘7f6 13.a3 ♗d6 14.♗d2 c6 15.♕c1 und die Drohung eines Einschlags auf h6 liegt in der Luft.

– Die Bauerneroberung 10...♘xc3 11.bxc3 ♗xc3 führt nach 12.♖c1 zu einer kräftigen Initiative für Weiß; z.B. 12...♗b4

(12...♗a5 13.d5 ♗xd5 14.♗xh7+! ♔xh7 15.♕xd5 ♗b6 16.♕h5+ ♔g8 17.♘g5+–)

13.d5 ♗c8

(13...♗g4 14.♖c4 ♗xf3 15.♕xf3 ♗d6 16.♗xh7+! ♔xh7 17.♕h3+ ♔g8 18.♖h4+–)

14.♗f4 ♗d6 15.♖e1 ♕d8 16.♗xd6 ♕xd6 17.♕c2 h6

(17...♕xd5 18.♗xh7+ ♔h8 19.♖e4+–)

18.♕xc7 ♕xc7

(18...♕xd5 19.♕xc8! ♕xd3 20.♕xf8+ ♔xf8 21.♖c8+)

19.♖xc7 ♘d7 20.d6

Bei Schwarz hocken die Geier auf dem Dach.

11.fxe3 c5?

Die Zeit für eine solche Aktivität ist noch nicht gekommen. Besser war 11...♘d7! mit der Vorbereitung von c7–c5.

12.♕c2

12.d5!? ♗g4 (12...♗xc3 13.d6!±) 13.♕c2± wäre keine schlechte Alternative.

12...h6

Der Zug 12...g6 schwächt die schwarzen Felder im eigenen Lager. Nach 13.d5 ♗d7 (13...♗xc3 14.dxe6 ♗g7 15.exf7+ ♔h8 16.♗c4±) 14.a3 ♕xe3+ 15.♔h1 ♗xc3 16.♕xc3 ♕e7 17.♖ae1 ♕d6 18.♘g5 ist die Stellung nur noch sehr schwer zu verteidigen.

13.♗e4

Infrage kommt auch 13.d5!?.

13...♗xc3 14.bxc3 f5

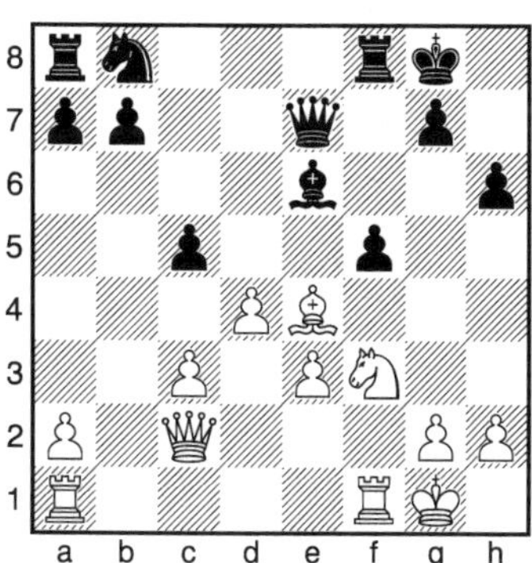

15.♘e5!

Weiß nutzt den Umstand aus, dass Schwarz unentwickelt ist und es seinen Figuren an Koordination mangelt. Nun wird er aggressiv.

15...♖f6

Es gab keine Wahl. Nach 15...fxe4 16.♘g6 ♖xf1+ 17.♖xf1 ♕d6 18.♖f8+ ♕xf8 (18...♔h7 19.♕xe4+–) 19.♘xf8 ♔xf8 20.♕xe4 gewinnt Weiß leicht.

16.♗xf5 ♗xf5 17.♖xf5 ♖xf5 18.♕xf5

Der Anziehende hat einen Bauern erobert und steht klar besser.

18...♘c6 19.♘c4 cxd4 20.exd4 ♕e2 21.♕f1 ♖e8 22.♘d6 ♕e3+ 23.♔h1 ♖f8

Die Folge 23...♖e6 24.♘xb7 ♕xc3 (24...♖e7 25.♕c4+ ♔h7 26.h3±) 25.d5 ♖f6 26.♕e1 ♕xe1+ 27.♖xe1 wäre für Weiß eindeutig gewonnen.

24.♕e1 ♕f4 25.♘xb7 ♘e7 26.♘c5 ♖f6 27.♘d3 ♕f5 28.♘e5 ♘d5 29.h3 h5 30.♖b1 ♖f8 31.♖b2

Noch besser war 31.♖b7! ♕f1+ 32.♕xf1 ♖xf1+ 33.♔h2 ♘xc3 34.♖xa7+–.

31...♕f1+ 32.♕xf1 ♖xf1+ 33.♔h2 ♘xc3

Schwarz hat einen Bauern zurückerobert, aber das Endspiel ist nicht zu retten.

34.h4 a5 35.♖b8+ ♔h7 36.♘f3 ♖f2 37.a3 a4 38.♖c8 ♘d5 39.♖c5 ♘e3 40.♖xh5+ ♔g6 41.♖e5! ♖xg2+ 42.♔h3 ♖e2 43.d5! ♘xd5

Es gab praktisch keine andere Wahl. Der Springer war gefesselt und der Bauer drohte weiterzumarschieren.

44.♖xd5

Aber nicht 44.♖xe2?, denn mit 44...♘f4+ könnte Schwarz sich retten.

44...♖e3 45.♔g4 ♖xa3 46.♖a5 ♔f6 47.♘d4 g6

Schwarz gab sich geschlagen.

Partie Nr. 41
Geirnaert – Saiboulatov
Aalst 2005

1.e4 e6 2.d4 d5 3.exd5 exd5 4.c4 ♗b4+ 5.♘c3 ♕e7+ 6.♗e3 ♘f6 7.♗e2 0–0 8.♘f3 dxc4 9.♗xc4 ♗e6 10.♗d3 ♘bd7 11.0–0 h6 12.♖e1 c6 13.♕d2 ♖fe8 14.a3 ♗d6 15.♖ad1

In Abspiel 2 haben wir uns auch 15.h3 angeschaut.

15...♖ad8?

Sehr schablonenhaft gespielt. Schwarz sollte sich mittels 15...♘b6! die Kontrolle über das Feld d5 verschaffen.

16.d5!

Genau so ist es richtig.

16...cxd5 17.♗xa7 ♘c5

Der Versuch, mit 17...b6 den Läufer zu fangen, bringt nichts. Nach 18.♘b5 oder sogar 18.♘d4 ist nicht zu sehen, wie Schwarz den Läufer a7 erobern kann.

18.♗b6 ♗c7 19.♗xc7 ♕xc7 20.♘d4

Weiß ist positionell im Vorteil, denn der Springer hält mit d4 ein ideales Feld besetzt. Schwarz dagegen hat eine Schwäche auf d5 und einen passiven Läufer auf e6.

20...♘g4 21.g3 ♘e5 22.♘cb5 ♕b8 23.♗e2 ♘e4 24.♕b4 ♗c8 25.♕b3 g6 26.♗f1 h5 27.♗g2

Weiß ist es gelungen, seine Figuren insgesamt noch besser zu stellen. Seinen positionellen Vorteil hat er damit noch weiter vergrößert.

27...♘f6 28.f4 ♘eg4

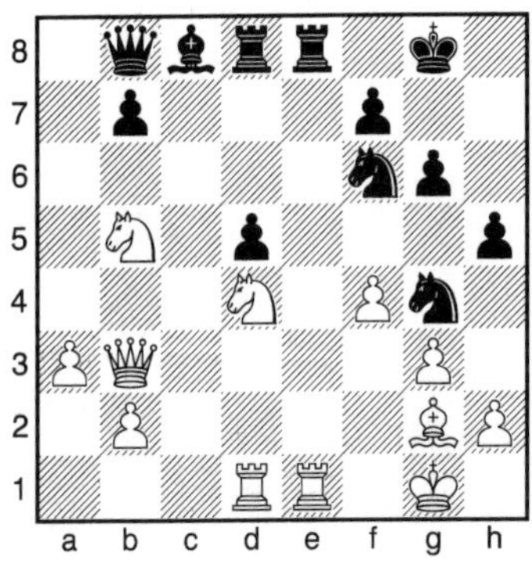

29.h3

Weiß will seine Stellung weiter verstärken. Besser war aber 29.♖xe8+! ♖xe8 30.♗xd5 ♘xd5 31.♕xd5 ♘e3 32.♕d6 ♕xd6 33.♘xd6 ♖d8 34.♖c1 ♖xd6 35.♖xc8+ ♔g7 36.♘f3 mit einem Mehrbauern im Endspiel.

29...♘h6 30.♘c3 h4??

Der Spruch „klinisch tot, sonst aber kerngesund" scheint hier ins Gegenteil verkehrt. Dieser Zug ist „optisch gut, verliert aber sofort".

Nach 30...♖xe1+! hingegen und dann weiter 31.♖xe1 ♕a7 32.♘cb5 ♕b6 war die Partie noch zu retten.

31.♘c6!

Diese Fortsetzung hat Schwarz übersehen.

31...♕d6 32.♘xd8 ♖xd8 33.♘xd5 ♕c5+ 34.♕e3

Schwarz gab auf.

Partie Nr. 42
Okhotnik – Legky
St. Quentin 1999

1.e4 e6 2.d4 d5 3.exd5 exd5 4.c4 dxc4 5.♗xc4 ♘f6 6.♕b3 ♕e7+ 7.♗e3 ♕b4+

Andere Möglichkeiten für Schwarz haben wir in Abspiel 3 erörtert.

8.♘c3 ♕xb3 9.♗xb3 c6

Einen anderen Plan verfolgte Schwarz in der Partie Ciuca–Miron, Rumänien 1998, aber ohne Erfolg. Nach 9...♗b4 10.♘f3 0–0 11.0–0 c6 12.a3 ♗a5 13.♘e5 ♘bd7 14.♖fd1 ♘xe5 15.dxe5 ♘g4 16.♗c5 ♖e8 17.f4 b6 18.♗d6 ♘e3 19.♖d3 ♘f5 20.♘e4 ♗a6 21.♖h3 ♘d4 22.♗d1 b5 23.♘c5 ♗c8 24.♖d3 sah sich Weiß im Vorteil, und dies zu Recht, was auch sein späterer Sieg belegte.

10.♗g5 ♗e7 11.0–0–0 ♘a6 12.♖e1 ♘c7 13.♗xf6 gxf6 14.d5! cxd5 15.♗xd5

Der schwache Bauer ist vom Brett und Weiß ist besser entwickelt. Die schwarzen Bauernschwächen am Königsflügel stimmen bedenklich. Alles in allem steht Weiß etwas besser.

15...♖b8 16.♘ge2 0–0 17.♘g3 ♗e6 18.♗b3 ♖fc8 19.♔b1 ♔f8 20.♗c2 h6 21.♘f5 ♗b4 22.♖e3

Es ist anzumerken, dass 22.♘xh6? schwach wäre wegen 22...♗xc3 23.bxc3 ♘d5 mit Zurückeroberung des Bauern bei besserem Spiel.

22...♘d5 23.♘xd5 ♗xd5 24.♗b3

Die folgende Variante sieht gut aus für Weiß: 24.♖h3!? ♗xa2+ (24...♗xg2 25.♖xh6 ♔e8 26.♖d1+–) 25.♔xa2 ♖xc2 26.♖xh6 ♔g8 27.♔b3 ♖xf2 28.♖xf6 ♗c5 29.♘h6+ ♔g7 30.♖xf2 ♗xf2 31.♘xf7! mit einem Mehrbauern und zwei Freibauern am Königsflügel.

24...♗c6

24...♗xg2 25.♖g1±

25.f3 ♖d8 26.a3 ♗d2 27.♖e7 ♗d5 28.♗xd5 ♖xd5 29.♖e2 ♖xf5 30.♖xd2

Die Stellung hat sich vereinfacht und entstanden ist ein Endspiel mit ausgeglichenem Materialstand. Weiß hat jedoch einen kleinen Vorteil, denn sein

Gegner leidet unter Bauernschwächen am Königsflügel.

30...♖e5 31.♖c1 ♖e7 32.♖d6 ♖e2

Vorteilhaft für Weiß wäre 32...♔g7 33.♖c4 h5 34.h4 ♖e2 35.g4 ♖f2 36.♖f4 hxg4 37.♖xg4+ ♔f8 38.♖xf6 ♖e8 39.♖gf4 ♖e7 (39...♖ee2 40.♖xf7+ ♔e8 41.♖xb7+–) 40.h5 usw.

33.♖xf6 ♔g7 34.♖f4 ♖xg2 35.♖c7

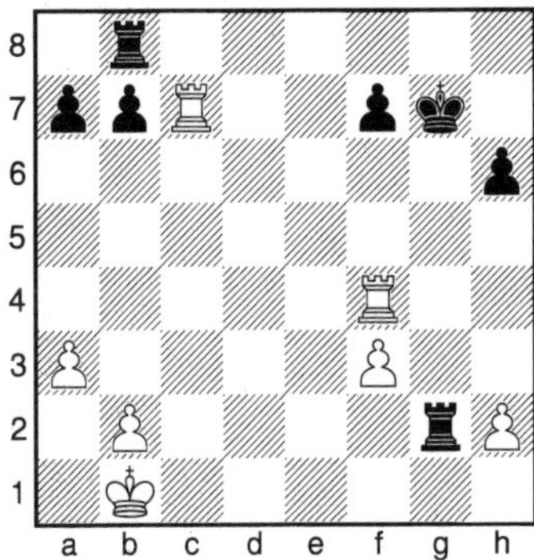

35...♖f8?

Diese passive Verteidigung ist für Schwarz nur mit Schwierigkeiten verbunden. Er sollte aktiver vorgehen und einen freien h–Bauern bilden. Richtig war also 35...♖xh2! 36.♖cxf7+ (36.♖fxf7+ ♔g6 37.♖xb7 ♖xb7 38.♖xb7 h5 39.♖xa7 h4=) 36...♔g6 37.♖4f6+ ♔g5 38.♖f5+ ♔h4 mit realen Rettungschancen.

36.h4! ♔g6 37.♖xb7 f5 38.♖xa7

Der weiße Vorteil ist entscheidend.

38...♖b8 39.♖a6+ ♔g7 40.b4 ♖d8 41.♖c4 ♖f2 42.♖c7+ ♔g8 43.b5 ♔f8 44.♖c2 ♖xf3 45.♔a2 ♖e3 46.a4 f4 47.♖f6+ ♔e7 48.♖xf4 ♖dd3 49.♖b4 ♔d7 50.b6 ♖e8 51.a5 ♖d5 52.a6 ♖a5+ 53.♔b2 ♖xa6 54.♖d4+ ♔e6 55.♖e2+ ♔f7 56.♖f4+

Schwarz gab auf.

Partie Nr. 43
Waganjan – Klowans
UdSSR 1968

1.d4 d5 2.c4 dxc4 3.e3 e5 4.♗xc4 exd4 5.exd4 ♘f6 6.♕b3 ♕e7+ 7.♔f1

In Abspiel 3 haben wir uns 7.♘e2 angeschaut und als die bessere Fortsetzung empfohlen. Der Königszug gibt dem Nachziehenden ein gutes Gegenspiel, was auch der Verlauf dieser Partie bestätigt.

7...g6!?

Dieser Zug, gespielt mit dem Ziel einer schnellen Entwicklung des Königsflügels, sieht besser aus als 7...♘bd7 – siehe Abspiel 3.

8.♘c3

Werfen wir einen Blick auf die Entwicklung des anderen Springers.

8.♘f3!? ♗g7

A) 9.♗g5 0–0

(– Es geht auch 9...♘c6!?.

– Schwach ist hingegen 9...h6? wegen 10.♘c3! und nun geht nicht 10...hxg5?? 11.♖e1 ♗e6 12.♗xe6 0–0 13.♘xg5+–.)

10.♘c3 ♘c6 11.♘d5 ♕d6

(11...♕d8!? ist wahrscheinlich auch möglich.)

12.♗f4 ♕d7 13.♘xc7 ♘h5 14.♕e3 ♖b8 15.♘b5 ♘xf4 16.♕xf4 ♕f5 17.♕xf5 ♗xf5 18.♘d6 ♘xd4 19.♘xd4 ♗xd4 20.♘xf5 gxf5 21.♖b1 ♖bc8 mit ausgeglichenem Endspiel.

B) 9.♗d2!? ♘e4 10.♗b4 ♘d6 11.♘c3 0–0 12.♖e1 ♕d8 13.♘e5 ♗xe5 14.dxe5 ♘xc4 15.♕xc4 ♖e8 16.♖d1 ♕g5?

(Ein Verlustzug. Notwendig war 16...♗e6! 17.♕f4 ♘d7 18.♘e4 ♗f5 19.♘c5 ♘xc5 20.♖xd8 ♖axd8 21.♗xc5 ♖d1+ 22.♔e2 ♖xh1 und Schwarz muss sich keine Sorgen um sein Schicksal machen.)

17.♘e4 ♕xe5 18.♗c3 ♗e6 19.♕d3 ♕f4 20.♕d4 1–0, Marshall–Eisenberg, St. Louis 1904

8...♗g7 9.♗g5 0–0 10.♘d5 ♕d8 11.♖e1

Der Plan mit 11.♕f3 ist ungefährlich für Schwarz.

11...♘bd7 12.♖e1 ♔h8

(Oder 12...c6 13.♘e7+ ♔h8 14.♕b3 ♖e8 15.♘xc8 ♖xe1+ 16.♔xe1 ♖xc8 17.♘f3! ♕a5+ 18.♔f1 ♕f5 mit einer komplizierten Stellung.)

13.♕b3 h6

(13...♘b6 14.♘xb6 axb6 15.♘f3 ♗g4 16.♘e5 ♕xd4 17.♘xf7+ ♖xf7 18.♗xf7 ♘e4 19.♗e3 ♘d2+ 20.♗xd2 ♕xd2 21.f3 ♗d4 22.♖e2 ♕c1+ 23.♖e1 ♕d2=)

14.h4!? b5!

(Zu gefährlich ist 14...hxg5? 15.hxg5+ ♘h5 16.g4 ♘c5 17.♕d1 und Schwarz hat Probleme.)

15.♕xb5 ♖b8

(Nach 15...hxg5? 16.hxg5+ ♘h7 17.♕c6 ♖b8 18.♘e7 ♖xb2 19.♕e4 ♘df6 20.gxf6 ♗xf6 21.♘xc8 ♕xc8 22.♘f3 ♕f5 23.♕xf5 gxf5 24.♖h5 ♔g7 25.♖xf5 kann Weiß auf einen Mehrbauern stolz sein.)

16.♗xf6 ♗xf6 17.♕a5 ♗xd4 18.b3 ♘b6 19.♘f3 ♗g7 20.♘e3 ♘xc4 21.♘xc4 a6

Schwarz hat mit seinem Läuferpaar und angesichts des passiven weißen Turms auf h1 etwas bessere Perspektiven.

11...♘c6 12.♕f3

Nach 12.♘f3 ♘a5 13.♗xf6 ♗xf6 14.♕a4 ♘xc4 15.♕xc4 ♗e6 16.♘xf6+ ♕xf6 17.d5 ♗f5 18.g4 b5 19.♕d4 ♕xd4 20.♘xd4 ♗xg4 stünde Schwarz etwas besser.

12...♗e6 13.♗xf6

Die Variante 13.♘xf6+ ♗xf6 14.♗xf6 (14.d5 ♗xd5 15.♗xd5 ♗xg5 16.♗xc6 bxc6 17.g3 ♖b8∓) 14...♗xc4+ begünstigt Schwarz.

13...♗xd5

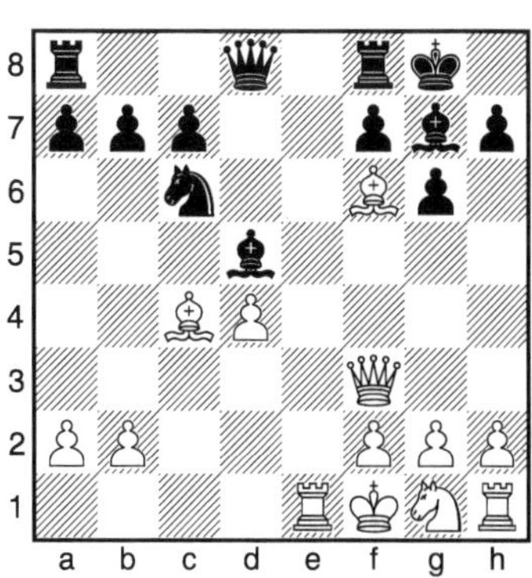

14.♗xd8?

Weiß unterläuft ein ernster Fehler. Im weiteren Verlauf der Partie entwickelt sich ein für Schwarz vorteilhaftes Endspiel.

Einen Versuch wert war noch 14.♗xd5! ♗xf6 15.♗xc6 bxc6 16.♘e2 ♗xd4 17.♘xd4 ♕xd4 18.b3 ♖fe8 19.♖d1 nebst g2–g3 mit Hoffnung auf Rettung am Horizont.

14...♗xc4+! 15.♘e2 ♖axd8 16.♕c3 ♖xd4

Stärker war 16...♗a6!.

17.f3

Noch zu versuchen war 17.♕e3!?.

17...♗a6 18.♔f2 ♖b4 19.♕e3 ♗xe2 20.♔xe2 ♖xb2+ 21.♔d1 ♘b4

21...♖xa2!? war viel einfacher!

22.♕e7 ♗c3 23.♕d7 ♖xa2

23...♘xa2!?–+

24.♖e3

24.♕xc7 ♖d2+ 25.♔c1 ♘d3+ 26.♔b1 ♖b2+ 27.♔a1 ♗g7–+

24...♖d2+ 25.♕xd2 ♗xd2 26.♔xd2 ♖d8+ 27.♔c1 ♔f8 28.♖d1 ♘d5 29.♖b3 b6 30.♔b2 ♖d6 31.♖bd3 c6 32.♖e1 a5 33.h4 ♖e6 34.♖xe6 fxe6

Weiß gab auf.

Kapitel 5

Pirc–Verteidigung

1.e4 d6

Dieses Kapitel ist eng mit Kapitel 9 verbunden. Es ist deshalb ratsam, beide Kapitel im Auge zu behalten.

2.d4 ♘f6 3.♘c3 g6

Wenn es Schwarz gelingt, in einem günstigen Moment den Vorstoß c7–c5 durchzusetzen, kann sein Läufer auf der Diagonale a1–h8 eine hohe Wirksamkeit entfalten.

4.f4

Mit diesem aggressiven Aufbau errichtet Weiß ein starkes Bauernzentrum. Das schwarze Gegenspiel richtet sich auf den Zentrumsvorstoß c7–c5 oder e7–e5.

4...♗g7 5.e5

Eine scharfe Fortsetzung, Weiß lädt zum Tanz auf der Rasierklinge ein. Diese Variante führt immer zu komplizierten Verwicklungen und birgt eine Fülle taktischer Motive.

Die Hauptvariante entsteht nach 5.♘f3 mit dem Ziel eines späteren e4–e5. Unter Zugumstellung kann auch diese Fortsetzung zu von uns analysierten Varianten führen, z.B. 5.♘f3 0–0 6.e5 ♘fd7 7.h4 usw. Der von uns vorgeschlagene Textzug ist energischer.

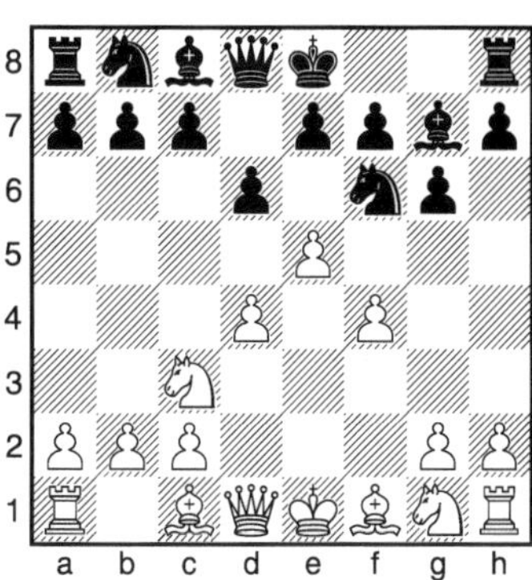

5...dxe5

Mit 5...♘fd7 kann Schwarz Damentausch vermeiden. Diese Variante analysieren wir in **Abspiel 1.**

Schauen wir uns einige Alternativen an.

I. 5...♘g4 6.h3 ♘h6 7.g4

A) 7...c6 8.♗e3 dxe5 9.dxe5 ♕xd1+ 10.♖xd1 f6 11.exf6 exf6 12.♗c4 ♘f7 13.♖h2 f5 14.♗c5 1–0, Rogulj–Cosic, Velika Gorica 2006

B) 7...♘d7 8.♗e3 c5 9.exd6 exd6 10.♕d2 cxd4 11.♗xd4 ♗xd4 12.♕xd4 ♕h4+ 13.♕f2 ♕xf2+ 14.♔xf2 ♘b6 15.♖d1 ♔e7 16.♗g2 ♖b8 17.♘f3 ♗e6 18.♘d4 ♖hd8 19.♖he1±, Soyolmaa–Erdenececeg, Ulan–Bator 2002

C) 7...♘g8 8.♗e3 h5 9.gxh5 ♖xh5 10.♘ge2 ♖h8 11.♘g3 ♘h6 12.♕f3 c6 13.exd6 ♕xd6 14.0–0–0 ♗f5 15.♘ge4

♕b4 16.a3 ♕a5 17.d5 ♔f8 18.♗d4 cxd5 19.♗xg7+ ♔xg7 20.♖xd5 und Schwarz hat Probleme, Heinemann–Behr, Deutschland 1999.

II. 5...♗g4 6.♗e2 ♗xe2 7.♘gxe2 dxe5 8.fxe5 ♘d5 9.♘e4 c6 10.♗g5 0–0 11.♕d2 ♘a6 12.0–0–0 ♘ac7 13.♗h6 ♘e6 14.h4 ♗xh6?? (△14...f5) 15.♕xh6 ♘g7 (15...f5 16.h5!+–) 16.♘g5 1–0, Garcia Magadan–Novoa Quintas, Oviedo 2005

III. 5...♘g8 6.♘f3 d5 7.♗d3 ♗g4 8.h3 ♗xf3 9.♕xf3 e6 10.♗e3 h5 11.g3 a6 12.0–0–0 ♘c6 13.g4 f5 14.gxf5 gxf5 15.♖hg1 ♕d7 16.♖g5 0–0–0 17.♘xd5! ♗h6 (17...exd5 18.♗xf5+–) 18.♖xg8 ♖dxg8 19.♘f6+–, Nguyen Thanh Son–Hoang Canh, Hanoi 2002

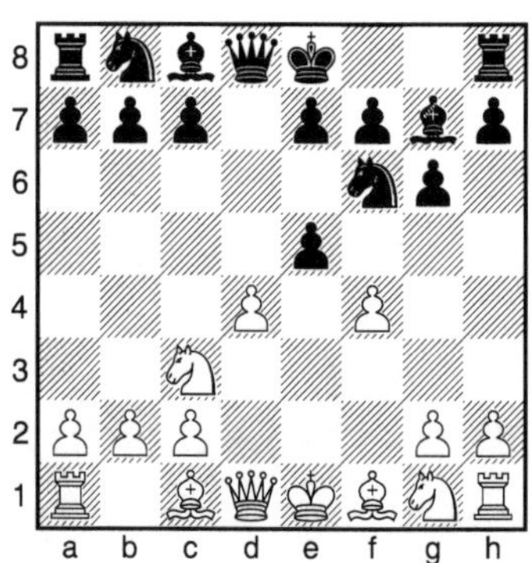

6.fxe5

Normalerweise wird hier 6.dxe5 gespielt. Diesem Zug widmen wir uns in **Abspiel 2**. Aber auch unsere Textfortsetzung verdient Aufmerksamkeit.

6...♘d5

Nach 6...♘fd7 kommt das scharfe 7.h4!? oder das solide 7.♘f3 infrage; z.B. 7.♘f3 0–0

(Auch auf 7...♘c6 geht 8.♗c4!?.)

8.♗c4 e6 9.0–0 c5 10.♗f4 cxd4 11.♕xd4 ♘c6 12.♕e3 ♕b6 13.♕xb6 ♘xb6 14.♗b3 a6 15.♖fe1 ♖d8 16.♘e4 ♘d5 17.♗g3 b5 18.♖ad1 ♘ce7 19.♗h4 ♗b7 20.♘d6 ♖d7 21.♗xe7 ♖xe7 22.♘xb7 ♖xb7 23.♗xd5

(23.♖xd5!? verdient Beachtung.)

23...exd5 24.♖xd5 mit einem Mehrbauern. In der Partie Büttner–Drygalla, Deutschland 2000, baute Weiß seinen Vorteil bis zum späteren Sieg aus.

7.♘f3

Weiß setzt kontinuierlich auf die weitere Entwicklung seines Königsflügels.

Spielbar ist auch 7.♗c4!?; z.B. 7...♘xc3 8.bxc3 0–0 9.♘f3 c6

(Nach 9...c5 10.0–0 cxd4 folgt 11.♘g5! mit Angriff.)

10.0–0

A) 10...♗g4 11.h3 ♗xf3 12.♕xf3 ♕e8 13.♖b1

Nun steht Schwarz einiges Kopfzerbrechen bevor, wenn er sich an die weitere Entwicklung seines Damenflügels macht, Kubis–Janos, Slowakei 1998.

B) 10...e6 11.♗g5 ♕c7 12.♕d2 c5 13.♗d3 ♘c6 14.♕f4 cxd4 15.cxd4 f6

16.exf6 ♕xf4 17.♗xf4 ♗xf6 18.♗e3 (18.c3!?) 18...♖d8 19.c3 ♔g7 20.♗c4 ♘a5 21.♗e2 ♗d7 22.♗g5 ♗xg5 23.♘xg5 h6 24.♘f7 ♖dc8 25.♘d6 ♖f8 26.♗f3 ♖ab8 27.♖ae1 mit einem positionellen Vorteil auf der Seite des Anziehenden, Hepnar–Nyvlt, Nachod 2004.

C) 10...b5 11.♗d3

(11.♗b3 ♗e6 12.♗xe6 fxe6 13.♘g5 ♘a6 14.♖xf8+ ♕xf8 15.♘xe6±, Ricci–Del Nevo, Arco 2009)

11...♗g4 12.♕e1 ♗xf3 13.♖xf3 e6 14.♗e4 a6 15.♗a3 ♖e8 16.♕f2 ♖a7 17.♗c5 ♖b7 18.♖f1 mit starkem Druck gegen den Punkt f7. Weiß hat ein entscheidendes Übergewicht erlangt, Skogli–Bue, Oslo 2006.

7...0–0 8.♗c4 c6

Damit wird die Position des Springers d5 verstärkt.

I. 8...♗e6 9.♕e2 ♘xc3

(9...c5 10.♘xd5 ♗xd5 11.♗xd5 ♕xd5 12.c4 ♕d7 13.d5 e6 14.d6 ♘c6 15.h4 f6 16.h5 fxe5 17.hxg6 hxg6 18.♕e4 ♘d4 19.♕xg6 ♖f5 20.♘g5 ♘c2+ 21.♔d1 ♘xa1 22.♖h8+! 1–0, T. Petrosjan–Gurieli, Dubai 2007)

10.bxc3 ♗xc4 11.♕xc4 ♘d7 12.0–0 ♘b6 13.♕d3 ♕d5 14.♗g5 f6 15.♗f4 c6 16.♖fb1 fxe5 17.♗xe5 ♗h6 18.♖b4 ♖f7 19.c4 ♕a5 20.a3 ♖af8 21.♕b3

Weiß hat angesichts seines Raumvorteils, der Initiative und der aktiveren Figurenaufstellung die besseren Aussichten, Thipsay–Lelchuk, Jakarta 1993.

II. Hier wurde auch schon 8...♘b6 probiert. Weiter kann folgen: 9.♗b3 ♗g4.

(Oder 9...♘c6 10.0–0 ♗g4 11.♗e3 ♘a5 12.♕e1 ♘xb3 13.axb3 f6 14.♕g3 ♗e6 15.♖ad1 c6 16.h3 ♕c7 17.♗f4 mit besseren Aussichten für Weiß, Latreche–Matoussi, Tripolis 2009.)

10.♘e4 ♘a6 11.c3 c5 12.0–0 cxd4 13.cxd4 ♘c7 14.♗e3 ♘bd5 15.♗f2 f6 16.♗g3 ♔h8 17.♕d2 f5 18.♘c3 ♗xf3 19.♖xf3 e6 20.♖c1 ♖f7 21.♘xd5 ♘xd5 22.♖ff1 ♖d7 23.♗a4 ♖c7 24.♖xc7 ♕xc7 25.♖c1 ♕b6 26.♗b3 ♖d8 27.♗h4 ♖e8 28.♗xd5 exd5 29.♗f2 h6 30.♖c5 ♖d8 31.♕c3

Weiß hat positionell die Nase vorn, Schukow–Polyakow, Beloreschensk 2009.

9.0–0 ♘a6

Schwarz entwickelt seinen Damenflügel und plant, mittels ♘a6–c7 dessen Artgenossen auf d5 zu stärken.

Hier ein Blick auf einige Alternativen.

I. 9...♗g4 10.♗b3 a6 11.♘e4 ♘d7 12.h3 ♗xf3 13.♕xf3 ♕b6 14.♕f2 e6? (△14...f6!) 15.♔h1 a5 16.c3 ♕c7 17.♕h4 a4 18.♗c2 b5

Nun hätte Weiß in der Partie Marzluf–Günther, Bad Wörishofen 1992, 19.♗h6 ziehen sollen. Damit hätte er die Drohung ♘e4–g5 aufgestellt und sich einen starken Angriff verschafft.

II. 9...h6 10.♕e1 ♔h7

(10...♗e6 11.♗b3 ♘d7 12.♕h4 g5 13.♗xg5!+−, Kobernat–Harvey, Stillwater 2007)

11.♕h4 f6 12.♗d2 ♗f5 13.♗b3 ♘b4 14.♘e4 ♗xe4 15.♕xe4 ♘d5 16.c4 ♘c7 17.♖ae1 ♘d7 18.e6 f5 19.♕h4 ♘f6 20.♘g5+ ♔h8 21.♘f7+ ♖xf7 22.exf7+−, Curdo–Hori, Natick 2003

III. 9...♗f5 10.♕e2

(In der Partie Saldano Dayer–Diaz, Albacete 2005, geschah 10.♘e2 b5 11.♗b3 ♘a6 12.♘g3 ♗g4 13.h3 ♗e6 14.♘g5 ♘ac7 15.♘3e4 h6 16.♘xe6 ♘xe6 17.c3 ♕b6 18.♔h1 ♖ad8 19.♕f3 a5 20.a3 b4 21.axb4 axb4 22.♗c4 ♘ec7 23.♗d2 ♘b5 24.♘c5 ♘bc7 25.e6 fxe6 26.♕e4 ♖xf1+ 27.♖xf1 e5 28.♕xg6 1–0.)

10...h6 11.♘h4 ♗e6 12.♘xd5 ♗xd5 13.♗d3 ♗e6 14.♗e3 c5 15.♘f3 ♘c6 16.dxc5 ♕c7 17.♗f4 ♔h7 18.c3 ♗g4 19.♖ae1 a5 20.♕e3 und der weiße Vorteil ist offensichtlich, Curdo–Wong, Harvard 1995.

IV. Nach 9...a5 10.♗g5 h6 11.♗d2 ♗e6 12.♘xd5 ♗xd5 13.♗xd5 cxd5 14.c3 ♖a6 15.♘e1 ♖c6 16.♘d3 ♘a6 17.♕e2 ♘c7 18.♖f3 f6 19.♖af1 bekam Weiß ausgezeichnete Angriffschancen am Königsflügel, Unzicker–Matanovic, Berlin 1971.

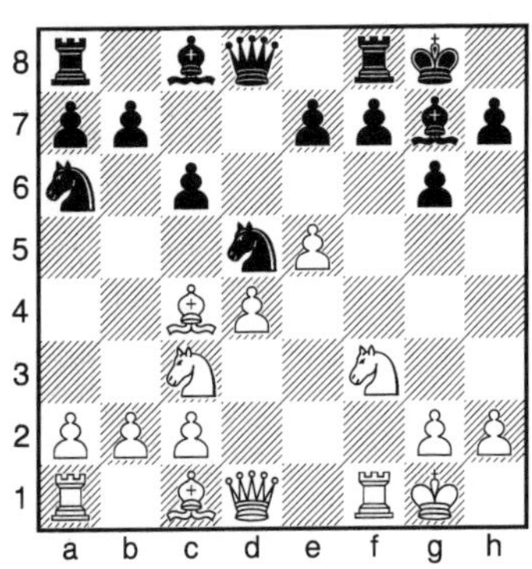

10.♕e1

Die Dame wird zum Königsflügel überführt.

Möglich ist auch 10.♕e2 ♘ac7 11.♘e4 h6 12.c3 ♘e6 13.♕f2 ♘ef4 14.♘e1 g5 15.h4±, Niebling–Wohlfart, Baunatal 1999.

10...f6 11.♕h4 ♘ac7 12.♗h6 ♗e6 13.♖ae1 ♗f7 14.♘e4 ♘e6 15.♗xg7 ♔xg7 16.♗xd5 cxd5 17.exf6+ exf6 18.♘c5 ♘xc5

Schwach ist 18...♖e8? wegen 19.♘e5! ♘f8

(Oder 19...fxe5 so 20.♖xf7+! ♔xf7 21.♕xh7+ ♘g7 22.♖f1+ ♕f6 23.♖xf6+ ♔xf6 24.dxe5+ ♖xe5 25.♘d7+ usw.)

20.♘xf7 ♔xf7 21.♖xe8 ♕xe8 22.♕xf6+ +−, Sharbaf–Salman, Dubai 2006.

19.dxc5 ♖c8 20.b4 nebst ♘f3–d4 mit guten Perspektiven für Weiß.

Abspiel 1

Die Fortsetzung 5...♘fd7

1.e4 d6 2.d4 ♘f6 3.♘c3 g6 4.f4 ♗g7 5.e5 ♘fd7

Schwarz vermeidet den Damentausch.

5...dxe5 6.dxe5 besprechen wir in **Abspiel 2**.

6.♘f3 0–0

Damit wird der König erst einmal aus der Gefahrenzone gebracht und zugleich lässt Schwarz den Kontrahenten über seine weiteren Pläne noch im Unklaren.

Der sofortige Gegenschlag im Zentrum mit 6...c5 ist verfrüht; z.B. 7.exd6 0–0 8.♗e3 exd6 9.♕d2 ♘c6 10.0–0–0 ♕a5 und nach 11.g4 ♘f6 12.h3 b6 13.f5 ♖e8 14.♗g2 ♗b7 15.♖he1 b5 16.g5 ♘d7 17.f6 ♗f8 18.♔b1 b4 19.♘e2 ♘b6 20.♘f4 ♘c4 21.♕f2 ♖ab8 22.♗c1 ♖xe1 23.♕xe1 ♘xd4 24.♘xd4 cxd4 25.♗xb7 ♖xb7 26.♕e4 d5 27.♕xd5 ♕xd5 28.♘xd5 ♗c5 29.♖e1 bekam Weiß in der Partie Rogulj–Slogar, Sentjur 2009, ein vorteilhaftes Endspiel.

7.h4

Konsequent gespielt. Durch die Kombination der möglichen Hebelzüge h4–h5 und e5–e6 werden die weißen Felder rund um den schwarzen König spürbar bedroht. Anderseits muss Weiß aufpassen, denn falls sein Angriff abgewehrt wird, steht sein eigener König im Zentrum nicht sicher.

7...c5

Die beste Reaktion. Schwarz will das weiße Bauernzentrum zerstören.

8.h5

Interessant, aber nicht zu empfehlen ist 8.e6 fxe6 9.h5 gxh5 10.♖xh5 ♘f6 11.♖h4 cxd4 12.♘xd4 ♕b6, denn es ist nicht zu sehen, wie Weiß weiter angreifen kann.

8...cxd4

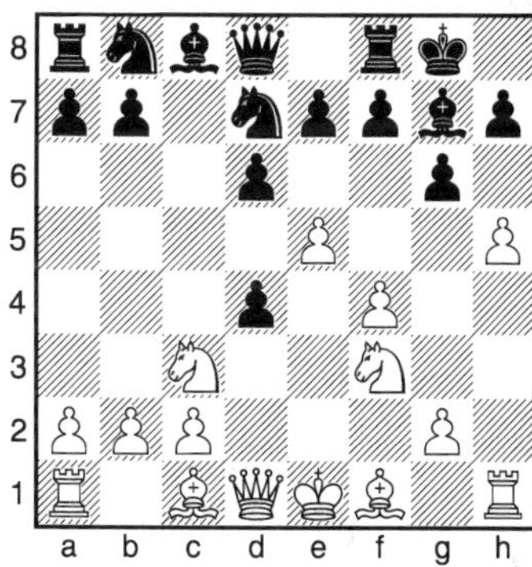

9.hxg6

Diese Fortsetzung trifft man in der Praxis zumeist an und die Theorie weist sie als beste Möglichkeit aus.

Wir möchten Ihnen allerdings die starke Alternative 9.♕xd4!? vorschlagen. Die Dame wird ins Spiel gebracht, es droht das Manöver ♕d4–f2 (oder ♕g1–h2)–h4 mit aktivem Spiel am Königsflügel. Hier ein Blick auf einige Varianten.

A) 9...♘c6 10.♕f2

A1) 10...e6 11.exd6 ♘f6 12.hxg6 fxg6 13.♗d2 ♕xd6 14.0–0–0±

A2) 10...♖e8 11.hxg6 hxg6

(11...fxg6 12.♗c4+ e6 13.♘g5±)

12.e6! fxe6 13.♗d3 mit Angriff, Hector–Johansen, Gausdal 1990.

A3) 10...dxe5 11.hxg6 fxg6 12.♗c4+ e6

(Auf 12...♔h8 folgt das typische Turmopfer 13.♖xh7+! ♔xh7 14.♘g5+ mit Gewinn.)

13.♗xe6+ ♔h8 14.♘g5 ♘f6 15.♘f7+ ♖xf7 16.♗xf7 ♗f5 17.♗b3 ♕e7 18.0–0±, Yeo–Rudd, London 2009

B) 9...dxe5 10.♕f2

(Als Gegenstand für weitere Forschungen empfiehlt sich 10.♕g1!?; z.B. 10...e4 11.♘xe4 ♘f6 12.♘xf6+ exf6 13.hxg6 ♖e8+ 14.♔f2 hxg6 15.♕h2 mit sehr kompliziertem Spiel.)

B1) 10...exf4 11.hxg6 fxg6

(Die nach 11...hxg6 12.♕h4 ♘f6 13.♗xf4 ♕a5 zu empfehlende Fortsetzung 14.♗b5! analysieren wir in der **Partie Nr. 44**, Vaisser–Palac, Cannes 2000.)

12.♕h4 ♘f6 13.♗xf4 Δ♘f3–g5 mit guten Angriffsmöglichkeiten für Weiß.

B2) 10...e6 11.hxg6 fxg6

(Auf 11...hxg6 kann Weiß mit 12.♕g3! reagieren und sich so Angriffschancen sichern; z.B. 12...e4 13.♘xe4 ♘f6 14.♕h2 ♘bd7 15.♗d2 nebst 0–0–0 mit einer schwierigen Stellung für Schwarz.)

12.♕g3 exf4 (12...♘c6 13.♕h3±) 13.♗xf4 ♕f6

(– 13...♖xf4 besprechen wir in der **Partie Nr. 45**, Vokác–Votava, Lazne Bohdanec 1996.

– Die Alternative 13...♕a5 analysieren wir in der **Partie Nr. 46**, Stein–Liberzon, Jerewan 1965.)

14.♗g5 ♕f7 15.♗c4

Weiß verfügt über eine aktive Stellung. Nach der langen Rochade kann er Druck gegen den Bauern e6 aufbauen, Osterman–Nouro, Finnland 1996.

B3) 10...♘f6 11.hxg6 fxg6 12.fxe5 ♘g4 13.♗c4+ e6 14.♕g3±, Hector–Polihroniade, Palma 1989

B4) 10...e4!? gilt als die beste Antwort.

11.♘xe4

(11.♘g5!? sieht interessant aus; z.B. 11...♘f6 12.hxg6 hxg6 13.♗e3 ♗g4 14.♕h4 ♘bd7 15.♘gxe4 ♖e8 16.♘f2 e5 17.f5 ♗xf5 18.0–0–0 mit Initiative für Weiß, E. Pähtz–Schmaltz, Dresden 2002.)

11...♘f6 12.♘xf6+ exf6 13.hxg6 ♖e8+

(13...hxg6 14.♗d2 ♘c6 15.0–0–0 ♗e6 16.♕h4 ♖e8 17.f5 ♗xf5 18.♕h7+ 1–0, Jovanovic–Martic, Bizovac 2007)

14.♗e3 hxg6 15.♗d3 ♕b6

(Stark ist auch 15...♕a5+; siehe hierzu die **Partie Nr. 47**, Banas–Kindermann, Trnava 1987.)

16.♔d2 ♕a5+

(16...♕xb2 ist der Einstieg in ein für Weiß günstiges Geschehen; z.B. 17.♗c5 f5 18.♘e5 ♘d7 19.♖hb1 ♗xe5 20.♖xb2 ♗xb2 21.♖e1 ♖xe1 22.♔xe1 ♘xc5 23.♕xc5 mit Vorteil.)

17.c3 ♘c6 18.♔c2 ♗f5

Schwarz steht aktiver, seine Position ist vorzuziehen.

9...dxc3

Der Springer wird liquidiert. Nach 9...hxg6 10.♕xd4 käme Weiß zu einer starken Initiative. Hier ein Blick auf ein paar Beispiele.

A) 10...♘c6 11.♕g1 dxe5 12.♕h2 ♘f6 13.fxe5 ♘h5 14.♗d2 ♗g4 15.0–0–0 ♕a5 16.♕h4 ♗xf3 17.gxf3 ♘xe5 18.♗e2 ♖fc8 19.f4 ♗f6 20.♕h3!

(Aber nicht 20.♕xh5? gxh5 21.fxe5 ♕xe5 22.♖xh5 ♕d4 23.♖h3 ♗g7–+, Kostin–Sucharewa, Woronesch 2009.)

20...♘c4 21.♗xc4 ♖xc4 22.f5 mit starkem Angriff.

B) Zu 10...♕b6? – siehe **Partie Nr. 48**, Morris–Atzmon Simon, Sydney 2010.

C) Zu 10...dxe5? – siehe **Partie Nr. 49**, Gu Xiaobing–Wang Xiaohui, Xinghua Jiangsu 2009.

10.gxf7+ ♖xf7

Der einzig spielbare Zug. Es verliert 10...♔h8?? 11.♖xh7+! ♔xh7 12.♕d3+ ♔h8 13.♘g5 mit schnellem Matt.

11.♗c4

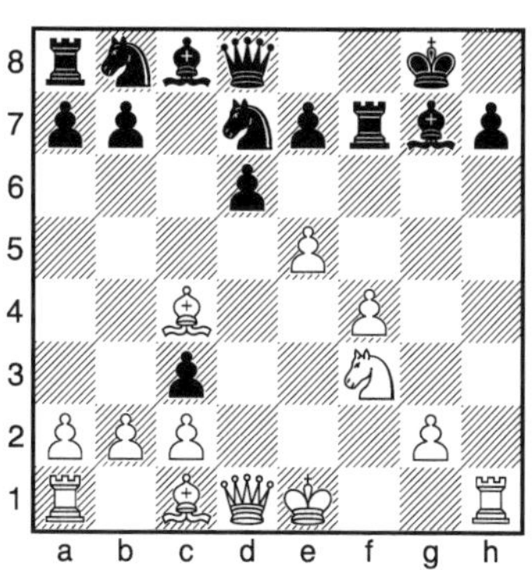

11...e6

Laut Theorie das Beste. Allerdings dürfen wir die Augen nicht vor anderen Möglichkeiten verschließen.

I. 11...♘f8!? 12.♗xf7+ ♔xf7 13.♘g5+ ♔g8 14.♕h5

A) 14...♕a5 15.♕f7+ ♔h8 16.♘xh7! cxb2+ 17.♔f1 ♕b5+ 18.c4+–

B) 14...♗d7 15.♕f7+ ♔h8 16.♖xh7+! ♘xh7 17.♕h5 ♕g8 18.♘f7+ ♕xf7 19.♕xf7 ♘c6 20.bxc3 dxe5 21.♗d2 ♖f8 22.♕b3 exf4 23.0–0–0 b6 24.♕d5 ♗e8 25.♖h1 ♘e5 26.♕e6 ♗f7 27.♕xe7 ♗xa2 28.c4 1–0, Copie–Martino, Argentinien 1968

C) 14...dxe5 15.♕f7+ ♔h8 16.♘xh7 ♘xh7 17.♕g6 ♔g8 18.♕xh7+ ♔f8 19.♕h8+ (19.fxe5!?) 19...♗xh8 20.♖xh8+ ♔f7 21.♖xd8 ♘c6 22.♖h8 mit weißem Vorteil, Schirow–Smirin, Odessa 2007.

D) 14...cxb2 15.♕f7+ ♔h8 16.♗xb2 ♕a5+

(16...h6 17.♖xh6+! ♗xh6 18.e6+ mit Matt)

17.c3 ♕a4

(Nach 17...♕b6 18.0–0–0 ♘bd7 19.exd6 ♕e3+ 20.♔b1 ♘e5 21.fxe5 ♕xg5 22.dxe7 ♕f5+ 23.♕xf5 ♗xf5+ 24.♔a1 ♘e6 25.♖hf1 ♗g4 26.♖d7 ist Schwarz nicht mehr zu retten.)

18.♘xh7! ♕e4+ (18...♘xh7 19.♕g6+–) 19.♔f2 ♕c2+

(19...♘xh7 20.♕e8+ ♗f8 21.♕xf8#)

20.♔e3 ♕xh7 21.♖xh7+ 1–0, Konikowski–Plater, Augustow 1968

E) 14...h6! ist die beste Antwort.

15.♕f7+ ♔h8 16.e6!?

Die einzige Chance, um weiter um Vorteil zu kämpfen.

(Nach 16.♕b3 ♕a5 17.♘f7+ ♔h7 18.♘g5+ hat Weiß nichts Besseres, als sich mit ewigem Schach zufriedenzugeben.)

16...♕a5 17.♔f2!? ♕d5 18.f5 ♘c6 19.♘f3 ♗xe6 20.fxe6 ♕xe6 21.♕xe6 ♘xe6 22.bxc3 mit dem etwas besseren Endspiel für Weiß. Diese Variante bedarf einer Überprüfung in der Praxis.

II. 11...cxb2 12.♗xf7+

A) 12...♔xf7 13.♘g5+ ♔f8 14.♘xh7+

(Es gewinnt auch 14.♘e6+ ♔g8 15.♘xd8 usw.)

14...♔g8 15.♕d5+ ♔h8 16.♘g5+ ♗h6 17.♖xh6+ ♔g7 18.♕f7+ 1–0, Davies–Franklin, Swansea 1970

B) 12...♔f8 13.♗xb2 ♕a5+ 14.♔f2 dxe5 15.fxe5 (15.♗b3!?+–) 15...♘c6 16.♗b3 ♘dxe5 17.♘xe5 ♘xe5 18.♗xe5 ♗xe5 19.♕f3+ ♔e8 20.♖ad1 1–0, Norkin–Malisow, Moskau 1964

12.♘g5

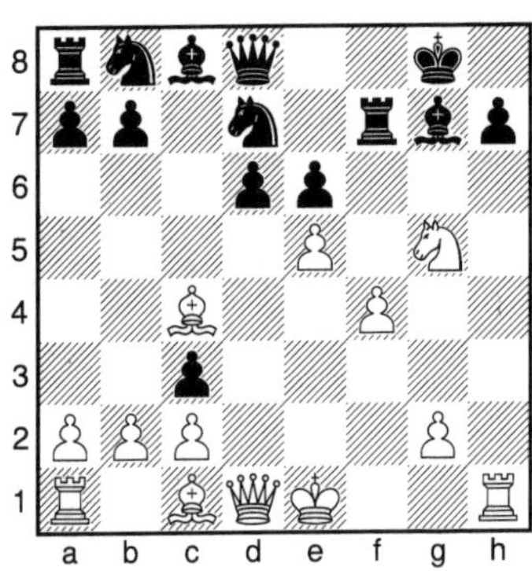

12...♘f8

So wird der Bauer h7 gedeckt, was dem Nachziehenden die weitere Verteidigung erleichtert.

Es wurden aber auch schon andere Möglichkeiten sondiert.

I. 12...♘xe5 13.♕h5!

A) 13...cxb2 14.♗xb2 ♕a5+

(14...♕e7 15.fxe5 ♖f5 16.♕xh7+ ♔f8 17.♕h8+! ♗xh8 18.♖xh8+ ♔g7 19.exd6+ ♕f6 20.♗xf6+ ♔xf6 21.♖xc8 1–0, Villanueva–Aloy, Banfield 2003)

15.♔d1 ♖xf4 16.♗xe6+ ♗xe6 17.♕xh7+ ♔f8 18.♘xe6+ ♔f7 19.♘xf4 ♘bd7 20.♕f5+ ♘f6 21.♕e6+ ♔f8 22.♗xe5 1–0, Markovic–Pakosta, Tschechische Republik 1996

B) 13...♕a5 14.fxe5 cxb2+

(Zu 14...♕xe5+ siehe **Partie Nr. 50**, Sorokin–Dubovik, Fernpartie 1968.)

15.♔d1 bxc1♕+ 16.♖xc1 ♖f2 (16...♖e7 17.♕xh7+ ♔f8 18.♕g6+–) 17.♕e8+ 1–0, Stewart–MacDonald, Kanada 1972

C) 13...h6! 14.fxe5 hxg5

(14...cxb2? 15.♕xf7+ ♔h8 16.♖xh6+ ♗xh6 17.♕h7#)

15.♕h7+ ♔f8 16.♕h8+ ♗xh8 17.♖xh8+ ♔g7 (17...♔e7 18.♗xg5+ +–) 18.♖xd8 ♘c6

(18...♖c7? 19.♗d3 cxb2 20.♗xb2 d5 21.♗a3! ♗d7 22.♗f8+ ♔f7 23.♔d2 ♖c8 24.♗h7!! 1–0, Perecz–Hever, Ungarn 1974. Es könnte noch folgen: 24...♖xd8 25.♖f1+ ♔e8 26.♗g6#.)

19.♖xd6 ♘xe5 20.♗e2 ♖d7

(Nach 20...♗d7 21.bxc3 ♖h8 22.♗b2 ♖h1+ 23.♔d2 ♖xa1 24.♗xa1 steht Weiß mit seinem Läuferpaar etwas besser.)

21.♖xe6 ♖d1+ 22.♔xd1 ♗xe6 mit gleichem Endspiel.

II. 12...cxb2 13.♗xb2 ♕a5+

(13...♘xe5 14.♕h5 ♗f6 15.0–0–0 ♗xg5 16.fxg5 ♘xc4 17.g6+–)

14.♔e2 d5 15.♗d3 ♘f8

(Nach 15...♖e7 geht 16.♖xh7 ♘c5 17.♔e3 mit der Drohung ♕d1–h5 und starkem Angriff.)

16.♘xf7 ♔xf7 17.♔f1 ♕b4 18.♗c1 h6 19.♖h3 ♘c6 20.♖g3 ♔g8 21.♕h5 ♕e7

A) 22.f5 ♕f7 23.♖xg7+! ♕xg7 24.f6 ♕f7 25.♕g4+ ♔h8 26.♗xh6 ♗d7 27.♗g7+ ♔g8 28.♗xf8+ ♔xf8 29.♗g6 ♘xe5 (29...♕g8 30.♕h5+–) 30.♕b4+ +–

B) 22.♕xh6! ♕f7 23.♔g1 mit weißem Vorteil.

13.♘xf7

Aber nicht 13.♕h5? wegen 13...♖c7!.

13...♔xf7

So ist es richtig. Nicht zu empfehlen ist 13...cxb2?. Wir widmen uns den Folgen in der **Partie Nr. 51**, Nakamura–Smirin, Mashantucket 2005.

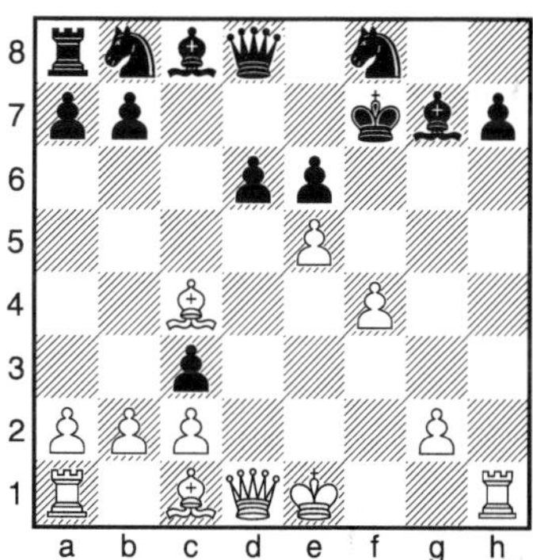

14.♕h5+

Zu scharfem Spiel führt 14.f5!?. Diese Idee wurde noch nicht genau untersucht und in der Praxis ausprobiert. Hier ein Blick auf einige Möglichkeiten.

A) 14...♕a5 15.fxe6+ ♗xe6

(15...♔e8 16.♕h5+ ♘g6 17.0–0 ♕c5+ 18.♖f2 ♕xc4 19.♕xh7 ♕xe6 20.♕xg7+–)

16.♕h5+ ♔g8 17.♗xe6+ ♘xe6 18.♕xh7+ ♔f8 19.♕f5+ 1–0, Pirrot–Hardt, Wien 1998

B) 14...♔g8 15.f6 ♗xf6 16.exf6 ♕xf6 17.♕g4+ ♔h8 18.♖f1 ♕e5+ 19.♔d1 ♘g6 20.♗g5 cxb2 21.♖b1 ♔g8 22.♗f6 1–0, Lemke–Grimm, Deutschland 1988

C) 14...d5 15.f6! cxb2

(15...♗xf6 16.exf6 ♕a5 17.♕h5+ ♔g8 18.f7+ ♔g7 19.♗h6+ mit schnellem Matt.)

16.♕h5+ ♘g6 17.♗xb2 dxc4 18.fxg7 ♕g8 19.0–0–0 ♘c6 20.♕f3+ ♔e8 21.♕f6 ♘ce7 22.♖df1 ♘f5 23.g4 ♘xg7 24.♖xh7! ♘f5 25.gxf5 1–0, Borda–B. Toth, Ungarn 1971

D) 14...cxb2! ist die beste Verteidigung.

15.♗xb2!?

Nur so kann Weiß seine Ambitionen auf Vorteil weiter verfolgen.

(Eine remisliche Variante entsteht nach 15.♕h5+ ♔g8 16.♗xb2 ♕a5+ 17.♔e2 ♕b4 18.♗b3 ♕e4+ 19.♔f2 ♕f4+ ½–½, Lubos–Grivainis, Fernpartie 1981.)

15...♕a5+

(Aber nicht 15...d5? 16.♕h5+ ♔g8 17.0–0–0 mit einer schwierigen Situation für Schwarz.)

16.♔f1 ♗xe5 17.♕h5+ ♔e7 18.fxe6 ♗xe6

(Auf 18...♘xe6 ist 19.♖e1! stark.)

19.♗xe6 ♘xe6 20.♕xh7+ ♔d8 21.♕xb7 ♗xb2 22.♕xb2 ♕f5+ 23.♔g1 ♕c5+ 24.♔f1 ♕f5+ mit Dauerschach.

14...♔g8 15.♗d3

15.f5 bringt nichts wegen 15...♕a5 mit ausgezeichnetem Spiel für Schwarz.

15...h6

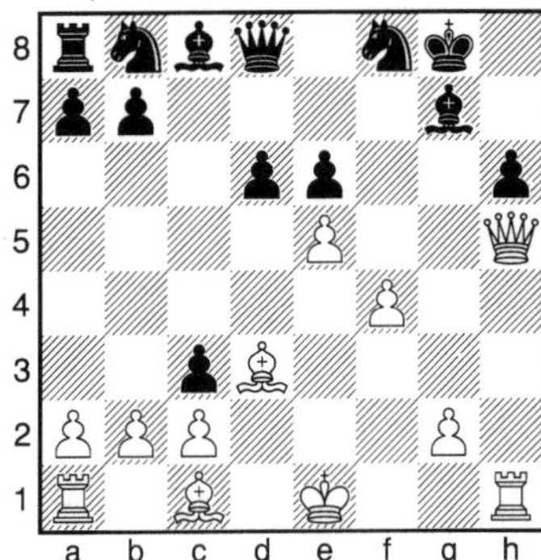

Die beste Antwort.

Andere Erwiderungen begünstigen den Anziehenden.

I. 15...cxb2 16.♗xh7+!?

(Dies ist eine beachtenswerte Alternative zu dem anderen starken Zug 16.♗xb2!. Nach z.B. 16...♕a5+ 17.♔f1 sind wir unter Zugumstellung in der **Partie Nr. 51**, Nakamura–Smirin, angekommen.)

16...♘xh7 17.♕xh7+ ♔f8 18.♗xb2 ♕a5+ 19.c3 ♘c6 20.♖h5 ♘e7 21.0–0–0 ♕a4 22.♖d4 mit starker weißer Initiative.

II. 15...♘bd7 16.♗xh7+ ♘xh7 17.♕xh7+ ♔f8 18.♕h8+ ♗xh8 19.♖xh8+ ♔f7 (19...♔e7 20.exd6+ ♔xd6 21.♖xd8+–) 20.♖xd8 dxe5

21.bxc3 exf4 22.♗xf4 e5 23.♗e3 ♘f6 24.0–0–0+–, Zimels–Goroschenko, Nikolajew 2001

III. 15...♘c6 16.♗xh7+ ♘xh7 17.♕xh7+ ♔f8 18.bxc3 ♕a5 19.♖h3 ♘e7 20.exd6 ♘f5 21.♗d2 (21.♗b2!?) 21...♕c5 22.0–0–0 ♗d7 23.♖dh1 ♕a3+ 24.♔d1 ♕xd6 25.♖d3 ♕e7 26.g4 ♘d6 27.f5 1–0, Alvim–Mraz, IECC Email 1999

16.♖h4

Ein Vorschlag von James Vigus in seinem Buch „The Pirc in Black and White", Everyman Chess 2003. Wir sind ebenfalls der Meinung, dass diese Fortsetzung gute Angriffsmöglichkeiten verspricht.

Wir möchten aber zusätzlich auf 16.bxc3!? aufmerksam machen; z.B. 16...♕c7 mit den Abspielen:

A) 17.♗d2 dxe5 18.fxe5 ♕xe5+

(18...♘bd7 19.0–0–0 ♘xe5 20.♗xh6 ♕xc3 21.♗xg7 ♘xd3+ 22.♖xd3 ♕xg7 23.♖hh3 ♘g6 24.♖d8+ ♘f8 25.♖f3 1–0, Maciulewicz–Merrell, USA 1992)

19.♕xe5 ♗xe5 20.0–0–0 ♘c6 und Weiß hat keinen Vorteil erreicht;

B) 17.0–0!? ♕xc3 18.♖b1 ♕c5+ (18...dxe5 19.fxe5 ♕xe5 20.♖xf8+ ♔xf8 21.♗a3+ nebst #) 19.♔h1 ♘c6 20.♖f3 und der weiße Angriff ist kräftig.

16...♘bd7

Schwarz muss seine Entwicklung fortsetzen.

I. Die Folgen von 16...dxe5 sind günstig für Weiß.

17.♖g4 e4 18.f5 exf5

(18...♕d4? 19.♗xh6 cxb2 20.♖b1 ♕c3+ 21.♔f1 exf5 22.♗xg7 ♕xg7 23.♗c4+ ♗e6 24.♗xe6+ ♘xe6 25.♕e8+ ♘f8 26.♖xg7+ ♔xg7 27.♕e7+ 1–0, Bermudez–Valdes, San Jose Julio 2005)

19.♖xg7+! ♔xg7 20.♗xh6+ ♔g8 21.0–0–0

A) 21...♗e6 22.♗c4 ♕f6 23.♗xe6+ ♘xe6 (23...♕xe6 24.♖d8+–) 24.♕e8+ ♘f8 25.♗xf8 cxb2+ 26.♔b1 ♕f7 27.♕c8 ♘d7 28.♕xa8 ♘xf8 29.♕xa7 f4 30.♕d4 e3 31.♕e4 mit realen Gewinnchancen.

B) 21...cxb2+ 22.♔b1 ♗e6 23.♗c4 ♕f6 24.♗xe6+ ♘xe6 25.♕e8+ ♘f8 (25...♔h7 26.♖h1+–) 26.♗xf8 ♘d7

(26...♕xf8 27.♕g6+ ♔h8 28.♖h1+ ♕h6 29.♖xh6#)

27.♕xa8 ♘xf8 28.♕xb7 +–

II. Auch nach 16...♘c6 17.♖g4 ist die Verteidigungsaufgabe schwierig für Schwarz; z.B. 17...♕e7

(17...dxe5 18.fxe5 cxb2 19.♖xg7+ ♔xg7 20.♗xh6+ ♔h8 21.♖d1+–)

18.♕xh6 dxe5 19.bxc3 exf4 20.♗a3 ♕f7 21.0–0–0 ♘e5 22.♗h7+! ♔h8

(22...♘xh7 23.♖d8+ ♘f8 24.♗xf8 ♘xg4 25.♗xg7+ mit schnellem Matt)

23.♕h3 ♘xg4 24.♗g6+ ♔g8 25.♗xf7+ ♔xf7 26.♕xg4 mit materiellem weißem Vorteil.

17.♖g4 ♕e7 18.exd6 ♕xd6

Oder 18...♕f6 19.b3 ♘b6 20.♖g3 ♗d7 21.♗e3 ♘d5 22.♕f3 ♘xe3 23.♕xe3 ♔h8 24.0–0–0 e5 25.fxe5 ♕xe5 26.♖h1 ♕xe3+ (26...♕xd6?? 27.♕g5+–) 27.♖xe3 ♖e8 28.♖xe8 ♗xe8 29.♖e1 ♗d7 30.♖e7 und aufgrund seines starken Bauern auf d6 hat Weiß gute Gewinnchancen.

19.♕xh6 ♕d4 20.b3 ♘c5 21.♗e2 ♕g1+

Nach 21...♘e4 22.♗e3 ♕f6 23.♕h2 ♗d7 24.0–0–0 (Δ♗d4!) 24...♘d2 25.♖h1 ist die weiße Initiative sehr kräftig.

22.♗f1 ♕d4 23.♕h3 ♘e4

23...e5 24.f5 ♗xf5 25.♖xd4 ♗xh3 26.♖c4 ♗f5 27.♖xc5 ♘e6 28.♖xc3 e4 29.♖g3 ♔f7 30.♖xg7+! ♘xg7 31.♗c4+ ♗e6 32.♗xe6+ ♘xe6 33.♗e3 mit weißem Vorteil.

24.♗e3 ♕f6 25.♗d3 ♘d6 26.0–0–0

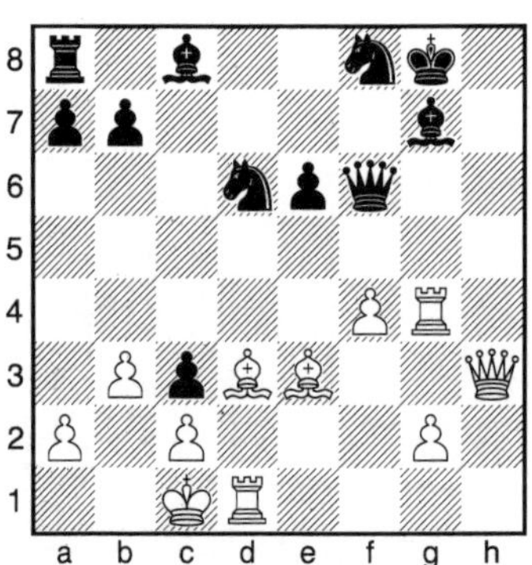

In dieser scharfen Stellung verfügt Weiß über gute Angriffsaussichten, wie die folgenden Beispielvarianten zeigen.

26...e5 27.f5 ♗xf5

27...♘xf5 28.♖f1 ♘xe3 29.♖xf6 ♗xg4 (29...♘xg4 30.♗c4+ ♗e6 31.♖xe6 ♘xe6 32.♕xg4+–)

30.♕xe3 ♗xf6 31.♕g3+–

28.♖xg7+ ♔xg7

Die Stellung nach 28...♕xg7 29.♗xf5 ♘xf5 30.♕xf5 begünstigt Weiß.

29.♗xf5 ♕xf5

29...♘xf5 30.♖f1+–

30.♕h6+ ♔f7 31.♕xd6

Schwarz hat aufgrund der schwierigen Situation seines Königs alles andere als ein leichtes Leben. Es droht ♕d6–c7+ mit Eroberung des Bauern b7. Weiß steht besser.

Zusammenfassung: Die Fortsetzung 9.♕xd4!? ist eine starke Alternative zur Hauptvariante nach 9.hxg6. Weiß hat einen klaren Plan: ♕d4–f2 (oder ♕g1–h2)–h4 mit Beteiligung seiner Dame am Königsangriff. In der Hauptvariante steht Schwarz die interessante Verteidigungsmöglichkeit 11...♘f8!? (statt 11...e6) zur Verfügung und nach den weiteren Zügen 12.♗xf7+♔xf7 13.♘g5+ ♔g8 14.♕h5 h6! haben wir eine Stellung erreicht, die weiterer Analysen und praktischer Einsätze bedarf. Wir denken, dass die Idee mit 16.♖h4 Weiß gute Perspektiven eröffnet, aber zu beachten ist auch 16.bxc3!?.

Abspiel 2

Die Fortsetzung 5....dxe5 6.dxe5

1.e4 d6 2.d4 ♘f6 3.♘c3 g6 4.f4 ♗g7 5.e5 dxe5 6.dxe5

Weiß ist zum frühen Damentausch bereit, um in ein leicht vorteilhaftes Endspiel überzuleiten. Die Erwiderung 6.fxe5 haben wir uns bereits angeschaut.

6...♕xd1+ 7.♔xd1 ♘g4

Ein aktiver Springerzug statt eines passiven Ausweichens.

I. 7...♘fd7 8.♘d5

(Es geht auch 8.♘f3!?; z.B. 8...c6 9.♗e3 ♘b6 10.♗d3 0–0 11.a4 ♗g4 12.♔e2 nebst h2–h3 mit aktivem Spiel.)

8...♔d8 9.♘f3 c6 10.♘c3

(Infrage kommt auch 10.♘e3!? f6 11.exf6 ♗xf6 12.c3±.)

10...f6

(10...♘b6 11.♘g5 ♔e8 12.♗e3 ♗g4+ 13.♔d2 h6 14.♘ge4 ♘8d7 15.♖e1±, Pospisil–Hrdy, Tschechische Republik 2000)

11.exf6 exf6 12.♗e3 ♖e8 13.♔d2 ♔c7 14.♖e1 ♖d8 15.♔c1±

Schwarz muss f6–f5 ziehen, um seinen Läufer auf g7 zu aktivieren, dann aber gelangt der weiße Springer nach g5, was den Anziehenden klar in Vorteil bringt, Maslak–Azmaiparashvili, Dos Hermanas 2003.

II. 7...♗g4+ 8.♔e1 ♘fd7 9.♘d5 ♔d8 10.♘e3 ♗f5

(Oder 10...♗e6 11.♘f3 f6 12.♘d4 ♗g8 13.e6 ♘c5 14.f5 ♗h6 15.b4 ♘e4 16.♗d3 ♗xe3 17.♗xe3 gxf5 18.♗xe4 fxe4 19.♗h6 mit der Drohung ♗h6–g7 und Eroberung des Turms, Isaev–Ateka, Elista 1998.)

11.♘xf5 gxf5 12.♗d3 e6 13.♗e3 f6 14.exf6 ♘xf6 15.♖d1 ♘bd7 16.c3 ♘d5 17.♗c1 c6 18.♘f3 ♔c7 19.♔f2 ♖he8 20.♖he1

Schwarz muss sich um seinen schwachen Bauern e6 kümmern sowie ein paar technische Probleme überwinden. Wenn er zum Lösungsversuch e6–e5 greift, wird sein Bauer auf f5 schwach und vermutlich irgendwann fallen. Weiß steht besser, Cheah–Naimanye, Manila 1992.

III. 7...♘h5 8.♘d5 ♔d8

(Nach 8...♗g4+ 9.♗e2 ♗xe2+ 10.♘xe2 droht unangenehm g2–g4.)

9.♗e2 c6 10.♘b4 ♗h6 11.♘d3 ♘g7 12.g4 ♘e6 13.♘f3 ♘a6 14.♗e3 ♘ac7 15.c4

Weiß hat mehr Raum für seine weiteren Aktionen, Tassopoulos–Litsas, Glifada 2000.

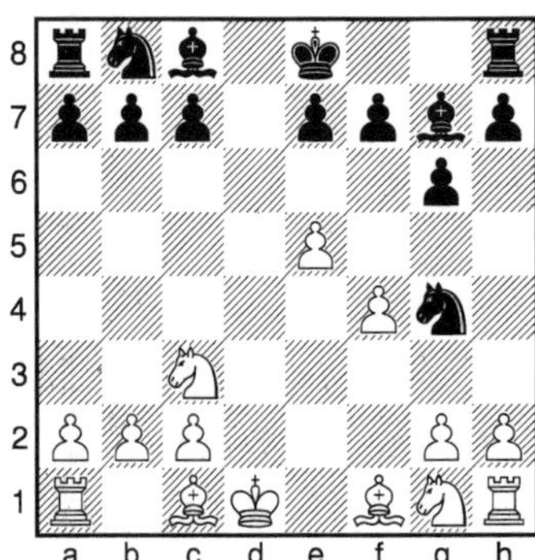

8.♔e1

Ein leicht nachvollziehbarer Zug. Weiß vermeidet ♘g4–f2+ und will nun mit h2–h3 und g2–g4 auf Raumgewinn am Königsflügel spielen.

Interessant ist allerdings auch 8.♘d5!?. Schauen wir uns hierzu eine Auswahl von Varianten an.

A) 8...♔d7 9.♔e1 c6 10.♘c3 ♔c7 11.♘f3 f6 12.h3 ♘h6 13.g4 fxe5

(In der Partie Zelcic–Filipovic, Kastel Stari 1997, opferte Schwarz eine Figur mit 13...♘xg4, bekam aber nach 14.hxg4 ♗xg4 15.exf6 exf6 16.♔f2 ♘d7 17.♗e3 ♗xf3 18.♔xf3 f5 19.♖d1 ♖ae8 20.♗g2 ♔c8 21.♔f2 h6 22.♗xa7 ♘f6 23.♗f3 keinen Ersatz dafür, was ihn letztlich den Kragen kostete.)

14.fxe5 ♖f8 15.♗g2

(15.♗e2 ♘f7 16.♗f4 ♘a6 17.♖d1 ♘c5 18.♗g3 ist günstig für Weiß.)

15...♘f7 16.♗f4 ♘a6 17.♖d1 ♘c5 18.♔e2 ♗e6 19.♔e3 und Weiß steht aktiver.

B) 8...♘f2+ 9.♔e1 ♘xh1 10.♘xc7+ ♔d8 11.♘xa8 b6 12.♗e3 ♗b7 13.♖d1+ ♔c8 14.♘xb6+ axb6 15.♗xb6 ♘d7 16.♗a5 g5 17.♗b5 ♘b8 18.♖d3 ♗xg2

(18...♗a6 19.♖c3+ ♔b7 20.♖c7+ ♔a8 21.♗b6 1–0, Feicht–Zell, Bad Zwesten 2000)

19.♖c3+ ♔b7 20.♖c7+ ♔a8 21.♗b6 ♘c6

(21...♗b7 22.♗e2 ♖c8 23.♖xe7 gxf4 24.♖xf7 ♗xe5 25.♗f3 ♘c6 26.♗xh1 ♗xb2 27.♘e2+–)

22.e6 f5 23.♗c5 +– bzw. 22...fxe6 23.♗xc6+ ♗xc6 24.♖xc6 ♔b7 25.♖xe6+–

C) 8...♔d8 9.♔e1

C1) 9...c6 10.♘c3

(10.♘e3 ♔c7 11.h3 ♘xe3 12.♗xe3 ♗e6=)

10...f6

(Im Duell Claus–Schützhold, Leipzig 2004, versuchte Schwarz 10...♗f5 11.h3 ♘h6 12.g4 ♗e6 13.♘f3 f6 14.♘d4 ♗g8 15.exf6 exf6 16.♗e3 ♘d7 17.♖d1 ♔c7 18.♔f2 ♘b6 19.f5 ♖d8 20.♘db5+! cxb5 21.♘xb5+ ♔c8 22.♘xa7+ ♔c7 23.♗f4+ 1–0.)

11.h3 ♘h6 12.♘f3 ♘d7

(12...♘f7 13.♗c4 ♖f8 14.♖f1! ♔c7 15.♖f2 ♘a6 16.♗e3±)

13.exf6 exf6 14.♗c4 b5 15.♗b3 ♘c5 16.♗e3 ♖e8 17.♔f2

Weiß verfügt über das aktivere Spiel, Strniscak–Jakovljevski, Zagreb 2007.

C2) 9...♗e6 10.♘c3 ♘c6

(10...h5 11.♘f3 ♘h6 12.♘d4 ♗d7

13.♗c4 c6 14.♗e3 c5 15.♘f3 b6 16.♔e2 ♘c6 17.♖hd1

Der weiße Raumvorteil sowie die bei ihm liegende Initiative rechtfertigen es, dem Anziehenden das bessere Spiel zu bescheinigen, Hui–Thandar, Thailand 2005.)

11.♘f3 f6 12.h3 ♘h6 13.♗b5 ♘b4!?

(13...fxe5? 14.fxe5 ♘f7 15.♗xc6 bxc6 16.♗f4 ♗d5 17.♘xd5 cxd5 18.e6 ♗xb2 19.♖d1 ♘d6 20.♗e5 ♗xe5 21.♘xe5 ♖f8 22.♘c6+ ♔c8 23.♘xe7+ ♔b7 24.♖b1+ ♔a6 25.♘xd5+–, Melnikow–Zakhartschenko, St. Petersburg 2006)

14.♗a4 ♗f5 15.exf6 ♗xf6 16.♔d1 ♗d7 17.♗b3 ♘f5

Schwarz sollte es gelingen, Ausgleich zu halten.

8...c6

Deckt die Felder b5 und d5.

Es gibt jedoch mehrere Alternativen.

I. 8...f6 9.h3 ♘h6 10.exf6

(Möglich ist mit 10.♘f3!? auch ein normaler Entwicklungszug; z.B. 10...♘d7 11.♘b5 ♔d8 12.♗e3 ♘f5 13.♗f2 mit guten Perspektiven.)

10...exf6 11.g4

(Ein Entwicklungsplan der Wahl ist für Weiß auch 11.♔f2!? f5 12.♗d2 usw.)

11...♘f7

(Nach 11...♗e6 12.♘f3 ♘c6 13.♗b5 0–0–0 14.♗xc6 bxc6 bleibt Schwarz mit schwachen Bauern am Damenflügel zurück, Weiß steht etwas besser, Velimirovic–Rukavina, Bela Crkva 1983.)

12.♖h2 ♘d6 13.♗e3 0–0 14.♘d5 mit einer für Weiß günstigen Stellung, Rossetto–Trois, Mercedes 1975.

II. 8...♘c6 9.♘d5

(9.h3 analysieren wir in der **Partie Nr. 52**, Lukin–Tseitlin, Leningrad 1972.)

9...♘d4 10.♗d3 ♗f5 11.♘e2 ♗xd3 12.♘xd4 ♖d8

(12...0–0–0 13.♘xe7+ ♔d7 14.♘ec6 bxc6 15.cxd3±)

13.♘xc7+ ♔d7 14.♘ce6 fxe6 15.cxd3

Weiß ist erkennbar in Vorteil.

III. 8...♗e6 9.h3 ♘h6 10.g4 ♘c6 11.♗b5 0–0–0 12.♗xc6 bxc6 13.♗e3

Die schwarzen Bauernschwächen am Damenflügel lassen uns die weiße Stellung vorziehen, Minic–Gašic, Sarajevo 1972.

IV. 8...h5 9.♘f3 c6 10.♗d3

(Stark ist auch 10.♗c4, siehe **Partie Nr.53**, Lawrow–Anschirow, Smolensk 2001.)

10...♘a6 11.♗xa6 bxa6 12.h3 ♘h6 13.♔f2 f6 14.♖e1 ♗f5 15.♘d4 fxe5 16.♘xc6 ♗xc2 17.fxe5 ♗d3 18.♗g5 ♘f7 19.♗xe7 ♔d7 20.♖ad1 ♔xc6 21.♖xd3 ♘xe5 22.♖d5

Schwarz befindet sich in ernsten Schwierigkeiten, Velimirovic–Rakic, Kladovo 1991.

V. 8...♘h6 9.♘d5 ♔d8 10.♗e3 ♘f5 11.♗f2 e6 12.♘c3 a6 13.♖d1+ ♗d7 14.♘e4 b6 15.g4 ♘h6 16.♗g2 ♖a7 17.h3 ♔e8 18.♗h4 gefolgt von ♘g1–e2 mit weißem Vorteil, Birkestrand–Lion, Kaunas 2012.

9.h3 ♘h6

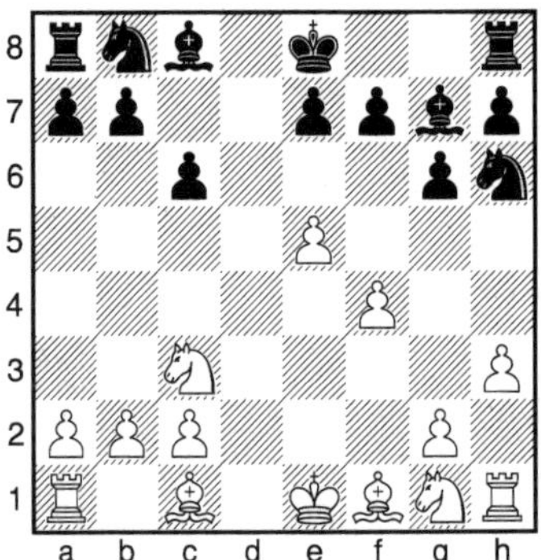

10.g4

Dies ist ohne Zweifel der beste Zug. Der Anziehende nimmt das Feld f5 unter Kontrolle.

Erlauben wir uns einen kurzen Blick auf zwei Fortsetzungen, die in der Praxis noch nicht so verbreitet sind:

- 10.♔f2 f6 11.exf6 exf6 12.♗c4 ♔d8 13.g4 ♖e8 14.♘f3 ♘d7 15.♖d1 b5 16.♗b3 ♔c7 17.♗e3±, Filipovic–Shvartz, Bratislava 1993;
- 10.♗d3 0–0 11.♘f3 b6 12.♗e3 ♗b7 13.♖g1 ♘a6 14.a3 ♘c7 15.♖d1 ♘d5 16.♘xd5 cxd5 17.♘d4 a6 18.g4±, Brito–Pereira, Lissabon 2006.

10...f6

Schwarz will das starke weiße Bauernzentrum zerstören.

Er kann aber auch anders vorgehen.

I. 10...♗e6 11.♘f3 0–0

(Zu 11...f6 siehe **Partie Nr. 54**, Mariotti–Saliba, Skopje 1972.)

12.f5! ♗d5

(12...gxf5? 13.g5 ♘g4 14.hxg4 fxg4 15.♘d4 ♗c8 16.♗f4+–, Di Paolo–Jurecka, Finkenstein 1995)

13.♘xd5 cxd5 14.f6 exf6 15.exf6 ♖e8+ 16.♔f2 ♗f8 17.♗g5 und Weiß hat die besseren Aussichten.

II. 10...♘g8 11.♘f3 h5 12.g5 ♗f5 13.♘d4 e6 14.♘xf5 exf5 15.♗e3 ♘d7 16.♖d1 ♘e7 17.♗c4 ♘b6 18.♗b3 ♖c8 19.♖h2 ♖b8 20.♗xb6 axb6 21.♖hd2 mit chancenreichem Spiel für Weiß, De Leon–Mazzetti, Pinamar 1973.

III. 10...♘d7 11.♘f3 ♘b6 12.♖h2 ♗d7 13.♘e4 0–0–0 14.♗d3 ♔b8 15.♖e2 f5 16.exf6 exf6 17.♘c5 ♖he8 18.♘xd7+ ♘xd7 19.c3 ♘c5 20.♗c2 ♖xe2+ 21.♔xe2 ♘f7 22.♗e3 ♖e8 23.♖d1 ♔c7 24.♘d2 ♘d6 25.♔f3

Weiß verfügt über die aktivere Stellung, Wichmann–Weißkopf, Deutschland 1989.

IV. 10...0–0 11.♗c4 b6

(Nach 11...♔h8 12.♘f3 f6 13.exf6 exf6 14.♔f2 f5 15.g5 ♘f7 16.♖d1 ♘d7 17.♗e3 b6 18.♖d2 steht Weiß mit Hinweis auf das harmonische Figurenspiel, den Raumvorteil und auch die Initiative klar besser, Bujisic–Rovcanin, Sutomore 2004.)

12.♘d5! cxd5 13.♗xd5 ♘c6 14.♗xc6 ♖b8 15.♘f3 ♗b7 16.♗xb7 ♖xb7 17.f5 ♖c8 (17...gxf5 18.g5+-) 18.♖h2 ♖bc7 19.c3 ♖c4 20.♖e2 mit einem gesunden Mehrbauern, Olea Perez-Calleja Quintana, Gijon 2002.

IV. 10...f5 11.g5 ♘f7 12.♘f3 ♘d8 13.h4 ♗e6 14.♗e3 ♘d7 15.♘a4 ♗d5 16.♔f2 ♘e6 17.c4 ♗xf3 18.♔xf3 ♔f7 19.♖h2 ♖hd8 20.♖d2 ♔e8 21.b4 ♘b6 22.♖xd8+ ♘xd8 23.♘xb6 axb6 24.a4

Weiß übt enormen Druck auf die schwarze Stellung aus, Donka-Karsai, Nyiregyhaza 1994.

11.exf6 exf6 12.♗c4 f5

Der Zug ist logisch, denn er öffnet die Diagonale a1–h8 für den Läufer.

Ein anderer Plan läuft über 12...♘f7 13.♖h2 ♘d6 14.♗b3 ♔d8 15.f5 ♖e8+ 16.♔f1 und nun gibt es drei Wege.

A) 16...g5 17.h4 h6 18.♘f3 ♘d7 19.♗d2 ♔c7 20.♖e1! b6 21.♖xe8 ♘xe8 22.♗e1! ♗a6+ 23.♔g1 ♗f8 24.♗g3+ ♗d6 25.♗xd6+ ♘xd6 26.hxg5 hxg5 27.♖h7±, Bronstein-Benkö, Monte Carlo 1969

B) 16...b6 17.♗f4 ♗a6+ 18.♔g2 (18.♘ge2!?) 18...♘c4 19.♘f3 c5 (19...♘xb2 20.♘d4+-) 20.♘d5 und Schwarz verwaltet eine ruinöse Stellung.

C) 16...♘d7 17.♗f4 ♘e4 (17...♘e5!? 18.♖d2 ♔c7 19.♖ad1 ♗f8±) 18.♗f7 ♖e7 19.fxg6 hxg6 20.♗xg6 ♘xc3 21.bxc3 ♘e5 22.♖d1+ ♖d7 23.♖xd7+ ♗xd7 24.♗e4

Weiß ist ein Mehrbauer verblieben, Likov-Trufanov, Kemerovo 1991.

13.g5 ♘f7 14.♘f3 0–0 15.♗e3 ♖e8 16.♔f2

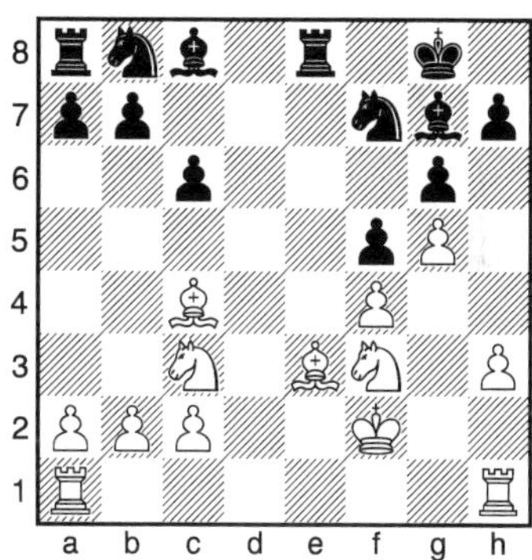

16...♗e6

Die beste Reaktion, um den weißen Opponenten auf der Diagonale a2–g8 zu neutralisieren.

In der Partie Cholmsten-Dzumajew, Ubeda 2000, folgte stattdessen 16...♘a6 17.♖he1.

(Möglich war auch 17.♗xa6!?, um die Bauernstruktur am Damenflügel zu schwächen.)

17...♗e6?

(Notwendig war 17...♘c7.)

18.♗xa6 ♗xc3 19.bxc3 bxa6 20.♗c5 ♗d5 21.a3 ♗e4

(21...♖ad8 22.♖xe8+ ♖xe8 23.♖b1 ♘d8 24.♖b8 ♗xf3 25.♔xf3 ♔f7 26.♖a8 ♘e6 27.♖xa7+ +-)

22.♖ab1! ♖ad8

(22...♗xc2 23.♖xe8+ ♖xe8 24.♖b7 ♘d8 25.♖b8±)

23.♖b7 ♖d5 24.♗d4! ♖ed8

(24...♘d6 25.♖g7+ ♔f8 26.♖xh7+-)

25.♗f6 ♖8d7 26.♖b8+ ♘d8 27.c4 ♖5d6 28.♘e5+-

17.♗xe6 ♖xe6 18.♗d4 ♘d7 19.♖ad1 ♘b6 20.♗xg7 ♔xg7 21.♖he1 ♖ae8 22.♖xe6 ♖xe6 23.b3±

Der weiße Plan umfasst die Schritte a2–a4–a5 und ♘c3–a4–c5 mit der aktiveren Stellung.

Zusammenfassung: In diesem Abspiel, das sich anstelle von 8.♔e1 in der Hauptvariante anbietet, ist 8.♘d5!? interessant. Es kommen spannende Komplikationen auf das Brett. Deshalb verdient diese Alternative Beachtung und mittels weiterer Analysen sollte ihr verstärkt auf den Zahn gefühlt werden. Allgemein behauptet die Theorie, dass der Zug 5.e5!? Weiß keinen Eröffnungsvorteil verspricht. Wir meinen aber, dass diese Einschätzung nicht so ganz stimmt. Unsere Analysen zeigen, dass Schwarz nicht so leicht zu Ausgleich kommt, wie es einige Bücher versprechen. Weiß verfügt über einige interessante Möglichkeiten, um auf Vorteil zu spielen. Wir haben die Stellen aufgezeigt, an denen Schwarz mit teilweise großen Problemen zu kämpfen hat. Wir sind der Meinung, dass die scharfe Fortsetzung 5.e5!? Weiß gute Chancen bietet, die Initiative an sich zu reißen. Letztlich erinnern wir noch daran, dass statt 6.dxe5 auch die Idee 6.fxe5 interessant ist und weiter erforscht werden sollte.

Partie Nr. 44
Vaisser – Palac
Cannes 2000

1.d4 d6 2.e4 ♘f6 3.♘c3 g6 4.f4 ♗g7 5.♘f3 0–0 6.e5 ♘fd7 7.h4 c5 8.h5 cxd4 9.♕xd4 dxe5 10.♕f2 exf4 11.hxg6 hxg6

Zu 11...fxg6 siehe Abspiel 1.

12.♕h4 ♘f6 13.♗xf4 ♕a5 14.♗b5!

Das Beste! Die schwarze Dame wird nun vom Königsflügel abgeschnitten. Verfrüht wäre 14.0–0–0 wegen 14...♕h5!.

14...♕b4

Nach 14...a6 15.♗h6 bekäme Weiß nachhaltige Initiative für den Bauern.

15...♘h5 16.♗xg7 ♔xg7 17.♗d3

(Nichts bringt 17.g4 ♕b4 18.gxh5 ♕xh4+ 19.♖xh4 axb5 20.hxg6 fxg6 21.♔e2 ♗f5 mit schwarzem Gegenspiel.)

17...♕b6 18.0–0–0

Deshalb möchte Schwarz mit dem Textzug die elastische Entwicklung von Weiß stören. Nun droht das Schlagen auf b2 und folgend eventuell ♘f6–h5 mit Damentausch, was Schwarz die Verteidigung erleichtern würde.

15.a3!

Eine energische Reaktion. Damit geht Weiß der Variante 15.0–0–0 ♘h5 16.♗e5 ♕xh4 17.♖xh4 a6 aus dem Weg. Hier sind die Damen vom Brett verschwunden und Schwarz freut sich über einen Mehrbauern.

15...♕xb2

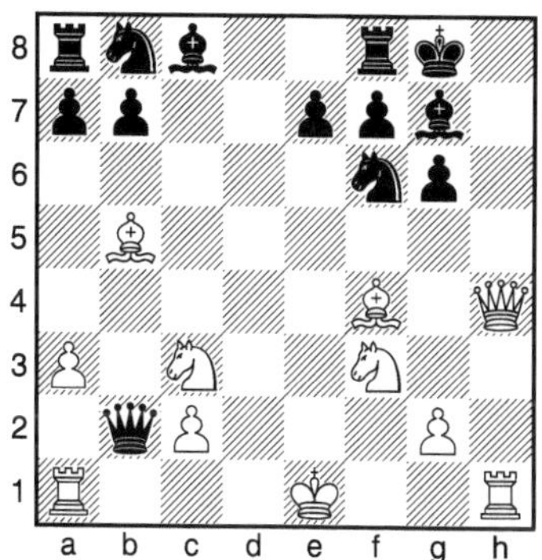

16.♗e5?

Weiß hat diesen Zug überschätzt.

Nur nach 16.♘d5! könnte er seinen Angriff fortsetzen; z.B. 16...♖e8

(16...♕xa1+ 17.♔e2 ♘h5 18.♘xe7+ ♔h8 19.♖xa1 ♗xa1 20.g4+–)

17.♘xf6+!

(So ist es richtig. Gallagher hat hier 17.♗xe8 vorgeschlagen, was aber nicht gleichwertig stark ist.)

A) 17...♕xf6 18.♕h7+ ♔f8 19.♗h6 ♕c3+

(19...♕xa1+ 20.♔f2 ♗xh6 21.♖xa1 ♗g7 22.♗xe8 ♘c6 23.♖d1+–)

20.♔e2 ♗xh6 (20...♕xc2+ 21.♔f1+–) 21.♕xh6+ ♕g7 22.♕xg7+ ♔xg7 23.♗xe8 +–

B) 17...exf6+ 18.♗xe8 ♕xa1+ 19.♔f2 ♕c3 20.♕h7+ ♔f8 21.♗d6+ ♔xe8 22.♖d1 ♗f8 23.♗xf8 ♕xc2+

(23...♔xf8 24.♕h8+ ♔e7 25.♕d8+ ♔e6 26.♕d5+ ♔e7 27.♕d6+ ♔e8 28.♕d8#)

24.♖d2 ♕xd2+ 25.♘xd2 ♗e6 26.♕g8 ♔d7 27.♗h6

Die schwarze Stellung ist nicht mehr zu retten.

16...♖d8?

Schwarz hat seine Chancen nicht genutzt. Nach dem einfachen 16...♕xa1+! 17.♘d1 ♕c1! 18.♗xf6 ♕h6 19.♕xh6 ♗xh6 20.♗xe7 ♘d7 hätte er sich eine Gewinnstellung erarbeitet.

17.♘d5

In einer so scharfen und komplizierten Stellung kann man schon mal etwas übersehen. Stärker war hier wohl 17.♖a2! ♕c1+ 18.♔e2 g5 19.♕h2 ♕e3+ 20.♔xe3 ♘g4+ 21.♔e2 ♘xh2 22.♗xg7 ♔xg7 23.♖xh2+–.

17...♕xe5+ 18.♘xe5 ♖xd5 19.♘xg6 ♖xb5 20.0–0–0 ♗d7

Oder 20...♘c6 21.♘xe7+ ♔f8 22.♘xc6 bxc6 23.♖d8+ ♔e7 24.♕d4! ♖d5 25.♖xd5 cxd5 26.♕c5+ mit weißem Vorteil.

21.♘xe7+ ♔f8 22.♘d5 ♘xd5 23.♕d8+ ♗e8 24.♖xd5 ♗b2+ 25.♔d2 ♘d7 26.♕g5 ♗f6??

Ein Verlustzug. Notwendig war 26...♖xd5+! 27.♕xd5 ♗g7 28.♕xb7 ♘b6 und der Kampf würde noch fortdauern.

27.♕h6+ ♗g7

27...♔g8 28.♖xb5+–

28.♕d6+

Schwarz strich die Segel.

Partie Nr. 45
Vokác – Votava
Lazne Bohdanec 1996

1.d4 d6 2.e4 ♘f6 3.♘c3 g6 4.f4 ♗g7 5.♘f3 0–0 6.e5 ♘fd7 7.h4 c5 8.h5 cxd4 9.♕xd4 dxe5 10.♕f2 e6 11.hxg6 fxg6 12.♕g3 exf4 13.♗xf4 ♖xf4

Das Qualitätsopfer vermag die Lage von Schwarz nicht zu verbessern. Die Möglichkeit 13...♕f6 behandeln wir in der folgenden **Partie Nr. 45**.

14.♕xf4 ♘f8

Auf 14...♘c6 folgt 15.0–0–0; z.B. 15...♗xc3 16.bxc3 ♕f6 17.♕d2 ♘b6 18.♘g5+–.

15.♗d3 ♘c6

Die Variante mit dem Tausch des Läufers nach 15...♗xc3+ ist schlecht für Schwarz. Es kann folgen: 16.bxc3 ♕a5 17.♘e5! ♕xc3+ 18.♔e2 ♕c7 19.♖af1 ♕g7 20.♘g4 ♘bd7 21.♘h6+ ♔h8 22.♕d6+–.

16.0–0–0 ♕f6

Der Nachziehende hoffte, über den Tausch der Damen seine Lage verbessern zu können.

Auf 16...♕e7 wäre 17.♘e4 stark und auf 16...♗xc3 könnte 17.bxc3 ♕a5 18.♘g5 ♕a3+ 19.♔b1 ♕e7 20.♖df1 folgen, in beiden Fällen stünde Schwarz am Abgrund.

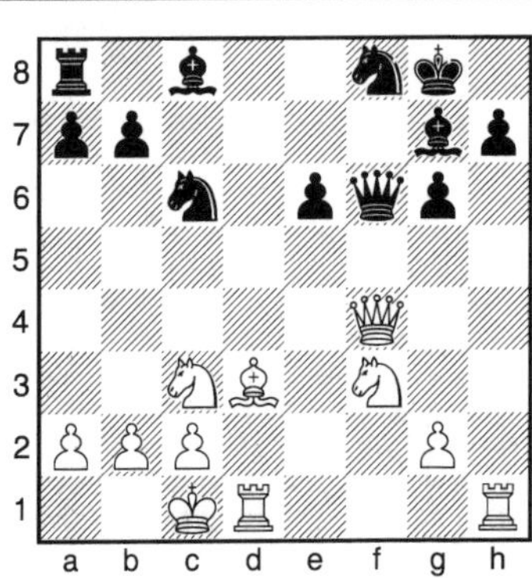

17.♕xf6

Weiß hätte die Damen auch am Leben lassen können: 17.♕d2! mit dem Plan ♖d1–f1 hätte ihm einen klaren Vorteil beschert.

17...♗xf6 18.♘e4 ♗e7 19.c3 ♔g7 20.b4 a6 21.♖he1 h6 22.♔b2 ♗d7 23.a4 g5 24.♘g3 ♗e8

Schwarz stand vor einer schweren Entscheidung. Die Fortsetzung 24...♖e8 25.♘h5+ ♔g8 26.b5 axb5 27.axb5 ♘a7 28.c4 hätte ihm auch keine Freude bereitet.

25.b5 axb5 26.axb5 ♘d8 27.♘f5+! ♔f6

27...exf5 28.♖xe7+ ♗f7 29.♗xf5+–

28.♘xe7 ♔xe7 29.♘d4 ♔f6 30.♖e3 ♗f7

30...♘f7 31.♖f1+ ♔e7 32.♘f5+ ♔d7 33.♘xh6+–

31.♗c4 ♔g7 32.♗b3 g4 33.g3 ♖c8 34.♔a3 h5 35.♔b4 ♔g6 36.♘e2 ♔g5?

Verliert definitiv eine Figur. Notwendig war 36...♔f6, um nach 37.♖ed3 ♔e7 zu spielen, obwohl die Partie auf lange Sicht auch dann nicht zu retten gewesen wäre.

37.♖ed3

Der Springer hat sein Leben verwirkt. Schwarz sah die Lage realistisch und gab auf.

Partie Nr. 46
L. Stein – Liberzon
Jerewan 1965

1.e4 d6 2.d4 ♘f6 3.♘c3 g6 4.f4 ♗g7 5.♘f3 0–0 6.e5 ♘fd7 7.h4 c5 8.h5 cxd4 9.♕xd4 dxe5 10.♕f2 e6 11.hxg6 fxg6 12.♕g3 exf4 13.♗xf4 ♕a5

Andere Möglichkeiten haben wir in Abspiel 1 vorgestellt.

14.♗d2 ♘f6 15.♗c4 ♘c6 16.0–0–0

Weiß hat nicht nur seine Entwicklung abgeschlossen, sondern auch volle Kompensation für den geopferten Bauern.

16...♕c5 17.♕h4

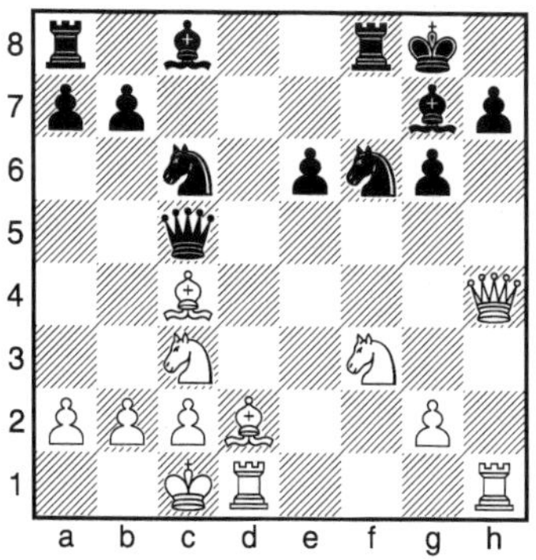

17...♘h5?

In dieser Stellung war es nicht einfach für Schwarz, die beste Lösung zu finden.

Unzureichend waren auch zwei andere Ansätze.

– 17...♘a5 18.♘e4! ♘xe4

(18...♕xc4 19.♘xf6+ ♖xf6 20.♕xh7+ ♔f8 21.♗xa5+–)

19.♕xh7+ ♔f7 20.♗h6 ♖g8

(20...♘xc4 21.♕xg7+ ♔e8 22.♕xg6+ +–)

21.♘g5+ ♘xg5 22.♖hf1+ ♔e7 23.♕xg8 ♗xb2+ (23...♗xh6 24.♕d8#) 24.♔b1+–

– 17...♘e5 18.♘e4! ♘xe4

(18...♘xf3 19.♘xf6+ ♖xf6 20.♕xh7+ ♔f8 21.gxf3 ♕xc4 22.♗h6 ♗xh6+ 23.♕xh6+ ♔e7 24.♕h8+–)

19.♕xh7+ ♔f7 20.♗h6 ♖g8 21.♘g5+ ♘xg5 22.♗xg5 ♘d3+ 23.♗xd3 ♕xg5+ 24.♔b1 ♗d7 25.♗xg6+ ♔e7 26.♖hf1 ♗e8 27.♗xe8 ♖gxe8 28.♕e4 mit entscheidendem Angriff.

– Möglicherweise hätte 17...h5!? noch am meisten versprochen.

18.♘e4! ♕b6

18...♕xc4 scheitert an 19.♘f6+ +– mit Damenverlust.

19.c3 ♘a5 20.♗e2 h6 21.g4 ♘f4 22.♗xf4 ♖xf4 23.♖d8+ ♖f8

Andere Züge verlieren auch: 23...♔h7 24.♘eg5#; 23...♔f7 24.♘d6+ +– bzw. 23...♗f8 24.♕xh6+–.

24.♘f6+!

Dieser hübsche Springerzug forciert das Matt.

24...♔h8

– 24...♔f7 25.♘e5+ ♔e7 26.♘d5#

– 24...♗xf6 25.♖xf8+ ♔xf8 26.♕xf6+ +–

25.♕xh6+!

Schwarz kapitulierte wegen 25...♗xh6+ 26.♖xh6+ ♔g7 27.♖h7+ ♔xf6 28.♖xf8#.

Partie Nr. 47
Banas – Kindermann
Trnava 1987

1.e4 d6 2.d4 ♘f6 3.♘c3 g6 4.f4 ♗g7 5.♘f3 0–0 6.e5 ♘fd7 7.h4 c5 8.h5 cxd4 9.♕xd4 dxe5 10.♕f2 e4 11.♘xe4 ♘f6 12.♘xf6+ exf6 13.hxg6 ♖e8+ 14.♗e3 hxg6 15.♗d3 ♕a5+

15...♕b6!? haben wir in Abspiel 1 besprochen.

16.c3 ♗g4 17.0–0

17.0–0–0!? wäre interessant, aber riskant. Deshalb entschied sich Weiß für ein sicheres Vorgehen.

17...♘c6 18.♘d4 f5 19.♘xc6 bxc6 20.♖fe1 ♖ad8 21.♗c2 ♖e7 22.♗b3 ♖de8 23.♕g3 ♗f6 24.♗f2

24.♗d4?? wäre Selbstmord wegen 24...♗xd4+ 25.cxd4 ♖xe1+ –+.

24...♖e2 25.♖xe2 ♖xe2

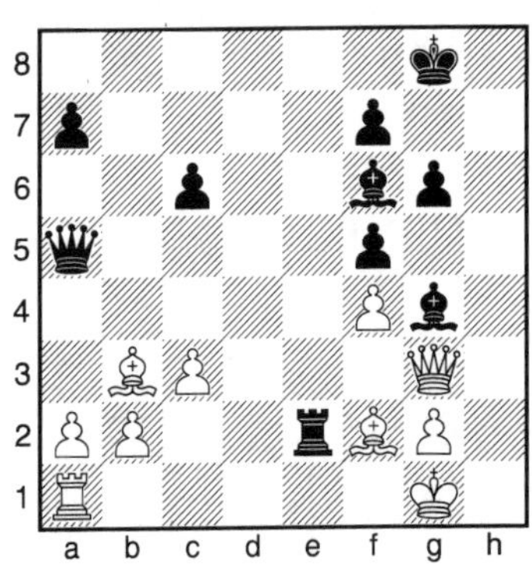

26.♖e1!

Weiß ist bereit, einen Bauern zu investieren, um seine Figuren aktiv ins Spiel zu bringen.

26...♖xb2

Am einfachsten war 26...♖xe1+ 27.♗xe1 ♕b5 28.♕e3 c5 mit einem ausgeglichenen Endspiel.

27.♕e3 ♕c7

Vermutlich vertraute Schwarz dem Zug 27...♔g7!? nicht so recht, der aber die bessere Wahl gewesen wäre; z.B. 28.♗xf7 ♖b7!

(28...♔xf7?? 29.♕e8+ ♔g7 30.♖e7+! ♗xe7 31.♕xe7+ ♔h6 32.♕f8+ ♔h7 33.♗d4 ♖xg2+ 34.♔xg2 ♕d5+ 35.♔g3 ♕f3+ 36.♔h4 ♕h3+ 37.♔g5 ♕h5+ 38.♔f6 ♕h4+ 39.♔f7 +–)

29.♗b3 ♕xc3 30.♕e8 ♗d4 31.♖e7+ ♖xe7 32.♕xe7+ ♔h6 ½–½

28.♕e8+ ♔g7?

Mit diesem Zug macht der Nachziehende einen Fehler, der Weiß entscheidend in Vorteil bringt. Ohne Zweifel stärker war 28...♔h7! 29.♗xf7 ♖b8

30.♕e6 ♔g7 und Schwarz sollte sich retten können.

29.♗c5!

Der Gewinnzug!

29...♗xc3

Nach 29...♗h5 gewinnt Weiß einfach: 30.♕f8+ ♔h7 31.♗xf7 ♕d8 32.♗e8+–.

30.♕f8+ ♔h7 31.♗xf7 ♗g7 32.♕g8+ ♔h6 33.♗f8 ♕b6+ 34.♔h1

Schwarz strich die Segel.

Partie Nr. 48
Morris – Atzmon Simon
Sydney 2010

1.e4 d6 2.d4 ♘f6 3.♘c3 g6 4.f4 ♗g7 5.♘f3 0–0 6.e5 ♘fd7 7.h4 c5 8.h5 cxd4 9.hxg6 hxg6 10.♕xd4 ♕b6?

Dieser Zug ist schwach und gibt Weiß beste Angriffsmöglichkeiten an die Hand. Alternativen finden Sie in Abspiel 1.

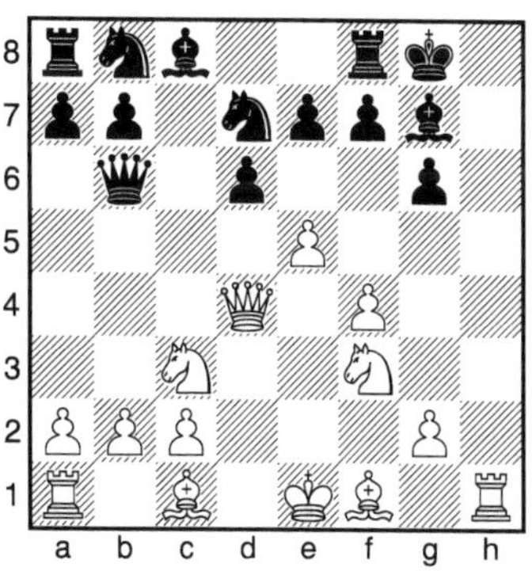

11.♘d5!

Weiß führt seinen Springer im Galopp mitten ins entscheidende Kampfgeschehen. Die Dame ist natürlich tabu wegen ♘xe7#.

11...♘c6 12.♕a4

Es droht der Einschlag auf c6 mit dem wieder auftauchenden Mattmotiv ♘xe7#.

12...♕d8 13.f5!

Damit wird der Weg zur h–Linie für die Dame frei.

13...e6

13...gxf5 14.♕h4 ♖e8 15.♕h7+ ♔f8 16.♗h6+–

14.♗g5 f6 15.♕h4 gxf5

Die schwarze Stellung ist nicht mehr zu retten.

In der Partie Schütze–T. Pähtz, Greifswald 2001, geschah 15...♕a5+ 16.b4 ♕xd5 17.♗c4 ♕xc4 18.♕xc4 ♘dxe5 19.♕h4 exf5 20.♗h6 ♗xh6 21.♕xh6 ♔f7 22.0–0–0 ♔e7 23.b5 ♘xf3 24.gxf3 ♘e5 25.♕d2 ♘f7 26.♖h7 ♖d8 27.♕d5 1–0.

16.♕h7+ ♔f7 17.exf6 ♕a5+ 18.♗d2 ♘xf6 19.♘g5+ ♔e8 20.♕g6+

Schwarz gab auf.

Partie Nr. 49
Gu Xiaobing – Wang Xiaohui
Xinghua Jiangsu 2009

1.e4 d6 2.d4 ♘f6 3.♘c3 g6 4.f4 ♗g7 5.♘f3 0–0 6.e5 ♘fd7 7.h4 c5 8.h5 cxd4 9.hxg6 hxg6 10.♕xd4 dxe5?

Zu anderen Erwiderungen werfen Sie bitte einen Blick in Abspiel 1.

11.fxe5 ♘xe5 12.♕h4 ♘xf3+ 13.gxf3 f5

Was für ein Kontrastprogramm! Schwarz hat zugleich einen Bauern mehr und eine verlorene Stellung.

14.♕h7+ ♔f7 15.♖h6

Weiß steht noch ein weiterer Gewinnweg offen: 15.♖g1!? ♕b6 16.♗c4+ ♔e8 17.♖xg6 ♗f6 18.♘d5 ♕d4 19.♖xf6 ♕e5+ 20.♗e3 ♖xf6 21.♕h8+ ♔d7 22.0–0–0 1–0, Fossan–Thorstensen, Namses 1995.

15...♕d4 16.♕xg6+ ♔g8

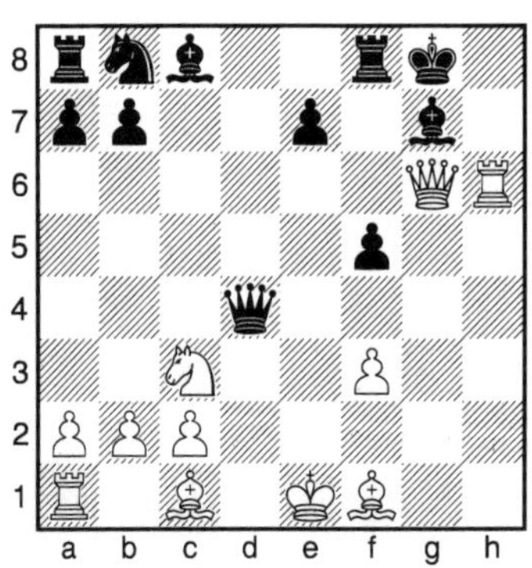

17.♖h1

Energischer war 17.♕h7+! ♔f7 18.♗d2 ♘c6 19.0–0–0+– bzw. 18...♕e5+ 19.♘e4! ♕xb2 20.♗c3+–.

17...♕f6

Oder 17...♖f6 18.♕h7+ ♔f8 19.♗d2 ♖e6+ 20.♗e2 Δ0–0–0+–.

18.♕h5

Noch stärker war 18.♕h7+! ♔f7 19.♖h6; z.B. 19...♕e5+ 20.♔f2 ♖h8 21.♕g6+ ♔f8 22.♗c4 e6.

(Nach 22...♕d4+ 23.♗e3 ♕xc4 24.♖xh8+ ♗xh8 25.♗h6+ lässt das Matt nicht mehr lange auf sich warten.)

23.♖xh8+ ♗xh8 24.♗h6+ ♔e7

(Nach 24...♗g7 25.♗xe6! ♗xe6 26.♗xg7+ ♕xg7 27.♕xe6 hat Weiß sich einen Mehrbauern gesichert.)

25.♖d1 mit weißem Angriff; z.B. 25...♕h2+ 26.♔e3 ♕e5+ 27.♘e4! ♘d7 28.♕h7+ ♔e8 29.♗f4 ♕g7 30.♕h5+ ♔e7 31.♗g5+ mit Gewinn.

18...♘c6 19.♖g1 ♘d4 20.♔f2?

Eine Ungenauigkeit in einer gewonnenen Stellung.

Richtig war 20.♗c4+! ♗e6 21.♗h6 ♘xf3+ (21...♖f7 22.♗xg7 ♖xg7 23.♗xe6+ ♘xe6 24.0–0–0+–) 22.♔f2 ♘xg1 23.♗xg7 und Schwarz kann getrost die Figuren zusammenschieben und die Hand zum Glückwunsch reichen.

20...♗e6?

Der Nachziehende nutzt seine Chance nicht, denn er schlägt kein Kapital aus dem gegnerischen Fehler.

Nach 20...♘xc2! hingegen hätten sich ihm reale Rettungschancen am Hori–

zont gezeigt; z.B. 21.♗c4+ ♗e6 22.♘d5 ♗xd5 23.♗xd5+ e6 24.♗h6 ♕d4+ 25.♔e2 ♕e5+ 26.♗e4 ♘xa1 27.♗xg7 ♕xg7 28.♖xg7+ ♔xg7 29.♗d3 ♖ac8 usw.

21.♗g5 ♕e5 22.♖e1 ♕c5 23.♗e3 ♖f6 24.♘e2 ♗f7 25.♖xg7+

25.♕h4! wäre noch stärker gewesen.

25...♔xg7 26.♕h4 e5 27.♘xd4 exd4 28.♗xd4 ♕xc2+ 29.♖e2 ♕c6 30.♕g5+

Schwarz kapitulierte.

Partie Nr. 50
Sorokin – Dubovik
Fernpartie 1968

1.e4 d6 2.d4 ♘f6 3.♘c3 g6 4.f4 ♗g7 5.♘f3 0–0 6.e5 ♘fd7 7.h4 c5 8.h5 cxd4 9.hxg6 dxc3 10.gxf7+ ♖xf7 11.♗c4 e6 12.♘g5 ♘xe5 13.fxe5 ♕a5 14.♕h5 ♕xe5+

Ausführungen zur Alternative 14...cxb2+ finden Sie in Abspiel 1.

15.♗e2?

Kein guter Zug. Zu beachten war 15.♔d1!?; z.B. 15...♖f6 16.bxc3 h6 17.♕e8+ ♖f8 18.♕g6

(18.♗xe6+ ♗xe6 19.♕xe6+ ♕xe6 20.♘xe6 ♗xc3 21.♖b1 ♖f7 22.♖xh6 ♘c6=)

18...♕f5 (18...hxg5 19.♗d3+–) 19.♕xf5 ♖xf5 20.♘xe6 d5 21.♘xg7 ♔xg7 22.♗xh6+ ♔g8 23.♗d3 mit guten Gewinnchancen.

15...♖f5 16.g4

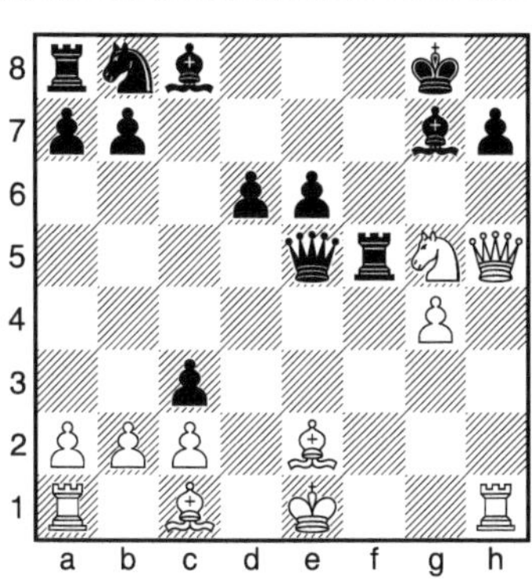

16...cxb2?

Da es sich um eine Fernpartie handelt, war es Schwarz möglich, alle Folgen genau zu berechnen. Es erstaunt deshalb doch ein wenig, dass er sich auf die nun anstehenden Schwierigkeiten einließ.

Richtig war 16...♕g3+! mit Rettungschancen; z.B. 17.♔d1 ♖d5+ 18.♗d3 ♖xd3+ 19.♔e2 ♖d2+ 20.♗xd2 ♕g2+ 21.♔e3 ♗d4+ 22.♔xd4 ♕xd2+.

A) 23.♔c4? b5+! 24.♔xb5

(24.♔b3 ♕d5+ 25.♔xc3 b4+ 26.♔xb4 ♘c6+ 27.♔a3 ♕a5+ 28.♔b3 ♕b4#)

24...♕d5+ 25.♔a4 ♗d7+ 26.♔a3 ♕a5+ 27.♔b3 ♕b6+ 28.♔c4 d5+ 29.♔d3 ♗b5+ 30.♔xc3 ♕e3+ 31.♔b4 ♘c6+! 32.♔xb5 ♕b6+ 33.♔a4 ♕b4#

B) 23.♔e4! ♕e2+ 24.♔f4 ♕f2+ 25.♘f3 e5+ 26.♔g5

(26.♔e4?? ♕e2+ 27.♔d5 ♕xf3+ 28.♔xd6 ♕f6+ 29.♔d5 ♗e6+ 30.♔c5 ♘a6+ mit schnellem Matt.)

26...♕e3+ 27.♔h4 ♕xf3 28.♕g5+

(Die Konsequenzen von 28.♖af1?

♕xg4+ 29.♕xg4+ ♗xg4 30.♔xg4 cxb2 begünstigen Schwarz.)

28...♔h8 29.♕d8+ ♔g7 30.♕xc8 ♕f2+ 31.♔h3 ♕f3+ und Schwarz findet den rettenden Hafen im Dauerschach.

17.gxf5 ♕a5+

Auch 17...♕xf5 18.♗xb2 ♗xb2 19.♗d3 ♕e5+ 20.♔d1+– oder 17...bxc1♕+ 18.♖xc1 ♕c3+ 19.♔d1+– brächte nichts ein.

18.♔d1 ♕d5+

18...bxc1♕+ 19.♖xc1 ♕xf5 20.♗d3+–

19.♗d3 ♕xh1+ 20.♕xh1 bxa1♕

Im bisher lebhaften Verlauf der Partie haben sich viele Figuren vom Brett verabschiedet. Auf einen Nenner gebracht lässt sich konstatieren: Schwarz hat das Material, Weiß aber die Initiative.

21.♕h5!

Der Anziehende will die Spannung aufrechterhalten und verzichtet deshalb auf die Variante mit 21.♕xh7+ ♔f8 22.♕g6 ♔e7 23.♕f7+ ♔d8 24.♘xe6+ ♗xe6 25.fxe6 ♕f6 26.♕xb7 ♕xe6 27.♗g5+ ♗f6 28.♗xf6+ ♕xf6 29.♕xa8 ♕b2 30.♕xa7 mit einem Mehrbauern, aber doch auch großen technischen Problemen, diesen siegreich zu verwerten.

21...♕f6 22.fxe6 ♘c6

22...♗xe6 23.♕e8+ ♗f8 24.♗xh7+ ♔g7 25.♘xe6+ ♔xh7 26.♘xf8+ ♔g7 27.♘e6+ ♔h7 28.♘c7 ♕f1+ 29.♕e1 ♕f3+ 30.♕e2 ♕h1+ 31.♔d2 b6 32.♘xa8 ♕xa8 33.♕e7+ ♔g8 34.♕e8+ ♔g7 (34...♔h7 35.♕f7+ ♔h6 36.♔d1#) 35.♗b2+ ♔h6 36.♕e6+ ♔g5 37.♔e3 und der schwarze „Wanderkönig“ ist nicht zu retten.

23.e7

Viel stärker war 23.♗b2! ♘e5 24.♗xe5 dxe5 25.e7 ♗g4+

(Auf 25...♕xe7 käme Weiß mit 26.♗c4+! zum Erfolg.)

26.♕xg4 ♕xe7 27.♗xh7+ ♔f8 (27...♔h8 28.♕h5+–) 28.♘e6+ ♔e8 29.♘xg7+ ♔d8 30.♘e6+ ♔d7 31.♗f5 mit weißem Vorteil.

23...♗g4+ 24.♕xg4 d5??

Ein Verlustzug. Notwendig war 24...♘xe7!; z.B. 25.♗b2 ♘d5

(25...♕xb2?? 26.♕e6+ ♔h8 27.♘f7+ ♔g8 28.♘h6+ ♔h8 29.♕g8+ ♖xg8 30.♘f7#)

26.♗xf6 ♘e3+ 27.♔d2 ♘xg4 28.♗c4+ ♔h8 29.♘f7+ ♔g8 30.♘g5+ ♔h8

(30...♔f8? 31.♘xh7+ ♔e8 32.♗xg7±)

31.♘f7+ ♔g8 32.♘g5+ mit ewigem Schach.

25.♕h5!

Schwarz gab auf wegen 25...h6 26.e8♕+ ♖xe8 27.♕xe8+ ♗f8 28.♗b2! d4 (28...♕xg5 29.♕e6#) 29.♕e4 ♗b4 30.♗c4+ ♔g7 31.♘e6+ ♔h8 32.♗d3 ♕f7 33.♘xd4+–.

Partie Nr. 51
Nakamura – Smirin
Mashantucket 2005

1.e4 g6 2.d4 ♗g7 3.♘c3 d6 4.f4 ♘f6 5.♘f3 0–0 6.e5 ♘fd7 7.h4 c5 8.h5 cxd4 9.hxg6 dxc3 10.gxf7+ ♖xf7 11.♗c4 ♘f8 12.♘g5 e6 13.♘xf7 cxb2?

In Abspiel 1 haben wir den klar stärkeren Zug 13...♔xf7 analysiert.

14.♗xb2 ♕a5+ 15.♔f1 ♔xf7 16.♕h5+ ♔g8 17.♗d3

Weiß verfolgt den nüchternen Plan ♖h1–h3–g3 mit starkem Angriff.

17...♕b4

Nach 17...b6 18.♖h3 ♗a6 19.c4 ♘bd7 20.♗xh7+ ♘xh7 21.♕xh7+ ♔f8 22.♖g3 ♗xc4+ 23.♔g1 ♕c5+ 24.♔h2 wäre die schwarze Stellung auch nicht mehr zu retten.

18.♖b1

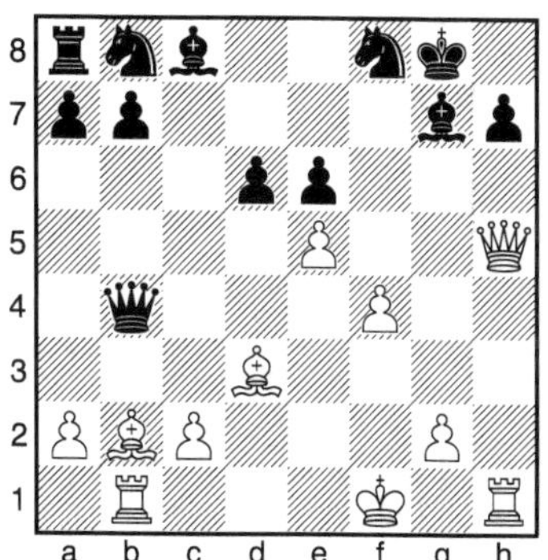

18...♗d7

Das Spiel etwas verlängert hätte 18...b6; z.B. 19.♖h3 ♗a6 20.f5 dxe5 21.fxe6 ♕e7 22.c4 h6 23.♗xe5 ♘c6 24.♗xg7 ♕xg7 25.♖e1 ♘e7 26.♖e4 ♘fg6 27.♖g4 ♖f8+ 28.♔g1 ♖f6 29.♖hg3 ♔h7 30.♗xg6+ ♖xg6 31.♖xg6 ♘xg6 32.e7+–.

19.c4 ♕d2

19...d5 20.♖h3 h6 21.♖g3+–

20.♗xh7+ ♘xh7 21.♕xh7+ ♔f8

21...♔f7 22.♖h4 ♘c6 23.♖g4 ♖g8 24.♗a3 ♘d4 25.♕h5+ ♔e7 26.♖xb7+–

22.♖h4

Schwarz gab auf.

Partie Nr. 52
Lukin – Tseitlin
Leningrad 1972

1.e4 d6 2.d4 ♘f6 3.♘c3 g6 4.f4 ♗g7 5.e5 dxe5 6.dxe5 ♕xd1+ 7.♔xd1 ♘g4 8.♔e1 ♘c6 9.h3

In Abspiel 2 haben wir 9.♘d5 einer näheren Betrachtung unterzogen.

9...♘h6 10.♘d5

Die Drohung, auf c7 zu schlagen, ist nicht zu übersehen.

Zu beachten war auch 10.g4!?; z.B. 10...♗d7 (10...♗e6!?) 11.♗c4 ♘d4 12.♖h2 ♗c6 13.♗e3 0–0–0 14.♖d2 ♘f3+ 15.♘xf3 ♗xf3 16.♖xd8+ ♖xd8 17.♔f2 ♗c6 18.g5 ♘f5 19.♗xf7 und Weiß kann einen Mehrbauern verbuchen, Rozsa–Valis, Ungarn 2002.

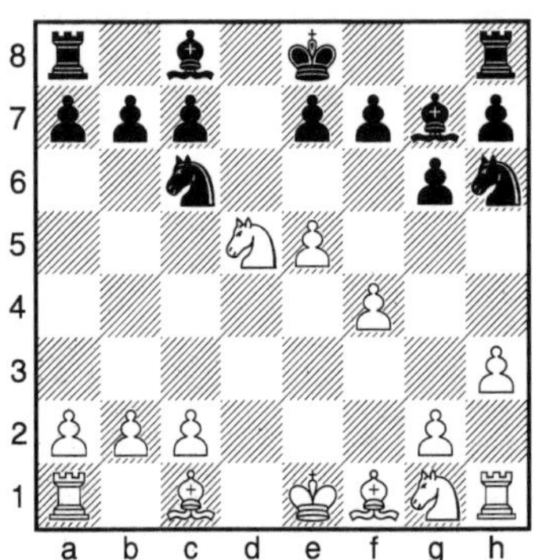

10...♘d4?

Vermutlich hat der Nachziehende die Folgen dieses Zuges nicht genau berechnet. Er hätte einfach zu 10...♔d8! greifen sollen.

11.♘xc7+ ♔d8 12.♘xa8 ♘xc2+ 13.♔f2 ♘xa1 14.♗e3 f6

In den Abgrund geführt hätte 14...b6 wegen 15.♘xb6 axb6 16.♗xb6+ ♔e8 17.♗d3 ♗f5 18.♗xf5 ♘xf5 19.♘f3 ♘c2 20.g4 ♘h6 21.♖d1 e6 22.a3 ♔e7 23.♗c5+ ♔e8 24.♖c1+–.

15.♘f3 fxe5 16.♗b5! ♘f5

Die Flucht des Springers von a1 ist nicht möglich: 16...♘c2 17.♖d1+ ♘d4 18.♘xd4 exd4 19.♗xd4 und Schwarz verliert Material.

17.♗xa7 ♗d7 18.♗xd7

18.♖d1! wäre viel einfacher gewesen: 18...♘d6 19.♗xd7 ♔xd7 20.♘b6+ ♔e8 (20...♔c7 21.fxe5+–) 21.fxe5 ♘f7 22.♖xa1+–.

18...♔xd7 19.♘b6+ ♔c6 20.♖xa1

Und mit der gewonnenen Figur im Rücken ist die Sache für Weiß einfach geworden.

20...exf4 21.♖c1+ ♔b5 22.♘d5 ♔a6 23.♗c5 e5

23...♗xb2 24.♘c7+ ♔a5 25.♖b1 b6 26.♗xb6+ ♔xb6 27.♘e6 ♘e3 28.♖xb2+ +–

24.♘c7+ ♔a5 25.♘d2

Es gewann auch 25.♖c3+–.

25...♘e3 26.♘b3+

Ein anderes Mattbild entsteht nach 26.♖c4! ♘xc4 27.♘xc4+ ♔a4 28.b3#.

26...♔a4 27.♗xe3 fxe3+ 28.♔e2 b5

Schwarz streckte die Waffen.

Partie Nr. 53
Lawrow – Anschirow
Smolensk 2001

1.e4 d6 2.d4 ♘f6 3.♘c3 g6 4.f4 ♗g7 5.e5 dxe5 6.dxe5 ♕xd1+ 7.♔xd1 ♘g4 8.♔e1 c6 9.♘f3 h5 10.♗c4

Zu 10.♗d3 siehe Abspiel 2.

10...♗f5 11.♘d4 ♘h6 12.♗e3 e6

Infrage kam der Entwicklungszug 12...♘d7!?.

13.♘xf5 ♘xf5 14.♗f2 ♘d7 15.♔e2

Weiß hat das Läuferpaar und auch den nötigen Raum, um weiter aktiv zu werden. Seine Stellung ist leicht vorzuziehen.

15...♘b6 16.♗b3 ♘d5 17.♘xd5 exd5 18.♖ad1 b5 19.c3

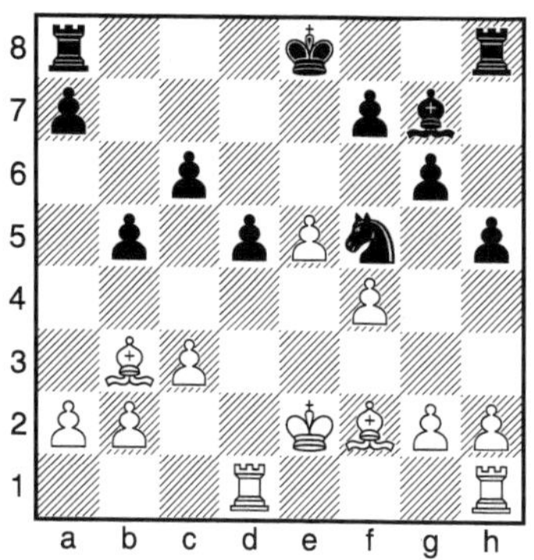

19...0–0?

Dogmatisch gespielt, oder mit anderen Worten: nach „Schema F“. Nicht immer ist die Rochade angebracht. In diesem Fall war 19...f6!? wohl stärker.

20.h3 ♘h6 21.♔f3 ♖fe8 22.♗c2 a6 23.g4!

Der positionelle Vorteil von Weiß ist schon so groß, dass Schwarz seine Probleme nicht mehr ausreichend lösen kann.

23...hxg4+ 24.hxg4 ♖ab8 25.♗c5 ♖b7 26.♖h3

Mit dem Plan, die Türme auf der h-Linie zu verdoppeln.

26...♖e6 27.♖dh1 f5 28.♖xh6

Der materielle Vorteil ist erreicht, der Rest macht Weiß keine Schwierigkeiten mehr.

28...♗xh6 29.♖xh6 fxg4+

29...♖h7 30.♗xf5!+-

30.♔xg4 ♖g7

30...♔g7 31.♔g5+-

31.♔g5 ♔f7 32.♖h8 ♖g8 33.♖xg8 ♔xg8 34.♗xg6 a5 35.♗d6 b4 36.f5 ♖xg6+ 37.♔xg6

Schwarz gab auf.

Partie Nr. 54
Mariotti – Saliba
Skopje 1972

1.e4 d6 2.d4 ♘f6 3.♘c3 g6 4.f4 ♗g7 5.e5 dxe5 6.dxe5 ♕xd1+ 7.♔xd1 ♘g4 8.♔e1 c6 9.h3 ♘h6 10.g4 ♗e6 11.♘f3 f6

Die Erwiderung 11...0–0 haben wir in Abspiel 2 beleuchtet.

12.♘d4 ♗g8 13.exf6 exf6

Die Variante nach 13...♗xf6 14.♗e3 ♘d7 15.♖d1 0–0–0 16.♔f2 ist günstig für Weiß.

14.♗g2

Solider sieht 14.♗e3!? nebst ♔e1–f2 usw. aus.

14...f5 15.♘db5!

Eine böse Überraschung für den Nachziehenden! Der Springer ist natürlich wegen des Läufereinschlags auf b7 nicht genießbar.

15...♘a6 16.g5 ♘f7 17.♗e3

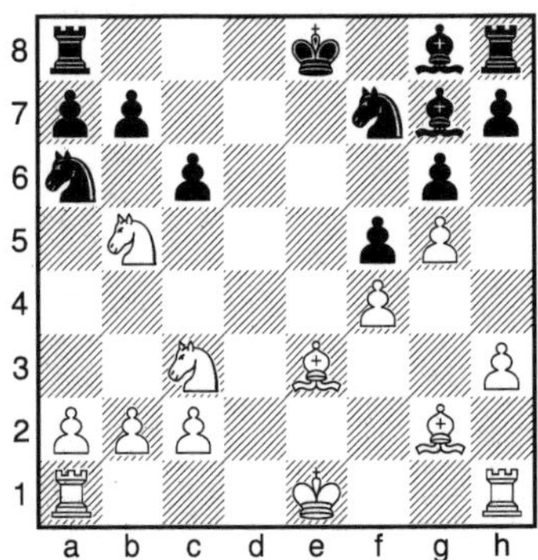

17...♘d8?

Der Grund für die folgenden Probleme. Schwarz hätte hier 17...0–0–0! spielen sollen. Nicht ratsam gewesen wäre dann 18.♘xa7+, denn nach 18...♔c7 wäre der Springer auf a7 in Gefahr geraten.

18.♘d6+ ♔e7 19.♖d1 ♗e6 20.♔f2

Seine Durchlaucht, der König, macht den Weg für den Turm frei. Schwarz steht schon auf Verlust.

20...b6 21.♗d4 ♗xd4+ 22.♖xd4 ♘c7 23.♖e1 ♘e8 24.♘xe8 ♖xe8 25.♘b5! ♖b8

25...cxb5 26.♗xa8+–

26.♘c7

Schwarz gab sich geschlagen.

Kapitel 6

Ajechin–Verteidigung

1.e4 ♘f6

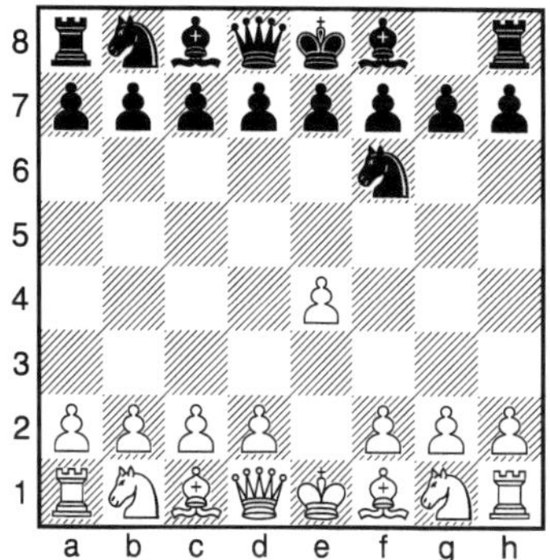

2.e5

Die Theorie weist diese Fortsetzung als die für Weiß beste Alternative aus. Sie ist verbunden mit dem Kampf um einen positionellen Vorteil im Zentrum. Es gibt jedoch eine interessante Abweichung, die wir Ihnen zusätzlich empfehlen möchten.

Hierbei handelt es sich um 2.♘c3!?, worauf 2...d5 und 2...e5 zu den besonders in Betracht kommenden schwarzen Antworten zählen. Mit 2...e5 leitet Schwarz das Spiel in die Wiener Partie über. Diese haben wir in unserem Buch 'Eröffnungen, Offene Spiele, lesen–verstehen–spielen' (Joachim Beyer Verlag 2. Auflage 2020, Kapitel 6), behandelt.

2...d5 3.e5 d4 4.exf6 dxc3 5.fxg7 cxd2+ 6.♗xd2!

(Über 6.♕xd2 ♕xd2+ 7.♗xd2 ♗xg7 8.0-0-0 ♘c6 entsteht eine ausgeglichene Stellung. Der Textzug ist ehrgeiziger; mit seiner Wahl unterstreicht Weiß, dass er die Eröffnungsphase mit einem Vorteil abschließen will.)

6...♗xg7 7.♕f3!?

Die lange Rochade soll folgen. Diese Entwicklungsmethode gibt Weiß gute Angriffschancen.

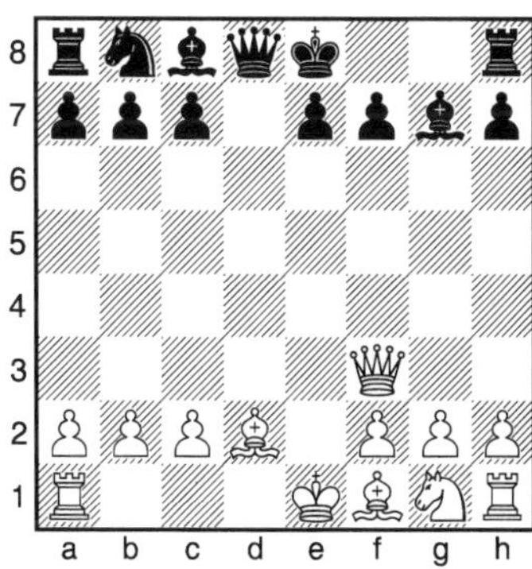

A) 7...♗xb2 8.♖d1 ♕d4

(Auf 8...♕d6 folgt 9.♗c4!.)

9.♘e2 ♕f6

(9...♕c4 10.♘f4 ♕xa2 11.♘d5+-)

10.♕b3 ♗e5 11.f4 ♗d6 12.♗c3 e5 13.♖d5±

Der kleine Materialnachteil wird durch die weißen dynamischen Chancen mehr als kompensiert. Auch Stockfish bewertet den Vorteil als klar, wobei wir ein für das Fernschachspiel optimiertes Derivat eingesetzt haben.

B) 7...♕d6 8.0-0-0

(Beachtung verdient auch 8.♗c3!? mit einem möglichen natürlichen Fortgang über 8...♗xc3+ 9.♕xc3 ♖g8 10.♗d3 ♕c6 11.♕d2 ♕xg2 12.0-0-0. Nun scheitert 12...♕xh1?? an 13.♗e4!+–.)

8...♘c6

(Nach 8...♕f6 9.♕a3 ♕d6 10.♗b5+ ♗d7 11.♕b3 ♗xb5 12.♕xb5+ ♕c6 13.♕e2 ♕b6 14.c3 ♘d7 15.♘h3 verfügt Weiß über die besseren Perspektiven, Hector–Cadei, Genf 1990.)

9.♗c3 ♕h6+ 10.♔b1 0-0 11.♕g3 ♗f5 12.♗b5 ♖ad8 13.♘e2 ♕g6 14.♕xg6 hxg6 15.♗xg7 ♔xg7 16.♗xc6 bxc6 17.♘d4 ♖d6 18.♔c1 ♔f6 19.♖he1 e5 20.♘b3 ♖d5 21.c4 mit dem etwas besseren Endspiel für Weiß, Hector–Grujic, Limhamn 1998.

2...♘d5

Wiederum das Beste, diesmal aber in der Wahl des Nachziehenden, und ganz im Sinne der Aljechin–Verteidigung. Die Rückkehr des Springers nach g8 hätte keinen Sinn.

Manchmal wird hier 2...♘e4 gespielt. Allerdings ist der Zug nicht geeignet, Weiß vor irgendwelche Probleme zu stellen.

A) Nach 3.d3 ♘c5 4.d4 ♘e6 (4...♘e4?? 5.f3+–) 5.d5 ♘c5 6.♗e3 d6 7.♘f3 steht Weiß bereits sehr aussichtsreich.

B) Und nach 3.d4 e6 (3...f6 4.f3 ♘g5 5.♗d3±) 4.♗d3 d5 5.♘e2 droht schon unangenehm der „Bauernstich“ mit 6.f3!.

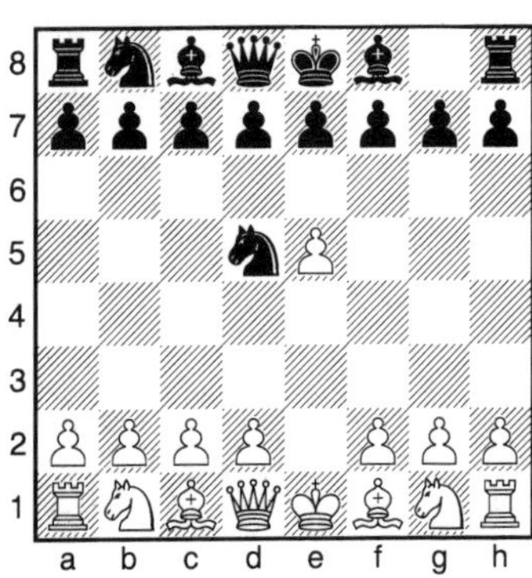

3.♘c3!?

Dies ist nicht die gängige Spielweise, denn üblicherweise greift der Anziehende hier zu 3.d4. Die von uns vorgeschlagene Springerentwicklung hat aber den Vorteil, dass sie in der Turnierpraxis noch nicht so verbreitet ist. Sie ist deshalb wunderbar als Überraschungswaffe geeignet und kann den Gegner vor große Probleme stellen, insbesondere wenn er nicht stets die optimalen Züge findet.

3...♘xc3

Logisch und prinzipiell – Schwarz tauscht den Springer ab, um die Bauernstruktur des Anziehenden zu beschädigen und kein Tempo für andere Züge investieren zu müssen.

Werfen wir einen Blick auf andere Möglichkeiten.

I. 3...e6 4.♘e4!?

(– Nicht zu unterschätzen ist 4.♘xd5, womit wir uns in der **Partie Nr. 55**, Hess–Hristodoulou, chess.com INT 2020, befassen.

– Möglich ist auch 4.d4, worauf es beispielsweise mit 4...d6 5.♘e4 ♘c6 6.♘f3 dxe5 7.dxe5 ♗e7 8.c3 ♘b6 9.♕c2 ♕d5 10.♗f4 ♘d7 11.a3! weitergehen kann. Nun verbietet sich 11...♘dxe5?? wegen 12.♘xe5 ♘xe5 13.♖d1 ♕a5 14.b4 ♕xa3 15.♗xe5 und Weiß erlangt ein Materialplus.)

4...d6 5.d4 ♘c6 6.♘f3 ♗e7 7.c3 0–0 8.♗d3

Der weitere Plan von Weiß umfasst die Züge ♗c1–d2, ♕d1–e2, 0–0–0, h2–h4, um so einen Angriff am Königsflügel aufzubauen.

II. 3...c6 4.♘xd5

(4.♗c4 ♘b6 5.♗b3 d5 6.exd6 exd6 7.♘f3 ♗e7 8.d4 d5 9.0–0 0–0 10.♕d3⩲, Salazar Moran–Korostenski, Lechenicher SchachServer 2011)

4...cxd5 5.d4 d6 6.♘f3 ♗g4 7.exd6 ♕xd6 8.♗e2 ♘c6 9.0–0 h6 10.a4 e6 11.b4 ♗xf3 12.♗xf3 ♕xb4 13.♗e3 ♕c3 14.♖b1 b6 15.♖b3 ♕a5 16.c4!±, Lopez Heras–Orantes Sanz, Madrid 2012

III. 3...♘b6 4.d4 d6 5.♘f3 g6 6.exd6

(6.a4 a5 7.exd6 cxd6 8.♗b5+ ♗d7 9.h4 ♗g7 10.h5 ♘c6 11.h6 ♗f6 12.♘e4±, Mary–Schwenk, ICCF 2010)

6...cxd6 7.♗b5+ ♗d7 8.a4 ♗g7 9.h4 0–0 10.h5 ♗g4 11.hxg6 hxg6 12.♗h6 a6 13.♗d3 ♘c6 14.♕d2 ♗xf3 15.gxf3 ♗xd4 16.0–0–0 ♖e8 17.♖dg1

Der Königsangriff wird die Partie entscheiden, Lowrance–Smet, Fernpartie 2006.

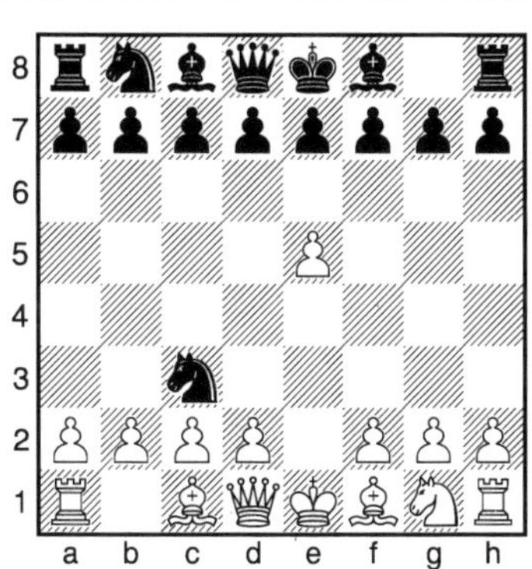

4.bxc3

Der Anziehende verfolgt das Ziel, ein starkes Bauernzentrum aufzubauen.

Die Alternative 4.dxc3 ist auch zu beachten.

A) 4...d5

A1) 5.♗e3 ♘c6 6.♘f3 e6 (6...♗g4 7.♗b5⩲) 7.♕d2 ♗e7 8.0–0–0 Δh2–h4, g2–g4 mit guten Angriffsmöglichkeiten gegen den gegnerischen Monarchen.

A2) 5.c4 d4

(5...♗e6 6.♘f3 dxc4 7.♕xd8+ ♔xd8 8.♘g5 ♗d5 9.e6! ♗xe6 10.♘xe6+ fxe6 11.♗xc4 e5 12.♗d2 ♔d7 13.0–0–0 und schon nach diesen wenigen Zügen ist der Vorteil von Weiß groß, Tschechower–Mikenas, Leningrad 1947.)

6.f4 ♗f5 7.♘e2 ♘c6 8.♘g3 e6 9.♗d3 g6 10.a3 a5 11.♕f3

Weiß hat bereits die Nase vorn, Ghizdavu–Torre, Nicea 1972.

B) 4...d6 5.♘f3

B1) 5...♘c6 6.♗b5 ♗d7

(6...a6 7.♗xc6+ bxc6 8.0–0 ♗g4 9.♖e1 g6 10.♕d4+–, Barbosa–Yeung, Fernpartie 2012)

7.♕e2 dxe5

(Auf 7...e6 ist 8.♗f4! stark.)

8.♘xe5 ♘xe5 9.♕xe5 f6 10.♕h5+ g6 11.♕e2±

B2) 5...♗g4 6.♗f4

(6.h3 ♗h5 7.g4 ♗g6 8.e6 fxe6 9.♗d3 ♘c6 10.♗xg6+ hxg6 11.♕d3 ♔d7 12.♕xg6±, Corriguelas Armillas–Casamitjana Nunez, La Pobla de Lillet 2012)

6...♘c6 7.♗b5 e6 8.h3 ♗xf3 9.♕xf3 ♕d7 10.0–0–0 a6 11.♗xc6 bxc6 12.h4 ♗e7 13.♕g3 d5 14.♕xg7 0–0–0 15.g3 ♗c5 16.♗g5 ♖dg8 17.♕f6

Der weiße Vorteil liegt auf der Hand, Horse–Lewis, Lechenicher Schach-Server 2011.

B3) 5...dxe5 6.♕xd8+ ♔xd8 7.♘xe5 ♔e8 8.♗c4 e6 9.♗e3 ♘d7 10.♘d3 ♘b6

(10...♗d6 11.0–0–0 ♘b6 12.♗b3 ♗d7 13.♖he1±)

11.♗b3 ♗d7 12.0–0 mit dem Plan ♖a1–e1 nebst f2–f4–f5 und der etwas besseren Stellung für den Anziehenden.

4...d6

Eine verständliche Reaktion – Schwarz möchte die Lage im Zentrum sofort klären.

Die Alternativen versprechen nicht mehr als der Textzug.

I. 4...d5 5.d4

(Auch 5.♗a3!? oder 5.f4 mit Verstärkung des Zentralbauern ist möglich.)

5...c5 6.♘e2

(6.♘f3 ♘c6 7.♗e2 ♗g4 8.♖b1 ♕d7 9.♗a3±)

6...e6

(Nach 6...♗f5 geht es gut mit 7.♘g3 ♗g6 8.f4 weiter und nach 6...♗g4 mit 7.h3 ♗h5 8.g4 ♗g6 9.♘f4. In beiden Fällen sind die weiteren Aussichten vielversprechend für Weiß.)

7.g3 c4 8.♗g2 ♗e7 9.0–0 ♗g5 10.♗xg5 ♕xg5 11.f4 ♕d8 12.f5 exf5 13.♘f4 ♗e6 14.♕f3 ♘c6 15.♘xd5 ♗xd5 16.♕xd5 ♕xd5 17.♗xd5 ♖c8 18.♖ab1±, Dimitrov–Kutuzmanov, Albena 2009

II. 4...c5 5.d4

(5.f4!? d6 6.♘f3 g6 7.d4 ♗g7 8.♗d3 0–0 9.0–0±)

5...d5 6.exd6 exd6 7.♘f3 ♗e7 8.♗d3 0–0 9.0–0 ♗f6 10.♖e1 ♗g4 11.♖b1

Die Stellung des Anziehenden ist leicht vorzuziehen; seine Kräfte sind freier entfaltet als die des Gegners.

5.f4

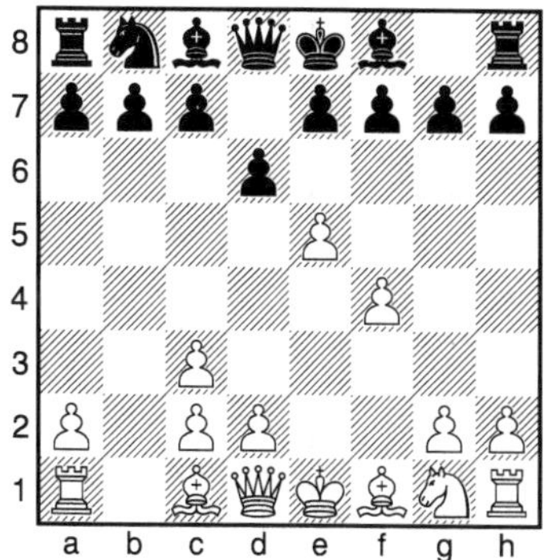

5...c5

Das schwarze Spiel wird der Stellung gerecht, denn es richtet sich gegen das gegnerische Bauernzentrum. Der Nachziehende will im Zentrum aktiv bleiben.

Nicht zum Ausgleich führt 5...♘c6, was wir in der **Partie Nr. 56**, Zwjaginzew–Sawtschenko, Serpuchow 2007, belegen.

In der modernen Turnierpraxis kommen aber auch andere Züge aufs Brett.

I. 5...dxe5 6.fxe5

A) 6...♕d5 7.d4

(7.♘f3 ♗g4 8.d4 ♕e4+ 9.♕e2 ♗xf3 10.gxf3 ♕xe2+ 11.♗xe2 ♘d7 12.♖b1 ♘b6 13.c4 0–0–0 14.♗e3 e6 15.♖g1 g6 16.c3 ♔b8 17.♗g5 und gestützt auf sein Läuferpaar steht Weiß besser, Lyngsjo–Skovle, Helsingor 2009.)

7...c5 8.♘f3 ♘c6 9.♗e2 ♗g4 10.0–0 cxd4 11.cxd4 e6 12.♖b1 ♕d7 13.c3 ♗e7 14.♗d3 ♗h5 15.♗e3

Die Stellung des Anziehenden ist aktiver ausgerichtet. Er hat ein starkes Zentrum ausgebildet und verfügt über die komfortable Option, auf beiden Flügeln zu spielen.

B) 6...c5 7.♗c4 ♘c6 8.e6 (8.♘f3!?) 8...♗xe6 9.♗xe6 fxe6 10.♘h3 ♕d5 11.0–0 0–0–0 12.♕g4 h5 13.♕a4 g5 14.d3 ♗h6 15.♗e3 g4 16.♘f4 ♗xf4 17.♖xf4 g3 18.hxg3 ♖dg8 19.♗f2 h4 20.♖xh4±, Kislik–S. Farago, Budapest 2009

II. 5...g6 6.♘f3

A) 6...♗g4 7.♗c4 ♗xf3?

(Ein bekannter Fehler ist 7...♗g7?? wegen 8.♗xf7+! und Weiß gewinnt. Der Partiezug ist ebenfalls unzureichend. Stärker ist 7...d5!?.)

8.♕xf3 ♘c6 9.♖b1 ♘a5 10.♗xf7+! ♔xf7 11.♕d5+ e6 12.♕xa5 b6 13.♕a4 dxe5 14.fxe5 ♕d5 15.0–0+ ♔g7 16.♕f4 ♗c5+ 17.d4 ♖hf8 18.♕h6+ ♔g8 19.♗g5 ♖xf1+ 20.♖xf1 ♗f8 21.♕h3 ♕xa2 22.♕f3 1–0, Andrejev–M. Petkov, Sofia 2010

B) 6...♗g7 7.d4 0–0 8.♗d3

(Möglich ist auch 8.♗c4!? – siehe **Partie Nr. 57,** Tseitlin – U. Schulze, Dresden 2013.)

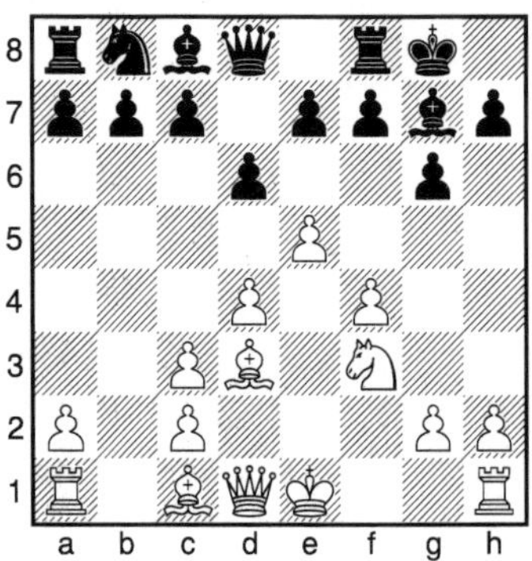

B1) 8...dxe5 9.fxe5 c5 10.♗e3 ♕a5 11.0-0!?

(Sehr mutig. Solider ist allerdings 11.♕d2. Nach beispielsweise 11...cxd4 12.cxd4 ♕xd2+ 13.♔xd2 ♘c6 14.c3 ♖d8 ist die Stellung etwa ausgeglichen.)

11...♘c6

(Zu erwägen ist 11...♕xc3!?.)

12.♕e1 ♗g4 13.♘g5 h6 14.♘xf7!?

Weiß war in der Partie, der wir dieses Fragment entnommen haben, in Kampfesstimmung.

14...♖xf7 15.♖xf7 ♔xf7 16.♕g3 ♗f5 17.♗xf5 gxf5 18.e6+ ♔xe6? (18...♔f6!) 19.♕xg7 mit starkem Angriff, Dubow–Kwon, chess.com INT 2020.

B2) 8...♗g4 9.0-0 c5

(Die Stellung nach 9...♘d7 10.h3 ♗xf3 11.♕xf3 c6 12.exd6 exd6 13.f5 c5 14.♗f4 ist günstig für Weiß, Wernert–Bausch, Dortmund 2012.)

10.♖b1 ♕c7 11.♕e2 ♘c6 12.♕f2 cxd4 13.cxd4 ♗xf3 14.gxf3 e6 15.♗a3 d5?

(⌓15...♖fd8 16.♗xd6 ♕xd6! 17.exd6 ♗xd4=)

16.♗d6 ♕d7 17.♗xf8 ♗xf8 18.♗b5 mit weißem Vorteil, Rocek–Lenz, Lechenicher SchachServer 2016.

B3) 8...c5 9.0-0 dxe5 10.dxe5

(Gespielt wird auch 10.fxe5 – siehe **Partie Nr. 58**, Elci–J. Perez, Rio de Janeiro 2014.)

10...♕a5 11.c4 ♘c6 12.♗d2 ♕c7 13.♕e1 ♘d4 14.♘xd4 cxd4 15.♕h4 ♖e8 16.♖ae1 e6 17.g4 ♗d7 18.♖f3 ♕d8 19.♕f2 ♗c6 20.♖h3 mit weißer Initiative am Königsflügel, Morales–Llaudy Pupo, Santiago de Cuba 2009.

III. 5...♗f5 6.♘f3 e6 7.d4

A) 7...♘d7 8.♗d3 ♗g6

(Für Schwarz nicht günstig ist der Tausch 8...♗xd3 9.♕xd3. Nach beispielsweise 9...♗e7 10.0–0 0–0 11.♖b1 b6 12.c4 ist er weit von einem Ausgleich entfernt.)

9.0–0 ♗e7 10.♕e2±, Neagos–Sale, Rijeka 2010

B) 7...♗e7 8.♗d3 ♗g4 9.♖b1

(Es geht auch 9.h3, um den Läufer zur sofortigen Entscheidung zu zwingen.)

9...dxe5 10.fxe5 ♗h4+ 11.g3 ♕d5 12.0–0 ♗d8 13.c4 ♗xf3 14.♕xf3 ♕xf3

(14...♕xd4+ 15.♗e3 ♕d7 16.♕xb7 ♕c6 17.♗e4+–)

15.♖xf3 ♘c6 16.♗e4 (16.c3!?) 16...♘xd4 17.♗xb7 ♘xf3+ 18.♗xf3 ♖c8 19.♗b7 ♔d7 20.♗e3 c6 21.♗xc8+ ♔xc8 22.♗xa7 mit weißem Endspielvorteil, Doltschikowa–Subaschew, Kiew 2004.

6.d4

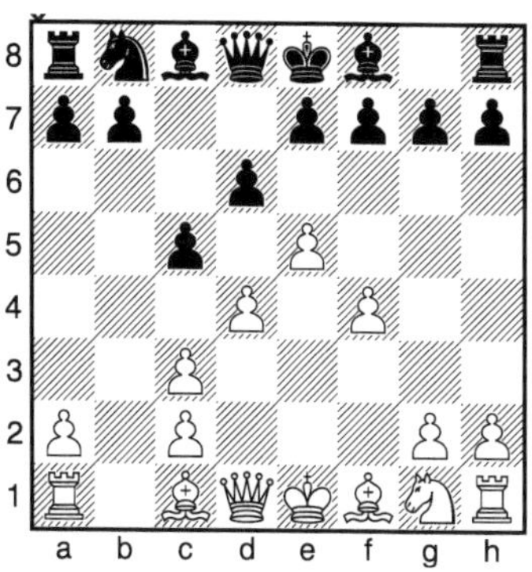

6...dxe5

Natürlich kann Schwarz die Spannung im Zentrum auch aufrechterhalten.

I. 6...g6 7.♘f3 ♗g7 8.♗e2 0–0 9.0–0 ♘d7

(– Einen kurzen Verlauf hatte die Partie Baklan–Passchiyn, Gent 2009: 9...b6 10.♕e1 dxe5 11.fxe5 ♗f5 12.♕h4 e6 13.♗g5 f6 14.exf6 ♗xf6 15.♗xf6 ♕xf6 16.♘g5 1–0.

– Auf 9...♗f5 spielt Weiß 10.♖b1!.)

10.♗e3 cxd4 11.cxd4 ♘b6 12.c4 ♗g4 13.♕b3 ♖c8 14.♖ac1

Weiß hat die aktivere Stellung.

II. 6...♘c6 7.♘f3 dxe5

(Nicht gut ist 7...♗g4? wegen 8.d5!.)

8.fxe5 ♗g4 9.d5 ♗xf3 10.♕xf3 ♘xe5 11.♗b5+ ♘d7 12.0–0 f6 13.♗f4

(Eine interessante Alternative ist 13.♗a3!?, siehe **Partie Nr. 59**, L. Evans–Adler, Chicago 1970.)

13...a6 14.♗d3 g6 15.♕h3 ♗g7 16.♖ae1 f5 17.♗d6 e5 18.♗xf5 1–0, Truchot–Feyte, Frankreich 2002

7.fxe5 ♘c6

Besser für Weiß ist 7...♕c7 8.♘f3 a6 9.♗d3 ♗g4 10.0–0 e6 11.h3 ♗xf3 12.♕xf3 ♘c6 13.♗e3 ♖d8 14.♖ab1 ♖d7 15.♗e4±, Gonzalez Vidal–Van de Wynkele, Vlissingen 2008.

8.♗e3 ♕a5 9.♕d2 cxd4 10.cxd4 ♕xd2+ 11.♔xd2 ♗f5 12.♘f3 e6 13.c3 ♗e7 14.♗d3 ♗xd3 15.♔xd3 h6 16.♖ab1 b6 17.♖hc1

Weiß hat sich einen kleinen positionellen Vorteil gesichert. Er kann c3–c4 nebst ♔d3–e4 spielen, um in einem günstigen Moment d4–d5 folgen zu lassen, Lopez Rodriguez–O'Neill y Dayneko, Asturias 1996.

Zusammenfassung: Wir meinen, dass die Fortsetzung 3.♘c3!? Weiß gute Perspektiven verspricht. Vor allem vermeidet er auf diese Weise viele bekannte Pfade, auf denen sich Schwarz zuhause fühlen dürfte. Die Variante ist also eine gute Alternative zu 3.d4.

Partie Nr. 55
Hess – Hristodoulou
Chess.com INT 2020

1.e4 ♘f6 2.e5 ♘d5 3.♘c3 e6 4.♘xd5

Andere Möglichkeiten haben wir im Theorieteil behandelt.

4...exd5 5.d4 d6 6.♘f3 ♘c6

Nach 6...♗e7 kann sich Weiß nach dem Muster 7.♗d3 ♗g4 8.♗f4 dxe5 9.dxe5 ♘c6 10.c3 ♕d7 und nun 11.♕c2 aufbauen. Anschließen kann sich beispielsweise 11...♘d8 12.0–0–0 ♘e6 13.♗e3 ♗xf3 14.gxf3 ♕c6 15.f4.

Weiß hat sich eine aktive Stellung erarbeitet. Die Partie konnte er letztlich für sich entscheiden, Belkadi–Suer, Lugano 1968.

7.♗b5

Anzutreffen ist auch 7.♗g5, allerdings gleicht Schwarz relativ problemlos beispielsweise über 7...♗e7 8.♗xe7 ♕xe7 9.♗b5 dxe5 aus. Mit seinem Partiezug hält Weiß die Spannung aufrecht.

7...♗g4

Im Duell Kosa–Racz, Ungarn 2015, hielt Schwarz in der Variante 7...♗e7 8.0-0 0-0 9.♗f4 ♗g4 10.exd6 ♗xd6 11.♗xd6 ♕xd6 12.c3 ♖fe8 den Ausgleich.

8.h3 ♗h5 9.0-0 ♗e7 10.exd6 ♕xd6 11.g4 ♗g6 12.♘e5 f6 13.♘d3 0-0 14.♗f4 ♕d7 15.♖e1 ♖fe8 16.c3 ♗d6 17.♕f3 ♗e4 18.♕g3 ♗xf4 19.♕xf4 ♗xd3 20.♗xd3

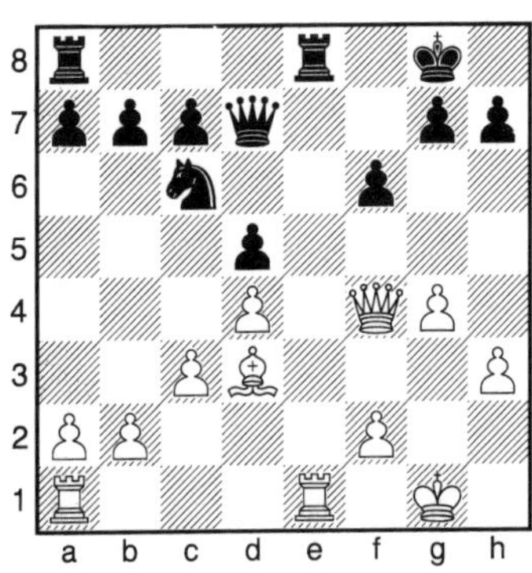

Bis hier hat sich Weiß als Vorteil nur ein Plus an Aktivität verschafft. Nun hilft Schwarz aber tätig mit, dass er um schwarze Bauernschwächen auf d5 und d6 anwächst.

20...♕d6?

Der Damentausch ist nur für Weiß günstig. Nach 20...♘e7 Δ♘e7-g6 hingegen wäre die schwarze Stellung verteidigungsfähig geblieben.

21.♕xd6 cxd6

Die schwarze Bauernformation ist nunmehr bis auf weiteres geschwächt.

22.h4 g6 23.♔g2 ♔f7 24.♔f3 a6 25.h5 ♘a5 26.♖h1 ♖h8 27.♖h2 ♘c4 28.♗xc4 dxc4 29.♔e4 ♖ae8+?

Mit diesem Fehler erlaubt Schwarz seinem Gegner die Aktivierung des Königs.

29...♔e6 war unabdingbar.

30.♔d5 gxh5 31.♖xh5 ♖e2 32.♖b1

Eine andere beachtenswerte Möglichkeit war 32.f4!? ♖xb2 33.♔xd6.

32...♖xf2 33.♔xd6 ♖c8 34.♖xh7+ ♔g6 35.♖xb7 ♖g2 36.♔d7 ♖f8 37.d5

♖xg4 38.d6 ♖g2 39.♔c6 ♖d2 40.d7 f5 41.♖g1+ ♔f7

Damit sorgt Schwarz selbst für die sofortige Entscheidung zu seinem Nachteil.

Mit 41...♔f6 hätte er das Spiel noch etwas verlängern können.

42.d8♕+

Schwarz gab auf.

Partie Nr. 56
Zwjaginzew – Sawtschenko
Serpuchow 2007

1.e4 ♘f6 2.e5 ♘d5 3.♘c3 ♘xc3 4.bxc3 d6 5.f4 ♘c6

Andere Erwiderungen haben wir im theoretischen Teil analysiert.

6.d4

In der Partie Faust–D´Augen, Frankreich 2008, geschah 6.♘f3!? ♗g4 7.d4 dxe5 8.fxe5 e6 9.♗d3 ♗e7 10.0–0 0–0 11.♕e1 ♗xf3 12.♖xf3 und Weiß stand ausgezeichnet.

6...♗f5

Nach 6...dxe5 7.fxe5 ♗f5 8.♗d3 ♕d7 9.♘f3 0–0–0 10.0–0 ♗xd3 11.♕xd3 f6 12.♖e1 steht Weiß besser.

7.♖b1 dxe5 8.fxe5 e6 9.♘f3 ♘a5?

Schwarz verfolgt den Plan, nach ♕d8–d5 die Kontrolle über die weißen Felder zu übernehmen. Gut ist ein solches Ansinnen in der aktuellen Phase aber nicht, wie auch diese Partie zeigt.

– Auch nicht zu empfehlen ist die Idee, mit der Schwarz in der Partie Berta–Jelacic, Jugoslawien 1978, seinem Gegner beizukommen versuchte: 9...♕d5 10.♗d3 ♗xd3 11.♕xd3 b6 12.c4 ♕d7 13.0–0 ♗e7 14.♗d2 ♖d8 15.c3 ♘a5 16.♘g5 ♗xg5 17.♗xg5 ♖c8 18.♖f3 0–0 19.♗f6 ♖fd8 20.♖h3 g6 21.♖xh7 1–0.

– Den Bauern b7 kann Schwarz mit 9...♖b8!? decken, was wohl auch die beste Lösung wäre.

10.♗d3 ♕d5 11.0–0 ♗e7

11...♕xa2 wäre wegen des unrochierten Königs sehr gefährlich für Schwarz.

12.♗g5 ♗xd3 13.cxd3 f6

Natürlich folgt auf 13...♕xa2?? der Gewinnzug 14.♖a1+–. Der Partiezug ist aber ebenfalls nicht gut, weil die Bauernstruktur am Königsflügel und das Zentrum geschwächt werden.

14.exf6 gxf6 15.♕a4+ c6

15...♘c6 16.♖xb7+–

16.c4 ♕d7 17.♗d2 b6 18.♗xa5 bxa5 19.♕xa5

Weiß hat einen Bauern mehr und die bessere Stellung.

19...0–0 20.♖b2 ♖ab8 21.♖e2 e5 22.♕e1 ♗b4 23.♕g3+ ♔h8 24.dxe5 ♖g8

24...♕xd3!? war wohl stärker.

25.♕f2 ♕xd3

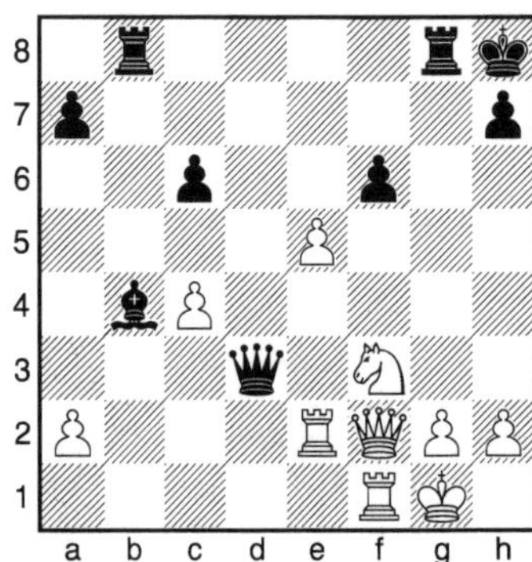

26.exf6!

Ein Qualitätsopfer für den Angriff.

26...♗c5 27.♕xc5 ♕xe2 28.♘g5 ♕h5 29.h4 h6 30.f7 hxg5 31.♕e5+ ♔h7 32.fxg8♕+ ♖xg8 33.c5 ♕e8 34.♕f5+ ♔h6

34...♕g6 35.hxg5 ♕xf5 36.♖xf5+–

35.♖d1 gxh4 36.♖d6+ ♖g6 37.♔h2!

Weiß musste auf die Möglichkeit zum Dauerschach mit ♕e8–e1+ aufpassen.

37...♔g7

37...♖xd6 38.cxd6+–

38.♖d7+ ♔g8 39.♖c7 ♕e6 40.♖c8+ ♔h7 41.♕h5+ ♖h6 42.♖c7+ ♔h8 43.♕g5 ♖h7 44.♕d8+ ♕g8 45.♖xh7+

Schwarz kapitulierte.

Partie Nr. 57
Tseitlin – U. Schulze
Dresden 2013

1.e4 ♘f6 2.e5 ♘d5 3.♘c3 ♘xc3 4.bxc3 d6 5.f4 g6 6.d4 ♗g7 7.♘f3 0–0 8.♗c4!?

Diese Fortsetzung ist eine interessante Alternative zum Zug 8.♗d3, den wir im Theorieteil behandelt haben.

8...c5 9.0-0 d5

So verhindert Schwarz d4-d5, was nach 9...♘c6 möglich ist.

Der abwartende Zug 9...♕c7!? kommt ebenfalls in Betracht.

10.♗e2

– Nach 10.d5 ging es in der Partie Boidman–Philippe, Deutschland (Oberliga Süd–West) 2015, zunächst unspektakulär mit 10...♘a5 11.♗e2 ♗g4 weiter, bis Weiß mit 12.e6 bei seinem Gegner vermutlich Sorgen auslöste. Es folgte 12...♗xc3 13.exf7+ ♖xf7 14.♖b1 ♕d7 15.♗d2 ♗xd2 16.♕xd2 b6 17.♗b5 ♕c7 18.♘g5 und wegen der Schwäche auf e6 stand Weiß besser.

– Nach 10.♕e2 e6 11.exd6 ♕xd6 12.♗a3 ♘d7 steht Schwarz ein Plan mit b7-b6 und ♗c8-b7 offen.

10.♗e2 ♕a5 11.♗d2 ♕c7 12.h3 b6 13.♗e3 ♗a6 14.♗d3 e6 15.♘g5 ♗xd3 16.cxd3 cxd4 17.cxd4 ♘c6 18.g4!

Die Stellung ist reif für dieses energische Vorgehen am Königsflügel. Weiß kalkuliert mit ein, dass Schwarz noch kein echtes Gegenspiel hat und nicht kontern kann.

18...♘e7 19.♕e1 ♖ac8?

Ein grundsätzlich rationaler Zug, der hier aber zu langsam ist.

Schwarz sollte mit 19...h6 den Springer aus seiner aktiven Position vertreiben. Es könnte sich die Variante 20.♖c1 ♕d7 21.♘f3 ♖ac8 22.♕h4 ♔h7 anschließen, die zu einer schwarzen Stellung mit Verteidigungschancen führt.

20.♕h4 h6 21.♘f3 ♕d7

Oder 21...♔h7 22.f5! exf5 23.♗g5 ♖fe8 24.♖ae1 mit einem klaren weißen Vorteil.

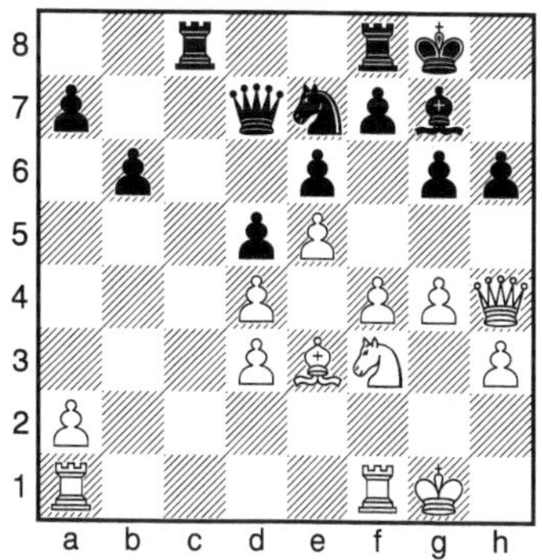

22.f5!

Der entscheidende Schlag.

22...exf5 23.♗xh6 fxg4 24.♗xg7!

Schwarz gab auf wegen 24...♔xg7 25.♘g5 ♖h8 26.♖xf7+ ♔g8 27.♖h7+-.

Partie Nr. 58
Elci – J.Perez
Rio de Janeiro 2014

1.e4 ♘f6 2.e5 ♘d5 3.♘c3 ♘xc3 4.bxc3 d6 5.f4 g6 6.d4 ♗g7 7.♘f3 0–0 8.♗d3 c5 9.0-0 dxe5 10.fxe5

10.dxe5 haben wir im Theorieteil analysiert.

10...♘c6 11.♗e3 ♗g4 12.♗e4 ♕a5 13.♕e1 ♖ad8 14.♖d1

Weiß bereitet seinen Angriff auf den König vor und ist bereit, hierfür Material zu investieren. Der ♙a2 ist bis auf weiteres nicht von Bedeutung und kann geopfert werden.

14...♕xa2 15.♕h4 ♗xf3 16.♖xf3 cxd4 17.cxd4 ♘xe5 18.♖h3 h5 19.c3 a5 20.♗g5

Weiß hat zwei Bauern weniger, dafür aber gute Chancen auf einen scharfen Angriff gegen den König.

20...f6 21.♗f4

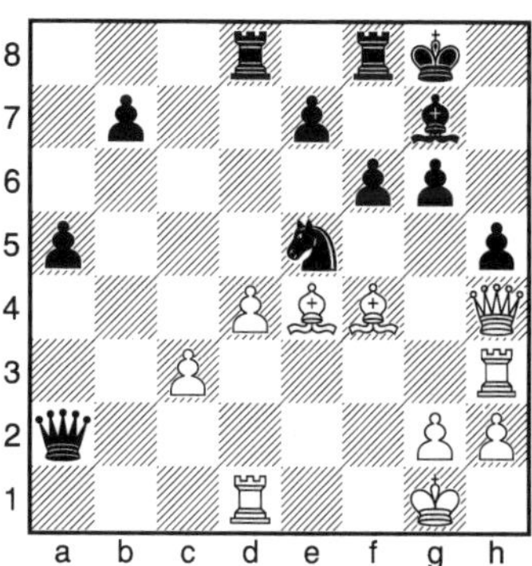

21...g5?

Möglicherweise konnte Schwarz die Spannung des Kampfes nicht ertragen und machte deshalb diesen in die Niederlage führenden Fehler.

Nach 21...f5! wäre der Ausgang noch weiter offen geblieben.

22.♕xh5! ♖f7

22...gxf4 23.♗h7+ ♔h8 24.♗g6+ ♔g8 25.♕h7#

23.dxe5 ♖xd1+ 24.♕xd1 gxf4 25.♗h7+ ♔h8 26.♕d8+ ♖f8 27.♗b1+ ♔g8 28.♗xa2+

Schwarz kapitulierte.

Partie Nr. 59
L. Evans – Adler
Chicago 1970

1.e4 ♘f6 2.e5 ♘d5 3.♘c3 ♘xc3 4.bxc3 d6 5.f4 c5 6.d4 dxe5 7.fxe5 ♘c6 8.♘f3 ♗g4 9.d5 ♗xf3 10.♕xf3 ♘xe5 11.♗b5+ ♘d7 12.0–0 f6 13.♗a3!?

Zu 13.♗f4 haben wir im Theorieteil Ausführungen gemacht.

13...♖c8 14.♖ae1

Alle weißen Figuren sind ins Kampfgeschehen einbezogen.

14...a6 15.♗d3 g6 16.♗f5

Stark sah 16.♖e6! aus.

16...♘e5?

Dies erleichtert die Aufgabe von Weiß, aber auch nach 16...♕a5 17.♗xd7+ ♔xd7 18.c4 wäre die schwarze Stellung nicht leicht zu verteidigen.

17.♖xe5! gxf5

17...fxe5 18.♗e6+–

18.♕h5+ ♔d7 19.♕xf5+ ♔c7 20.♗xc5 ♔b8

20...fxe5 21.♕xe5+ ♔d7 22.♕e6+ ♔e8 23.♗b6 ♖c7 24.♕f7+ ♔d7 25.d6+–

21.♗d4 ♔a8

Ohne Chancen war die Variante 21...♖g8 22.♕e6 ♗h6 23.♖h5 ♗d2 24.♖xh7 ♗xc3 25.♗b6 ♕d6 26.♖xe7+.

22.♖e6 ♖g8

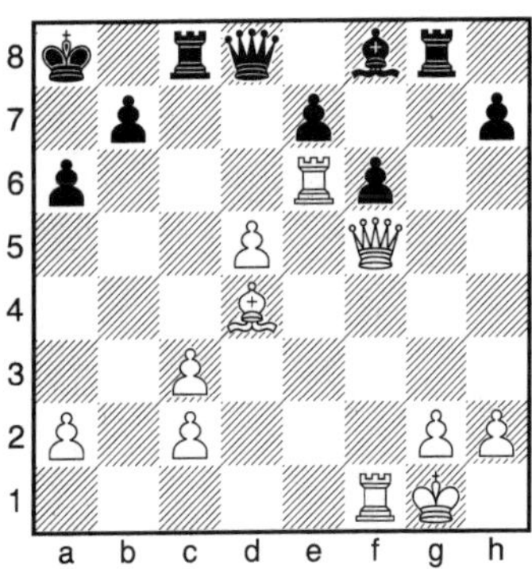

23.♕e4

Der Druck auf die schwarze Königsstellung wird verstärkt.

Energischer war jedoch 23.♖xa6+! ♔b8 (23...bxa6 24.♕e6+–) 24.♗a7+ ♔a8 25.♗b6+ bxa6 26.♗xd8+–.

23...♖g5 24.d6

24.♖xa6+! wäre so schön gewesen; z.B. 24...♔b8 (24...bxa6 25.♕e6+–) 25.♗a7+ ♔a8 26.♗b6+ bxa6 27.♗xd8 ♖xd8 28.♕c4 ♖dxd5 29.♕xa6+ ♔b8 30.♖b1+ usw.

24...exd6 25.♖b1 ♕d7 26.♗xf6

26.♖xf6! war noch stärker.

26...♖a5 27.♖b2 d5 28.♕f5 ♗d6 29.♗e7?

Ein schrecklicher Fehler! Weiß sollte einfach 29.♗d4! spielen und seinen Vorteil so weiter ausbauen.

29...d4?

Schwarz antwortet mit einem Fehler und lässt seine Chance ungenutzt verstreichen. Nach 29...♖e8! wäre Weiß verloren; z.B. 30.♗xd6 ♕xe6–+.

30.♕e4 dxc3 31.♖b3?

Und noch ein Fehler! Der Abzug nach b1 war ein Muss.

31...♖e8?

Unglaublich, aber wahr! Mit 31...♗xe7! hätte Schwarz sich den Sieg sichern können; z.B. 32.♖xe7 ♕d1+ 33.♕e1 ♕xe1+ 34.♖xe1 ♖xa2 35.♖e7 ♖xc2 36.♖bxb7 (36.♖exb7 ♖c1+ 37.♔f2 c2–+) 36...♖b2–+.

32.♖xd6 ♕xe7

Nach 32...♖xe7 33.♖xd7 ♖xe4 34.♖dxb7 ♖e8 35.♖xh7 ♖xa2 36.♖xc3 würde Weiß das Endspiel ohne großes Federlesen gewinnen.

33.♖d8+

Schwarz gab auf.

Kapitel 7

Skandinavische Verteidigung

1.e4 d5 2.exd5

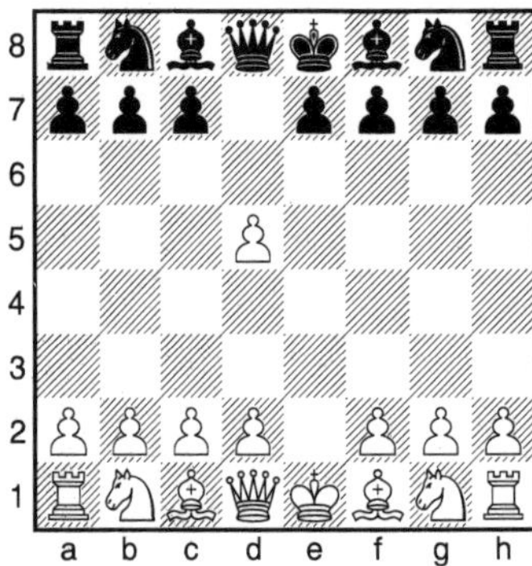

In dieser Stellung hat Schwarz zwei Hauptfortsetzungen zur Hand. Diese sind 2...♕xd5 (siehe **Abspiel 1**) und 2...♘f6 (siehe **Abspiel 2**).

Werfen wir noch einen kurzen Blick auf zwei seltene Gambitfortsetzungen.

2...e6

Ein ähnliches Bauernopfer kann Schwarz auch mit 2...c6 anbieten.

3.dxc6 ♘xc6 4.♘f3

A) 4...♕c7 5.♗c4

(5.d4 ist ebenfalls eine Option; z.B. 5.d4 ♗g4 6.♗e2 0–0–0 7.♗e3 e5 8.♘xe5 ♗xe2 9.♕xe2 ♘xd4 10.♗xd4 ♖xd4 11.0–0 und Weiß ist im Vorteil.)

5...♗f5 6.0–0 0–0–0 7.♘c3 ♘f6 8.d3 e5 9.♘b5 ♕b8 10.♘g5 a6 11.♘xf7 (11.♘c3!+–) 11...axb5 12.♘xd8 ♔xd8 13.♗xb5 ♘d4 14.a4 ♗g4 15.f3 ♕a7 16.♗e3 ♗c5 17.♔h1 ♗e6 18.♕d2 ♘d5 19.♗xd4 ♗xd4 20.♕g5+ ♔c8 21.c3

Weiß hatte Probleme, den Sieg zu realisieren, Fierro Baquero–Ricter, Cannes 2007.

B) 4...♘f6 5.♗b5 ♗g4

(Nach 5...a6 6.♗xc6+ bxc6 7.d3 e6 8.♘bd2 ♗b4 9.c3 ♗a5 10.♘c4 ♗b6 11.♗g5 ♗a7 12.0–0 0–0 13.♘fe5 hat Schwarz keine Kompensation für den Bauern, Thurrott–Hackfeld, IECG 2003.)

6.h3 ♗h5 7.♘c3 ♕c7 8.g4 ♗g6 9.♕e2 0–0–0 10.d3 e6 11.♗d2 h5 12.g5 ♘d7 13.0–0–0 h4 14.♗xc6 bxc6

(14...♕xc6!? ist stärker.)

15.♖de1 ♔b7 16.♘e5 ♘xe5 17.♕xe5 ♕xe5

(17...♗d6? 18.♕xg7 ♔a8 19.♕d4+–, Papa–Filipovic, Schweiz 2003)

18.♖xe5 ♗d6 19.♖a5

Weiß hat einen Bauern mehr und ist entsprechend im Vorteil.

C) 4...e5 5.♗b5 ♗d6

(Nach 5...♗c5 6.♕e2 ist die weiße Stellung vorzuziehen.)

6.d4 exd4 7.♕xd4 ♘f6 8.♗g5 0–0 9.♗xc6 bxc6 10.0–0 ♗e7 11.♖e1 ♗e6 12.♘c3 h6 13.♗h4 c5 14.♕xd8 ♖fxd8 15.♖ad1 g5 16.♗g3 ♘h5 17.♗c7 ♖xd1 18.♖xd1 ♖c8 19.♗d6 ♗f6 20.♗e5 ♔g7 21.♘e4 ♗xe5 22.♘xe5

Der weiße Vorteil liegt klar auf der Hand, Zolotuchin–Zanetti, Moskau 2006.

3.dxe6

Eine konsequente Vorgehensweise. Wir können nicht erkennen, wie Schwarz Kompensation für den geopferten Bauern erlangen soll.

3...♗xe6

Keinen Sinn macht 3...fxe6, denn nach 4.d4 ♘c6 5.♘f3 ähnelt die schwarze Stellung schon einer Ruine.

4.♘f3 ♘f6

Weiß muss die Alternativen nicht fürchten.

I. 4...♘c6 5.♗b5

(Mit 5.♘c3 ♗c5 6.♗e2 ♘f6 7.0–0 ♕d7 8.d3 0–0–0 9.♗f4 kann der Anziehende auch eine andere Aufstellung anstreben.)

5...♘ge7 6.♘c3 a6 7.♗a4 b5 8.♗b3 ♘f5 9.0–0 ♗d6 10.♖e1±

II. 4...♗c5 5.d4 ♗b6 6.♗e2 ♘e7 7.♗g5 0–0 8.0–0 f6 9.♗e3 ♘f5 10.c3 ♘xe3 11.fxe3 c6 12.e4 a5 13.♘a3 ♘a6 14.♘h4 ♘c7 15.♘c4 ♗a7 16.♘e3±, Fiorini–Znak, IECG 2002

5.d4 ♗d6

Schwarz will möglichst schnell seine Entwicklung vollenden.

Der aggressive Bauernvorstoß 5...c5 ist nicht gut wegen 6.♗b5+ ♘c6 7.0–0 ♕b6 8.♘c3 0–0–0 9.dxc5 ♗xc5 10.♕e2 ♗d6 11.♗e3 ♕c7 12.♗xc6 bxc6 13.♕a6+ ♔b8 14.♖fd1 mit weißem Vorteil, Gibney–Fiesels, USA 1995.

6.♗e2 ♘bd7 7.c4 c6 8.♘c3 0–0 9.0–0 ♖e8 10.♗g5 h6 11.♗e3

Weiß hat einen gesunden Mehrbauern. In der Partie Kunsztowicz–Mulkers, Detmold 1965, baute er diesen Vorteil bis zum späteren Sieg immer weiter aus.

Abspiel 1

Die Fortsetzung 2...♕xd5

1.e4 d5 2.exd5 ♕xd5 3.♘f3

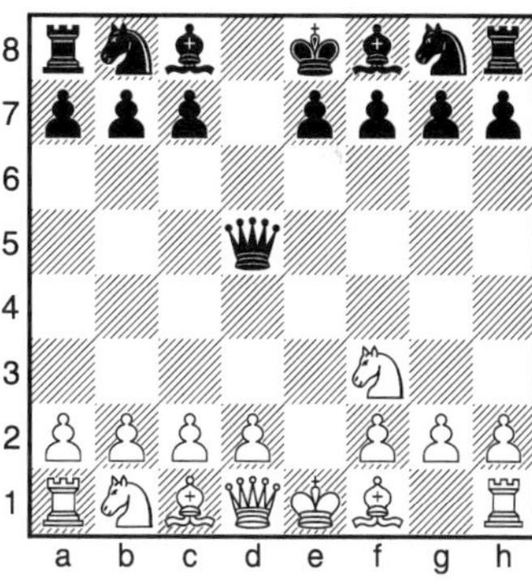

Dieser Springerzug ist genauso logisch und gut wie die Hauptvariante mit 3.♘c3, aber Weiß geht damit vielen komplizierten Varianten aus dem Weg, die sich gerade nach 3.♘c3 eröffnen. Der Textzug erlaubt erlaubt es ihm, die Beschäftigung mit der Theorie und die Vorbereitung auf eine Partie ökonomisch zu gestalten.

3...♗g4

Das Beste für Schwarz. Im Moment dreht sich alles um die Kontrolle des Feldes d4.

I. Einfach nur schlecht wäre 3...e5? wegen 4.♘c3 ♕a5 5.♗c4 nebst 0–0, denn nach ♖f1–e1 hätte Schwarz Probleme, seine Entwicklung zu beenden.

II. Nach 3...♘f6 4.d4 hingegen kann sich das Spiel beispielsweise wie folgt weiterentwickeln.

A) 4...♕d6 5.♗e2 g6 6.0–0 ♗g7 7.b3 0–0 8.♗a3 ♕d8 9.♖e1 ♖e8

(9...♘e4 10.c3 ♘c6 11.♗d3 ♘d6 12.♘bd2±)

10.c3 ♘d5 11.♕d2 a5 12.♗b2 c6 13.c4 ♘c7 14.♘c3 ♗g4 15.♖ad1 ♘d7 16.h3 ♗xf3 17.♗xf3 e6 18.♘e4 ♘f6 19.♘c5 ♕c8 20.♗c3 b6 21.♘d3 ♘a6 22.♘e5

Weiß steht ausgezeichnet, Armanda–Loncar, Zagreb 2010.

B) 4...c6 5.c4 ♕d8 6.h3 ♗f5 7.♘c3 e6 8.♗e2 ♗e7 9.0–0 ♘e4 10.♗e3 0–0 11.♕b3 ♕c7 12.♖ac1 ♘d7 13.♖fd1⩲, Movsesian–Gritsak, Warschau 2009

C) 4...g6 5.c4 ♕d8 6.♗e2 ♗g7 7.0–0 0–0 8.♘c3 c6 9.h3 ♘a6 10.♗f4 ♘c7 11.♕d2 ♗f5 12.♕e3 b5? (□12...♖e8) 13.♘e5 ♗d7 14.♗f3 bxc4 15.♗xc6+–, Ziyatdinow–Hamrojew, Taschkent 2010

4.♗e2 ♘c6

Schwarz plant die lange Rochade und rasche Aktionen gegen Weiß.

I. Selten gespielt wird 4...♗xf3 5.♗xf3 ♕e5+ 6.♕e2!?

(6.♗e2 c5 7.0–0 ♘c6 8.♖e1 e6 9.♗f1 ♕c7 10.b3 ♘f6 11.♗b2 ♗e7 12.♘a3 ♖d8 13.♘c4 0–0=, Van Riemsdijk–Man Yee, Americana 1999)

6...♕xe2+ 7.♔xe2 c6 8.d4 ♘f6 9.♘c3 ♘bd7 10.♗f4 e6 11.♖he1 ♗e7 12.♔f1, denn Weiß verfügt über das Läuferpaar und steht aktiver.

II. Nach 4...♘f6 5.d4 e6 hat Weiß vor allem zwei Fortsetzungen zur Verfügung.

A) 6.0–0 c6

(6...♗e7 7.c4 ♕d8 8.♕b3 b6 9.♘c3 0–0 10.♗e3 ♘bd7 11.♖fd1 c6 12.h3 ♗h5 13.♗f4 ♕c8 14.a4±, Van Riemsdijk–Kierzek, Arco 2009)

7.h3

(Es geht auch 7.c4 ♕d6 8.♘c3 ♗e7 9.♗e3 0–0 10.♕d2 ♗xf3 11.♗xf3 ♖d8 12.♖fd1 ♘bd7 13.♖ac1 und Weiß steht aktiver, Grischuk–Feygin, Ohrid 2009.)

7...♗h5 8.c4 ♕a5 9.♘c3 ♘bd7 10.♗f4 ♗b4 11.♕b3 0–0 12.♖ac1 h6 13.a3 ♗xc3 14.♖xc3 ♕b6 15.♕d1 ♕d8

(15...♕xb2 16.♖b3 ♕a2 17.♗d3 mit der Drohung ♗d3–b1 und Damenfang.)

16.♖b3 b6

(16...♘b6? 17.c5 ♘bd5 18.♗d6 ♖e8 19.♖xb7+–, Cabrera Trujillo–Henriquez Garcia, La Laguna 2010)

17.♗d6 ♖e8 18.♘e5 ♗xe2 19.♕xe2 ♕c8 20.♖g3±

B) 6.h3 ♗h5 7.c4 ♕d8 8.♕b3 (8.♘c3!?) 8...♕c8 9.♘c3 ♗e7 10.g4 ♗g6 11.♘e5 ♘fd7 12.♘xg6 hxg6 13.♗e3 c6 14.0–0–0 ♘a6 15.♔b1 ♕c7 16.♘e4 0–0–0 17.c5 ♘f6 18.♘g5 ♖hf8 19.♘xf7!+–, Byesgodow–Agayew, Thessaloniki 2010

5.d4 0–0–0

Der aktivste Zug im Arsenal des Nachziehenden. Bevor er neue Aktionen startet, bringt er erst einmal seinen König in Sicherheit.

Die Fortsetzung 5...♘f6 führt in vielen Fällen unter Zugumstellung zu gleichen bzw. ähnlichen Stellungen; z.B. 6.c4 ♕h5 7.♗e3 e5 8.d5 0–0–0 9.♘bd2 ♘d4 10.♘xd4 exd4 11.♗xd4 ♖e8 12.f3 ♗f5 13.0–0 ♗d6 14.g3 ♕g6 15.♖f2 ♗c2 16.♕f1 h5 17.c5 ♗e5 18.♗xe5 ♖xe5 19.c6 ♘xd5 20.♘c4 mit weißem Angriff am Damenflügel, Nanu–Z. Vukovic, Bukarest 1998.

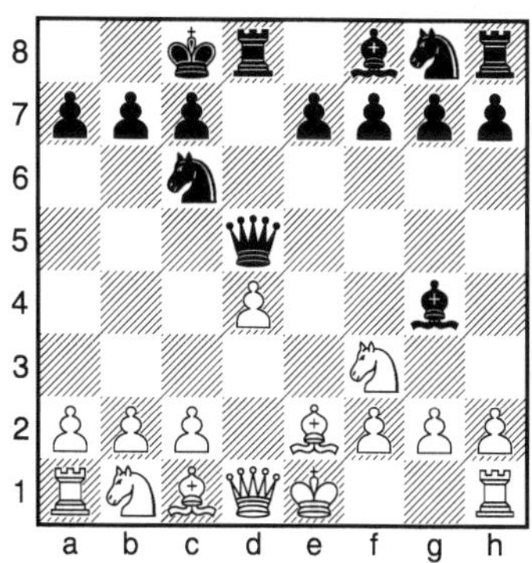

6.♗e3

Dieser gewöhnliche Entwicklungszug ist unspektakulär und gut. Weiß verstärkt dabei zugleich auch noch die Deckung seines d-Bauern.

Anhänger hat aber auch 6.c4. Mit genauem Spiel sollte Schwarz hier aber recht problemlos zum Ausgleich kommen.

A) 6...♕f5 kommt in der **Partie Nr. 60**, Welling–Lasslop, Staufer 2010, aufs Brett.

B) 6...♕a5+ 7.♗d2 ♕f5 8.d5 ♗xf3 (8...♘e5 9.♘xe5 ♕xe5 10.♗c3±) 9.dxc6 ♗xe2 10.cxb7+ ♔xb7 11.♕xe2 e5 12.0–0 ♗c5 13.♘c3±

C) 6...♕d7 7.d5 ♗xf3 8.♗xf3 ♘e5 9.♘c3 e6 10.♗f4 ♘xf3+ 11.♕xf3 exd5 12.0–0–0 ♘f6 13.♘xd5 ♘xd5 14.♖xd5 ♕e6 15.♖xd8+ ♔xd8 16.♖d1+ ♔c8 17.♕d5 ♕xd5 18.♖xd5 ♗e7 19.♗e5 ½–½, Perunovic–Šaric, Kragujevac 2010

6...♘f6

Der Springer kommt ins Spiel.

Nach 6...e5 kam es in der Partie Batista–Rocha, Minas Gerais 2001, zu 7.c4 ♕a5+ 8.♗d2 ♗b4.

(8...♕a6 9.c5 b5 10.d5 ♖xd5 11.♘c3 ♗xf3 12.gxf3 ♖xc5 13.♘xb5 ♕b7 14.♕a4 ♔b8 15.♗e3 ♖d5 16.0–0 ♘f6 17.♖ac1 a6 18.♘xc7 ♔xc7 19.♗xa6 ♕a8 20.♗b5 ♗c5 21.♗xc5 ♕xa4 22.♗xa4 ♖a8 23.b3±, Pap–Bogut, Bosnjaci 2009)

9.d5 ♗xf3

(9...e4 10.♘g5 ♗xe2 11.♕xe2 ♘d4 12.♕d1 e3 13.fxe3 ♘f5 14.0–0±, Kiik–Rasch, Caleta 2009)

10.♗xf3 ♘d4

(10...♗xd2+ analysieren wir in der **Partie Nr. 61**, Areschenko–Almond, Port Erin 2007.)

11.♘c3 ♕a6

(Nach 11...♕c5 12.♗e2 ♘f6 13.0–0 ♖he8 14.♖c1 ♔b8 15.a3 ♗xc3 16.♗xc3 ♘xe2+ 17.♕xe2 c6 18.b4 ♕d6 19.dxc6 ♕xc6 20.♗xe5+ ♔a8 21.♕b2 hat Weiß sich einen Mehrbauern in einer für ihn gewonnenen Stellung gesichert, Movsesian–Tomczak, Warschau 2009.)

12.♗e2 ♘e7

(Zu 12...♘f6 siehe die **Partie Nr. 62**, Morosewitsch–Grischuk, Moskau 2012.)

13.0–0 ♘g6 14.♗d3 ♔b8 15.a3 ♗e7 16.♗e3 f5 17.c5 ♕f6 18.b4

Weiß ist schneller auf dem linken Flügel als der Gegner auf dem anderen.

7.0–0

Dies ist die richtige Wahl. Der Anziehende bringt seinen König schnell in sichere Gefilde und seinen Turm von h1 ins Spiel, bevor ihn auf dem Ausgangsfeld die Langeweile überkommt.

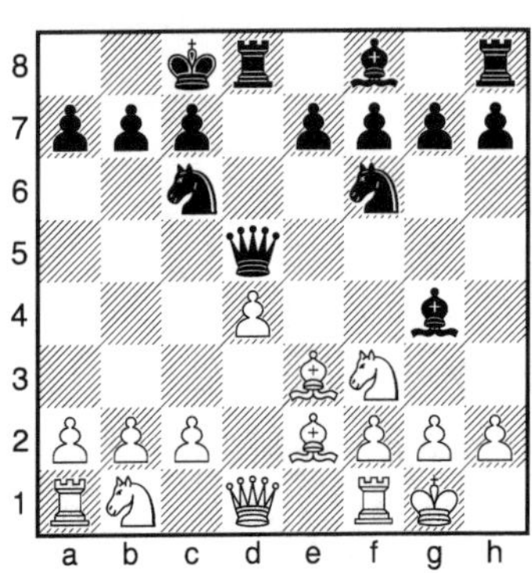

7...♗xf3!?

Dieser Vorschlag von GM Matthias Wahls scheint tatsächlich die beste Möglichkeit zu sein. Schwarz gibt freiwillig das Läuferpaar auf, bekommt dafür aber gutes Figurenspiel.

Schauen wir uns auch andere Fortsetzungen an.

I. 7...e6 8.c4

A) 8...♕f5 9.♘c3 ♗c5 10.♕b3 ♗xd4 11.♘xd4 ♖xd4 12.f3 ♕e5 13.♗xd4 ♕xd4+

(Nach 13...♘xd4 ist 14.♕a3! stark.)

14.♔h1 ♗f5 15.♖ad1

Weiß hat aufgrund seines Materialvorteils die besseren Chancen.

B) 8...♕h5 9.h3 ♗d6 10.♘c3 e5 (10...♗xh3? 11.♘e5!+–) 11.hxg4 ♘xg4 12.♘e4 ♘xd4 13.♗xd4 exd4 14.♘xd6+ ♖xd6 15.♘h4 f5 16.♕d3 ♖e6 17.♗xg4 fxg4 18.♕f5+–, Vazquez–Scalise, Buenos Aires 2001

II. 7...♕h5 8.h3 e5 9.♘bd2

A) 9...♗d6 10.hxg4 (10.d5!?) 10...♘xg4 11.♘e4 ♘xd4 12.♗xd4 exd4

13.g3 ♖he8 14.♘xd6+ ♖xd6 15.♘h4 f5 16.♗d3 ♖f8 17.♕f3 ♖df6 18.♖fe1 g5 19.♗xf5+ ♖xf5 20.♘xf5+–

B) 9...♔b8 10.♖e1 ♗d6 11.d5 ♘e7 12.hxg4 ♘xg4 13.♘e4 f5 14.♘g3 ♕e8 15.♗g5 ♗c5 16.♖f1 ♖xd5 17.♕e1 ♕g6 18.♗d3 e4 19.♘xe4 fxe4 20.♗xe4 ♕h5 21.♗xd5 ♘xd5 22.♖d1 ♗d6 23.♗h4 ♘f4 24.♖xd6! cxd6 25.♕d2+–, S. Zielinski–Lagemann, DESC 2004

III. 7...e5 8.c4

A) 8...♕d7 9.d5 ♗xf3 (9...e4 10.dxc6 ♕xd1 11.♖xd1±) 10.♗xf3 ♘e7 11.♘c3 a6 12.♖e1 ♘f5 13.♕d3 h5 14.♖ab1 mit dem Plan b2–b4 und Königsangriff am Damenflügel.

B) 8...♕e4 9.♘bd2 ♕g6 10.d5 e4 11.dxc6 exf3 12.cxb7+ ♔b8 13.♕a4 (13.♗xf3!?) 13...c5 14.♘xf3 ♗d6 15.♖fd1 ♘e4 16.♖d5+–, Tegzes–Han, Vancouver 2007

C) 8...♕a5 9.d5 e4 10.♘fd2 ♘e5 11.♘c3 ♕b4 12.♗d4 ♗d6 13.♘b5 ♗xe2 14.♕xe2 a6 15.♗c3 ♕c5 16.b4 ♕b6 17.♗d4 und Schwarz ist völlig verloren, Heim–Villing, Eberbach 1980.

D) 8...♕d6 9.d5 ♘b8 10.♘c3 a6 11.♖c1 h6 12.c5 ♕e7 13.d6 cxd6 14.cxd6 ♕e6 15.♘b5+ ♔d7 16.♖c7+ ♔e8 17.♗c4+–, J. Fernandez–Kline, Woolaroc 2010

IV. 7...♕f5 8.♘bd2 e5 9.dxe5 ♘xe5 10.♘xe5 ♗xe2 11.♕xe2 ♕xe5 12.♘f3 ♕e4 13.♖fe1

A) 13...♘d5 14.♗g5 (14.♖ad1!?) 14...♕xe2 15.♖xe2 f6 16.♗d2 ♗d6 17.♖ae1±, I. Rogers–Smerdon, Brisbane 2006

B) 13...♖d5 14.c4 ♖h5 15.♗g5 ♕xe2 16.♖xe2 ♗d6 17.h3 h6 18.♗d2 b5 19.cxb5 ♖xb5 20.♗c3

Weiß hat zumindest um eine Nuance die Nase vorn, Ni Hua–Smerdon, Goa 2002.

8.♗xf3

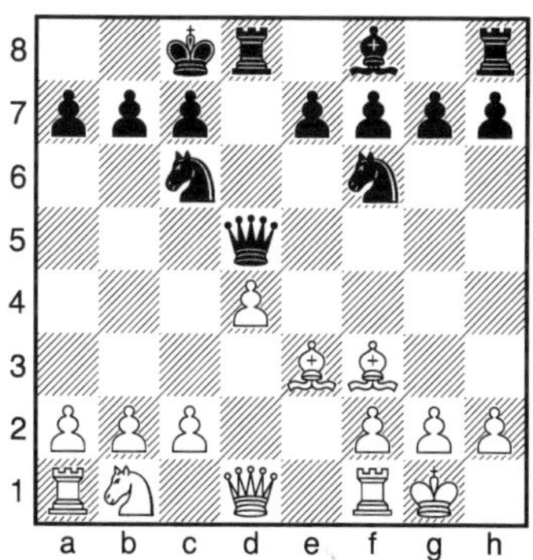

8...♕d7

Die Alternativen sind nicht besser.

I. 8...♕b5 9.♘c3

A) 9...♕c4 10.d5 ♘e5 11.♗e2 ♕b4 12.f4 ♘ed7 13.a3 ♕d6 (13...♕xb2 14.♘a4+–) 14.♕d4 ♘b6 15.♘b5 ♕xd5 16.♕c3 mit starkem Angriff.

B) 9...♕xb2 10.♘e4 ♘xe4 (10...♘xd4?? 11.♖b1+–) 11.♗xe4 e6 12.♕f3 ♕c3 13.♕xf7 ♘xd4 14.♗g5 mit weißem Vorteil.

II. 8...♕d6 9.c3

A) 9...h5 10.♘d2 g5?

Dieser Bauernangriff ist etwas vor–

witzig und kann Schwarz nicht viel versprechen. Zu überdenken war aber 10...e6 mit dem Ziel, die Entwicklung des Königsflügels abzuschließen.

11.♗xg5 ♗h6 12.♗xf6 ♕xf6 13.♘e4 ♕g6 14.♘c5 b6 15.♘d3 ♖hg8 16.♕a4 ♖d6 (16...♕xd3 17.♕xc6+–) 17.♘e5 ♘xe5 18.♕a6+ ♔d7 19.dxe5 ♕f5 20.♕a4+ ♔d8 21.exd6 ♕xf3 22.dxe7+ ♔xe7 23.♖ae1+ ♔f6 24.♕d4+ 1–0, A. Fernandez Fernandez–Gonzalez Fernandez, Asturias 2000

B) 9...e5 10.♕b3 e4 11.♗e2 ♘d5 (11...♕d7 12.♘d2±) 12.c4 ♘xe3 13.fxe3

Nach nur 13 Zügen hat sich Weiß gute Chancen erarbeitet.

9.c3 e5 10.♕b3

Nicht ratsam ist 10.dxe5 ♕xd1.

(In der Partie Bazhenova–Androni, Sibenik 2007, kam es über 10...♘xe5 11.♕xd7+ ♖xd7 12.♗e2 ♗d6 13.♘d2 ♖e8 zum materiellen und positionellen Gleichstand.)

Denn nach 11.♖xd1 ♖xd1+ 12.♗xd1 ♘xe5 13.♘d2 ♗d6 ist die Stellung völlig ausgeglichen.

10...e4 11.♗e2 ♘d5 12.♗b5

In dieser komplizierten Kampfsituation darf sich Weiß die leicht besseren Chancen ausrechnen. Er darf aber die gegnerischen Aussichten auf Gegenspiel nicht unterschätzen. Organisieren kann es der Nachziehende beispielsweise mittels f7–f5–f4 und ggf. dem einfachen Schlagen nach e3 und danach g7–g6 nebst ♗f8–h6 mit Angriff auf den Bauern e3.

Zusammenfassung: Die Variante zeigt, dass Weiß auch nach 3.♘f3 um Vorteil kämpfen kann, wobei er die Hauptvariante 3.♘c3 mit ihren vielen Nebenvarianten meidet.

Abspiel 2

Die Fortsetzung 2...♘f6

1.e4 d5 2.exd5 ♘f6

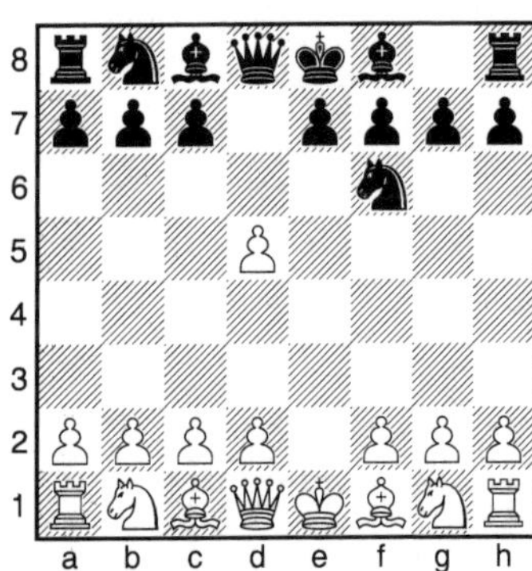

Eine elastische Fortsetzung. Schwarz möchte den Bauern mit dem Springer schlagen, um nicht wie nach 2...♕xd5 3.♘c3 ein Tempo zu verlieren.

3.♘f3

Auch in diesem Abspiel erwärmen wir uns für die Entwicklung des Springers auf das Feld f3, denn auch hier kann Weiß damit den besser bekannten Varianten mit 3.d4, 3.♘c3 und 3.♗b5+ aus dem Weg gehen.

3...♘xd5 4.d4 g6

Schwarz entwickelt seinen Läufer auf die lange Diagonale und plant die Züge c7–c5 oder e7–e5, die ihm ein aktives Spiel im Zentrum vermitteln sollen.

Schwarz muss natürlich nicht so spielen, denn es gibt auch andere Möglichkeiten.

I. 4...♗g4 5.♗e2 e6 (5...♘c6!) 6.0–0

A) 6...♗e7 7.h3

(Es geht auch 7.c4 ♘b6 8.♘c3 0–0 9.♗e3 ♘c6 10.b3 ♗f6 11.♘e4 usw.)

7...♗h5 8.♘bd2

(8.c4!? ist weiterhin möglich.)

8...0–0 9.c3 ♘d7 10.♘e4 ♘7f6 11.♘g3 ♗g6 12.♘e5 c5 13.dxc5 ♗xc5 14.♗f3 ♕c7 15.♘xg6 hxg6 16.♘e4 ♘xe4 17.♗xe4 ♘f6 18.♗f3 ♖ad8 19.♕a4 ♖d7 20.♗g5 ♘h7 21.♗f4 ♕c8 22.♖ad1 ♖fd8 23.♖xd7 ♖xd7 24.♖d1 ♘f6 25.♖xd7 ♘xd7 26.♕e4 b6 27.♕c6 ♕xc6 28.♗xc6 mit Endspielvorteil für Weiß, Ochsner–Nisbet, Helsingor 2009.

B) 6...♘c6 7.c4 ♘f6

(7...♘b6 8.♘c3 ♗xf3 9.♗xf3 ♘xc4 10.d5 ♘6e5 11.♗e2 ♘b6 12.dxe6 fxe6 13.♕b3±, Ruiz Vidal–Bibens, AJEC 2006)

8.♗e3 ♗e7 9.♘c3 0–0 10.a3 a5 11.d5 exd5 12.cxd5 ♘b8 13.♕b3 ♘bd7 14.♖ac1 nebst ♖f1–d1 und aktivem Spiel für Weiß, Breitner–Zwart, IBCA 1976.

C) 6...♗d6 7.c4 ♘f4 8.♗xf4 ♗xf4 9.♘c3 0–0 10.h3 ♗h5 11.♕b3 ♘d7 12.♖ad1 ♕e7 13.♖fe1 ♘f6 14.♘e5 ♗xe2 15.♖xe2 und Weiß kann sich über gute Perspektiven freuen, Munoz–Bescoc, Saragossa 1992.

II. 4...♗f5

A) 5.♗e2 e6 6.0–0 ♗e7 7.a3 0–0 8.c4 ♘b6 9.♘c3 ♘c6

(9...♗f6 10.h3 ♘c6 11.♗e3 a5 12.b3 e5 13.d5 e4 14.♘d4 ♘xd4 15.♗xd4 c6 16.♖a2 ♖e8 17.♖e1±)

10.♗e3 ♗f6 11.b4 ♗g4 12.♘e4 ♗xf3 13.♘xf6+ ♕xf6 14.♗xf3 ♘xc4 15.♖c1 ♘b6 16.b5 ♘a5 17.♕e1 ♘ac4 18.♗xb7 ♖ab8 19.♗c6 ♕e7 20.♗f4 ♖fd8 21.d5 e5 22.♕e2 ♕xa3 23.♗g5 f6 24.♖xc4 fxg5 25.♖e4 h6

(25...♘xd5? 26.♕c4 ♕d6 27.♖d1+–)

26.♖xe5 ♔h8 27.♖e7+–, Mahjoob–Laylo, Dresden 2008

B) 5.♗d3 ♗xd3 6.♕xd3 e6 7.0–0 c6

(Nach 7...♘d7 8.c4 ♘5f6 9.♘c3 ♗e7 10.♗f4 0–0 11.♖fd1 c6 12.♕e2 ♖e8 13.♘e5 ♘f8 14.♖d3 ♕b6 15.a3 a5 16.♖ad1 ♕a6 17.h4 ♖ad8 18.h5 ♘6d7 19.♖g3 kam Weiß in der Partie Wan Yunguo–Laylo, Subic Bay 2009, zu Angriffsmöglichkeiten am Königsflügel.)

8.c4 ♘f6 9.♘c3 ♗e7 10.b3 0–0 11.♗b2 ♘bd7 12.♖fe1 ♖e8 13.♖ad1

Weiß hat seine Kräfte elastisch entwickelt und ihnen zu einer bemerkenswerten Wirksamkeit verholfen. Damit sind ihm gute Perspektiven zu bescheinigen. In der Planung hat er das Manöver d4–d5 mit Öffnung der

Diagonale a1–h8 für den Läufer, Berg–Conquest, Hastings 2008.

III. 4...c6 5.♗e2

A) 5...g6 6.c4

(kann auch gut zu 6.0–0 greifen, was wir in der **Partie Nr. 63**, Radjabow–Kamsky, Nizza 2009, besprechen.)

6...♘f6 7.♘c3 ♗g7 8.0–0 0–0 9.h3 ♕c7 10.♗e3 ♘bd7 11.♕d2 ♖e8 12.♗f4 ♕a5 13.a3 ♘f8 14.b4 ♕d8 15.♖fd1 ♘h5 16.♗e5 f6 17.♗h2 und Weiß steht aktiver, Böttger–Rellstab, Deutschland 2006.

B) 5...e6 6.0–0 ♗d6 7.♖e1 ♘f4 8.♗f1 ♘g6 9.♘bd2 ♘d7 10.♘e4 ♗e7 11.c4 ♘f6 12.♘g3 0–0 13.h4 ♗b4 14.♗d2 ♗xd2 15.♕xd2

Die weiße Stellung ist vorzuziehen, zumal sie bereits besser entwickelt ist, Saavedra–K. Richter, Dortmund 1998.

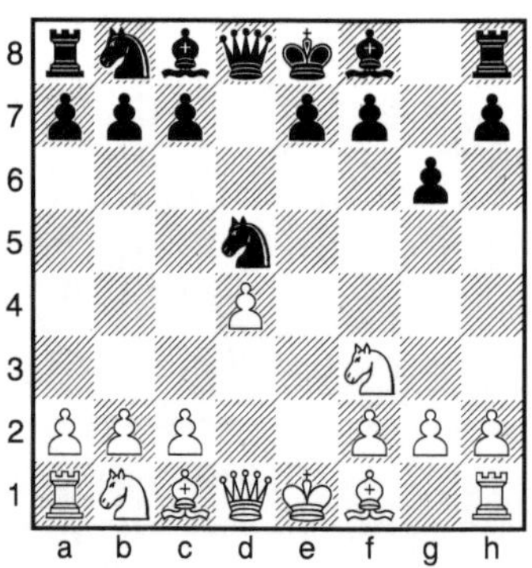

5.c4 ♘b6

Der Springer kann auch die Flucht auf die andere Seite antreten. Nach 5...♘f6 6.h3 ♗g7 7.♘c3 0–0 8.♗e2 b6 9.0–0 ♗b7 10.♗e3 ♘bd7 11.♕c2 c5 12.d5 stehen Schwarz vor allem zwei Möglichkeiten zur Auswahl.

A) 12...a6 13.a4 ♘e8 14.♖ad1 ♘d6 15.b3 ♖e8 16.♘g5 ♘f6 17.♗f3 h6 18.♘ge4 ♘fxe4 19.♘xe4 ♘f5 20.♕d2 ♔h7 21.a5 ♘d4? (△21...♘xe3!) 22.axb6 ♘xf3+ 23.gxf3 ♕xb6 24.♘xc5 ♗c8 25.♔g2 mit weißem Vorteil, Andersen–Heinzel, Palma de Mallorca 2008.

B) 12...♘e8 13.♖ad1 ♘d6 14.♗f4 ♗a6 15.b3 ♘f5 16.♖fe1 e5 17.dxe6 fxe6 18.♗g5

Schwarz behält eine Schwäche auf e6, Weiß steht besser, Fox–Syed, Southend 2007.

6.♘c3

Ein solider Entwicklungszug.

Eine Prüfung wert ist auch 6.c5!?; dazu verweisen wir auf den Kommentar zur **Partie Nr. 64**, Friedel–Pechenkin, Edmonton 2009.

6...♗g7 7.h3

Weiß will die Fesselung durch ♗c8–g4 vermeiden.

Aussichtsreich ist auch 7.c5!?; z.B. 7...♘d5 8.♗c4 ♘xc3 9.bxc3 0–0 10.0–0

A) 10...b6 11.♗a3

(Oder 11.♖e1!? e6 12.♗g5 ♗f6 13.♗h6 ♖e8 14.♘e5 ♗b7 15.♗b5 ♕d5 16.♕g4

♖e7 17.♗c4 ♕d8 18.♘xf7! ♔xf7 19.♖xe6 ♗d5 20.♖xf6+ ♔xf6 21.♕f4+ ♔e6 22.♕e5+ und Weiß gewinnt, Kaaber–Berkemer, Helsingor 2009.)

11...♘c6 12.♖e1 ♖e8 13.♘g5 e6 14.♘xf7! ♕f6

(Auf 14...♔xf7? folgt 15.♕f3+ mit Gewinn.)

15.♘e5 ♘xe5 16.♖xe5 ♕f4 17.♖e3 mit weißem Übergewicht, Armanda-Greb, Bosnjaci 2010.

B) 10...♘c6 11.♖e1 ♗g4 12.♗g5 h6 13.♗h4 g5 14.♗g3 e5 15.h3

(15.d5!? ♘a5 16.♗f1 sieht gut aus.)

15...♗xf3 16.♕xf3 exd4 17.cxd4 ♕xd4 18.♖ac1

Weiß hat ausreichend Ersatz für den Bauern, Zude–Hässler, Bad Wörishofen 2010.

7...0–0 8.♗e3 ♘c6 9.♕d2

Weiß bereitet die lange Rochade vor.

9...e5

Eine typische Reaktion im Zentrum. Schwarz muss aktiv vorgehen, um nicht auf bloßes Reagieren beschränkt zu werden.

Nach 9...♖e8 10.0–0–0 a5 11.d5 ♘b4 12.c5 ♘d7 13.♗c4 ♘e5 14.♘xe5 ♗xe5 15.a3 ♘a6 16.h4 hat Weiß einen einfachen Angriffsplan am Königsflügel.

10.d5 ♘e7 11.g4 f5

11...e4 12.♘g5

(Nach 12.♘xe4 f5 13.♘c5 fxg4 14.♘g5 ♘f5! 15.♘ce6 ♗xe6 16.♘xe6 ♕f6 usw. ist die Stellung recht unklar, aber Weiß hat die Initiative. Deshalb geben wir Weiß leicht den Vorzug, Braga–Maric, Bad Wörishofen 1985.)

12...f5 13.0–0–0 und über Zugumstellung wurde die Hauptvariante erreicht.

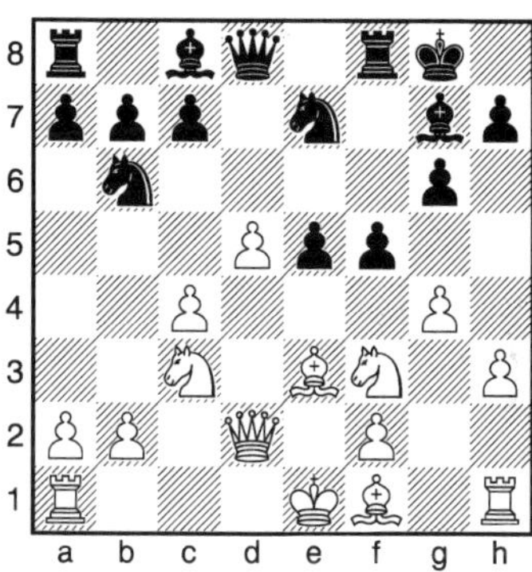

12.0–0–0

Konsequent ist auch 12.♗h6!? mit den Möglichkeiten:

A) 12...fxg4 13.♗xg7 ♔xg7 (13...♖xf3 14.♗xe5±) 14.♘xe5 ♘exd5 15.♘xd5 ♘xd5 16.0–0–0! (16.cxd5? ♕e7!) 16...♕f6 17.♕xd5 ♕f4+ 18.♖d2 gxh3 19.♕d4 ♕xd4 20.♖xd4 ♖xf2 21.♗xh3 ♗xh3 22.♖xh3 ♖e8 23.♖d7+ ♔g8 24.♘d3 ♖g2 25.♖hxh7 +–, Smagin-Basagic, Hartberg 1991;

B) 12...♘d7 13.♗xg7 ♔xg7 14.♕e3 e4 15.♘d4 ♘e5 16.0–0–0 b6 17.♘e6+ ♗xe6 18.dxe6 ♕e8 19.f4 ♘5c6 20.♘b5 ♖d8 21.♗e2 ♔g8 22.♘xc7 ♖xd1+ 23.♖xd1 ♕c8 24.♖d7 +–, Gambaeck-Felber, IECG Email 1995.

12...fxg4

Auf 12...e4 folgt 13.♘g5!; z.B. 13...h6

14.♘e6 ♗xe6 15.dxe6 ♕xd2+ 16.♖xd2 und trotz der eingetretenen Vereinfachung hat Weiß ordentliche Perspektiven.

A) 16...♖fd8 17.♖xd8+ ♖xd8 18.♔c2 c6 19.♗e2 ♔h7 20.gxf5 gxf5 21.b3! (Δ♗e2–h5 nebst ♘c3–e2) 21...♗xc3 22.♔xc3 ♖d6 23.♖d1 ♖xe6 24.♖d8 ♘g6 25.♗h5 ♘e5 26.♖f8 ♘bd7 27.♖xf5 ♖f6

(Nach 27...♘f6 28.♗xa7 ♘xh5 29.♖xh5 ♔g6 30.♖h4 ♘f3 31.♖g4+ hat Weiß einen Mehrbauern auf der hohen Kante.)

28.♖xf6 ♘xf6 29.♗e2 b6 30.♗d4 ♘ed7 31.♗xf6 ♘xf6 32.♔d4 ♔g6 33.♔e5 c5 34.♔f4 ♘h7 35.h4 ♘f6 36.♗d1 mit dem Plan ♗d1–c2 und Eroberung des Bauern e4, was Weiß die besseren Chancen garantiert, Dobrowolski–Maslak, Tschechische Republik 2004.

B) 16...c6 17.♗c5 ♖fe8

(17...♗f6 18.gxf5 gxf5 19.♗d6 ♖fe8 20.♔c2 ♘g6 21.c5 ♗xc3 22.bxc3 ♘d5 23.♗c4 e3 24.♖xd5! cxd5 25.♗xd5 exf2 26.♖f1±, Kalinovsky–Pecot, ICCF Fernpartie 1994)

18.♔c2 ♔h7 19.♖g1 ♘g8 20.gxf5 gxf5 21.f3 ♖xe6 22.fxe4 f4 23.♗d6 f3 24.c5 ♘d7 25.♗c4 ♖g6 26.♖f1 ♘e5 27.♗xe5 ♗xe5 28.♖xf3

Weiß hat auf der Grundlage seines Mehrbauern gute Gewinnchancen.

C) 16...♗xc3 analysieren wir in der **Partie Nr. 65**, Prasad–Adianto, Kalkutta 2001.

13.♘g5

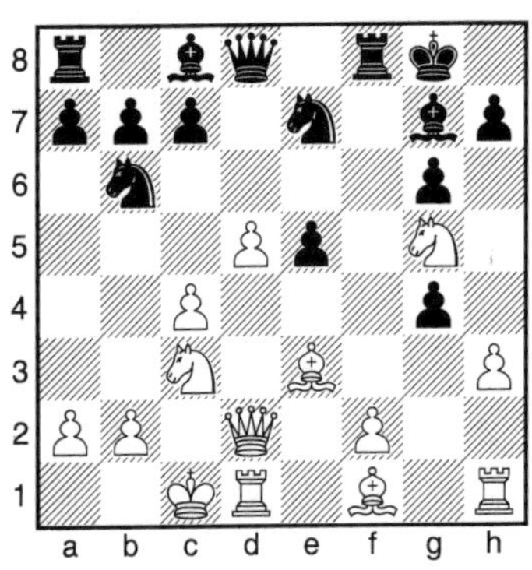

13...g3

Schwarz pariert die Drohung h3xg4. Es gibt aber auch Alternativen.

I. 13...♘f5 14.hxg4 ♘xe3 15.♕xe3

A) 15...♗xg4 16.♖xh7!

A1) 16...♖f5 17.♖xg7+!+–

A2) 16...♕f6 17.f3 ♗xf3 (17...♗f5 18.c5 ♘d7 19.d6+–) 18.♗h3 ♘xc4 19.♗e6+ ♖f7 20.♗xf7+ ♕xf7 21.♖xg7+ ♔xg7 22.♕xf3+–

A3) 16...♖xf2 17.♗d3 ♕f6 18.♖g1 ♖f4 19.♘ce4 mit Initiative für den Bauern.

A4) 16...♖f4 17.♖xg7+ ♔xg7 18.♕xe5+ ♕f6

(Nach 18...♖f6 19.♘e6+ ♗xe6 20.dxe6 ♕e7 21.c5 ♕xe6 22.♕xe6 ♖xe6 23.cxb6 hat Weiß gute Gewinnchancen.)

19.♕xc7+ ♔h6

(19...♔g8 20.♘ce4 ♕f5 21.♕h7+ ♔f8 22.♕h8+ ♔e7 23.d6+ ♔d7 24.♕g7+ +–)

20.♘ce4 ♖xe4 21.♘xe4+–, Gipslis–Maric, Jerewan 1971

B) 15...♖f4

B1) 16.♘e6 ♗xe6 17.dxe6 ♖d4 (17...♕e7 18.c5 ♘c4 19.♘d5+-) 18.♗e2 c6 19.♘e4 ♖xd1+ 20.♖xd1 ♕e7 21.♕h3 ♖e8 22.g5 ♕xe6 23.♕xe6+ ♖xe6 24.♖d8+ ♗f8 25.c5 ♘d5 26.♗c4 mit weißem Vorteil, Cao Sang–Peredy, Budapest 1996.

B2) 16.♘ce4 h6 17.♘e6 ♗xe6 18.dxe6 ♕e7

(18...♕e8 19.c5 ♕c6 20.♗g2 ♔f8 21.♔b1 ♘c4 22.e7+ ♔xe7 23.♕e2 ♕b5 24.♔a1 ♔f8 25.♖h3 ♘d6 26.♖hd3 ♖xe4 27.♗xe4 ♕xc5 28.♖c3 ♕a5 29.♖a3 ♕b4 30.♗xg6+-, Berelovich–Peek, Niederlande 2006.)

19.c5 mit einem stabilen weißen Vorteil, P. Rodriguez–Sariego, Kuba 1987.

II. 13...h6

A) 14.♘e6 ♗xe6 15.dxe6 ♕xd2+ 16.♖xd2 ♘f5

(Nach 16...g3 17.c5 ♘bc8 18.♖d7 gxf2 19.♖h2 kassiert Weiß den Bauern f2 ein und verfügt über die bessere Stellung.)

17.c5 ♘c8 18.hxg4 ♘xe3 19.fxe3 ♘e7 20.♖d7

Schwarz steht vor großen Aufgaben, wenn er halbwegs unbeschadet aus seiner gedrückten und bedrängten Stellung kommen will.

B) 14.♘ge4 ♘f5 15.hxg4 ♘xe3 16.fxe3 ♗xg4 17.♗e2 ♗f5 18.♖dg1 ♘a4 19.♗d3 ♘xc3 20.♘xc3 ♕e8 21.e4 ♗d7 22.d6

(Sehr stark ist 22.♖xh6!.)

22...c6

(Oder 22...cxd6 23.♖xh6! mit einem starken Angriff.)

23.c5 ♔h7 24.♕g5

Für den investierten Bauern hat Weiß eine starke Initiative erlangt, Evtodiy–Aganesowa, Ilichewsk 2006.

14.c5 g2

Praktisch gib es nichts Besseres. Schwarz opfert seinen Bauern, um nach ♘b6–c4 den starken Läufer e3 zu eliminieren.

15.♗xg2 ♘c4

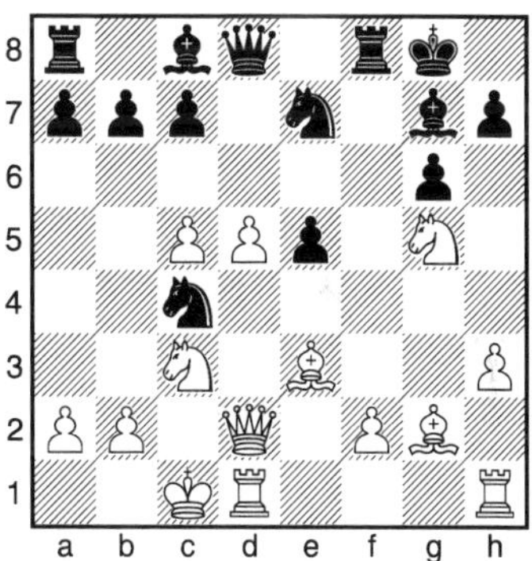

16.♕e2

Die Alternative 16.♕d3 analysieren wir in der **Partie Nr. 66**, Khartschenko–Udowik, Kiew 2004.

16...♘xe3 17.fxe3 ♘f5 18.♘ce4

Ein solider Weg im Ringen um die Initiative.

Interessant ist aber auch die Fortsetzung 18.h4!?; siehe hierzu die **Partie Nr. 67**, Milos–Sapis, Cappelle la Grande 2000.

18...h6

Es ist ratsam, den Springer aus seiner aktiven Position zu vertreiben.

Nach 18...♘g3 empfehlen wir 19.♕c4! mit folgenden Möglichkeiten:

A) 19...♘xh1 20.d6+ ♔h8 21.d7 ♘f2 22.♘f7+ ♖xf7 23.♕xf7 ♗xd7 (23...♘xd1 24.♕e8+ +–) 24.♖xd7 ♕g8 25.♕xg8+ ♔xg8 26.♘xf2+–;

B) 19...♘xe4 20.♘xe4

(Nach 20.♘e6 ♗xe6 21.dxe6 ♕e7 22.♗xe4 ♖ad8 23.♖d7 ♖xd7 24.exd7+ ♔h8 25.c6 bxc6 26.♗xc6 ist Weiß im Besitz des starken Bauern d7, der ein Faustpfand auf gute Chancen ist.)

20...♗h6 21.♖he1 und Weiß steht blendend.

19.♘e6 ♗xe6 20.dxe6 ♕e7 21.♖d7 ♕xe6 22.♖xc7 ♖f7 23.♖xf7 ♕xf7 24.♔b1

Der Vorteil liegt auf der Seite von Weiß, auch wenn er sich noch in Grenzen hält. Ein aussichtsreicher Plan basiert auf der Durchsetzung von h3–h4–h5 und ggf. ♗g2–h3, um Druck auf die gegnerische Königsstellung auszuüben, Generalov-Veinger, ICCF Fernpartie 1994.

Zusammenfassung: Die weiße Entwicklung mit 3.♘f3 ist zu beachten, auch weil der Anziehende damit viele gut bekannte Varianten nach 3.♘c3 vermeidet. Statt 7.h3 empfehlen wir die Prüfung und Erprobung von 7.c5!?.

Wir denken, dass die Variante Weiß ordentliche Perspektiven verspricht. In den kommentierten Partien versuchen wir ihre Nuancen weiter zu erhellen.

Partie Nr. 60
Welling – Lasslop
Open Staufer 2010

1.e4 d5 2.exd5 ♕xd5 3.♘f3 ♗g4 4.♗e2 ♘c6 5.d4 0–0–0 6.c4 ♕f5

Andere Erwiderungen finden Sie in Abspiel 1.

7.d5 ♘e5 8.♘xe5 ♕xe5 9.♗e3

Dieser Zug verspricht Weiß keinen Vorteil.

Deshalb empfehlen wir 9.f3!?; z.B. 9...♗f5 10.♘c3 e6 11.g4 ♗g6 12.f4 ♕d6 13.♕b3 ♕c5 14.♗d2 nebst 0–0–0 usw.

9...♗xe2 10.♕xe2 e6 11.♘c3 ♗b4

Stark sieht 11...♘f6!? aus und in der Fortsetzung 12.dxe6 ♕xe6 13.0–0 ♘g4 14.♗f4 ♕xe2 15.♘xe2 ♗d6 16.♗xd6 ♖xd6 17.♖ad1 ♖hd8 18.♘c3 ♖d2 hat Schwarz keine Probleme, Ryan-Avila Jimenez, Sabadell 2009.

12.0–0 ♘f6

Es ist rätselhaft, warum Schwarz der Variante 12...♗xc3 13.bxc3 exd5 14.cxd5 ♖xd5 ausgewichen ist.

13.dxe6 ♕xe6 14.♖ac1 ♖he8 15.♕c2 ♕e5

Nicht gut wäre 15...♕xc4? wegen 16.♕a4 mit der Drohung a2–a3.

16.h3 ♗d6 17.g3 ♕e6 18.♔g2 ♕xc4 19.♕f5+ ♔b8 20.♗xa7+ ♔a8

Nach 20...♔xa7?? 21.♘b5+ wird der schwarze König zum Witwer.

21.♗e3 ♕c6+ 22.♕f3 ♕xf3+ 23.♔xf3 ♗e5

Das Endspiel ist ausgeglichen; beide Seiten sind streitsam und suchen ihre Chance im weiteren Kampf.

24.♖fd1 ♔b8 25.g4 c6 26.♗b6 ♖xd1 27.♖xd1 ♗c7 28.♗d4 ♔c8?!

Führt unnötig zu einer Schwächung der Bauernstruktur in der Königsstellung und damit zum Übergang in ein schlechteres Endspiel. Besser war 28...♗e5!.

29.♗xf6 gxf6 30.♘e4 ♖e6 31.b3 ♗e5 32.♖d2 b6 33.♘g3 ♗xg3 34.♔xg3

Das Turmendspiel ist günstig für Weiß.

34...♔c7 35.♔h4 ♖e5?!

Nicht mehr als ein Tempoverlust.

Schwarz sollte energischer am Damenflügel spielen und einen Freibauern zu bilden versuchen: 35...c5! 36.♔h5 b5 37.♔h6 f5+ 38.♔xh7 fxg4 39.hxg4 ♖g6 40.f3 ♔c6 Δc5–c4 usw.

36.♖d3 f5

Auf 36...♖e2 folgt natürlich 37.♖f3!.

37.♖f3 fxg4 38.♖xf7+ ♔d6 39.hxg4 ♖e2 40.♖xh7 ♖xf2 41.♖a7

Weiß steht klar besser, denn er hat einen Mehrbauern. Nun folgt die Realisierung des Vorteils.

41...♔e6 42.♔g5 b5 43.♖a6 ♔d5 44.♔h6 ♖h2+ 45.♔g6

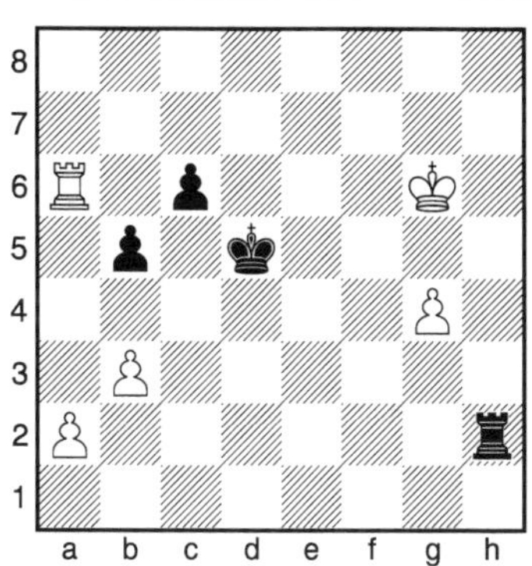

45...b4?

Ein lehrreicher Fehler. Dieser Zug hat keinen Sinn und nimmt den schwarzen Bauern ihre Beweglichkeit.

Nur mit 45...c5!? Δc5–c4 und Bildung eines Freibauern hätte Schwarz ordentliche Chancen auf ein Gegenspiel. Nun ist der Rest ist einfach.

46.g5 ♖g2 47.♔f6 ♖f2+ 48.♔g7 ♖g2 49.g6 ♖h2 50.♔f7 ♖f2+ 51.♔g8 ♖g2 52.g7 ♖h2 53.♖a8 ♔e6 54.♖e8+ ♔d5 55.♖a8 ♔e6 56.♖a5 c5 57.♔f8 ♖f2+ 58.♔e8 ♖g2 59.♖a6+ ♔d5 60.♔f7

Schwarz gab auf.

Partie Nr. 61
Areshchenko – Almond
Port Erin 2007

1.e4 d5 2.exd5 ♕xd5 3.♘f3 ♗g4 4.♗e2 ♘c6 5.d4 0–0–0 6.♗e3 e5 7.c4 ♕a5+ 8.♗d2 ♗b4 9.d5 ♗xf3 10.♗xf3 ♗xd2+

10...♘d4 haben wir in Abspiel 1 näher betrachtet.

11.♘xd2 ♘d4 12.0–0 ♕b4 13.♖e1 f6

Schwarz verteidigt seinen Bauern auf e5 mit dem Ziel, mittels g7–g5 zu Gegenspiel am Königsflügel zu kommen.

Im Duell Predojevic–Sermek, Portoroz 2005, verschaffte er sich Chancengleichheit durch 13...♘f6!? 14.b3 ♖he8 15.a3 ♕c3=.

14.♕c1 ♘h6 15.♗d1 g5?

Zu früh. Zunächst sollte 15...♘f7! geschehen.

16.♕c3 ♕xc3

Dieser Tausch ist nur für Weiß günstig. Der schwarze Springer büßt nur sein aktives Feld d4 ein und die halboffene b–Linie wird Weiß beim Angriff am Damenflügel gute Dienste leisten können.

Aus diesem Grund sollte Schwarz die Dame behalten und 16...♕d6!? spielen, obwohl Weiß mit 17.♕h3+ f5 18.♕e3 einen Bauern erobern kann. Aufgrund der auf dem Brett verbliebenen Damen und der entgegengesetzten Rochaden wäre dies aber relativ belanglos. Nach dem Partiezug aber entwickelt Weiß Initiative am Damenflügel.

17.bxc3 ♘df5 18.♘e4 ♖hf8 19.♗b3 ♘g8 20.c5 ♘ge7 21.♖ed1 ♘g7 22.♗c4 h6

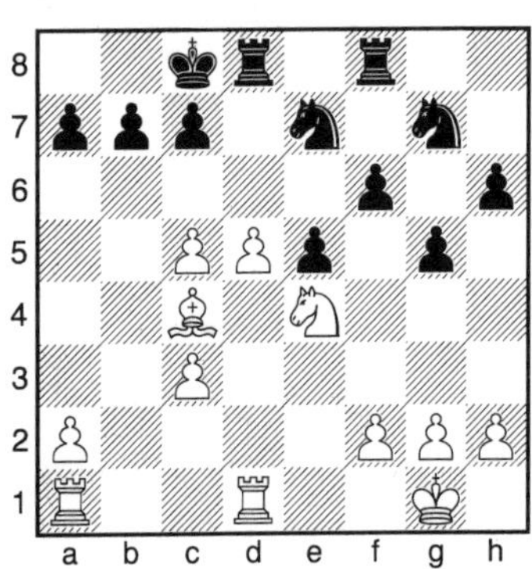

23.c6!

Weiß leitet den entscheidenden Angriff ein.

23...b6

Aber nicht 23...bxc6 24.dxc6 ♘xc6 25.♗a6+ ♔b8 26.♖ab1+ ♔a8 27.♗b7+ und Weiß gewinnt.

24.♗a6+ ♔b8 25.c4 f5 26.♘c3 ♘e8 27.a4 ♘d6 28.a5 e4 29.c5!

Auch ohne die Dame kann man dem gegnerischen König auf den Pelz rücken.

29...♘dc8

29...bxc5 30.♘a4 ♔a8 31.♘xc5+–

30.axb6 cxb6

Keine Rettung hätte 30...♘xc6 31.bxa7+ ♘6xa7 32.♖db1+ ♔a8 33.♗b7+ +– gebracht.

31.♘b5 ♖xd5

31...♘xd5 32.♖xd5! ♖xd5 33.c7+ ♔a8 34.c6+–

32.c7+ ♔a8 33.♖xd5 ♘xd5 34.c6 ♘xc7 35.♘xc7+ ♔b8 36.♘b5

Die Ernte kann auch mit 36.♘e6 ♖e8 37.c7+ ♔a8 38.♘d8+– eingefahren werden.

36...f4 37.c7+ ♔a8 38.♗xc8

Schwarz kapitulierte.

Partie Nr. 62
Morosewitsch – Grischuk
Moskau 2012

1.e4 d5 2.exd5 ♕xd5 3.♘f3 ♗g4 4.♗e2 ♘c6 5.d4 0–0–0 6.♗e3 e5 7.c4 ♕a5+ 8.♗d2 ♗b4 9.d5 ♗xf3 10.♗xf3 ♘d4 11.♘c3 ♕a6 12.♗e2 ♘f6

Ausführungen zu 12...♘e7 finden sich in Abspiel 1.

13.a3 ♗xc3 14.♗xc3 ♘xe2 15.♕xe2 ♖he8 16.0–0–0

16.♗xe5?? wäre glatter Selbstmord wegen 16...♖xe5 17.♕xe5 ♖e8–+.

16...♔b8 17.♖he1 ♘d7 18.♕g4 ♕g6

Der Tausch der Damen begünstigt Weiß. Deshalb kam 18...♘b6!? infrage.

19.♕xg6 hxg6 20.h4 f6 21.♔c2 ♖h8 22.g3 ♖h5 23.♗d2 ♔c8 24.b4!

Sehr gut gespielt. Weiß steht die Bauernmehrheit am Damenflügel zur Verfügung, deshalb spielt er genau auf dieser Seite.

24...♘b6

24...b5 25.cxb5 ♘b6 26.♗e3 ist günstig für Weiß.

25.♔b3 ♖f5 26.f4 exf4 27.g4 ♖e5 28.♗xf4 ♖ee8 29.a4 ♘d7 30.c5 ♘e5 31.♗xe5 ♖xe5 32.♖xe5 fxe5

Im vorliegenden Turmendspiel ist Weiß dem Gegner überlegen.

33.♔c4 ♖f8

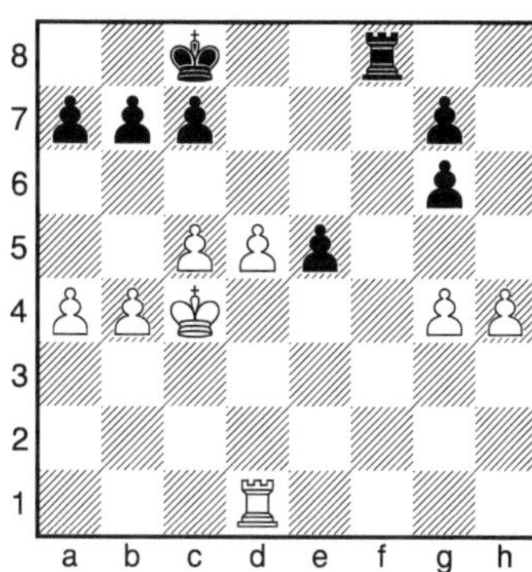

34.d6!?

Weiß opfert Material, um den König weiter nach vorne führen zu können.

34...♖f4+ 35.♔d5 cxd6?

Dieser Fehlzug bringt Weiß deutlich in Vorteil.

Nach 35...♖xg4! hingegen hätte der Nachziehende ein Remis erreichen können; z.B. 36.♔e6 ♔d8 37.b5 ♖xh4= bzw. 37.dxc7+ ♔xc7 38.♖d7+ ♔c6 39.♖d6+ ♔c7=.

36.cxd6 ♔d7 37.♔xe5 ♖xb4 38.♖c1 ♖xg4 39.♖c7+ ♔d8 40.a5 ♖xh4?

Das erleichtert nur die weiße Aufgabe. Besser war 40...♖b4!.

41.♖xb7 a6 42.♖xg7 ♖h1 43.♖a7?

Weiß sollte seinen König zum Damenflügel überführen. 43.♔d5! hätte Schwarz keine Chance gelassen.

43...g5 44.♖xa6 g4??

Der Verlustzug. Nach 44...♖e1+! wäre noch eine Rettung möglich: 45.♔f5 ♔d7 46.♖b6 ♖a1 47.a6 ♖a5+ 48.♔f6 g4=.

45.♖a8+ ♔d7 46.♖a7+ ♔d8

46...♔c6 hilft auch nicht mehr: 47.♖c7+ ♔b5 48.d7 ♖e1+ 49.♔d6 ♖d1+ 50.♔e7 ♖e1+ 51.♔d8 ♔xa5 52.♔c8+–.

47.♖g7 ♖e1+ 48.♔d5 ♖d1+ 49.♔c6 ♖c1+ 50.♔b6 ♖b1+ 51.♔a7 ♖d1 52.a6 ♖xd6 53.♔b7 ♖d1 54.a7 ♖b1+ 55.♔c6 ♖c1+ 56.♔d5 ♖d1+ 57.♔e4

Schwarz gab sich geschlagen.

Partie Nr. 63
Radjabov – Kamsky
Nizza 2009

1.e4 d5 2.exd5 ♘f6 3.♘f3 ♘xd5 4.d4 c6 5.♗e2 g6 6.0–0

6.c4 haben wir in Abspiel 2 besprochen.

6...♗g7 7.h3 0–0 8.c4 ♘b6 9.♗e3 a5

Dies ist gegen b2–b4 gerichtet.

Nach 9...♗e6 10.♕c2 ♗f5 11.♕d2 ♖e8 12.♖d1 ♕c8 13.♘c3 ♘8d7 14.♖ac1 ♘f6 15.a4 ♘bd7 16.b4 ♘f8 17.♘e5 ♖d8 18.♕a2 h5 19.♗f3 ♘6d7 20.♘xd7 ♖xd7 21.♕b3 e5 22.d5 kommt Weiß klar in Vorteil, weil Schwarz seine Entwicklung noch nicht abgeschlossen hat, Ahlberg–Granitzki, Bad Schussenried 1994.

10.♘c3 ♘a6 11.♕b3 ♗f5 12.a3 ♕c7 13.♖ac1 h6 14.♖fd1 ♖fd8 15.♖d2 ♘d7 16.♖dd1

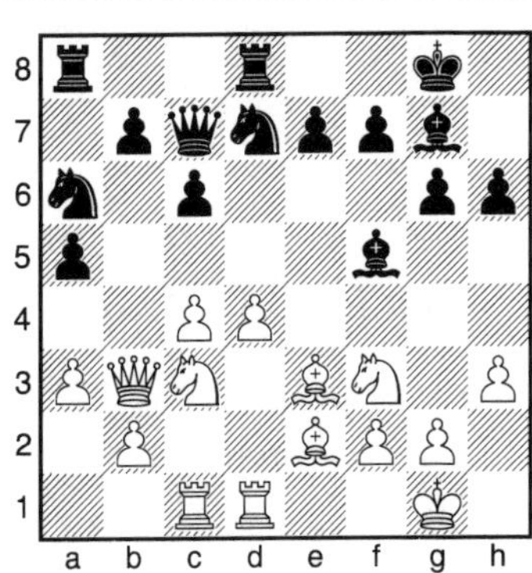

16...♗e6?

Schwarz hat das taktische Manöver des Anziehenden übersehen. Notwendig war 16...♘b6!. Wenn es dann weiter zu 17.d5 ♘d7 18.g4 ♘dc5 kommt, bleibt für Schwarz die Welt in bester Ordnung.

17.♘d5! cxd5 18.cxd5 ♗xd5 19.♕xd5 ♕b6 20.♕a2 ♘c7 21.♗c4 e6

Die Partie ist in dieser Phase für Schwarz nicht leicht zu führen. Wenn er 21...♘e6 versucht und dann 22.d5 ♘ec5 23.d6 e6 24.b3 folgt, scheitert das Spiel auf Bauerngewinn: 24...♗f8

(Auch nach 24...♘e5 25.♘xe5 ♗xe5 26.d7! wäre die schwarze Stellung schwer zu verteidigen.)

25.♕d2 (25.♕b1!?) 25...♘xb3 26.♕c2 ♘bc5 27.♗xe6 fxe6 28.♕xg6+ ♗g7 29.♗xh6 ♕b2 30.♘d4 und Schwarz kann aufgeben.

22.d5 ♕xb2 23.dxe6 ♕xa2 24.exf7+ ♔h7 25.♗xa2

Weiß hat einen Mehrbauern im Sack und die Stellung ist für ihn gewonnen.

25...♘b5 26.♖d3 ♘f8 27.♖b3 ♘d6 28.♗f4 g5 29.♗g3

Stark war auch 29.♗xd6! ♖xd6 30.♖xb7+−.

29...♘xf7 30.♖xb7 ♘d6 31.♗xd6 ♖xd6 32.♖cc7 ♘d7 33.♖xd7 ♖xd7 34.♖xd7 ♖c8 35.g3 ♖c3 36.♖d3! ♖c1+

36...♖xd3 37.♗b1+−

37.♔g2 ♗f8 38.a4 ♗c5 39.♖d7+ ♔g6 40.♘e5+ ♔f5 41.♘d3

Schwarz gab auf.

Partie Nr. 64
Friedel – Pechenkin
Edmonton 2009

1.e4 d5 2.exd5 ♘f6 3.♘f3 ♘xd5 4.d4 g6 5.c4 ♘b6 6.c5!?

6.♘c3 haben wir in Abspiel 2 analysiert.

6...♘d5 7.♗c4 c6

Es ist gut möglich, dass Schwarz hier mit 7...♗g7!? am besten beraten ist; z.B. 8.♘c3 c6 9.♕b3 0–0 10.0–0 ♘xc3 11.bxc3 b5 12.cxb6 axb6 usw.

8.0–0 ♗g7 9.♖e1 0–0 10.♘c3 b6 11.♗g5 ♗e6

Schwarz verstärkt die Position des Springers auf d5.

In der Partie Arzumanian–Buchnicek, Brno 2004, geschah 11...♖e8 12.♕b3 ♗e6 13.♖ad1 h6 14.♗h4 g5 15.♗xg5! hxg5 16.♘xg5 b5 17.♗d3 ♗g4 18.♗h7+ ♔f8 19.f3 e6 20.♘xf7! ♔xf7 21.fxg4 ♔e7 22.♗f5 ♔f7 23.♘e4 exf5 24.♘d6+ ♕xd6 25.cxd6 fxg4 26.♖xe8 und Weiß verlässt als Sieger das Brett.

12.♘xd5 cxd5 13.♗xe7! ♕xe7 14.♗xd5

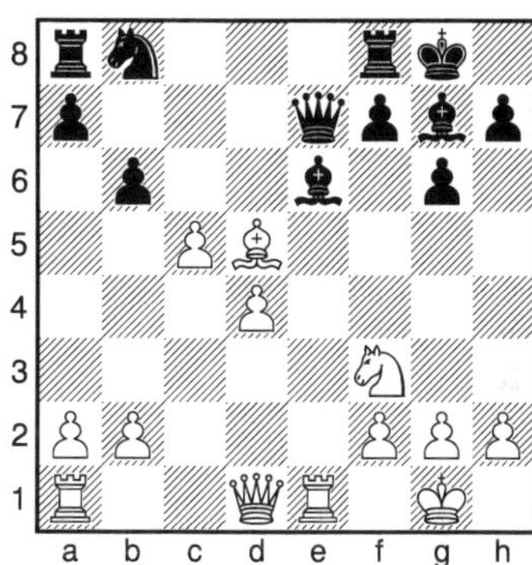

14...♘c6?

Nach 14...♘a6!? 15.♗xa8 ♖xa8 16.d5 ♖d8 17.♕e2 ♖xd5 18.♕xa6 ♖xc5 hätte der Nachziehende noch kämpfen können. Er wäre zwar um die Qualität im Rückstand, aber mit seinem Läuferpaar hätte er noch Möglichkeiten für ein aktives Spiel und Aussicht auf einigen Budenzauber gehabt.

15.♗xc6 ♖ac8 16.d5 bxc5

16...♗xb2 17.♖b1 ♗c3 18.♖e3+−

17.♕b3

Stark war auch 17.♕a4!?.

17...♕d6 18.dxe6 ♕xc6 19.♘g5 fxe6 20.♖xe6 ♕d7 21.♖c6+ ♔h8 22.♘f7+! ♕xf7

22...♖xf7 23.♖xc8+ ♕xc8 24.♕xf7+−

23.♕xf7 ♖xc6 24.♕xa7 ♗xb2 25.♖b1 ♗d4 26.♔h1 ♗xf2 27.♕e7

Schwarz kapitulierte.

Partie Nr. 65
Prasad – Adianto
Kalkutta 2001

1.e4 d5 2.exd5 ♘f6 3.d4 ♘xd5 4.♘f3 g6 5.h3 ♗g7 6.c4 ♘b6 7.♘c3 0–0 8.♗e3 ♘c6 9.♕d2 e5 10.d5 ♘e7 11.g4 f5 12.0–0–0 e4 13.♘g5 h6 14.♘e6 ♗xe6 15.dxe6 ♕xd2+ 16.♖xd2 ♗xc3

Andere Antworten finden Sie in Abspiel 2.

17.bxc3 f4 18.♗c5 ♖fe8

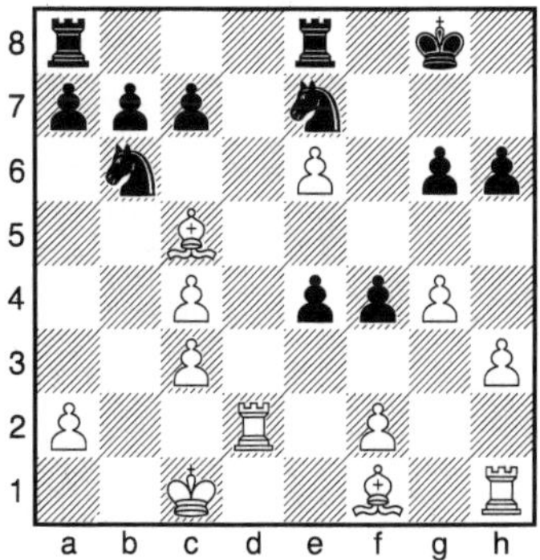

19.♖d7!?

Sieht effektvoll aus. Stärker war aber die einfache Fortsetzung 19.♖e2!; z.B. 19...e3 20.fxe3 f3 21.♖f2 ♘c6 22.♗d4 ♖xe6 23.c5 ♘xd4 24.cxd4 ♘d5 25.♗c4 c6 26.♖xf3 ♖f8 27.♖xf8+ ♔xf8 28.♔d2 mit weißem Vorteil, Computer MChess Pro–Ludden, Hagen 1997.

19...♘c6

Zu überlegen war 19...♘xd7!? 20.exd7 ♖ed8 21.♗xe7 ♖xd7 22.♗f6 c5 mit Ausgleichschancen.

20.♖xc7 ♖xe6 21.♖xb7 ♖d8?

Der Grund für die Niederlage. Hier hätte Schwarz 21...♘a5!? probieren sollen; z.B. 22.♖c7 ♘axc4 23.♗d4 ♘e5 usw.

22.♗xb6 axb6 23.c5!

Ein starker und durchaus auch überraschender Schlag!

23...♘e5 24.♖xb6 ♖e7

24...♖xb6 25.cxb6 ♖b8 26.♗b5 ♖xb6 27.a4+–

25.♗b5 ♖d5 26.c6 ♔f7 27.♖e1 e3 28.fxe3 f3 29.♖f1 ♖c5 30.♔c2 ♔f6 31.♔b3 ♔g5 32.e4 ♔f4 33.♔b4 ♖xb5+ 34.♔xb5 ♔e3 35.♔c5 ♖a7 36.♖b7 ♖a5+ 37.♔d6 ♘c4+ 38.♔e7 ♖e5+ 39.♔d7 ♘d2 40.♖xf3+! ♘xf3 41.c7

Schwarz gab auf.

Partie Nr. 66
Chartschenko – Udowik
Kiew 2004

1.e4 d5 2.exd5 ♘f6 3.d4 ♘xd5 4.c4 ♘b6 5.♘f3 g6 6.h3 ♗g7 7.♘c3 0–0 8.♗e3 ♘c6 9.♕d2 e5 10.d5 ♘e7 11.g4 f5 12.0–0–0 fxg4 13.♘g5 g3 14.c5 g2 15.♗xg2 ♘c4 16.♕d3

Die Fortsetzung 16.♕e2 haben wir in Abspiel 2 besprochen.

16...♘xe3 17.fxe3 ♘f5 18.♘ge4

Eine andere Möglichkeit war 18.♘ce4 ♗h6 19.h4 ♘xh4 20.♖xh4 ♗xg5 21.♖h2 mit kräftiger weißer Initiative, die der Anziehende mittels ♖d1–h1 in einen starken Angriff auf der h-Linie entwickeln kann.

18...♕h4 19.♖he1

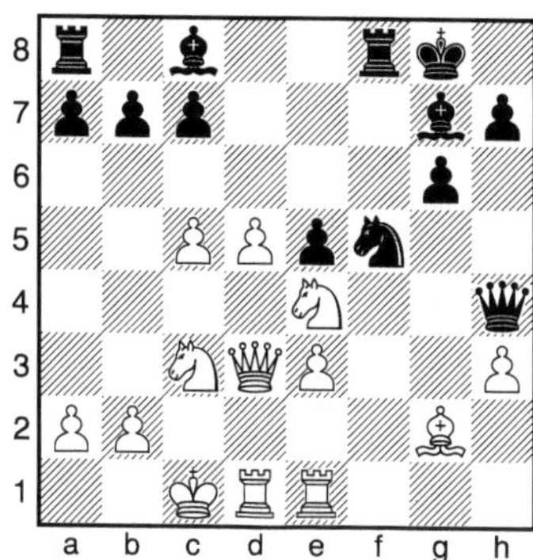

19...♖d8?

Dieser schlechte Zug führt in die schnelle Niederlage. Notwendig war 19...♖f7!?.

20.♘b5! ♗d7

Der Bauer auf c7 ist nicht ohne ein Krötenschlucken zu verteidigen. Nach 20...♖d7 21.d6 cxd6 22.♕d5+ ♔f8 (22...♔h8 23.♘bxd6 h6 24.♕e6+–) 23.cxd6 wäre Schwarz keine Verteidigung mehr möglich.

21.♘xc7 ♖ac8 22.d6 ♗c6 23.♔b1 h6

23...♖xc7 24.dxc7 ♖xd3 25.c8♕+ ♗f8 26.♕e6+ ♔g7 27.♕xe5+ ♔h6 28.♗h1 ♗g7 29.♕f4+ ♕xf4 30.exf4+–

24.♘d5 ♔h7 25.♘b4 ♗xe4 26.♗xe4 ♖xc5 27.♗xf5 ♕xb4 28.♗xg6+ ♔h8 29.a3 ♕b6 30.♗e4 ♖b5 31.♖e2 ♖b3 32.♕d5 ♖xa3 33.♖g2 ♖xe3 34.♕f7

Schwarz gab sich geschlagen.

Partie Nr. 67
Milos – Sapis

Cappelle la Grande 2000

1.e4 d5 2.exd5 ♘f6 3.d4 ♘xd5 4.♘f3 g6 5.c4 ♘b6 6.h3 ♗g7 7.♘c3 0–0 8.♗e3 ♘c6 9.♕d2 e5 10.d5 ♘e7 11.g4 f5 12.0–0–0 fxg4 13.♘g5 g3 14.c5 g2 15.♗xg2 ♘c4 16.♕e2 ♘xe3 17.fxe3 ♘f5 18.h4!?

Eine mutige Entscheidung. Den Zug 18.♘ce4 analysieren wir in Abspiel 2.

18...♘g3

Zur schnellen Niederlage führt 18...♘xh4? 19.♘e6 ♗xe6 20.dxe6 ♕g5 21.♗xb7 ♖ab8 22.♘e4+–.

19.♕c4 ♘xh1 20.d6+ ♔h8 21.d7 ♗xd7 22.♘f7+ ♖xf7 23.♕xf7 ♕xh4

Schwarz verzichtet zu Recht auf 23...♕f8 mit der möglichen Folge 24.♖xd7 ♘f2 25.♗xb7 ♘d3+ 26.♔c2 ♘xc5 27.♕xg7+ ♕xg7 28.♖xg7 ♘xb7 29.♖xc7 ♘d6 30.b4. Weiß verschafft sich einen Freibauern am Damenflügel und mit seinem aktiven Turm steht er etwas besser. Schwarz aber ist es unbenommen, das Gleiche am Königsflügel durchzuführen, also ebenfalls einen Freibauern zu bilden.

24.♖xd7 ♕h6 25.♘e4

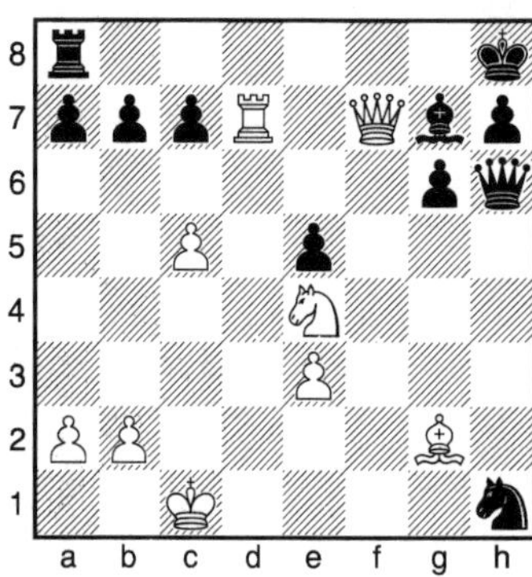

25...♖g8?

Sieht logisch aus, denn Schwarz verteidigt seinen Läufer. Bei genauer Betrachtung aber verliert dieser Zug bereits.

– In die Niederlage führen würde auch 25...♕xe3+? 26.♔c2 ♕e2+ 27.♘d2 ♖g8 28.♗d5+–.

– Schwarz könnte sich jedoch mit 25...♘g3! verteidigen.

26.♘g5

(26.♘xg3 ♖f8 könnte Weiß Probleme bereiten.)

26...♘f5 27.♕xf5

(Zu gefährlich wäre 27.♗xb7 ♕xg5 28.♗xa8 ♕xe3+ 29.♔d1 ♕g1+ 30.♔d2 h5!, denn Weiß steht nicht mehr sicher.)

27...gxf5 28.♘f7+ ♔g8 29.♘xh6+ ♗xh6 30.♗d5+ ♔f8 31.♔d2

Das Endspiel mit ungleichfarbigen Läufern ist ausgeglichen.

26.♔c2

Eine starke Alternative war 26.♔d2!? ♘g3 27.♘xg3 ♕h2 28.♕f3 ♖f8 29.♘f1 ♖xf3 (29...♕h4 30.♕e4 ♖f2+ 31.♔c3+–) 30.♘xh2 ♖f2+ 31.♔e1 ♖xg2 32.♖d8+ ♗f8 33.♖xf8+ ♔g7 34.♖f2 und Weiß behält eine Mehrfigur.

26...♕h4

Oder 26...♘g3 27.♘xg3 ♕h2 28.♕f3 ♖f8 29.♘f1+– mit den Abspielen:

– 29...♕h4 30.♕d5;

– 29...♖xf3 30.♘xh2 ♖f2+ 31.♖d2;

– 29...♕g1 30.♕xb7 ♖f2+ 31.♘d2 ♕xg2 32.♕xg2 ♖xg2 33.♖d8+ ♗f8 34.♖xf8+ ♔g7 35.♖c8.

27.♗xh1 ♕xh1 28.♘f6 ♕g2+ 29.♔c3

Schwarz strich die Segel.

Kapitel 8

Nimzowitsch–Eröffnung

1.e4 ♘c6

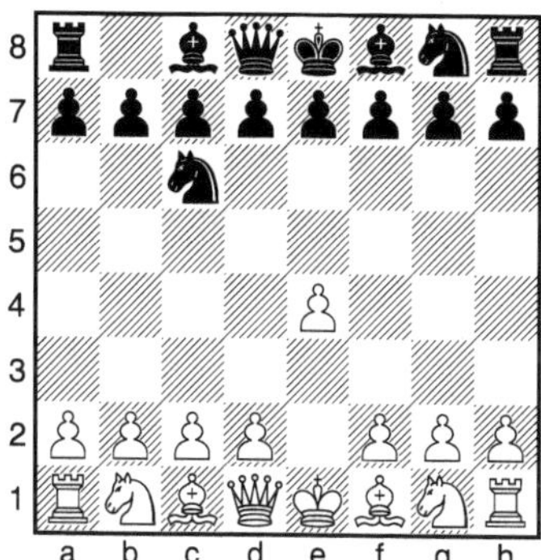

2.d4

Dieser Bauernzug ist logisch und gut. Weiß besetzt das Zentrum und sichert sich damit Raumvorteil. In der Diagrammstellung kann Schwarz zwei Hauptfortsetzungen folgen: 2...d5 (siehe **Abspiel 1**) und 2...e5 (siehe **Abspiel 2**).

In dieser ohnehin nur selten in der Turnierpraxis anzutreffenden Eröffnung versucht sich Schwarz nur ausnahmsweise in alternativen Fortsetzungen. Wir gehen deshalb nur kurz darauf ein.

I. 2...d6 3.d5

A) 3...♘b8 4.♘c3

(Weiß kann auch 4.c4 spielen, womit er seinen Anspruch auf Dominanz im Zentrum noch einmal deutlich unterstreicht. Nach der möglichen Folge 4...e5 5.♘c3 ♗e7 6.♘f3 ♗g4 7.♗e2 ♗xf3 8.♗xf3 ♘f6 9.♕b3 steht er vielversprechend, Medvegy–S. Horvath, Salgatarjan 2003.)

4...c6 5.♘f3 g6 6.♗e2 ♗g7 7.0–0 ♘f6 8.♗e3 0–0 9.a4 a5 10.♘d2 ♘bd7 11.♘c4 ♕c7 12.♖e1 ♖e8 13.♗d4 e6 14.dxe6 ♖xe6 15.♗f1 ♖b8 16.♕d2 b6 17.♖ad1

Weiß steht aktiver, Hoang Thanh Trang–Paschall, Budapest 2006.

B) 3...♘e5 4.f4 ♘g6

(4...♘d7 5.♗b5 a6 6.♗a4 b5 7.♗b3 g6 8.♘f3 ♗g7 9.♘c3 ♗b7 10.0–0 c6 11.dxc6 ♗xc6 12.♘g5 e6 13.f5! und schon nach wenigen Zügen hat sich aus dem ersten Lüftchen eines Angriffs ein kräftiger Sturm entwickelt.)

5.c4 e5 6.dxe6 fxe6 7.♘f3 ♘f6 8.♗d3 e5 9.f5 ♘e7 10.♗g5 ♘c6 11.♘c3 ♗e7 12.0–0 0–0 13.♗c2 ♔h8 14.♕d2 ♗d7 15.♖ad1 ♗e8 16.h3 ♗f7 17.b3 a6 18.♗b1 ♖b8 19.♘d5 mit positionellem Vorteil für Weiß, der besonders auf Raum und freiem Figurenspiel basiert, Al Modiahki–Bakr Jwan, Doha 2006.

II. 2...e6 3.c4

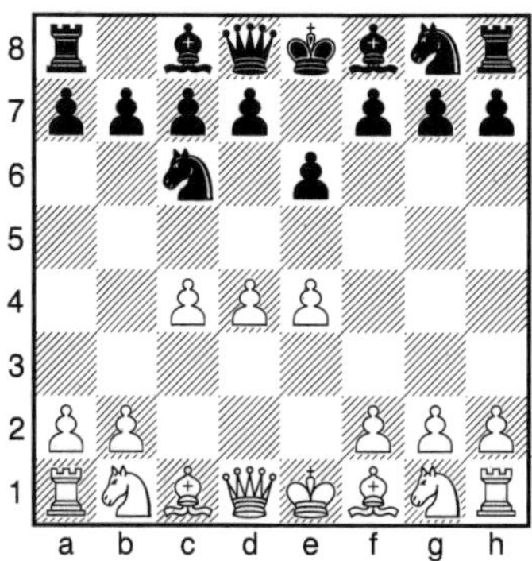

A) 3...d6 4.♘c3 ♘f6 5.♘f3 ♗e7 6.♗e2

(Weiß kann auch eine andere Entwicklung wählen: 6.♗d3 0–0 7.0–0 e5 8.d5 usw.)

6...0–0 7.0–0 e5 8.d5 ♘b8 9.♘e1 ♘bd7 10.♘d3 ♖e8 11.♗e3 ♗f8 12.♕d2 c6 13.f3 ♘b6 14.b3

Weiß hat mehr Raum für weitere Handlungen am Damenflügel; z.B. kann er auf a2–a4–a5, b3–b4 usw. setzen, Birchmeier–Papworth, Seefeld 2005.

B) 3...♗b4+ 4.♘c3 ♘ge7 5.♘ge2 a6 6.a3 ♗a5 7.c5 ♗xc3+ 8.♘xc3 a5 9.♗f4

(9.d5!? ist eine starke Alternative.)

9...♘g6

(9...d6? 10.♘b5 0–0 11.cxd6 cxd6 12.♗xd6+–, Balatoni–Baudisson, Liverpool 2007.)

10.♗g3 d6 11.♘b5 und Weiß steht stark.

C) 3...e5 4.d5 ♘d4 5.♘f3 ♘xf3+

(Keinen Sinn macht 5...d6?, denn Weiß spielt 6.♘xd4 und nach 6...exd4 7.♕xd4 hat Schwarz keinen Ersatz für den Bauern, Pearson–Cefola, IECC Email 1997.)

6.♕xf3 ♕f6 7.♕g3 h6 8.♘c3 a6 9.f4 ♗d6 10.f5 ♘e7 11.♗e2 ♗c5 12.♗e3 ♗xe3 13.♕xe3 ♕h4+ 14.g3 ♕f6 15.0–0–0 ♕g5 16.♕xg5 hxg5 17.h4 gxh4 18.♖h3 d6 19.♖dh1 ♗d7 20.♖xh4 ♖g8 21.g4

Weiß hat die Herrschaft über die h–Linie an sich gerissen und zunächst einmal liegen die besseren Angriffschancen klar auf seiner Seite, Garzon Rodriguez–Gomez Guerrero, Malaga 2005.

D) 3...♘f6 4.♘c3

D1) 4...♗b4 5.f3

(Auch gut ist 5.e5 mit der möglichen Folge 5...♘e4 6.♕c2 ♘xc3 7.bxc3 ♗a5 8.♘f3 ♕e7 9.♗d3±, Zinovjev–Iljin, Alushta 2010.)

5...0–0 6.♗e3 d6 7.♘ge2 e5 8.d5 ♘e7 9.a3 ♗c5 10.♗xc5 dxc5 11.b4 b6 12.♘c1 ♘d7 13.♘d3 ♗a6 14.bxc5 bxc5 15.♕a4 ♕c8 16.♗e2 ♘b6 17.♕a5

Schwarz wird einiges an Leidensfähigkeit beweisen müssen, um sich aus seiner gedrückten und zur Passivität neigenden Stellung herausarbeiten zu können, Koziak–Golubka, Alushta 2011.

D2) 4...d5 5.e5 ♘e4

(5...♘d7 6.cxd5 exd5 7.♘xd5 ♘b6 8.♘xb6 axb6 9.♗b5±, Boudia–Kieffer, Le Grand Bornand 2007)

6.♘f3 ♗b4 7.♕c2 f5 8.exf6 ♕xf6 9.♗e3 ♕g6 10.0–0–0 ♗xc3 11.bxc3 0–0 12.h4 mit scharfem Spiel und guten

Angriffsmöglichkeiten am Königsflügel für Weiß, Damljanovic–Lima, Bled 2002.

E) 3...d5 4.exd5 exd5 5.♘f3

E1) 5...♗g4 6.♗e3 ♘f6 7.♘c3 ♗b4

(7...♗xf3 8.♕xf3 dxc4 9.♗xc4 und nun verliert 9...♘xd4? wegen 10.♗xd4 ♕xd4 11.♕xb7 ♖d8 12.♗b5+ ♘d7 13.0–0 ♕b6 14.♖ae1+ ♗e7 15.♖xe7+! 1–0, Mammadli–Guliyew, Baku 2003.)

8.a3 ♗xc3+ 9.bxc3 ♘e4 10.♕c2 0–0 11.♖b1±, Cuellar–Siles, Lima 2007

E2) 5...♘f6 6.♘c3 ♗e7

(6...♗e6 7.c5 ♗e7 8.♗b5 0–0 9.♗xc6 bxc6 10.♘e5 ♕e8 11.0–0 ♘e4 12.♕a4 ♘xc3 13.bxc3 ♗f6 14.♗f4±, Takhirow–Sosulin, Tula 2002)

7.cxd5 ♘xd5 8.♗c4 ♗e6 9.♕b3 ♘a5 10.♕a4+ c6 11.♗xd5 ♗xd5 12.♘xd5 ♕xd5 13.0–0 0–0 14.b3

Aufgrund der passiven Rolle des schwarzen Springers auf a5 steht der Anziehende etwas besser, Farina-Insabato, Palermo 2000.

III. 2...♘f6 3.e5 ♘d5

(Ein böser Fehler wäre 3...♘e4??, denn nach 4.f3 muss sich der vorwitzige Springer vom Brett verabschieden.)

4.c4 ♘b6

(4...♘db4 5.a3 ♘a6 6.b4 mit großem Raumvorteil.)

5.d5 ♘xe5 6.c5 ♘bc4 7.f4 e6

(7...c6 8.♕d4 ♕a5+ 9.♘c3 cxd5 10.fxe5+–)

8.♕d4 ♕h4+ 9.g3 ♕h6 10.♘c3 und Schwarz verliert eine Figur.

IV. 2...g6 3.d5 ♘b8 (3...♘e5?? 4.f4+–)

A) 4.f4 ♗g7 5.♘f3 e6 6.c4 exd5 7.cxd5

(Noch nicht in der Praxis geprüft wurde 7.exd5; z.B. 7...♕e7+ 8.♕e2 ♘a6 9.♘c3 d6 10.♗e3 ♘c5 11.0–0–0 mit guten Möglichkeiten für Weiß.)

7...d6 8.♗d3 ♘e7 9.0–0 0–0 10.♘c3 c6

(10...f5? 11.e5 dxe5 12.fxe5 ♘xd5 13.♗g5 ♕d7 14.♗c4 c6 15.e6 ♕d6 16.♘xd5 cxd5 17.♕xd5+–)

11.dxc6 ♘bxc6 12.♕e2 ♗g4 13.♗e3 ♘d4 14.♕f2 ♘xf3+ 15.gxf3 ♗h3 16.♖fd1 und die weiße Stellung sieht besser aus.

B) 4.♕d4 f6 5.♘c3

(5.f4 ♗g7 6.♗d3 ♘h6 7.♘f3 0–0 8.0–0 ♘f7 9.♕f2 b6 10.c4 c5 11.f5 g5 12.♕g3 ♘a6 13.e5 ♘b4 14.♗e4±, Smirnow-Koslow, Tula 2000)

5...d6 6.♗e3 ♗d7 7.f4 c5 8.♕d2 ♕b6 9.♘f3 ♘a6 (9...♕xb2 10.♖b1 ♕a3 11.♖xb7±) 10.♗c4 ♗g7 11.0–0 ♘c7 12.a4 a5 13.♖ae1 0–0–0 14.♔h1 f5 15.e5

Der weiße Vorteil liegt klar auf der Hand, Kouvatsou–Zafeiriou, Aghia Pelagia 2004.

Abspiel 1

Die Fortsetzung 2...d5

1.e4 ♘c6 2.d4 d5

Das ist die Idee von Nimzowitsch in ihrer ursprünglichen Gestalt. Schwarz will sich Gegenspiel mit dem Angriff gegen den Bauern auf d4 verschaffen.

3.e5

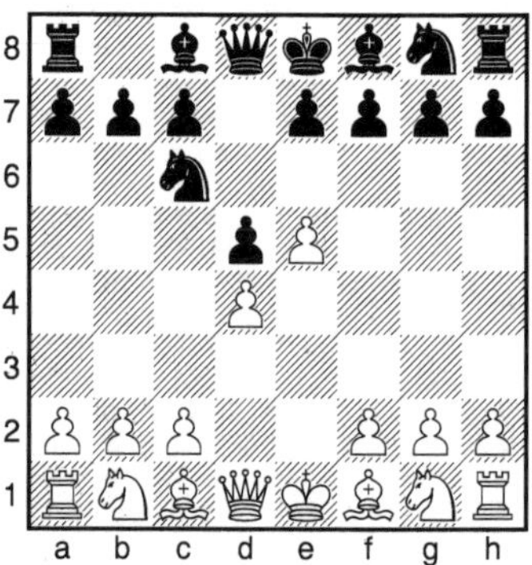

Alternativ kann Weiß hier auch auf d5 schlagen oder 3.♘c3 spielen. Wir schlagen Ihnen das Spiel mit dem geschlossenen Zentrum vor. In diesem Fall kontrolliert Weiß die wichtigen Felder d6 und f6. Sein Raum für weitere Handlungen übersteigt jenen des Gegners. Schwarz muss sich jetzt mit dem Problem arrangieren, dass sein Springer auf c6 postiert ist und das aktive Zentralmanöver c7–c5 verhindert.

3...♗f5

Eine logische Erwiderung. Schwarz entwickelt seinen Läufer in eine aktive Position.

Die Theorie kennt aber auch einige Alternativen.

I. 3...f6 4.f4

A) 4...♘h6 5.♘f3

(In der **Partie Nr. 68**, Heinemann–Wisnewski, Bad Oldesloe 2007, veranschaulichen wir einen anderen Plan für Weiß, der auf 5.♗e2 basiert.)

5...♗f5

(Nach 5...♗g4 6.♗e2 e6 7.c3 ♗e7 8.0–0 f5 9.b4 ♕d7 10.♘bd2 ♘f7 11.♘b3 hat Weiß gute Chancen, sich mit a2–a4 und b4–b5 ein Stellungsübergewicht am Damenflügel zu verschaffen, Esenov–Kristjansson, Peking 2008.)

6.♗d3 ♗e4 7.c3 e6 8.0–0 f5 9.♘g5 ♕d7 10.♗b5 ♘f7 11.♘xe4 dxe4 12.♗e3 a6 13.♗a4 b5 14.♗b3 ♘a5 15.a4 ♘xb3 16.♕xb3 ♖b8 17.axb5 axb5 18.c4

Weiß droht, mit d4–d5 die Stellung im Zentrum zu öffnen. Die besseren Aussichten liegen auf seiner Seite.

B) 4...♗f5 5.c3

B1) 5...♘h6 6.♘f3 g6 7.♗e2 ♕d7 8.0–0 0–0–0

Da Weiß offenbar besser auf der linken Seite angreifen kann, erinnert die lange Rochade an ein selbst verabreichtes Gift. Deshalb ist 8...♗g7 nebst 0–0 mit beiderseitigen Chancen die bessere Wahl.

9.b4 ♔b8 10.♘bd2 ♖c8 11.♘b3 b6 12.♗a6 ♖d8 13.b5 ♘a5 14.♘xa5 bxa5 15.♕a4 ♕e6 16.♗a3 ♗d3 17.♗c5! ♗xf1 18.♖xf1 g5 19.♕xa5 ♖d7 20.♗b7!+–, Bures–Taus, Ostrava 2010

B2) 5...♕d7 6.♘f3 0–0–0

(6...g5 7.♗b5 a6 8.♗xc6 ♕xc6 9.fxg5 0–0–0 10.0–0 ♗g7 11.♗f4 ♗g4 12.exf6 exf6 13.♘e5!+–, Onyekwere–T. Taylor, Las Vegas 2006)

7.a4 ♘h6 8.a5 ♘f7 9.♘bd2 ♘b8 10.b4 ♗e4 11.♕e2 f5 12.♘b3 e6 13.b5 ♖g8 14.h4 h6 15.h5 ♗xf3 16.♕xf3 g5 17.hxg6 ♖xg6 18.♗a3 ♗xa3 19.♖xa3 ♕e7 20.♖a2 ♘d7 21.♗d3 ♖dg8 22.♖h3 ♖g4 23.a6 b6 24.♔f1 ♕e8 25.c4

Die schwarze Stellung bricht auseinander, Schwajger–Feduk, Kiew 2010.

B3) 5...e6 6.♘f3 ♕d7

(Im Duell Willman–Levenstein, New York 1933, erreichte Weiß über 6...♘h6 7.♗d3 ♕d7 8.♕e2 ♗e7 9.♗e3 ♗xd3 10.♕xd3 ♘f5 11.♘bd2 h5 12.♗f2 h4 13.0–0–0 ♘a5 14.g4 hxg3 15.hxg3 0–0–0 16.♖xh8 ♖xh8 17.g4 ♘h6 18.♕g6 ♗d8 19.♖h1 einen positionellen Vorteil.)

7.♗d3 ♗e4 8.♕e2 f5 9.♗e3 ♘h6 10.♘bd2 ♗e7 11.h3 0–0 12.♘b3 ♘f7 13.g4 ♔h8 14.gxf5 exf5 15.♖g1 ♘cd8 16.♘fd2 ♘e6 17.♗xe4 dxe4 18.0–0–0

Weiß ist besser auf seinen Königsangriff vorbereitet als der Gegner am anderen Flügel, Duras–Nimzowitsch, Ostende 1907.

II. 3...e6

A) 4.c3 ♘ge7 5.♘f3

(Eine gute Idee ist auch 5.♗d3. In der Partie Raats–Meetze, IECG 2007, kam Weiß nach 5...♘f5 6.♘f3 ♗e7 7.♘bd2 0–0 8.g4 ♘h4 9.♘xh4 ♗xh4 10.♘f3 ♗e7 11.♕c2 h6 12.g5 hxg5 13.♖g1 zu einem starken Königsangriff.)

5...♘g6 6.♗d3 ♗e7 7.0–0 ♗d7 8.♗e3 0–0 9.♘bd2 a6 10.a4 ♘a7 11.♕c2 ♖c8 12.g3 ♖e8 13.♘b3 c6 14.h4

Weiß entwickelt aussichtsreiche Aktivitäten am Königsflügel, die uns seine Stellung vorziehen lassen, Martinez–Velastegui, Cuenca 2006.

B) 4.f4 ♘ge7 5.♘f3 ♘f5 6.c3 ♗e7 7.♗d3 ♘h4 8.♕e2 ♘xf3+ 9.♕xf3 ♘b8 10.0–0 c5 11.♗e3 mit dem Plan ♘b1–d2 sowie f4–f5 und besseren Perspektiven für den Anziehenden, Estrada–Crespo, Santa Olaya 1999.

III. 3...a6

A) 4.c3 ♗f5 5.♗d3 ♗xd3 6.♕xd3 e6 7.f4

(Spielbar ist auch 7.♘e2 mit der Vorbereitung von f2–f4.)

7...♘h6 8.♘d2 ♘f5 9.♘df3 h5 10.♗d2 ♕d7 11.♘e2 h4 12.0–0–0 ♘a5 13.g4 hxg3 14.hxg3 ♖xh1 15.♖xh1 0–0–0 16.♔b1 ♘c4 17.♗c1 ♘h6 18.♘h2 ♗e7 19.g4 ♖h8 20.♘f1

Weiß hat mehr Raum am Königsflügel, Tahirovic–Zanirato, Conegliano 2008.

B) 4.f4 e6

(Schwach spielte Schwarz die Eröffnungsphase in der Partie Vujoševic–Matic, Belgrad 2009: 4...h6 5.♘f3 ♗f5 6.c3 e6 7.♗e2 ♗e7 8.0–0 f6 9.♘h4 g6 10.♘xf5 exf5 11.♘d2 fxe5 12.dxe5 d4

13.♕b3 ♕c8 14.♗c4 ♘a5 15.♕a4+ b5 16.♕xa5 bxc4 17.cxd4 ♕d7 18.♕c3 ♖b8 19.♘xc4+-.)

5.♘f3 g6 6.♗e2 ♘ge7 7.♗e3 ♘f5 8.♗f2 ♗g7 9.♘bd2 0-0 10.g4 ♘fe7 11.c3

Weiß hat einen klaren Plan mittels h2-h4, verbunden mit realen Angriffsmöglichkeiten, Heimlich-Jürgens, Dortmund 2005.

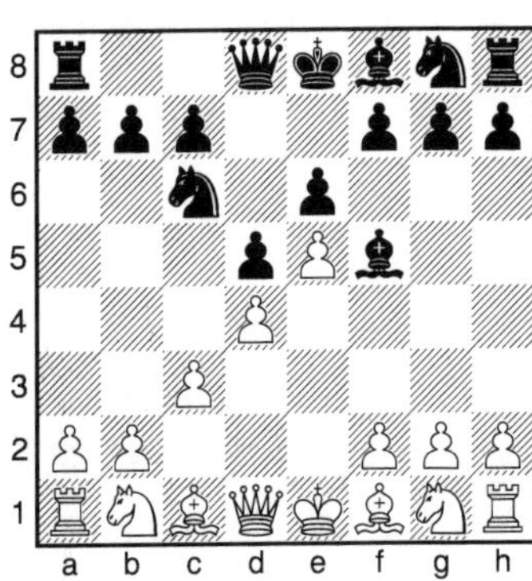

4.c3

Ein solider Zug – Weiß deckt zusätzlich seinen Bauern auf d4 und stellt sich dem gegnerischen Springerausfall von c6 nach b4 entgegen.

Zu beachten ist aber auch 4.♘e2!? mit der Absicht, den Springer entweder auf f4 oder auf g3 zu postieren. Zu diesem interessanten Ansatz haben wir als Beispiel die **Partie Nr. 69**, Romanischin-Mariotti, Leningrad 1977, eingearbeitet.

4...e6

Mit dem Plan, die Entwicklung des Königsflügels fortzusetzen und alsbald abzuschließen.

Andere Möglichkeiten sind:

- 4...♕d7 5.♘f3 f6 6.♗b5 e6 7.0-0 a6 8.♗a4 b5 9.♗c2 ♗xc2 10.♕xc2 f5 11.♘bd2 ♘ge7 12.a4 und Weiß steht aktiv am Damenflügel;
- 4...f6 5.f4 e6 6.♘f3 ♕d7 7.♗d3 ♗e4 8.♕e2 f5 9.♗e3 ♘h6 10.h3 ♘f7 11.♘bd2 ♗e7 12.0-0-0 mit dem Plan g2-g4 und Angriff am Königsflügel.

5.♗d3

Der Anziehende entwickelt seinen Läufer und neutralisiert dessen Widerpart auf f5.

Allerdings hat er hier gleich mehrere Alternativen, vor allem 5.♘e2 mit der Idee ♘e2-g3 oder auch 5.♘f3, was unter Zugumstellung zu ähnlichen Stellungen führen kann.

Den möglichen Fortgang nach 5.♘d2 veranschaulichen wir in der **Partie Nr. 70**, Smagin-Šahovic, Biel 1990.

5...♘ge7

Nach 5...♗xd3 6.♕xd3 f6 7.f4 stellt Weiß seinen Springer auf f3, seinen Läufer auf e3 und seinen zweiten Springer auf d2. Er hat dann die Option sowohl auf die kurze als auch die lange Rochade und allen Grund, auf einen Vorteil zu hoffen.

6.♘e2

Im Duell Rosentalis-Johansen, Tilburg 1993, setzte Weiß sein Spiel mit 6.♗g5 fort, was wir in der **Partie Nr. 71** analysieren.

6...♕d7

Schwarz folgt seinem Generalplan und bereitet die lange Rochade vor.

7.0–0 f6

Die zentrale Idee des schwarzen Aufbaus besteht in der Attacke auf das weiße Bauernzentrum. Genauso gut ist es, zunächst lang zu rochieren und erst dann den f–Bauern anzufassen, was unter Zugumstellung zur Hauptvariante führen kann.

8.f4 h5 9.b4

Als Antwort auf die schwarzen Aktionen am Königsflügel muss Weiß auf der anderen Seite aktiv bleiben.

Einen scharfen Charakter hatte die Partie Von Gottschall–Sämisch, Breslau 1925: 9.♘a3 h4 10.h3 ♗xd3 11.♕xd3 ♘f5 12.♘c2 0–0–0 13.♗d2 ♗e7 14.♘e3 ♘xe3 15.♗xe3 ♖dg8 16.♔h2 g5 17.exf6 ♗xf6 18.fxg5 ♗xg5 19.♗xg5 ♖xg5 20.♖f2 ♖hg8 21.♖af1 ♕g7 22.♘f4 e5 23.dxe5 ♘xe5 24.♕e2 (24.♕xd5?? ♘g4+) 24...♕h6 25.♘xd5 ♕d6 26.♘f4 ♔b8 27.♔h1 a6 28.♖d1 ♕c6 29.♖d4 ♔a7 30.♖e4 ♕d6 31.♕e3+ c5 32.♖d2 und Schwarz kapitulierte.

9...h4 10.a4 ♗xd3 11.♕xd3 a5 12.b5 ♘d8 13.♘d2 ♘f7

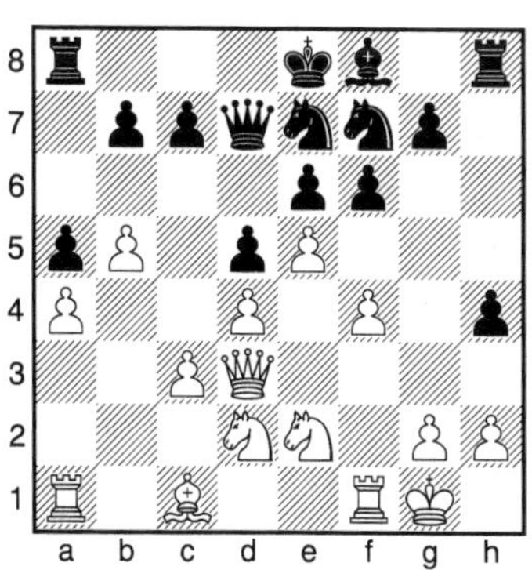

14.♘f3!

In unseren Augen ist dies klar die beste Wahl. Bevor Weiß c3–c4 spielt, sollte er seine Kräfte umgruppieren.

So empfinden wir in diesem Stadium die Fortsetzung 14.c4 als verfrüht; z.B. 14...dxc4 15.♘xc4 ♘d5 16.f5

(Es kann sein, dass hier 16.exf6!? stärker ist; z.B. 16...gxf6 17.f5 exf5 18.♖xf5 0–0–0 19.♘xa5 usw.)

16...exf5 17.♖xf5 0–0–0 18.♘xa5 fxe5 19.♕f3 e4 20.♕h3 ♘f6

Schwarz hat alles unter Kontrolle. In der Partie Gurbanow–Gelaschwili, Baku 2008, sicherte er sich schließlich auch den vollen Punkt.

14...0–0–0 15.♗d2 ♘f5 16.♖fc1 ♔b8 17.c4

So ist es richtig. Jetzt ist dieser Zug stark, denn er gibt Weiß gute Angriffschancen gegen den gegnerischen König.

Zusammenfassung: Wir sind der Meinung, dass das Vorgehen mit 14.♘f3! Weiß gute Perspektiven verspricht, mit einem Vorteil aus der Eröffnung zu kommen.

Abspiel 2

Die Fortsetzung 2...e5

1.e4 ♘c6 2.d4 e5

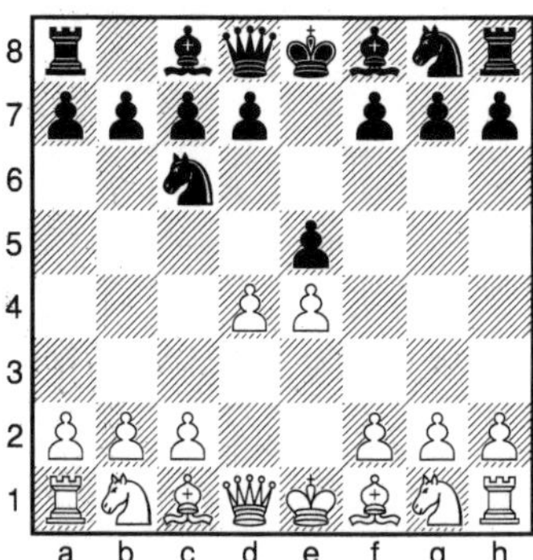

Nach diesem Zug entstehen erheblich andere Stellungen als nach 2...d5. Wir empfehlen nun eine Lösung „mit klarer Kante“, die mit einer radikalen Klärung der Situation im Zentrum einhergeht.

3.dxe5

– 3.♘f3 führt zur Schottischen Partie.

– Nach 3.d5 bekommt Schwarz gute Gegenchancen und deshalb werden wir uns damit nicht beschäftigen.

3...♘xe5

Schwarz reagiert mit dem natürlichen Zurückschlagen.

In der Partie Popovic–Starcevic, Belgrad 2003, suchte Schwarz den Erfolg in einer Gambitvariante: 3...♗c5 4.♘f3 ♘ge7 5.♗g5 0–0 6.♗c4 h6 7.♗h4 ♕e8 8.♗g3 ♘g6 9.e6

(Nach 9.♕d5 d6 bekommt Schwarz aktives Spiel für den Bauern.)

9...dxe6 10.♗xc7 ♕e7 11.♗g3 ♖d8 12.♕e2 e5 13.0–0 ♗g4 14.c3 ♖d6 15.h3 ♗h5 16.♘bd2 ♖f6 17.a4 a6 18.b4 ♗a7 19.♗d5 ♘d8 20.♕d3, doch es war Weiß, der sich einen Vorteil sichern konnte.

4.f4

Unsere Empfehlung – Weiß sollte den gegnerischen Springer aus dessen zentraler Position drängen.

4...♘g6

Der Springer weicht auf den Königsflügel zurück, von wo aus er am Kampf gegen den weißen König teilnehmen möchte, sobald dieser kurz rochiert hat.

Alternativ wird auch 4...♘c6 gespielt, worauf Weiß unseres Erachtens mit 5.♗c4 antworten sollte; z.B. 5...♗b4+ 6.c3

(Zu beachten ist 6.♗d2!?, was wir in der **Partie Nr. 72**, Hübner–Hort, BRD 1984, besprechen.)

6...♗a5 7.♗e3 ♕e7 8.♘d2 ♘f6 9.♕f3 d5 10.♗xd5 ♗g4 11.♕g3

(Zu versuchen ist auch 11.♗xc6+!? bxc6 12.♕g3 0–0 13.e5 ♘d5 14.♗f2 ♗f5 15.♘e2 mit einer vielversprechenden Stellung für Weiß.)

11...♘xd5

(– Auf 11...0–0–0 ist stark; z.B. 12.♗xc6 bxc6 13.e5 und Schwarz ist in raue Gewässer geraten.

– Ähnlich kann es ihm nach 11...♖d8 und dann 12.♗xc6+ bxc6 13.e5 ergehen.)

12.exd5 ♘d4! 13.cxd4 ♗xd2+

14.♔xd2 ♕b4+ 15.♔c1 ♕c4+ 16.♔d2 ♕b4+ mit Dauerschach.

5.♗c4

Der Läufer ist auf der Diagonale a2–g8 sehr aktiv.

Es ist aber auch möglich, zunächst den Springer zu bewegen: 5.♘f3 ♗c5

(5...♗b4+ 6.♘c3 ♕e7 7.♗d3 d6 8.0-0 ♗xc3 9.bxc3 ♘f6 10.♗a3 c5 11.e5 dxe5 12.fxe5 ♘d7 13.e6±, Vogt–Hoi, Tastrup 1990)

6.♘c3

(6.♗c4 d6 7.♕e2 ♘f6 8.♘c3 0–0 9.♗d2 c6 10.0–0–0 sieht ebenfalls gut aus, Tabor–Frink, Ungarn 2007.)

6...d6

(6...♕e7 7.f5 ♘h4 8.♘xh4 ♕xh4+ 9.g3 ♕e7 10.♕e2 d6 11.♘d5 ♕d8 12.♗f4 c6 13.♘c3 ♘f6 14.0–0–0±, Mazi–Marzano, Triest 2007)

7.♗c4 ♘f6

(– 7...♗g4 8.h3 ♗xf3 9.♕xf3 ♘f6 10.♗d2 0–0 11.0–0–0±, Borngässer–Carleton, Birmingham 1972

– Auch nach 7...♗e6 8.♕e2 ♗xc4 9.♕xc4 ♕d7 10.f5 ♘6e7 11.♗d2 nebst langer Rochade sichert sich der Anziehende die besseren Aussichten, Rytschagow–Michalet, Cappelle la Grande 1995.)

8.f5 ♘e7 9.♗g5 ♘g4 10.♘d4 h6 11.♕xg4 ♗xd4 12.♗xe7 ♕xe7 13.♘d5 ♕d8 14.0–0–0 ♗e5 15.h4 ♗d7 16.♕h5 ♗c6? (⌓16...0–0!) 17.♘b6! g6 18.fxg6 axb6 19.g7+–, Lanc–Smolen, Slowakei 2006

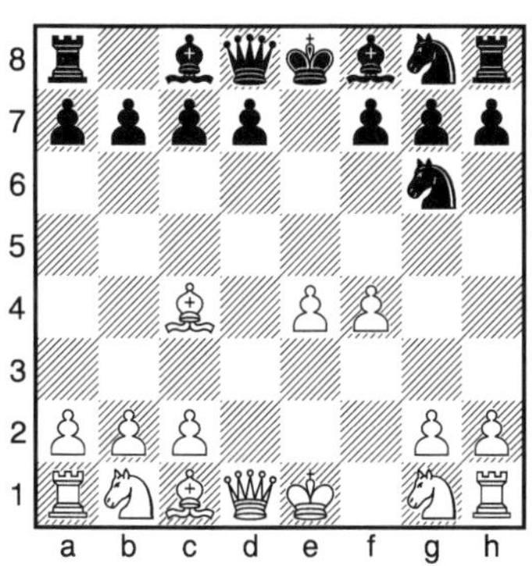

5...d6

Hier ein Blick auf andere Antworten.

I. 5...♕e7 6.♕e2 d6 7.♘c3 ♘f6

(7...c6 8.a4 f5 9.♗d3 ♘f6 10.♘f3 fxe4 11.♘xe4 ♔d8 12.♘eg5 ♔c7 13.f5 ♕xe2+ 14.♔xe2 ♘e5 15.♘xe5 dxe5 16.♘f7 ♖g8 17.♘xe5+–, Jones–White, Newport 2004)

8.♘f3 ♗g4 9.♗d2 c6 10.♗b3 0–0–0 11.0–0–0 d5 12.e5 ♗xf3 13.♕xf3 ♘d7 14.♗e3

Weiß verfügt über das Läuferpaar, und dies bei einer dem Gegner überlegenen Entwicklung, Haasler–Zilberbrand, Rheinhessen 2000.

II. 5...♗c5 6.♗xf7+ ♔xf7 7.♕d5+ ♔f8 8.♕xc5+ d6 9.♕c4 ♘f6 10.♘c3 ♕e7 11.♘f3 ♗f5 12.♘g5 c6 13.♕e2

(Natürlich geht auch 13.0–0 ♘xe4 14.♘cxe4 d5 15.♕c3 dxe4 16.♗e3 b6 17.♕xc6 ♖c8 18.♕d5+–.)

13...♗g4 14.♕e3 h6 15.0–0 hxg5 16.fxg5 ♕e5 17.h3 ♗e6 18.gxf6 gxf6 19.♕f2 ♔g7 20.♗e3 c5 21.♗f4 ♘xf4 22.♕xf4 ♕xf4 23.♖xf4

Weiß freut sich über einen Mehrbauern, Palencia–Juan Mas, Mislata 2008.

III. Nach 5...c6 6.♘f3 ♗c5 7.♕e2 ♕e7 8.♘c3 d6 9.♗d2 b5 10.♗d3 ♘f6 11.0–0–0 0–0 12.f5 ♘e5 13.♘xe5 ♕xe5 14.♕f3 ♘d7 15.♗f4 ♕f6 16.g4 ♘e5 17.♕g3 ♕e7 18.g5 sieht Schwarz sich einem kräftigen Angriff ausgesetzt, Rudd–D. Adams, Scarborough 2001.

IV. 5...♘h6 6.♘f3 ♗c5

(Die Variante 6...♗b4+ 7.♘c3 ♕e7 8.♕e2 d6 9.0–0 ♗xc3 10.bxc3 ♗g4 11.h3 ♗xf3 12.♕xf3 0–0–0 13.♗d3 ♔b8 14.♖b1 c6 15.♗a3 ♕c7 16.♖b3 ♘e7 17.♖fb1 ist günstig für Weiß, weil sie ihm eine starke Initiative am Damenflügel schenkt, Lebrun–Giroux, Paris 2002.)

7.f5!?

(Der Springerzug 7.♘c3 ist ebenfalls spielbar; z.B. 7...0–0 8.f5 ♘h4 9.g3 ♘g2+ 10.♔f1 ♘e3+ 11.♗xe3 ♗xe3 12.♔g2 usw.)

7...♘e5 8.♗b3

(Aber nicht 8.♘xe5?, denn dann folgt 8...♕h4+ und Schwarz greift an.)

8...♕f6 9.♘c3 ♘xf3+ 10.♕xf3 c6 11.h4 Δ♗c1–g5 nebst 0–0–0 mit besseren Perspektiven für Weiß.

6.♘c3

Genauso gut ist 6.♘f3!?. Nachteilig für Schwarz ist dann die Folge 6...♗e6 7.♗xe6 fxe6 8.0–0 ♘f6 9.♘g5 ♕e7 10.f5 exf5 11.exf5 ♘e5 12.♘c3 c6 13.♘e6 und nun verfügt der Anziehende schon wenige Züge nach Partiebeginn über einen deutlichen Vorteil, Rudd–Granat, West Bromwich 2003.

6...♘f6

Schwarz bringt seinen Springer ins Spiel und setzt damit seine Entwicklung fort.

In der Partie Mariotti–Di Vincenzi, Florenz 1972, übernahm er mit 6...c6 die Kontrolle über das Feld d5. Es folgte dann weiter 7.♘f3 ♗e7 8.f5 ♘e5??

(Ein schwerer Fehler, der sofort in die Niederlage führt. Notwendig war 8...♘h4, obwohl Weiß auch hier im Vorteil bleibt und am besten mit 9.0–0 antwortet.)

9.♘xe5 dxe5 10.♕h5 ♕d4 (10...g6 11.fxg6 fxg6 12.♕xe5+–) 11.♕xf7+ ♔d8 12.♗b3 und Weiß ließ sich den Sieg nicht mehr nehmen.

7.♘f3 ♗g4 8.h3 ♗xf3 9.♕xf3 ♗e7 10.♗d2 c6 11.0–0–0 0–0

Etwas Besseres ist nicht in Sichtweite – der Nachziehende muss seinen König in Sicherheit bringen.

Nach 11...♕c7 12.e5 dxe5 13.f5 ♘f8 (13...♘h4 14.♕f2±) 14.g4 steht Weiß klar besser.

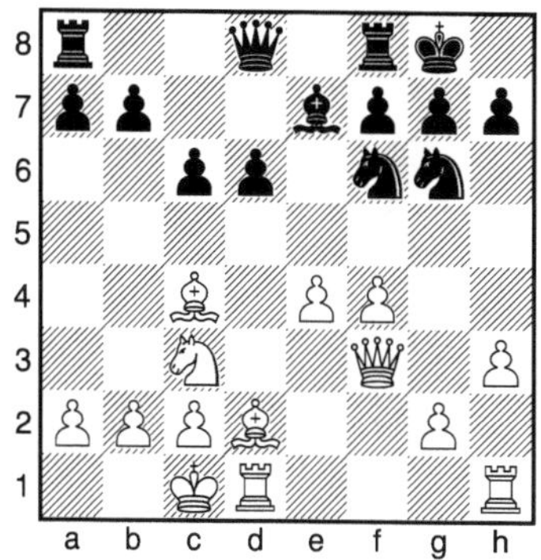

12.h4

Weiß hat ausgezeichnete Angriffschancen am Königsflügel und verfügt über die besseren Perspektiven, Nicevski–Marzano, Rom 1995.

Zusammenfassung: Auch in diesem Abspiel hat Weiß die besseren Aussichten. Wir halten die Nimzowitsch-Eröffnung aus der Sicht des Anziehenden nur dann für gefährlich, wenn er sich überraschen lässt. Dies wird nur dann der Fall sein können, wenn er nicht ausreichend vorbereitet ist. Unser Material soll Ihnen helfen, diese Gefahr einfach zu bannen.

Partie Nr. 68
Heinemann – Wisnewski
Bad Oldesloe 2007

1.e4 ♘c6 2.d4 d5 3.e5 f6 4.f4 ♘h6 5.♗e2

5.♘f3 haben wir in Abspiel 1 behandelt.

5...♗f5 6.♗f3

Weiß plant das Manöver ♘g1–e2–g3.

Oft greift er auch zu 6.c3, um den Punkt d4 zu verstärken und den Vorstoß ♘c6–b4 zu verhindern.

6...♘b4 7.♘a3 e6 8.♘e2 c5 9.0–0 ♕b6 10.♔h1 ♘c6?

Schwarz verstärkt zwar den Druck auf den Bauern d4, aber eigentlich bedeutet dieser Zug nur Zeitverlust. Er ermöglicht dem Anziehenden eine schnelle Aktion am Damenflügel.

Logischer war 10...0–0–0!, um erst nach c2–c3 mit dem Springer nach c6 zu weichen oder sogar den Sprung nach d3 zu wagen.

11.c4!

Angesichts des unrochierten schwarzen Königs genau die richtige Reaktion im Zentrum. Weiß geht zum Angriff über.

11...cxd4 12.cxd5 exd5 13.♘g3 ♗xa3

Immer noch kam 13...0–0–0!? infrage.

14.bxa3 ♖d8 15.exf6 g6

Auf 15...gxf6 folgt 16.♖e1+ ♔f8 17.♘xf5 (17.a4!? Δ♗a3+) 17...♘xf5 18.♕d3 ♘d6 19.f5 (19.♗xd5?? ♕a5–+) 19...♘e5 20.♗h6+ ♔e7 21.♖ab1 ♕c5 22.♗f4 und Schwarz hat große Probleme.

16.♘xf5 ♘xf5 17.g4 ♘e3 18.♗xe3 dxe3 19.♖b1 ♕c5

Keine Rettung wäre 19...♕d4 20.♖xb7 ♕xf6 21.♗xd5+–.

20.♖xb7 0–0 21.g5 ♘d4 22.♕b1 ♕c8 23.♖c1 ♕h3

Optisch gut, denn der Zug sieht nach einem Konterspiel aus. Dieser Eindruck täuscht aber, denn Weiß hat alles unter Kontrolle.

24.♗g2 ♕h4 25.♕b2

Stark sah 25.♖g7+ aus. Nach den weiteren Zügen 25...♔h8 26.♖cc7 ♘f5 27.♖xh7+ ♕xh7 28.♖xh7+ ♔xh7 29.♕b7+ ♔h8 hätte Schwarz starke Freibauern und gute Gegenchancen. Deshalb bereitet Weiß die künftigen Ereignisse lieber weiter vor.

25...e2 26.♖e7 ♕xf4 27.♖g7+ ♔h8 28.♖xh7+! ♔g8

Zum Matt führt 28...♔xh7? 29.♕b7+ ♔g8 30.♕g7#.

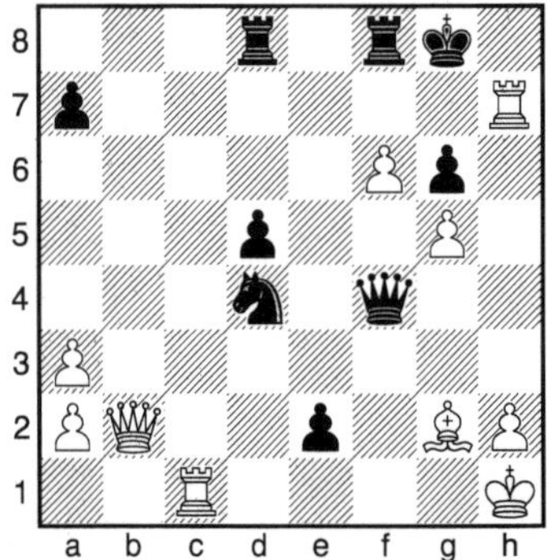

29.♖g7+?!

Statt dieses ungenauen Zuges sollte Weiß 29.♖g1! spielen; z.B. 29...♕f2

(29...♘e6 30.♕xe2 ♔xh7 31.♕xe6 ♕c7 32.♗xd5 ♕d7 33.♕e7+ ♔h8 34.♗e4 ♖g8 35.♕xd7 ♖xd7 36.♖g4 mit Eroberung des Bauern g6 und einem gewonnenem Endspiel.)

30.♖g7+ ♔h8 31.♕c3 ♘f5 32.♕h3+ ♘h4 (32...♕h4 33.♖xg6+−) 33.♖e7 ♖f7 34.♕e3 ♕xe3 35.♖xe3 d4 36.♖xe2 d3 37.♖d2 ♖d4 38.♗f1 ♘f3 39.♖xd3 ♖xd3 40.♗xd3 ♘xg1 41.♗xg6 ♖d7 42.♔xg1 ♖d4 43.h3 ♔g8 44.♔f2 mit einfachem Gewinn. Nun aber könnte sich Schwarz retten.

29...♔h8 30.♖xg6 ♖f7 31.♖h6+ ♔g8?

Ein grober Fehler. Die Partie wäre noch zu halten, und zwar mit 31...♖h7!; z.B. 32.♖xh7+ ♔xh7 33.♕b1+ ♘f5 (33...♔h8!?) 34.♖e1 ♔g6 35.♖xe2 ♖h8 36.♗xd5 ♔xg5 37.♖g2+ ♘g3+ 38.♖xg3+ ♕xg3 39.♕c1+ ♔xf6 40.♕f1+ ♔g5 (40...♔e5 41.♕a1+ ♔xd5 42.♕xh8=) 41.♕e2 ♕f4 42.♕e7+ ♕f6 43.♕e3+ und Weiß flüchtet sich ins Dauerschach.

32.♖g6+ ♔h8 33.♖h6+ ♔g8 34.♕b1 ♘f5?

Das verliert definitiv die Partie.

Einen Versuch wert gewesen wäre 34...♕xc1+! und nach 35.♕xc1 ♘c2 36.g6 e1♕+

(36...♖xf6? 37.♖h8+! ♔xh8 38.♕h6+ ♔g8 39.♕h7+ ♔f8 40.g7+ +−)

37.♕xe1 ♘xe1 38.gxf7+ ♔xf7 liegen noch Rettungschancen in der Luft. Nach dem Partiezug aber ist das Schicksal von Schwarz besiegelt.

35.♖h3 ♕xg5

Es verliert auch 35...♖h7 36.♖e1 ♖xh3 37.♗xh3 ♕f3+ 38.♗g2 ♕f2 39.g6 ♘e3 40.f7+ ♔g7 (40...♔f8 41.♕b4+ ♔g7 42.♕b2+ d4 43.♖xe2+−) 41.♕b2+ d4 42.♖xe2+−.

36.♖g1 ♕xf6 37.♗xd5+ ♔f8 38.♕b4+

♕d6 39.♖h8+ ♔e7 40.♕e4+

Schwarz streckte die Waffen wegen 40...♔d7 (40...♔f6 41.♖h6+! ♘xh6 42.♖g6#) 41.♗e6+ ♕xe6 42.♖xd8+ ♔xd8 43.♕xe6+–.

Partie Nr. 69
Romanischin – Mariotti
Leningrad 1977

1.e4 ♘c6 2.d4 d5 3.e5 ♗f5 4.♘e2!?

Der Vorteil dieses Zuges liegt darin, dass der Springer flexibel nach g3 oder f4 weiterziehen kann.

4.c3 haben wir in Abspiel 1 beleuchtet.

4...e6 5.♘g3

Es geht auch 5.♘f4!?.

5...♗g6 6.h4 h5

Auf 6...h6 folgt 7.h5 ♗h7 8.♗d3±.

7.♘e2!

Weiß ändert seinen Plan. Der Springer soll nunmehr auf f4 platziert werden.

7...♗f5 8.♘f4 g6 9.c3 ♕d7 10.♘d2 f6

Besser in diese Stellung passt 10...0–0–0!?.

11.exf6 e5

Die Öffnung der Stellung bei unrochiertem König ist zu gefährlich. Deshalb hätte Schwarz 11...0–0–0!? oder 11...♘xf6!? erwägen sollen.

12.dxe5 ♘xe5 13.f7+ ♔xf7

Warum nicht 13...♕xf7!? mit der Möglichkeit, lang zu rochieren?

14.♘f3 ♘xf3+ 15.♕xf3 ♖e8+ 16.♗e3 ♘f6 17.♗d3 ♗xd3 18.♘xd3 ♗h6

Gut sah 18...♕g4!? 19.0–0–0 ♕xf3 20.gxf3 ♗d6= aus.

19.0–0 ♕g4

Nach 19...♗xe3? 20.fxe3 ♕e6 21.♘f4! ♕xe3+ 22.♕xe3 ♖xe3 23.♘xd5 ♖e6 24.♘xc7 hätte Weiß einen Mehrbauern.

20.♗d4 ♕xf3 21.gxf3 ♖e7

Aber nicht 21...b6?, denn nach 22.♘e5+ verliert Schwarz Material.

22.♖fe1 ♖he8 23.♖xe7+ ♖xe7 24.♗xa7! ♖e2

Weiß muss keine Angst vor 24...b6 haben, denn nach 25.a4 und dann a5± wäre der Läufer wieder flott.

25.♗d4 ♘d7 26.b4 c6 27.a4 ♗f8?

Schlecht gespielt, denn der Zug bedeutet Zeitverlust. Notwendig war 27...♖d2!; z.B. 28.♘e5+ ♘xe5 29.♗xe5 ♗g7 und Schwarz sollte das Endspiel halten können.

28.a5 ♖e8

28...♖d2 29.♘c5!±

29.a6 ♖a8 30.a7! ♗d6 31.♔g2 ♗c7 32.f4 ♗b6 33.♘e5+ ♔e6

33...♘xe5 34.fxe5 ♗xd4 35.cxd4 ♔e6 36.♔g3+–

34.♘xd7 ♗xd4 35.cxd4 ♔xd7

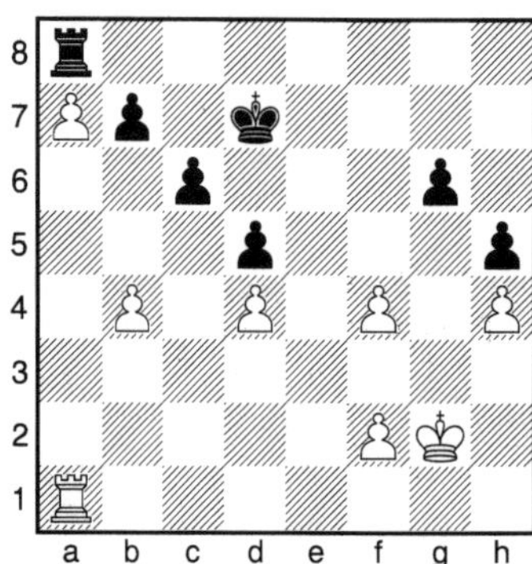

36.f5!

Ein typischer Zug in derartigen Stellungen – der König wird nun über das Feld f4 aktiviert.

Sofort 36.Kf3? wäre ungenau, weil nach der Antwort 36...Ke6 der schwarze König rechtzeitig das Feld f5 unter Kontrolle nehmen könnte.

36...gxf5 37.Kf3 Kc7

37...Ke6 38.Kf4 Kf6 39.Ta2 Kg6 40.Ke5+–

38.Kf4 Kb6 39.Kxf5 Kb5 40.Ke5 Kxb4 41.Tb1+ Kc4 42.Txb7 c5 43.dxc5 Kxc5 44.Tc7+ Kb6 45.Td7 Kc6 46.Td6+ Kb7 47.Txd5 Te8+ 48.Kf4 Kxa7 49.Txh5 Kb6 50.Te5

Der schwarze König ist weit entfernt von den weißen Bauern. Diese werden nicht aufzuhalten sein, deshalb gab Schwarz die Partie an dieser Stelle verloren.

Partie Nr. 70
Smagin – Šahovic
Biel 1990

1.e4 Sc6 2.d4 d5 3.e5 Lf5 4.c3 e6 5.Sd2

Andere Möglichkeiten für Weiß haben wir in Abspiel 1 behandelt.

5...f6

Schwarz greift das Bauernzentrum an und Weiß verteidigt es.

6.f4

Das Schlagen auf f6 wäre schwach.

6...fxe5 7.fxe5 Sh6 8.Sdf3 Sf7 9.Se2 Le7 10.Sg3 Lg4

– Nach 10...Lg6 wäre 11.h4! stark.

– Zu überlegen war aber 10...g6!?, um die Stellung am Königsflügel zu blockieren.

11.Ld3 Sg5?

Wenn Schwarz wüsste, was ihn gleich erwartet, würde er wohl 11...0–0! spielen.

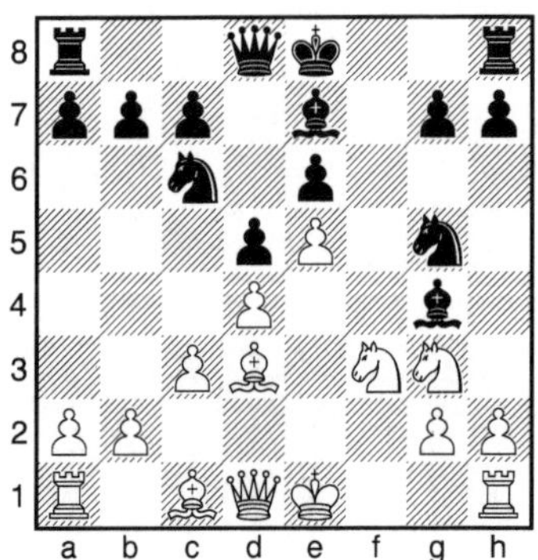

12.Sxg5!

Eine schöne Überraschung!

12...♗xd1 13.♘xe6 ♕b8

13...♕d7 14.♘xg7+!

(Aber nicht 14.♗f5? ♗h4 15.♔xd1 ♗xg3 16.hxg3 ♘d8 und Schwarz kommt zu Gegenspiel.)

14...♔d8 15.♗f5+-

14.♘xg7+ ♔d8

Auf 14...♔f7 zeigte Smagin die folgende Variante: 15.♗h6! ♗f8 16.0-0+ ♔g8 17.♘7f5! ♗g4 18.♖f4! ♗xf5 19.♗xf5 ♘d8

(19...♕e8 20.♗xf8+-; 19...♗xh6 20.♗e6+ ♔g7 21.♘h5+ ♔g6 22.♗f7+ ♔g5 23.h4#)

20.♗e4!! ♗xh6 21.♗xd5+ ♔g7 22.♘h5+ ♔g6 23.♖f6+ ♔xh5 24.♗f3+ ♔g5 25.g3 und gegen das Matt nach h2-h4 gibt es keine Parade mehr.

15.♔xd1 b5 16.♘e6+ ♔c8

16...♔d7 17.♗f5+-

17.♘f5 ♗f8

Auf 17...♔b7 folgt 18.♘xe7 ♘xe7 19.♘c5+ ♔c6 20.a4 b4 (20...a6 21.♘xa6!+-) 21.♖f1! und nun gewinnt 21...♖f8 22.♖xf8 ♕xf8 23.♗b5+ ♔b6 24.♘d7+ usw.

18.♖f1 ♔b7 19.♗h6!

Mit dem Ziel, das Feld c5 zu erobern.

19...♗xh6

Mit einer effektvollen Variante kontert Smagin die Möglichkeit 19...♔b6. Der einfache und doch so schöne Springerzug 20.♘e3!! bringt den Gewinn; z.B. 20...♗xh6 21.♘xd5+ ♔a5 (21...♔b7 22.♘c5+ ♔c8 23.♖f7 Δ♗f5+) 22.b4+ ♔a4 23.a3! ♔b3 24.♘c5+ ♔b2 25.♖f2+! ♔xa1 26.♘b3#.

20.♘c5+ ♔c8 21.♘xh6 ♘e7 22.♗e2 ♘g6 23.♘f7! mit der Mattdrohung auf g4 und zugleich der Drohung, auf h8 zu schlagen. Es gibt keine Verteidigung mehr. Schwarz gab auf.

Partie Nr. 71
Rosentalis – Johansen
Tilburg 1993

1.e4 ♘c6 2.d4 d5 3.e5 ♗f5 4.c3 e6 5.♗d3 ♘ge7 6.♗g5

Zu 6.♘e2 – siehe Abspiel 1.

6...♕d7 7.♘e2 h6 8.♗xe7 ♘xe7 9.♘g3 ♗xd3 10.♕xd3 c5 11.0-0 h5

Es ist klar, dass der schwarze König seinen Schutz am Damenflügel suchen wird. Deshalb bereitet Schwarz sofort sein Gegenspiel am Königsflügel vor.

12.♘d2 ♘c6

Konsequenter war 12...h4!? und nach 13.♘e2 ♘f5 Δ♗f8-e7.

13.♘e2 0-0-0

Zu beachten war ein vorheriges 13...♗e7!?, um die Auswahl zwischen der kurzen und der langen Rochade zu haben.

14.a3 c4 15.♕c2 ♘a5 16.♘c1

Der Zug mag etwas unverständlich aussehen. Er dient aber der Vorbereitung von b2-b4.

16...♔b8 17.b4 cxb3 18.♘cxb3 ♕a4 19.♖fb1 ♖d7 20.♖a2

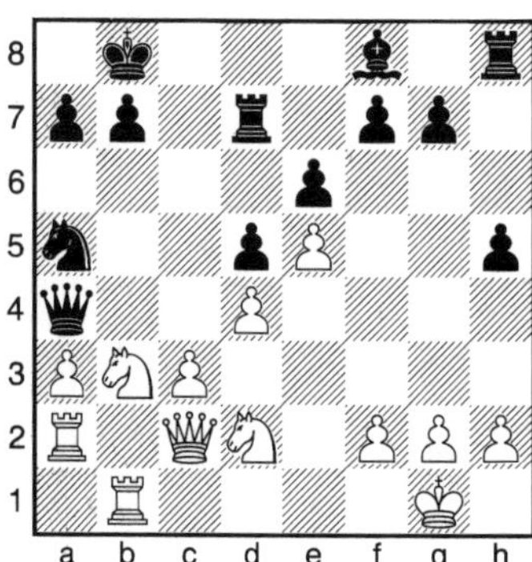

Ein kritischer Moment in der Partie. Nach dem einfachen 20...♖c7 wäre die Stellung in etwa ausgeglichen. Der Partiezug führt hingegen zum Verlust.

20...♗e7?? 21.♘c5!

Eben! Nun gewinnt Weiß Material.

21...♕xc2 22.♘xd7+ ♔c7 23.♖xc2 ♔xd7 24.c4 dxc4 25.♘xc4 ♖c8 26.♖bc1

Stark war auch 26.♘e3! ♖xc2 27.♘xc2+– bzw. 26...♗xa3 27.♖a2 ♖c3 28.♘c2+–.

26...♘c6 27.a4 ♖d8

27...♘xd4 28.♘b6+ +–

28.♖b1 ♖b8 29.♘e3 ♘b4

29...♘xd4 30.♖d1+–

30.♖cb2 a5 31.♔f1 ♖c8 32.♖d1 f5 33.exf6 ♗xf6 34.♖e2 ♔d6 35.f4 ♖c3 36.f5 exf5 37.♘xf5+ ♔d7 38.d5 ♖c5 39.♘g3 ♖c4

39...♖xd5 40.♖xd5+ ♘xd5 41.♘xh5+–

40.♘xh5 ♗c3 41.♘g3 b5 42.axb5 a4 43.♖e4 ♖c8 44.♘e2 ♖f8+ 45.♔g1

Schwarz gab auf.

Partie Nr. 72
Hübner – Hort
Bundesliga 1984

1.e4 ♘c6 2.d4 e5 3.dxe5 ♘xe5 4.f4 ♘c6 5.♗c4 ♗b4+ 6.♗d2!?

Zu 6.c3 – siehe Abspiel 2.

6...♕h4+

Um den weißen Königsflügel zu schwächen. Es geht auch sofort 6...♕e7, worauf wir 7.♕e2! empfehlen.

7.g3 ♕e7 8.♕e2 b5!?

Eine vorausschauende Aktion auf dem Damenflügel, auf dem der weiße König sein Asyl suchen wird.

Die Varianten 8...♗xd2+ 9.♘xd2 d6 10.0–0–0 ♘f6 11.♘gf3 0–0 oder 8...d6 9.♗xb4 ♘xb4 10.♘c3 ♘f6 11.0–0–0 sind besser für Weiß.

9.♗d3

Schwach wäre 9.♗xb5? wegen 9...♘d4!.

9...♗xd2+ 10.♘xd2 ♘b4 11.♘gf3 ♗b7 12.a3 ♘xd3+ 13.♕xd3 ♕c5 14.0–0–0

Weiß hat seine Entwicklung abgeschlossen und den König gesichert. Seine Stellung verdient den Vorzug.

14...♘f6 15.♖he1

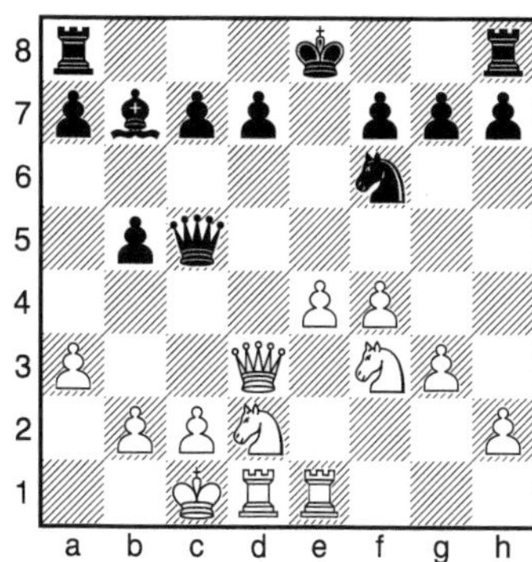

15...♖d8?

Der Turm verteidigt den Bauern d7. Stärker war aber wohl 15...0–0–0!, was den gleichen Effekt hat und zugleich dem König Sicherheit bringt. Nach dem Partiezug kommen Probleme auf den Nachziehenden zu.

16.♘b3 ♕b6 17.♘bd4 0–0

Mit der Rochade hätte Schwarz noch warten und 17...b4!? spielen sollen.

18.e5 ♘g4

18...♘d5 19.♘g5 g6 20.♕xb5+–

19.♘g5 g6 20.♕e2 h5 21.h3 ♘h6 22.♕xb5

Der Bauer ist erobert, Weiß ist klar im Vorteil.

22...♖fe8 23.♘e4

Warum so? Auf g5 stand der Springer doch schön aktiv! Besser war 23.♕d3! mit Vorbereitung von f4–f5!.

23...♗xe4 24.♖xe4 d5 25.♖e3

Zu überlegen war 25.♕xb6!? axb6 26.♖ee1 c5 27.♘b5 ♘f5 28.♘c7 ♖f8 29.♘xd5 ♘xg3 30.♘xb6 und das Endspiel ist für Weiß gewonnen.

25...c5 26.♕xb6 axb6 27.♘b5 ♘f5 28.♖ed3 d4 29.g4

29.♖g1!? sah gut aus.

29...♘e3 30.♖1d2

Nach 30.♖g1 hxg4 31.hxg4 g5! käme Schwarz überraschend zu einem guten Gegenspiel und sähe plötzlich wieder Licht am Ende des Tunnels.

30...hxg4 31.hxg4 g5 32.♘c7 ♖e7 33.♖xe3 gxf4 34.♖b3 ♖xc7 35.♖xb6

Nun ist ein für Weiß günstiges Endspiel entstanden.

35...♖e8 36.♖f6 ♖xe5 37.♖xf4 ♖e1+ 38.♖d1 ♖e2 39.♖df1 ♖ce7 40.♖1f2 ♖e1+ 41.♔d2 ♖g1 42.♔d3 ♖a7 43.♔c4 ♖c7 44.♖d2 ♖b1 45.b3

Schwarz kapitulierte.

Kapitel 9

Die Fortsetzung 1...g6

1.e4 g6 2.d4 ♗g7 3.f4

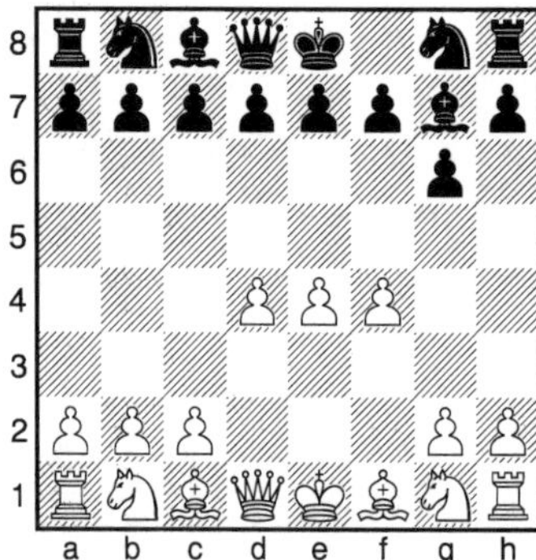

Ähnlich wie gegen die Pirc-Verteidigung (siehe **Kapitel 5**) empfehlen wir Ihnen auch gegen diese schwarze Aufstellung einen Aufbau, der sich auf ein starkes Bauernzentrum stützt.

3...d6

Dies ist nicht nur die beliebteste Entgegnung des Nachziehenden, sie ist auch unmittelbar Gegenstand der schwarzen Eröffnungsidee.

Als Weißspieler trifft man manchmal aber auch auf andere Versuche.

I. 3...d5 4.e5

A) 4...e6 5.♘f3 c5 6.c3 cxd4 7.cxd4 ♘c6 8.♘c3 ♘ge7

(Hier sollte Schwarz zu 8...a6!? greifen, um den weißen Springer nicht nach b5 zu lassen, so wie dies gleich in der Grundvariante passiert.)

9.♘b5 0–0 10.♗d2 ♕b6 11.♗c3 f6 12.♘d6 fxe5 13.fxe5 ♘f5 14.♘xf5 ♖xf5 15.♗d3 ♖f7 16.♘g5 ♖f8 17.♘xh7!

Weiß hatte in der Partie Szobi–Fabian, Zalaegerszeg 1959, eine gewonnene Stellung erreicht, denn nach 17...♔xh7 18.♕h5+ ♔g8 19.♗xg6 kann der Nachziehende aufgeben.

B) 4...♘h6 5.♘f3

(Einen lehrreichen Verlauf nahm die Partie Sawtschenko–Swetuschkin, Saratow 2006: 5.♗e2 f6 6.♘f3 ♗g4 7.0–0 c6 8.♗e3 ♘f5 9.♗f2 fxe5 10.dxe5 ♗xf3 11.♗xf3 e6 12.c4 ♕e7 13.♘c3 ♘a6 14.cxd5 exd5 15.♖c1 0–0 16.♘xd5 cxd5 17.♕xd5+ ♖f7 18.e6 ♖ff8 19.♕xb7 mit weißem Gewinn.)

5...♗g4 6.h3 ♗xf3 7.♕xf3 e6 8.♗e3 c6 9.♘d2 ♘d7 10.♗d3 b5 11.g4 ♘b6

Hier war es für Weiß in der Partie Myagkov–Walter, Nürnberg 2010, angebracht, mit 12.f5! ganz energisch zu werden. Er führt nun einen scharfen Angriff, die schwarze Stellung ist nur sehr schwer zu verteidigen.

C) 4...♗f5 5.♗d3 ♘h6 6.♘f3 ♕d7

(Logischer ist 6...0–0!?, um danach das weiße Bauernzentrum mittels c7–c5 anzugreifen.)

7.0–0 0–0 8.♘c3 a6 9.♘e2 ♘c6 10.c3 b5 11.♘g3 ♗xd3 12.♕xd3 e6 13.♘g5

♘e7 14.♘h5 ♘hf5 15.♘f6+ ♗xf6 16.exf6 ♘c6 17.g4 h6 18.gxf5 hxg5 19.♕h3 g4 20.♕h6 1–0, Grussova–Thonig, Teplice 2010

D) 4...c5 5.dxc5

(Eine gute Alternative ist 5.c3!?, um den Punkt d4 zu stärken.)

5...f6 6.♘f3 ♘c6 7.♘c3 ♗e6 8.♗b5 fxe5 9.fxe5 ♕d7 10.0–0 ♘h6 11.♘d4 ♖d8 12.♗xh6 ♗xh6 13.♕d3 ♗g7 14.♕e3

Der schwarze König kann nicht rochieren. Weiß ist entscheidend im Vorteil, Pavlovic–Bologan, Kragujevac 2009.

II. 3...c6

A) 4.♘f3 d5 5.e5 f6

(Gespielt wird auch 5...h5 6.♘c3 ♗g4 7.h3 ♗xf3 8.♕xf3 e6, was unter Zugumstellung zur Variante **B** führen kann – siehe unten.)

6.♗d3 ♗g4 7.0–0 fxe5 8.fxe5 e6 9.h3 ♗xf3 10.♕xf3 ♕d7 11.♗g5 ♘h6 12.♘d2 ♖f8 13.♕e2

Weiß steht besser, weil Schwarz seine Entwicklung nicht beenden und seinen König nicht in Sicherheit bringen kann, Pospisil–Perik, Olomouc 2010.

B) 4.♘c3 d5 5.e5 h5 6.♘f3 ♗g4 7.h3 ♗xf3 8.♕xf3 e6 9.♗e3 h4 10.♗d3 ♘h6 11.0–0 ♘f5 12.♗f2 ♘d7 13.♘e2 ♗f8 14.b3 ♗e7 15.c4 ♔f8 16.c5 b6 17.b4 a5 18.b5 bxc5 19.bxc6 ♘b8 20.dxc5 ♘xc6 21.♖ab1 ♔g7 22.♖b6 ♕c7 23.a3 ♖hb8 24.♖fb1 mit Vorteil für Weiß, Jasnikowski–Akvist 1979.

III. 3...c5 4.d5!

(Unseres Erachtens die beste Wahl. Auf 4.c3 folgt nämlich stark 4...d5!.)

4...d6

A) 5.♘c3 ♘f6

(Nach 5...♘a6 kann Weiß seine Kräfte dem folgenden Muster entsprechend entwickeln: 6.♘f3 ♘c7 7.a4 ♘f6 8.♗d3 0–0 9.0–0 ♖b8 10.♕e1 a6 11.a5 e6 12.dxe6 ♘xe6 13.f5 ♘d4 14.♕h4 gxf5 15.exf5 ♘xf5 16.♗xf5 ♗xf5 17.♗g5 h6 18.♗xh6 ♗xh6 19.♕xh6 ♗g6 20.♖a4 ♘h7 21.♘d5 mit starkem Angriff, Prie–Shoker, Clichy 2008.)

6.♘f3 0–0 7.a4

(Auf 7.♗e2 folgt sehr stark 7...b5!.)

7...♘a6 8.e5 dxe5 9.fxe5 ♘g4 10.♗f4 ♘b4 11.♕d2 f6 12.e6 ♕a5 13.♗c4

Die Partie ist erst wenige Züge alt und doch verfügt Weiß bereits über einen entscheidenden Vorteil, M. Iwanow–Malyuga, Zelenograd 2012.

B) 5.c4

Dieser Zug führt zum Vierbauernangriff der Königsindischen Verteidigung.

5...e6 (5...♘f6 6.♘c3 0–0 7.♘f3 usw.) 6.♘f3 exd5 und nun kann Weiß zwischen 7.cxd5 und 7.exd5 wählen.

4.♘c3

Es ist wichtig, die Entwicklung fortzusetzen und schnell alle Kräfte ins Spiel zu bringen.

– Natürlich geht auch 4.c4 und nach 4...♘f6 5.♘c3 kann das Spiel unter

Zugumstellung in die Vierbauernvariante der Königsindischen Verteidigung übergehen. Wir werden uns hier mit diesem System nicht weiter beschäftigen. Es entstehen andersartige komplizierte Stellungen, die in einem breiten Angebot an Spezialliteratur behandelt werden.

– Eine andere Möglichkeit ist 4.♘f3, wonach die Partie unter Zugumstellung in die Hauptvariante übergehen kann.

4...♘f6

– Oder 4...♘c6 5.♗e3

(Die interessante Alternative 5.♗b5!? stellen wir in der **Partie Nr. 73**, Velimirovic–Davies, Vrnjacka Banja 1991, vor.)

5...♘f6 6.♗e2 e6 7.♗f3 ♘e7 8.♘ge2 h5 9.♕d2 c6 10.0–0–0

Weiß hat deutlich die Nase vorne, Riesco Lekuona–Elduayen Extebe, San Sebastian 2007.

– Auch nach 4...c6 5.♘f3 b5 6.♗d3 ♗b7 7.0–0 ♘d7 8.e5 erhält er die besseren Aussichten.

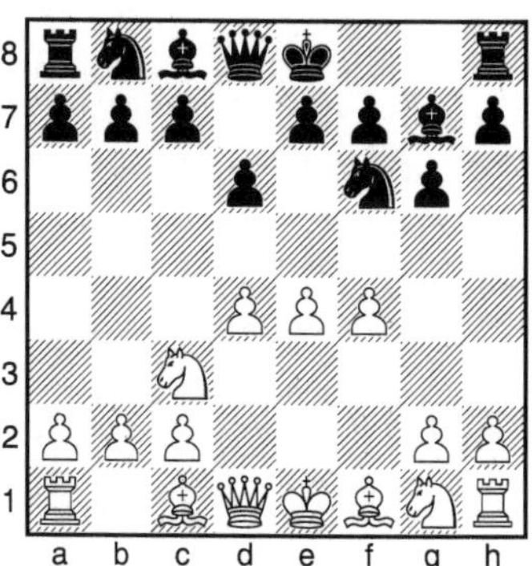

5.♘f3

In Kapitel 5 empfehlen wir hier die Fortsetzung 5.e5!?, die wir für die bessere Wahl halten. Aber die Springerentwicklung ist ebenso gut. Es lohnt sich deshalb, auch die sich daraus ergebenden Möglichkeiten kennen zu lernen.

5...0–0 6.♗d3

Hier ist auch 6.e5!? gut (siehe **Kapitel 5**).

6...♘h5

Der Nachziehende ist nicht auf diesen Springerzug fixiert und kann auch andere Wege beschreiten.

I. 6...♘c6

A) 7.0–0 ♗g4 8.e5 dxe5 9.dxe5 ♘d5 10.h3 ♘xc3 11.bxc3 ♗f5 12.♗xf5 (12.♕e2!?) 12...gxf5 13.♕e2 ♕d5 14.♖d1 ♕c5+ 15.♕e3 ♕a5 16.♗d2 e6 17.♘d4 ♕a4 18.♗e1 ♘e7 19.♕f3 ♖ab8 20.♘b3 ♖fc8 21.♖d4 mit weißem Vorteil, Skortschenko–Aleksandrow, Krasnodar 2003.

B) 7.e5 dxe5 8.fxe5 ♘d5 9.0–0 ♗g4 10.♘e2 ♕d7 11.c3 f6 12.exf6 ♖xf6 13.♗e4 ♔h8 14.♕b3 ♗xf3 15.♗xf3 ♖af8 16.♘g3 ♘b6 17.♘e4 ♖f5 18.♘c5

Auch hier gefällt uns die weiße Stellung besser, Wetzel–Vogel, Dresden 2012.

II. 6...♘a6 7.0–0 c5 8.d5

A) 8...♘c7 9.a4

(Den Plan einer Überführung der Dame zum Königsflügel mittels 9.♕e1 betrachten wir in der **Partie Nr. 74**, Jumabayew–Kotsur, Astana 2011.)

9...e6 10.dxe6 fxe6 11.♔h1 ♘fe8 12.♘g5 ♗h6 13.h4 ♗xg5 14.hxg5 ♘g7 15.♗e3 ♕e7 16.♕d2 ♗d7 17.♖ad1 Δ♗d3–c4 mit guten Perspektiven für Weiß, Menvielle–Padevsky, Havanna 1966.

B) 8...♖b8 9.♕e1

(Die energische Fortsetzung 9.f5!? unterziehen wir in der **Partie Nr. 75**, Plenca–Dragomirescu, Split 2012, einer prüfenden Betrachtung.)

9...♘b4 10.♕h4 ♘xd3 11.cxd3 e6 12.f5 exf5 13.♗g5 mit guten weißen Angriffsmöglichkeiten am Königsflügel, Von Bahr–Andersson, Lund 2010.

III. 6...c6

A) 7.e5 ♘d5 (7...dxe5 8.fxe5 ♘d5 9.0–0±) 8.♘xd5 cxd5 9.h4 ♗g4 10.c3 ♘c6 11.♗e3 ♕b6 12.♕d2 h5 13.♘h2 dxe5 14.fxe5 ♗e6 15.g4! hxg4 16.h5

Weiß führt einen für derartige Stellungen typischen Königsangriff, Mamedjarow–Mamedow, Moskau 2010.

B) 7.0–0 ♗g4 8.♗e3 ♘bd7 9.h3 ♗xf3 10.♕xf3 ♕b6 11.♖ab1 ♕a5 12.e5 ♘e8 13.b4 ♕c7 14.♘e4 e6 15.♘g5 mit weißem Angriff, Schagdyrow–Khogoyew, Ulan Ude 2012.

IV. 6...♘bd7 7.e5

A) 7...dxe5 8.fxe5 (8.dxe5!?) 8...♘e8 9.0–0 c5 10.♘g5 e6 11.♕g4 cxd4 12.♗xg6! ♘df6 13.exf6 ♘xf6 14.♖xf6 ♕xf6 15.♗xh7+ ♔h8 16.♕h5 ♗h6 17.♘ge4 ♕g7 18.♗xh6 ♕xh7 19.♘f6 ♕f5 20.♗xf8+ 1–0, Pisu–Lolici, Mamaia 2012

B) 7...♘e8 8.h4!?

Ein typischer Königsangriff.

(Weiß kann aber auch anders vorgehen: 8.♘e4 c5 9.c3 ♕b6 10.♕e2 cxd4 11.cxd4 ♘c7 12.♘c3 nebst Vorbereitung der langen Rochade mit ♗c1–e3 usw.)

8...h5 9.g4! hxg4 10.h5 gxf3 11.hxg6 fxg6 12.♗xg6 dxe5 13.dxe5 e6 14.♕xf3 ♘xe5 15.♗h7+ ♔h8 16.♕h3 ♘f7 17.♗g6+ ♘h6 18.f5 ♖f6 19.♗xh6+–, Hartig–Nobis, Dresden 2012

7.0–0 ♗g4 8.♗e3

Der Anziehende verteidigt seinen Bauern auf d4 und entwickelt zugleich seinen Läufer.

In der Partie Prie–Shoker, Cannes 2009, hatte er einen anderen Plan: 8.♗e2 e5

(Auf 8...c5 kann Weiß 9.d5 spielen.)

9.fxe5 dxe5 10.♗g5 f6 11.♗e3 ♘c6 12.d5 ♘e7 13.♕d2 ♕d7 14.h3 ♗xf3 15.♗xf3 ♘g3 16.♖fd1 f5 17.♗c5 fxe4 18.♗g4 ♘gf5 19.♘xe4 mit Vorteil.

8...♘c6 9.e5 dxe5 10.dxe5 f6 11.exf6 ♗xf6 12.h3 ♗xf3 13.♕xf3 ♗d4 14.♘e2 e5

Andere Erwiderungen:

– 14...♗xb2 15.♖ad1±; 14...♗xe3+ 15.♕xe3±;

– 14...♘e5 15.♕e4 ♗xe3+ 16.♕xe3 ♘xd3 17.♖ad1±.

15.♘xd4 exd4

15...♘xd4? verliert schnell. Es kann folgen: 16.♕e4 ♘xf4 (16...♘g3 17.♕xe5+–; 16...♘c6 17.fxe5+–) 17.♗c4+ 1–0, Mednis–Vadász, Budapest 1978.

16.♗d2

Weiß kann auch erst 16.♖ad1!? spielen, denn der Läufer ist tabu wegen des Schachgebots auf c4.

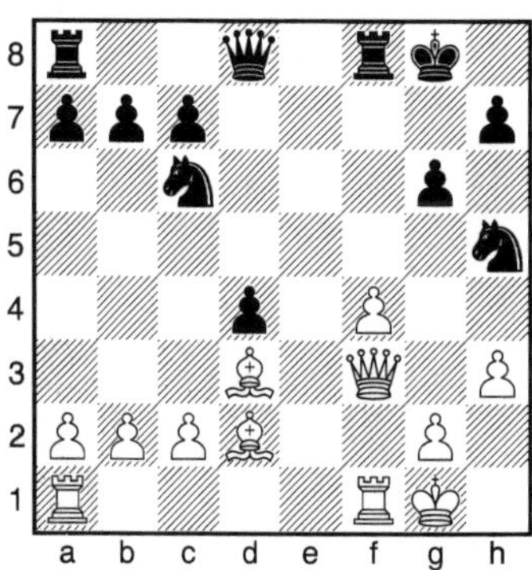

16...♘g7

Schlecht ist 16...♘e5? 17.♕xb7 ♖b8

(Entscheidet sich Schwarz zu 17...♘xd3, so folgt 18.♕b3+ Δ ♕d3+ +–.)

18.♕e4 ♘xd3 19.♕xd3 ♖xb2 20.f5!

(Gut ist auch 20.♕c4+ ♔h8 21.♖ad1 mit weißem Übergewicht. Das Problem von Schwarz besteht darin, dass seine Königsstellung geschwächt und der gegnerische Läufer seinem Springer überlegen ist.)

20...gxf5 21.♕c4+ ♔h8 22.♗b4 ♖f6 23.♗c5

Die schwarze Stellung ist schwer zu verteidigen.

17.♖ae1

Weiß hat die besseren Aussichten, was sich mit dem Läuferpaar und seinem aktiven Spiel begründet.

Zusammenfassung: Weiß hat die Wahl – er kann sein Spiel in die Richtung von Kapitel 5 lenken, also 5.e5!? spielen, oder aber zur Alternative 5.♘f3 greifen. Auch diese können wir empfehlen, auch sie verspricht Weiß gute Aussichten.

Partie Nr. 73
Velimirovic – Davies
Vrnjacka Banja 1991

1.e4 d6 2.d4 g6 3.♘c3 ♗g7 4.f4 ♘c6 5.♗b5!?

5.♗e3 haben wir im Theorieteil zum Thema gemacht.

5...a6

Nach 5...♗d7 sollte Weiß seine Entwicklung mit 6.♘f3 usw. fortsetzen.

6.♗xc6+ bxc6 7.♘f3 f5?!

Ein schwacher Zug, denn damit erschwert sich der Nachziehende seine weitere Entwicklung. Die Theorie rät hier zu 7...♘f6!; z.B. 8.0–0 0–0 9.♕e1 ♘d7 10.f5 c5 mit beiderseitigen Chancen.

8.e5 ♘h6 9.♕e2 e6 10.♗e3 0–0 11.0–0–0

Der König ist gesichert und Weiß hat jetzt einen klaren Plan – Angriff auf den gegnerischen Monarchen.

11...♗d7 12.h3 ♕b8 13.g4! ♕b4

Nach 13...fxg4 14.hxg4 ♘xg4 15.♖xh7! ♔xh7 16.♘g5+ ♔g8 17.♕xg4 würde Weiß einen starken Angriff führen.

14.a3 ♕b7 15.g5 ♘f7 16.h4 ♖fb8 17.b3 c5 18.h5 cxd4 19.hxg6 hxg6 20.♘xd4 c5

Auf 20...dxe5 folgt wie in der Partie 21.♘xf5! exf5

(21...gxf5 22.g6 ♘h6 23.♖xh6! ♗xh6 24.♕h5+–)

22.♘d5 ♗c6 23.♘e7+ ♔f8 24.♘xg6+ ♔g8

(24...♔e8 25.♕c4 ♗d5 26.♖xd5+–)

25.♕h5 ♗xh1 26.♖xh1 ♘xg5 27.fxg5 ♕e4 28.♘e7+ ♔f8 29.♗c5 ♖b5 30.♕h7 ♕xh1+ 31.♕xh1 ♖xc5 32.♘xf5 ♖d8 33.g6 e4 34.♘xg7 ♔xg7 35.♕h7+ ♔f6 36.♕f7+ mit weißem Gewinn.

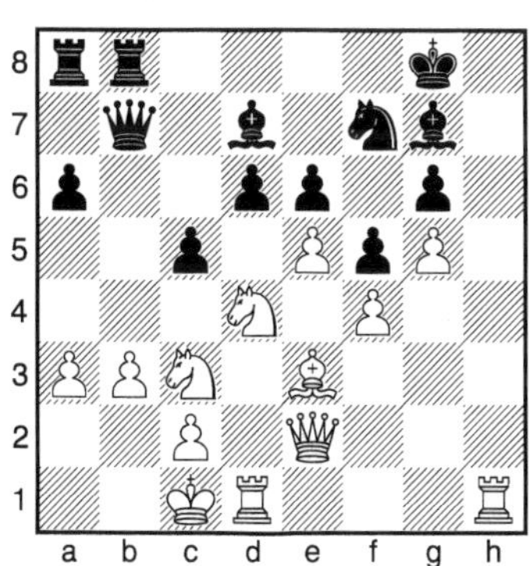

21.♘xf5!

Immer wieder schön – ein Springeropfer für den Angriff!

21...exf5 22.♕h2 ♗c6 23.♕h7+ ♔f8 24.♖h2 ♕e7

24...♗f3 erlaubt es Weiß, seinen Turm zu opfern: 25.♕xg6! ♗xd1 26.♘xd1 ♖e8 27.♖h7 ♘h8 28.♕xf5+ ♕f7 29.♕h3 ♔g8 30.f5 mit starkem Angriff.

25.♕xg6 ♖d8?

Der entscheidende Fehler. Notwendig war 25...♘xe5! 26.fxe5 ♕xe5 27.♕xd6+ ♕xd6 28.♖xd6 ♗e5 29.♖xc6 ♗xh2 30.♖xc5 f4 31.♖f5+ ♔g7 32.♗xf4 ♗xf4+ 33.♖xf4 und Schwarz kann noch kämpfen.

26.e6 ♗xc3

Nach 26...♖e8 stellt Weiß seinen Sieg auf folgendem Weg sicher: 27.♖h7 ♘h8 28.♖xh8+ ♗xh8 29.♖xd6! ♗xc3 30.♗xc5+–.

27.♖h7 ♗e8 28.♖dh1

28.♖d4! war viel schöner.

28...♖a7 29.♗d2 ♗d4 30.c3 ♘h6 31.♕xh6+

Schwarz gab sich geschlagen.

Partie Nr. 74

Jumabayev – Kotsur

Astana 2011

1.d4 c5 2.d5 d6 3.e4 ♘f6 4.♘c3 g6 5.f4 ♗g7 6.♘f3 0–0 7.♗d3 ♘a6 8.0–0 ♘c7 9.♕e1

Zu 9.a4 werfen Sie bitte einen Blick in den Theorieteil.

9...a6 10.a4 ♗d7 11.a5 ♗b5 12.f5!?

Dieses Vorgehen ist Weiß auch nach 12.♕h4 ♕d7 möglich; z.B. 13.f5 gxf5 14.e5 dxe5 15.♘xe5 ♕d6 16.♘xb5 axb5 17.♖xf5 c4 und nun hätte sich Weiß in der Partie Nicevski–Quinteros, Stip 1977, wie folgt Gewinnaussichten verschaffen können: 18.♖xf6! ♕c5+ 19.♖f2 cxd3 20.♘d7 ♕d4 21.♕g3 ♖fd8 22.c3 ♕xd5 23.♗h6 ♘e8 24.♗xg7 ♘xg7 25.♘b6+–.

12...gxf5

Im Duell Hyldkrog–Konjevic, Fernpartie 1997, erreichte Weiß nach 12...♗xd3 13.cxd3 ♘b5 14.♕h4 ♘d4 15.♘xd4 cxd4 16.♘e2 ♕c7 17.♗g5 ♕c2 18.♘f4 ♖fc8 19.fxg6 hxg6 20.♕g3 ♕c7 21.h4 ♘h7 22.h5 ♘f8 23.hxg6 fxg6 24.♕h4 ♖e8 25.♘e6 ♘xe6 26.dxe6 einen entscheidenden Angriff.

13.exf5 ♗xd3 14.cxd3 ♘fxd5 15.♘xd5

Eine andere Möglichkeit war 15.♕h4!, um die Dame für den Angriff zu aktivieren. Schwach wäre darauf 15...♘xc3 wegen 16.bxc3 ♘b5 (16...♗xc3 17.♘g5+–) 17.♘g5 h6 18.♘e4 und Weiß gewinnt.

15...♘xd5 16.♘g5 ♘f6?

Erneut eine zweifelhafte Wahl. Nun kann sich der weiße Turm in das Spiel am Königsflügel einbringen.

Infrage kam deshalb eher 16...♗d4+!?, um dem Turm den Weg zu versperren; z.B. 17.♔h1 ♘f6 mit realen Verteidigungschancen.

17.♖a4!

Der Turm wird zum Königsflügel überführt.

17...♕d7 18.♖h4 e6

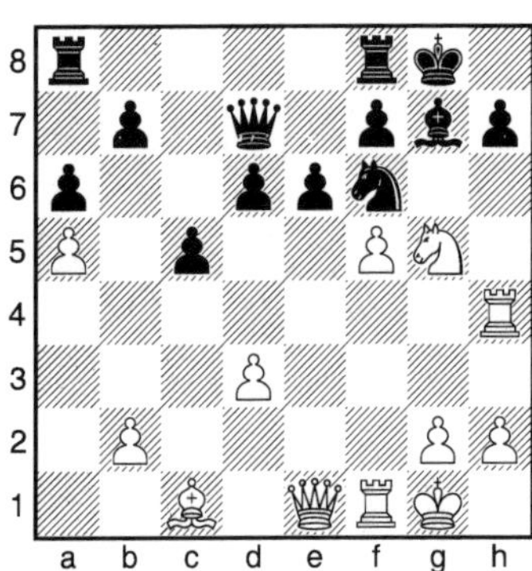

19.♘xh7!

Der Start des Königsangriffs.

19...♘xh7

Nichts ändert 19...exf5 20.♘xf6+ ♗xf6 21.♕g3+ ♗g7 22.♗h6 f6 23.♖xf5 ♖f7 24.♖fh5 ♖d8

(24...♔f8 25.♗xg7+ ♖xg7 26.♖h8+ ♔f7 27.♕xg7+! ♔xg7 28.♖8h7+ mit Gewinn)

25.♕g6 ♕e8 26.♗d2 ♔f8 27.♖h8+ ♗xh8 28.♖xh8+ ♔e7 29.♕e4+ ♔d7 30.♕xb7+ mit weißem Gewinn.

20.♖xh7! ♗d4+

20...♔xh7 21.♕h4+ ♔g8 22.f6+–

21.♗e3 exf5

21...♔xh7 22.♕h4+ ♔g7 23.f6+ und Schwarz kann aufgeben.

22.♗xd4 cxd4 23.♕h4 ♕e6 24.♖f3 f4 25.♖h3 f6 26.♖g7+!

Schwarz wollte sich 26...♔xg7 27.♕h7# nicht mehr zeigen lassen und gab lieber auf.

Partie Nr. 75
Plenca – Dragomirescu
Split 2012

1.e4 d6 2.d4 ♘f6 3.♘c3 g6 4.f4 ♗g7 5.♘f3 0–0 6.♗d3 ♘a6 7.0–0 c5 8.d5 ♖b8 9.f5!?

9.♕e1 ist Gegenstand unserer Darstellungen im Theorieteil.

9...♘c7 10.fxg6

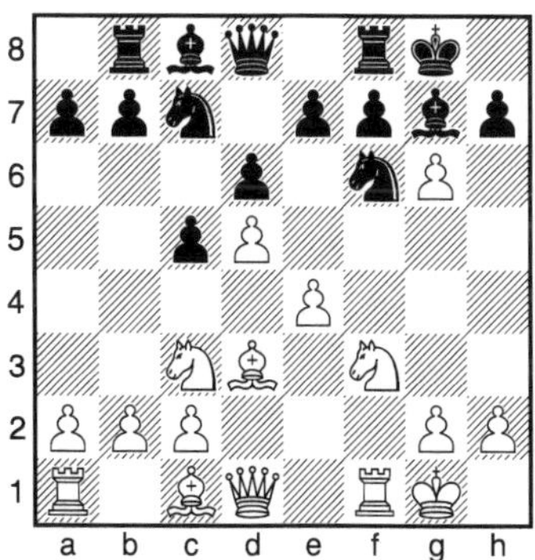

10...hxg6?

Der Verlauf dieser Partie beweist, dass diese Erwiderung Schwarz vor große Probleme stellt.

Deshalb sollte er sich für 10...fxg6! entscheiden, wonach Weiß mit 11.a4 reagieren sollte, um den Vorstoß b7–b5 zu verhindern.

11.♕e1

Weiß beabsichtigt ein aktives und schnelles Vorgehen am Königsflügel.

Gelegentlich wird hier aber auch erst 11.a4 eingestreut, um b7–b5 zu erschweren; z.B. 11...a6 12.♕e1 b5 13.♕h4 c4 14.♗e2 ♖e8 15.♗h6 ♕d7 16.♘g5 bxa4 17.♘xa4 a5 18.h3 ♘a6 19.♗xc4 ♘b4 20.e5 dxe5 21.d6 ♗a6 22.♗xf7+ ♔f8 23.♖xf6! 1–0, Van der Weide–Wissmann, Leeuwarden 2002.

11...b5 12.♕h4 c4 13.♘g5!

Avanti!

13...♖e8

13...cxd3 14.♖xf6!+–

14.♗e2 ♘a6 15.♗e3 ♕c7 16.a4 bxa4 17.♖xa4

Eine scharfe Alternative ist 17.e5!? dxe5 18.d6 ♕xd6 19.♘ce4 ♕c6 20.♗xc4 und Weiß führt einen kräftigen Angriff.

17...♖xb2 18.♖xc4

Auch hier wäre wieder 18.e5!? möglich; z.B. 18...dxe5 19.♗xc4 ♗f5 20.♘xf7!+– bzw. 19...♖xc2 20.d6 ♕xd6 21.♗xf7+ ♔f8 22.♕c4+–..

18...♕b8 19.♗d4 ♖b4 20.♖xf6! exf6

20...exf6 21.♕h7+ ♔f8 22.♗xf6+–

21.♕h7+ ♔f8 22.♗xf6! ♕b6+ 23.♔f1

Schwarz kapitulierte.

Kapitel 10

Tschechische Eröffnung

1.e4 d6 2.d4 ♘f6 3.♘c3 c6

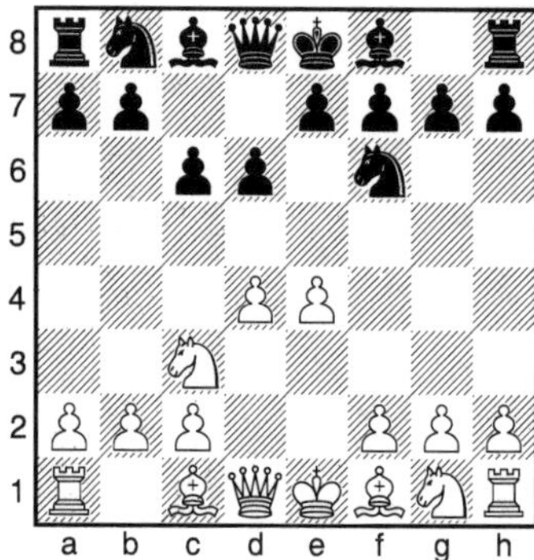

4.f4

Mit diesem Bauernvorstoß wählt Weiß die aktivste Fortsetzung. Sie verspricht ihm die besten Aussichten auf einen Eröffnungsvorteil.

4...♕a5

Die frühzeitige Aktivierung der Dame ist anderen Möglichkeiten überlegen. Durch die Fesselung des Springers wird die Bedrohung des weißen Bauern auf e4 akut, zugleich bereitet der Nachziehende die energischen Bauernvorstöße d6–d5 oder e7–e5 im Zentrum vor.

Hier ein Blick auf die schwächeren und deshalb nur selten gespielten Alternativen.

I. 4...♘bd7 5.e5 ♘d5

(Die Stellung nach 5...dxe5 6.dxe5 ♘g8 7.♘f3 ist günstig für Weiß.)

6.♘xd5 cxd5 7.♘f3 e6 8.♗d3 dxe5 9.fxe5 ♗e7 10.0–0 f5

(10...♘f8 11.♗e3 ♘g6 12.♕d2 0–0 13.♖f2 ♕e8 14.♖af1±, Lentjes–Wallace, Borne 2012)

11.exf6 ♘xf6 12.♘e5 0–0 13.c3 ♗d6 14.♗g5 ♕c7 15.♕e2 ♗xe5 16.dxe5 ♘e4 17.♖xf8+ ♔xf8 18.♗xe4 dxe4 19.♖f1+ ♔g8 20.♕f2+–, Kasimdschanow–Schubert, Mainz 2010

II. 4...g6 5.♘f3

(5.a4 ♗g7 6.♘f3 0–0 7.♗d3 b6 8.♕e2 a5 9.0–0 ♘a6 10.e5 ♘d5 11.♘xd5 cxd5 12.c3 ♘c7 13.♗d2 ♗d7 14.exd6 exd6 15.f5 und Weiß spielt seine Angriffskarten voll aus, Niehaus–Barwich, Berlin 2012.)

5...♗g4 6.h3 ♗xf3 7.♕xf3 ♗g7 8.♗e3

(8.e5!? dxe5 9.fxe5 ♘d5 10.♗c4 ist eine weitere vielversprechende Möglichkeit.)

8...0–0 9.0–0–0 ♕c7 10.h4 (10.g4!?) 10...h5 11.f5 ♘g4 12.♗g5 b5 13.g3 a5 14.♗h3 ♘f6 15.♗xf6 exf6

(Auf 15...♗xf6 folgt ebenfalls 16.g4!.)

16.g4 ♗h6+ 17.♔b1 hxg4 18.♕xg4 ♔h7 19.♖dg1

Der weiße Angriff wird die Partie entscheiden, Zimmermann–Bodner, Dresden 2012.

III. 4...d5 5.e5 ♘e4

(Schwach ist 5...♘g8 6.♗d3 ♘h6 7.h3 ♗f5 8.g4 ♗xd3 9.♕xd3 e6 10.♘f3 nebst ♗c1–d2 und 0–0–0; die besseren Aussichten liegen auf der Seite von Weiß.)

6.♘xe4 dxe4 7.♗c4 f5 8.♗e3 ♘a6 9.♘h3 ♘c7 10.♕e2 ♗e6 11.♗xe6 ♘xe6 12.0–0–0 ♕a5 13.♔b1 0–0–0 14.c4

Dem Anziehenden steht mehr Raum für seine Aktionen zur Verfügung, er ist besser entwickelt, seine Figuren stehen harmonischer und dies alles bei einer aktiven Spielausrichtung.

IV. 4...♗g4 5.♘f3 ♕c7 6.♗d3 ♘bd7 7.e5!?

(7.h3 kann den Nachziehenden ebenfalls vor Probleme stellen; z.B. 7...♗xf3 8.♕xf3 e5 9.♘e2 exd4 10.♘xd4 und Weiß ist gut genug aufgestellt, um bis auf Weiteres das Geschehen maßgeblich zu bestimmen.)

7...♘d5 8.0–0

(8.♘xd5 cxd5 9.h3 ist auch zu überlegen.)

8...♘xc3 9.bxc3 e6 10.h3 ♗xf3 11.♕xf3 mit der Vorbereitung von f4–f5 und guten Aussichten auf Königsangriff.

V. 4...e5 5.dxe5

(Auf 5.♘f3!? wäre 5...♗g4? schlecht wegen 6.dxe5!.)

5...dxe5 6.♕xd8+ ♔xd8 7.fxe5 ♘g4 8.♘f3 ♗c5

(Die Variante 8...♘d7 9.♗f4 ♗c5 10.h3 ♘e3 11.♔d2 ♘xf1+ 12.♖hxf1 ♔e7 13.♖ad1 begünstigt Weiß.)

9.h3 ♘e3 10.♗d3 b5 11.♔e2 ♘c4 12.a4

Nach nur zwölf Zügen hat sich Weiß einen klaren Vorteil erarbeitet, Ivanišević–Markovic, Kragujevac 2012.

VI. 4...b5 5.e5 dxe5 6.fxe5 ♘d5 7.♗d3

(7.♘f3 ♗g4 8.a4 b4 9.♘e4±)

7...g6 8.♘f3 ♗g7 9.0–0 0–0 10.a4 bxa4 11.♖xa4 a5 12.♘xd5 cxd5

(12...♕xd5 13.♗c4 ♕d8 14.♘g5±)

13.♗d2 ♗d7 14.♖a3 ♘c6 15.♕e1 mit Überführung der Dame auf den Königsflügel, wo Weiß dann seine Angriffschancen suchen wird, Pitra–Dimakiling, Bandar Seri Begawan 2012.

VII. 4...♕b6 5.e5 ♘d5

(5...♗g4 6.♕d3 dxe5 7.fxe5 ♘d5 8.♘xd5 cxd5 9.♗e2 ♗xe2 10.♘xe2 ♘c6 11.c3 e6 12.♕e3 ♗e7 13.0–0 h6 14.♘f4 ♗g5 15.♕g3 ♘e7 16.♘h5 ♘f5 17.♖xf5! exf5 18.♘xg7+ ♔f8 19.♗xg5 hxg5 20.♘xf5 ♕g6 21.♖f1 ♖h7 22.c4!+–, Civan–J. Chandler, Email 2009)

6.♘xd5 cxd5 7.♗d3 ♘c6

(7...g6 8.c3 ♗g7 9.♕f3 ♗e6 10.♘h3 dxe5 11.fxe5 ♗xh3 12.♕xh3±, Acedanski–Huber, ICCF Email 2004)

8.c3 g6 9.♕f3 e6 10.♕f2 ♗d7 11.♘f3 0–0–0 12.♗e3 ♔b8 13.0–0 ♖c8 14.a4 ♘a5 15.exd6 ♗xd6 16.♘e5 ♗e8 17.b4

Weiß kommt auf dem Damenflügel eher zum Zuge als der Gegner auf der anderen Seite. Der weiße Vorteil ist offensichtlich, Tazbir–Pakleza, Warschau 2011.

VIII. 4...e6 5.♘f3

(In der Partie Al Zendani–Ahmed Holi Ali, Doha 2011, erreichte Weiß nach 5.a4 a5 6.♘f3 b6 7.♗d3 ♗a6 8.0–0 ♗e7 9.e5 ♘g4 10.h3 ♘h6 11.g4 d5 12.f5 eine starke Initiative am Königsflügel.)

5...♕a5 6.♗d3 ♘a6 7.0–0 ♗e7 8.e5 ♘d5 9.♘e4 dxe5 10.fxe5 h6 11.c4 ♘db4 12.♗e2 c5 13.d5 exd5 14.cxd5 ♗f5 15.♘fd2 ♗xe4 16.♘xe4 0–0 17.d6

Die schwarze Stellung ist kritisch, Tombette–Dyer, Fernpartie 2012.

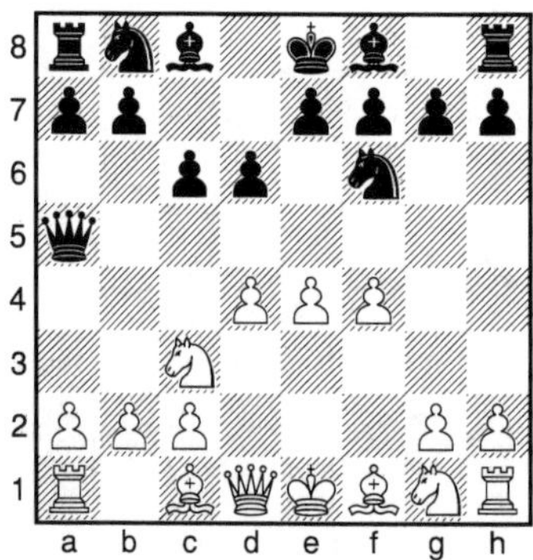

5.e5!?

In der Praxis häufiger anzutreffen ist 5.♗d3, der von uns in den Vordergrund gehobene Bauernzug ist jedoch energischer. Von ihm versprechen wir uns für Weiß die besseren Aussichten. Besonders dann, wenn Schwarz nicht immer die besten Entgegnungen findet, kann Weiß recht unvermittelt in Vorteil kommen.

Aber werfen wir mal einen Blick auf die wichtigsten Varianten nach 5.♗d3 e5 6.♘f3.

A) 6...exd4 7.♘xd4 ♕b6 8.♘b3 a5 9.♕f3 a4 10.♘d2 ♘bd7

(10...d5 11.exd5 cxd5 12.♘xd5 ♕e6+ 13.♘e3 ♗c5 14.♘e4 ♘xe4 15.♗xe4 0–0 16.♗xh7+ ♔xh7 17.♕h5+ ♔g8 18.♕xc5+–, Matsenko–Thestrup, Paracin 2012)

11.♘c4 ♕c7 12.0–0 b5 13.♘e3 b4 14.♘e2 ♗a6 15.♘d4 mit weißem Übergewicht.

B) 6...♗g4 7.♗e3 ♗e7 8.0–0 ♘bd7 9.h3 ♗h5 10.♕d2

(10.g4 exf4 11.♗xf4 ♗g6 12.♕d2 0–0 13.♖ae1±)

10...♗xf3 11.♖xf3 (11.gxf3!?) 11...0–0 12.♕e2 ♘h5 13.g3

Weiß hat gute Voraussetzungen für einen Angriff auf den gegnerischen König geschaffen, Pribyl–Mrnka, Tschechische Republik 2012.

C) 6...♘bd7 7.a3

(7.0–0 ♗e7 8.♗e3 0–0 9.♕e1 ♕c7 10.♔h1 ♖e8 11.fxe5 dxe5 12.dxe5 ♘xe5 13.♘xe5 ♕xe5 14.♗f4 ♕h5 15.e5 ♗b4 16.exf6 ♖xe1 17.♖axe1 ♗f5 18.♖e5 ♗xd3 19.♖xh5 ♗xf1 20.♘e4 ½–½, Roussel Roozmon–Akobian, Montreal 2009)

7...♗e7 8.0–0 0–0 9.♔h1 ♕c7 10.♗e3 ♘g4 11.♗d2 exd4 12.♘xd4 ♘c5

13.♗e2 ♘f6 14.♗f3 g6 15.♕e1 ♖e8 16.b4 ♘cd7 17.♕g3 ♗f8 18.♖ae1

Weiß steht aktiver, was ihm in der Partie Bubalovic–Vidovic, Sibenik 2012 zum späteren Sieg verhalf.

5...♘e4

Die Erwiderung 5...♘d5 ist günstig für Weiß. Nach 6.♗d2 können sich folgende Varianten ergeben.

A) 6...♕b6 7.♘f3 ♕xb2 8.♘xd5 cxd5 9.♖b1 ♕a3 10.♖b3 ♕xa2 11.♕c1 mit der entscheidenden Drohung ♖b3–a3 und Damengewinn.

B) 6...dxe5 7.fxe5 ♕b6 8.♘f3 ♗g4

(Zu gefährlich ist 8...♕xb2 9.♘xd5 cxd5 10.♖b1 ♕a3 11.c4, denn für den Bauern erhält Weiß eine kräftige Initiative.)

9.♘a4 ♕d8 10.♘c5 b6 11.♘e4 ♘c7 12.♗c4 e6 13.♗g5 ♕d7 14.0–0 ♘ba6 15.c3 ♗f5 16.♕e2 b5 17.♗d3 ♗xe4 18.♕xe4

Weiß steht ausgezeichnet, Andersson–Ufimzew, Fernpartie 1980.

C) 6...♘xc3 7.♗xc3 ♕d5 8.♘f3 ♗f5 9.♗d3 ♗xd3 10.♕xd3 dxe5 11.fxe5 e6 12.♗d2 ♘a6 13.c4 ♕d7 14.0–0 0–0–0 15.♖ad1 f5 16.exf6 gxf6 17.♕e2 ♗d6 18.a3 ♖hg8 19.b4 ♘c7 20.a4 mit guten Aussichten für Weiß am Damenflügel, und somit gerade dort, wo der gegnerische König seine Zuflucht gesucht hat, Leon–Soltis, New York 1990.

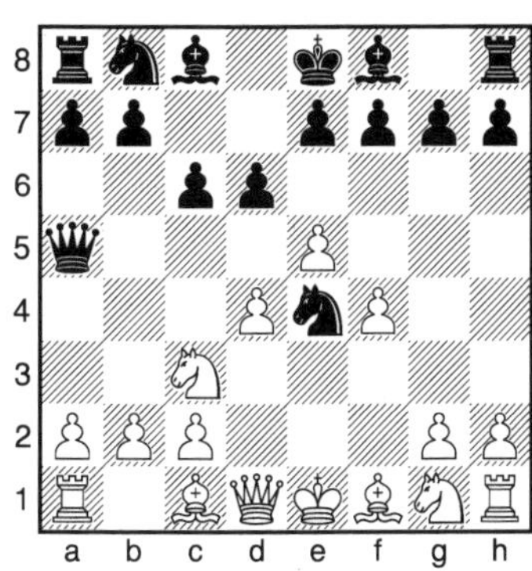

6.♕f3

Diese logische Fortsetzung ist zugleich die beste Wahl für Weiß. Nach dem Prinzip „zwei auf einen Streich“ verteidigt er seinen Springer und greift in Kombination den gegnerischen Rappen an.

– Eine starke Alternative ist hier 6.♗d3!?; z.B. 6...♘xc3 7.♕d2 g6

(7...d5 nehmen wir in der **Partie Nr. 76**, Njepomnjaschi–A. Iwanow, Dagomys 2010, in Augenschein.)

8.bxc3 dxe5 9.fxe5 ♗h6 10.♕xh6 ♕xc3+ 11.♔e2 ♗g4+

(11...♕xa1 analysieren wir in der **Partie Nr. 77**, Finkel–Oratovsky, Israel 1994.)

12.♘f3 ♘a6

(12...♕xa1 13.♕g7 ♖f8 14.♕xf8+ ♔xf8 15.♗h6+ ♔e8 16.♖xa1+–)

13.♗e3 ♘b4 14.♗d2 ♕xd4 15.♗xb4 ♕xb4 16.♖ab1 ♕a5 17.♖xb7 ♕xe5+ 18.♔f2 ♗xf3 19.gxf3 0–0–0 20.♖xa7

Nach nur 20 Zügen verfügt Weiß über eine Gewinnstellung, B. Grabarczyk–Kiedrowicz, Lubniewice 1995.

– Eine logische Fortsetzung ist auch 6.♘f3.

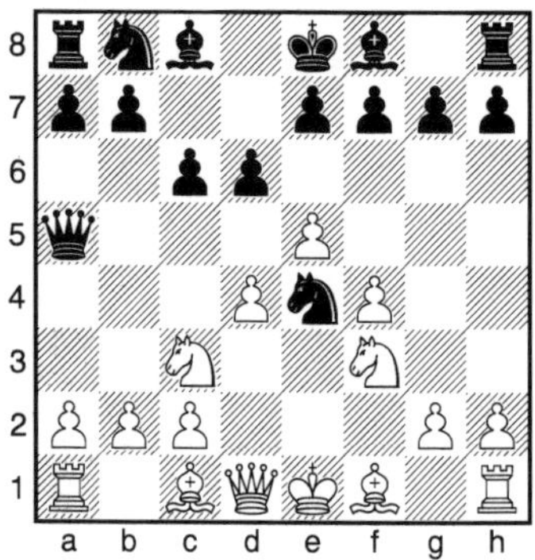

Wir untersuchen sie anhand der **Partie Nr. 78**, F. Rohde–Pastor Alonso de Prado, Fernschach ICCF 2018.

6...♘xc3

Seltener wird 6...d5 gespielt, worauf Weiß mit 7.♗d3 antworten sollte.

A) 7...♘xc3 8.♗d2 e6

(8...♘a6 9.bxc3 e6 10.♘e2 ♗e7 11.c4±)

9.bxc3 g6 10.♘e2 ♕a3 11.0–0 h5 12.f5! gxf5

(12...exf5 13.♘f4 ♗h6 14.e6! fxe6 15.♕g3+–)

13.♘g3 ♕e7 14.♘xh5 ♕h4 15.♘f6+ ♔d8 16.♗f4 mit positionellem weißem Vorteil: Der König des Nachziehenden ist unrochiert und seine Figuren sind unentwickelt, Manca–Semiev, Budapest 2012.

B) 7...f5 8.exf6 exf6 9.♗xe4 dxe4 10.♕xe4+ ♔f7 11.♘f3±

C) 7...♘a6 8.♘ge2 ♘b4 9.f5!? ♘xd3+ 10.cxd3 ♘xc3 11.bxc3 und die klar besseren Angriffschancen liegen bei Weiß. 11...e6

(Glatter Selbstmord wäre 11...g6? wegen 12.e6! fxe6 13.fxg6 hxg6 14.0–0 1–0, Al Sayed–Welling, Caleta 2009.)

7.♗d2 ♗f5

Der „Liebling“ der Theorie.

7...♕d5 käme den weißen Absichten entgegen. Es kann folgen: 8.♕xc3 c5 9.dxc5 ♗f5

(9...dxe5 10.fxe5 ♗f5 11.♘f3 e6 12.♗c4 ♕e4+ 13.♔d1 ♗g4 14.♖e1 ♗xf3+ 15.gxf3 ♕g6 16.♕b3±)

10.♘f3 dxe5

(Auf 10...♕e4+ weicht der König mit 11.♔d1 zur Seite. Nach 11...♗g4 12.♗b5+ ♘c6 13.♖e1 nebst e5xd6 sichert sich der Anziehende ein deutliches und nachhaltiges Übergewicht.)

11.♗c4! ♕d8 12.♕b3 e6 13.♕xb7 ♗e7

(13...♘d7 14.♗b5 ♖b8 15.♗xd7+ ♔e7 16.♕a6 ♕xd7 17.c6 ♖b6 18.cxd7 ♖xa6 19.♘xe5+–)

14.♕xa8+–, Beljawski–Bezold, Portoroz 1996

8.♗d3

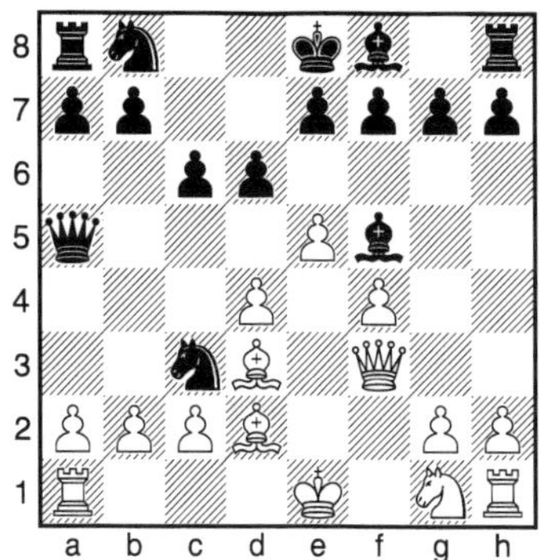

8...e6

Schwarz strebt eine schnelle Fortsetzung seiner Entwicklung an.

Andere Züge erfüllen seine Eröffnungsaufgaben nicht.

I. 8...g6 9.bxc3 ♕d5 10.♕e2!

(Weiß hat allen Grund, dem Damentausch aus dem Wege zu gehen, denn nach 10.♕xd5 cxd5 wird es nicht einfach für ihn, weiter nach einem Eröffnungsvorteil zu streben, wie die Partie Braun–Macdonald Ross, Velden 2009, zeigt:

11.♘f3 ♗xd3 12.cxd3 ♘c6 13.♔e2 e6 14.c4 ♖d8 15.♗e3 ♗e7 16.♖ab1 ♖d7 17.♖b5 dxe5 18.♘xe5 ♘xe5 19.fxe5 0–0 20.c5 ♖c8 21.♖hb1 b6 22.cxb6 axb6 23.♖xb6 ♔g7 24.♖b7 ♖xb7 25.♖xb7 ♗d8 26.♖d7 h6 27.a4 ♖a8 28.♗f2 ♗g5 29.h4 ♗c1 30.♖c7 ♗a3 31.♖c2 ♖xa4 mit einem baldigen Remisschluss.)

10...♗xd3 11.cxd3 c5 12.c4 ♕xd4 13.♖b1 dxe5 14.♘f3 ♕d7 15.♘xe5 ♕c7 16.♕e4 ♘c6 17.♘xc6 ♕xc6 18.♗c3 f6 19.♖xb7 ♕xe4+ 20.dxe4 ♗h6 21.g3 ♔f7 22.♔e2 ♖hd8 23.♖d1 ♖xd1 24.♔xd1 und Weiß steht besser, Kengis–Hausner, Luxemburg 1990.

II. 8...♗xd3 9.cxd3 ♕d5 10.bxc3 e6

(– Nach 10...♕xf3 11.♘xf3 e6 12.♔e2 ♘d7 13.♖hb1 b6 14.a4 ♗e7 15.a5 0–0 16.c4 d5 17.♗b4 ♗xb4 18.♖xb4 ♖fb8 19.axb6 axb6 20.♖ba4 hat sich Weiß die Herrschaft über die a-Linie verschafft, steht aktiver und erfreut sich auch eines gewissen Raumvorteils, Guilleux–Galego, Reykjavik 2009.

– Den alternativen Versuch mit 10...dxe5 besprechen wir in der **Partie Nr. 79**, Motwani–Adams, Moskau 1994.)

11.♕g3 c5 12.♘e2 g6 13.0–0 ♘d7 14.♔h1 ♗g7 15.f5

Eine scharfe Fortsetzung, die das Spiel in komplizierte Verwicklungen führt.

(Solider ist 15.c4!? ♕c6 16.♖ab1⩲.)

15...dxe5 16.dxe5 ♗xe5 17.♘f4 ♗xf4 18.♗xf4 gxf5 19.♗c7 ♔e7 (◯19...♘f6!.) 20.c4 ♕d4 21.♖ae1 ♖ac8? (◯21...♖hg8!) 22.♖xf5 ♖hg8 23.♗d6+! ♕xd6 24.♖xf7+ ♔xf7 25.♕xd6

Es ist zappenduster für Schwarz geworden, er kann aufgeben, Simon Padros–Turikow, Dresden 2010.

9.♗xc3

So ist es richtig. Nach 9.bxc3 d5 10.♗xf5 exf5 11.♕d3 g6 12.♘f3 ♘a6

13.0–0 ♘c7 ist nicht zu erkennen, auf welche Weise der Anziehende weiter um einen Eröffnungsvorteil kämpfen könnte.

9...♕d5 10.♗xf5 exf5

Die Variante 10...♕xf3 11.♘xf3 exf5 12.d5! cxd5 13.0–0–0 ♘c6 14.♖xd5 ♖d8 15.♖e1 dxe5 16.♖b5 ist vorteilhaft für Weiß.

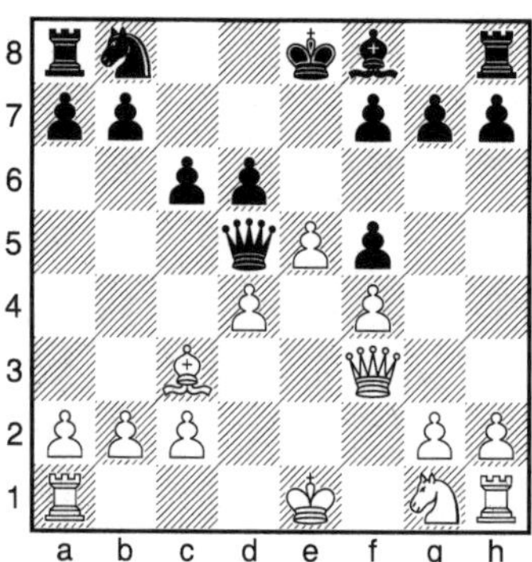

11.♕xd5

Jetzt führt der Damentausch zu einem nur minimalen weißen Vorteil.

Ins Kalkül zu ziehen ist deshalb auch 11.♕e2!?, um die Dame zu behalten; z.B. 11...♗e7 12.♘f3 0–0 13.0–0 ♘d7 14.b3 mit dem Plan ♗c3–b2 nebst c2–c4 und weißem Vorteil.

11...cxd5 12.♘f3

Weiß tut gut daran, seine Entwicklung zu beenden.

Nach 12.♗b4? ♘c6 13.♗xd6 ♗xd6 14.exd6 ♔d7 15.0–0–0 f6 16.♘f3 ♖he8 17.♖he1 ♖e4 ist Schwarz ausgezeichnet aus der Eröffnungsphase herausgekommen.

12...♘c6 13.0–0–0 ♔d7 14.♘g5

Zu langsam ist 14.♖hg1 ♗e7 15.g4 fxg4 16.♖xg4 g6 17.♖e1 dxe5 18.dxe5 ♔e6 und Schwarz hält Ausgleich.

14...♘d8

Völlig falsch wäre 14...f6?, denn nach 15.exf6 gxf6 16.♘f3 ist der positionelle Vorteil angesichts der schwarzen Bauernschwächen offensichtlich. Weitergehen kann es beispielsweise mit 16...♗h6 17.g3 ♖he8 18.♘h4+–.

15.♖he1!?

Weiß hält die Spannung aufrecht, die richtige Entscheidung an dieser Stelle.

In der Partie Donev–Rufener, Bern 1995, geschah: 15.♗b4 ♗e7 16.♘f3 ♘c6 17.♗xd6 ♗xd6 18.exd6 f6

(Nach dem einfachen 18...♔xd6! kommt Schwarz besser aus der Situation heraus; z.B. 19.♘e5 ♖hf8 20.♖he1 f6 21.♘xc6 bxc6 und das Endspiel ist ausgeglichen.)

19.♖he1 ♖he8 20.♖xe8 ♖xe8 21.c3 ♖e4 22.g3 ♔xd6 23.♔d2 g6 24.♘e1 ♘d8 25.♘d3 b6 26.b3 ♘f7 27.♖e1 ♔e6 28.♖a1 ♔d7 29.♘b4 ♔d6 30.a4 a5 31.♘c2 ♔c6

(31...g5 32.♖f1! ♘h6 33.h3 gxf4 34.♖xf4±)

32.c4 mit einem kleinen Vorteil für Weiß, den er bis hin zum späteren Gewinn ausbaute.

15...♗e7 16.♘f3

Ein Endspiel mit gleichen Chancen entsteht nach 16.♘xf7 ♘xf7 17.e6+

♔e8 18.exf7+ ♔xf7 19.♖e2 ♖he8 20.♖de1 ♗f6 21.♖xe8 ♖xe8 22.♖xe8 ♔xe8 23.a4 ♔d7 usw.

16...♘e6 17.g3

Weiß steht aktiver. Er sollte seinen König nach d3 bringen, dann mittels b2–b3 und c2–c4 die Situation im Zentrum zu seinen Gunsten klären. Er steht dann sehr chancenreich.

Zusammenfassung: Die Fortsetzung 5.e5!? ist eine empfehlenswerte Möglichkeit für Weiß, denn sie eröffnet ihm reelle Aussichten auf die Initiative in der Partie. Es ist wichtig anzumerken, dass ihm dabei zwei starke Alternativen zur Verfügung stehen. Er kann 6.♕f3 wählen oder stattdessen zu 6.♗d3!? greifen. Statt 11.♕xd5 ist dann auch 11.♕e2!? interessant. Allgemein sind die weißen Aussichten auf Vorteil in dieser Eröffnung sehr gut.

Partie Nr. 76
Njepomnjaschi – A. Iwanow
Dagomys 2010

1.e4 d6 2.d4 ♘f6 3.♘c3 c6 4.f4 ♕a5 5.e5 ♘e4 6.♗d3 ♘xc3 7.♕d2 d5

Zur Fortsetzung 7...g6 werfen Sie bitte einen Blick in den Theorieteil.

8.♘e2

Es geht natürlich auch 8.bxc3, aber Weiß will mit dem Springer auf c3 zurückschlagen, um seine Bauernstruktur nicht zu schwächen.

8...c5

In der Partie Sutovsky–Altounian, Internet ICC 2002, versuchte Schwarz 8...e6 und nach 9.bxc3 c5 10.c4 ♕xd2+ 11.♗xd2 ♘c6 12.cxd5 exd5 13.c3 ♗g4 14.♖b1 0–0–0 15.♗e3 cxd4 16.♘xd4 ♗d7 17.♘xc6 ♗xc6 18.♗xa7 blieb Weiß dann mit einem Bauern vorn.

9.♘xc3 e6 10.dxc5 ♕xc5 11.a3 ♗d7

Auf 11...♘c6 lässt sich auch 12.b4 ♕b6 13.♘a4 spielen.

12.b4 ♕b6 13.♗b2 ♘c6 14.♘a4 ♕c7 15.0–0

Weiß trägt sich mit der Absicht, f4–f5 zu spielen, um die Stellung für einen Königsangriff zu öffnen.

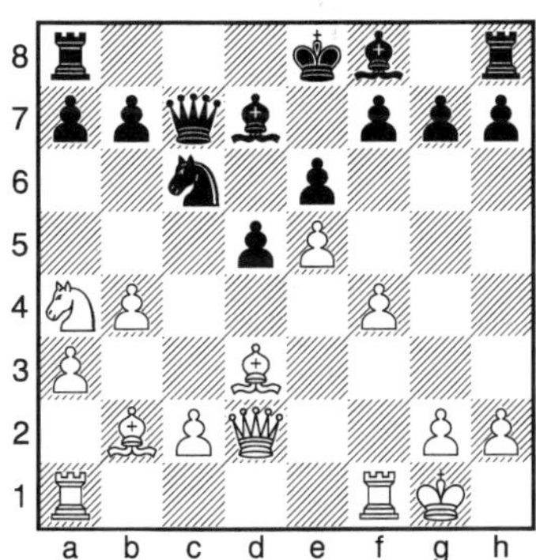

15...♘a5?

Diese auf den Abtausch der Springer ausgerichtete Variante ist günstig für Weiß.

– Deshalb sollte der Nachziehende

besser mit 15...g6!? reagieren, um das Manöver mit dem f–Bauern zu verhindern.

– Auch zu überlegen war 15...♗e7!?.

16.bxa5 ♗xa4 17.f5!

Es ist vollbracht! Das Hauptmotiv ist umgesetzt.

17...0–0–0

Der Nachziehende versucht seinen König am Damenflügel zu verstecken, aber auch dort findet er keine Ruhe. In Betracht kam 17...♗d7!?.

18.♔h1 ♗c5 19.a6 b6 20.♕f4 ♕d7 21.♗d4 ♗c6 22.a4 ♔b8 23.a5 ♗xd4 24.♕xd4 bxa5 25.♖xa5 ♔a8 26.♖c5 ♖b8 27.h3

Wofür auch immer es nützlich sein mag – ein Fluchtfeld für den König kann nicht schaden.

27...♖b6 28.♕g4 g6 29.fxe6 fxe6 30.♖f6 ♖e8 31.♕f4 ♕e7 32.♕f2 ♕c7 33.♖f7 ♖b1+

33...♕c8 34.♖xh7+–

34.♔h2 ♕xe5+ 35.g3 d4 36.♖xc6

Schwarz gab sich geschlagen.

Partie Nr. 77
Finkel – Oratovsky
Israel 1994

1.e4 d6 2.d4 ♘f6 3.♘c3 c6 4.f4 ♕a5 5.e5 ♘e4 6.♗d3 ♘xc3 7.♕d2 g6 8.bxc3 dxe5 9.fxe5 ♗h6 10.♕xh6 ♕xc3+ 11.♔e2 ♕xa1

Schwarz entscheidet sich zum Verzehr des Turms. Den Zug 11...♗g4+ haben wir uns im Theorieteil angeschaut.

12.♘f3

Die Stellung ist recht kompliziert. Weiß hat zweifellos ausreichend Ersatz für die Qualität erlangt, denn sein Gegner hat sich noch mit der Sicherung seines Königs zu befassen. Er kämpft noch mit der Entwicklung seiner Figuren und seine Dame ist von den anderen Figuren getrennt.

12...♕xa2 13.♕g7 ♖f8 14.♗h6 ♘d7 15.♘g5 b6

Für Schwarz ist es lebenswichtig, seine Figuren ins Spiel zu bringen.

Der Versuch, seine Dame mit 15...♕d5 zu aktivieren, bringt nichts. Weiß antwortet 16.♖f1! und kommt über 16...♕xg2+ 17.♔e3 ♕xh2 18.e6+– klar in Vorteil.

16.e6 ♗a6

Eine aktive Verteidigung. Nach 16...fxe6 17.♕xh7 ♖f6

(17...♗a6 18.♕xg6+ ♔d8 19.♘xe6+ ♔c8 20.♘xf8 ♕xc2+ 21.♔e3 ♗xd3 22.♕xd3 ♕xg2 23.♕f5 ♕d5 24.♕xd5 cxd5 25.♖c1+ +–)

18.♕g8+ ♘f8 19.♘h7 gewinnt Weiß.

17.exd7+ ♔xd7 18.♗xa6 ♕xa6+ 19.♔f2 ♕c4 20.♖e1

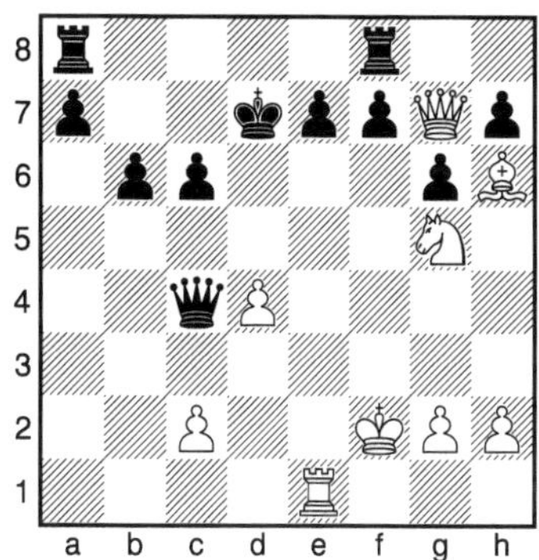

20...♖fe8?

Bis jetzt hat Schwarz ziemlich genau gespielt und die Schwierigkeiten ordentlich gemeistert. Mit der Wahl dieses Zuges unterläuft ihm jedoch ein Fehlgriff. Nun startet Weiß zum Königsangriff durch. Nur nach 20...♖g8! hätte Schwarz reelle Verteidigungschancen.

21.♔g1 f6 22.♘e6 ♕b4 23.♖e2 ♕b5

Auch der Versuch, am Damenflügel zu Gegenspiel zu kommen, hilft nicht: 23...a5 24.♕f7 a4 25.♗d2 ♕b1+ 26.♔f2 a3 27.♘f8+ ♔d8

(27...♖xf8 28.♖xe7+ mit Matt)

28.d5 a2 29.♘e6+ ♔d7 30.dxc6+ ♔xc6 31.♘d4+ ♔c7

(31...♔b7 32.♕d5+ ♔a6 33.♕c4+ ♔a7 34.♕a4+ ♔b7 35.♕c6+ ♔a7 36.♗c3 a1♕ 37.♗xa1 ♕xa1 38.♘b5+ ♔a6 39.♘c7+ +–)

32.♖xe7+ ♖xe7 33.♕xe7+ ♔c8 34.♕e6+ ♔c7 35.♕c6+ ♔d8 (35...♔b8 36.♕d7+–) 36.♕xa8+ ♔e7 37.♕e4+ und Weiß gewinnt leicht.

24.♖e1 ♕a5 25.♖e3 ♕b4 26.h4 a5 27.c3 ♕b1+ 28.♔h2 ♕f5 29.♕f7 ♕d5 30.c4! ♕h5 31.♗f4 ♕xh4+ 32.♔g1 g5 33.♘c5+!

Das i–Tüpfelchen auf einer interessanten Partie.

33...bxc5 34.♕e6+ ♔d8 35.dxc5 ♕xf4 36.♖d3+ ♔c7 37.♕d7+

Schwarz gab auf.

Partie Nr. 78
Rohde
Pastor Alonso de Prado
Fernpartie ICCF 2018

1.e4 d6 2.d4 ♘f6 3.♘c3 c6 4.f4 ♕a5 5.e5!? ♘e4

Im Theorieteil hatten wir uns nun mit den Fortsetzungen 6.♕f3 und 6.♗d3 befasst.

6.♘f3

Auch diese Fortsetzung folgt rationalen Erwägungen und ist damit ein guter Zug. Mit seiner Wahl kann Weiß seinem Gegner andersartige Probleme stellen, die von der Theorie bisher noch kaum behandelt worden sind.

6...d5

Auf 6...♗g4 ist 7.h3 am aussichtsreichsten; z.B. 7...♘xc3 8.bxc3 ♗xf3.

(8...♕xc3+? 9.♗d2 ♗xf3 10.♕b1+–, Maurer–Lins, 2. Österreichische Bundesliga 2017)

9.♕xf3 ♘d7 10.♗e2±

Weiß verfügt über mehr Raum und steht aktiver. Er kann nun kurz rochieren, im Anschluss stehen ihm – natürlich in Abhängigkeit von den gegnerischen Reaktionen – mehrere Optionen offen. Zu diesen zählen c3-c4 usw. sowie das Spiel auf der b–Linie.

– In der Partie Figura–Schumacher, Berlin 2018, verzichtete Weiß auf 7.h3 und wählte stattdessen 7.♗e2. Nach 7...♗xf3 8.♗xf3 ♘xc3 9.♕d2 e6 (9...♘d7!?) 10.bxc3 hätte Schwarz nun mit 10...♘d7 eine befriedigende Position erreichen können.

7.♗e2 ♗f5 8.♗d3 e6 9.0-0 ♘xc3 10.bxc3

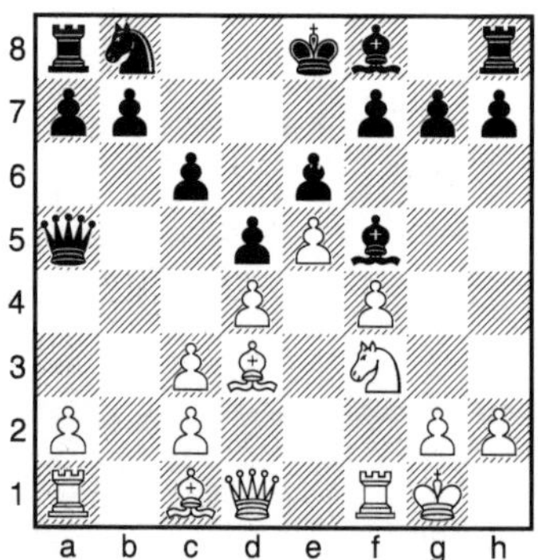

10...g6

10...♕xc3? wäre angesichts des in der Mitte steckenden Königs viel zu gefährlich. Nach 11.♖b1 und dann zum Beispiel 11...♗xd3 12.cxd3 b6 kann Weiß mit 13.f5 bereits einen entscheidenden Angriff einleiten. Eine mögliche Fortsetzung ist dann 13...exf5 14.e6! f6 15.e7! ♗xe7 16.♖e1 und Schwarz kann die Partie nicht mehr halten.

11.♖b1 ♕c7

Dies ist die passivste Möglichkeit, um den b–Bauern zu sichern.

11...b5 war zu überlegen, worauf die Antwort 12.♗d2 auf der Hand liegt.

12.♗xf5± gxf5 13.♘g5

Der Springer nimmt die Schwäche f7 ins Visier.

13...h5

Nach 13...h6 14.♕h5!± steht g2-g4 auf der Agenda.

14.♖f3

Der Turm strebt nach h3. Weiß will die weitere Räumung des Königsflügels erreichen, um dann die Dame in den Angriff gegen f7 einbringen zu können.

14...h4 15.♖h3 ♘d7 16.g3 ♕a5

16...c5 17.♖xh4 (17.gxh4?! ♖c8=) 17...♖xh4 18.gxh4±

17.♖xh4 ♖xh4 18.gxh4

Nun ist der Dame der Weg nach h5 bereitet.

18...♘b6

18...♗e7 19.♖xb7 0-0-0± hätte ebenfalls zu einer desolaten schwarzen Stellung geführt.

19.♕h5

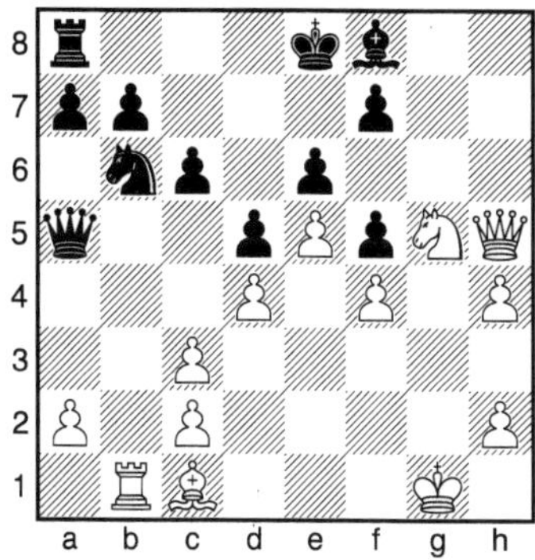

Die Partie ist strategisch entschieden. Die weiteren Züge kommentieren wir deshalb nur noch spärlich.

19...0-0-0 20.♗e3 ♕xc3 21.♗f2 ♕xc2 22.♖f1 ♔b8 23.♕xf7 ♖c8 24.♕xe6 c5 25.♕f6 cxd4 26.e6 ♘c4

26...d3 27.♕e5+ ♕c7 28.♕xc7+ ♔xc7 29.♖d1+–

27.♗xd4 ♗b4 28.e7 ♕d3

28...♕e2 29.♕xf5 ♗xe7 30.♕xd5+–

29.♗f2 ♕e2 30.♕xf5 ♕xe7 31.♕xd5 ♗c5 32.♗xc5 ♖xc5 33.♕d4 b6 34.♖c1 ♕e2 35.♘e4 ♖c7 36.a4 a6 37.h5! b5 38.axb5 axb5 39.♘g3 ♕e6 40.f5 ♕e5 41.♕f2 ♔c8 42.f6 ♖f7 43.♖f1 ♘d6 44.h6 ♔b7 45.♕f3+ ♔c7 46.♔h1 b4 47.♘h5

Schwarz gab auf.

Partie Nr. 79
Motwani – Adams
Moskau 1994

1.e4 d6 2.d4 ♘f6 3.♘c3 c6 4.f4 ♕a5 5.e5 ♘e4 6.♕f3 ♘xc3 7.♗d2 ♗f5 8.♗d3 ♗xd3 9.cxd3 ♕d5 10.bxc3 dxe5

Alternativen hierzu finden Sie im Theorieteil.

11.fxe5 ♕xf3

Auf 11...e6 kann 12.♕e2 folgen, verbunden mit dem Plan ♘g1–f3 und c3–c4, Weiß steht besser.

12.♘xf3 e6 13.♔e2 ♘d7

In der Partie Johansson–Agrest, Sollentuna 1995, ging Schwarz wie folgt vor: 13...c5 14.♖hb1 b6 15.a4 ♘c6 16.a5! bxa5 (16...♘xa5 17.c4 ♘c6 18.d5 ist günstig für Weiß.) 17.♖b7 ♖c8 18.♗e3 cxd4 19.♘xd4 ♗e7 20.♘xc6 ♖xc6 21.♖xa5 und Weiß hatte sich leicht erkennbar einen klaren Vorteil erarbeitet.

14.♖hb1 b6

Auf 14...b5 ist 15.a4! stark.

15.a4 ♗e7

15...a5 schwächt den Damenflügel noch mehr; z.B. 16.c4 ♗e7 17.d5 exd5 18.cxd5 cxd5 19.♖b5±.

16.a5 b5?

Dieser stellungswidrige Zug ermöglicht es Weiß, sich einen positionellen Vorteil zu verschaffen. Der Nachziehende hätte besser 16...0–0!? spielen sollen.

17.c4! a6 18.♖c1 0–0 19.cxb5 cxb5 20.♖c7 ♖fd8 21.♖ac1 ♔f8

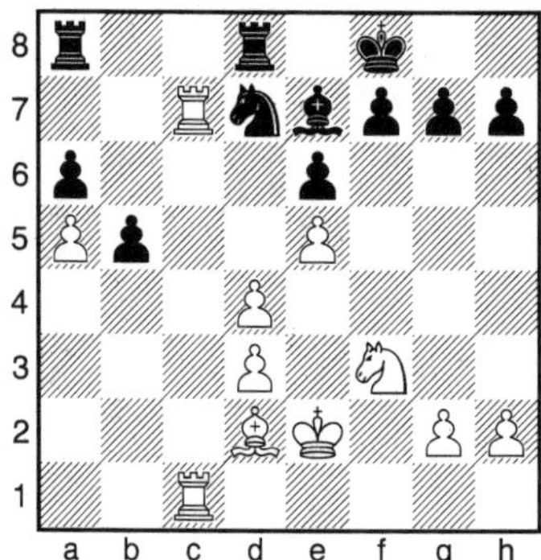

22.d5!

Die Einleitung zu einer weit berechneten Kombination. Mit Hilfe eines Bauernopfers aktiviert Weiß seinen Springer.

22...exd5 23.e6! ♘f6

Oder 23...fxe6 24.♘d4 ♗d6 (24...♔f7 25.♘c6±) 25.♘xe6+ ♔e7 26.♘xd8 ♗xc7 27.♗g5+ ♔e8

(27...♔d6? 28.♘f7+ +–; 27...♘f6? 28.♖xc7+ ♔xd8 29.♖xg7+–)

28.♖xc7 h6 29.♗h4 g5 30.♗xg5 hxg5 31.♘c6±.

Der klare weiße Plan umfasst die Aktivierung des Königs mittels ♔e3–d4 usw.

24.♘g5 h6 25.♖xe7!

Noch ein Opfer, diesmal wird die Qualität investiert. Weiß will seinen Läufer in den Angriff einbeziehen.

25...hxg5

25...♔xe7 26.♗b4+ ♔e8 27.♖c7 fxe6 28.♖e7+ ♔f8 29.♘xe6+ ♔g8 30.♖xg7+ ♔h8 31.♖g6 ♘g8 32.♘xd8 ♖xd8 33.♖xa6+–

26.♗b4

Zum Sieg führte auch 26.♖cc7! ♘e8 27.♗b4 ♘xc7 28.exf7 ♖e8 29.♖xe8+ ♔xf7 30.♖e7+.

26...♖e8 27.♖xe8+ ♔xe8 28.♖c7 fxe6 29.♖e7+ ♔d8 30.♖xg7 ♘e8 31.♖xg5 ♖a7 32.♖g6

Stark war auch das sofortige Vorpreschen mit 32.h4!?.

32...♖h7

32...♖g7 33.♖xg7 ♘xg7 34.g4+–

33.♖xe6 ♖xh2 34.♔f3 ♖h4

Etwas stärker war 34...♘c7!?.

35.♗e1 ♖h1 36.♗g3 ♖d1 37.♗h4+ ♔d7 38.♖e7+ ♔c6 39.♖xe8 b4

39...♖xd3+ 40.♔e2 ♖a3 41.♖e6+ ♔b7 42.♖b6+ ♔a7 43.♗f2+–

40.♔e2

Schwarz kapitulierte.

Kapitel 11

Die Fortsetzung 1...a6

1.e4 a6 2.d4

Wenn der Gegner – so wie hier – dazu einlädt, sollte man zugreifen und das Zentrum besetzen.

2...b5

Wir haben eine farbvertauschte Version der Sokolsky-Eröffnung, auch Orang Utan-Eröffnung genannt, vor uns. Die Variante entsteht „normal" über 1.b4 e5 2.a3 d5.

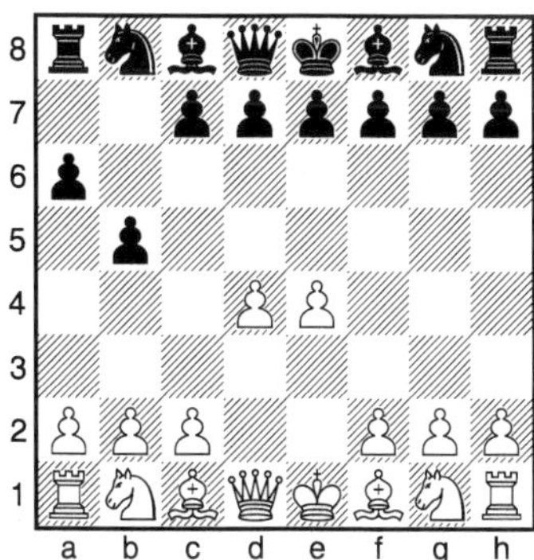

3.♗d3

Dieses Vorgehen eröffnet Weiß die besten Aussichten. Er möchte schnell die Entwicklung seines Königsflügels vollenden.

Es wurde hier auch schon aggressiv 3.f4!? versucht, was als echte Alternative einzustufen ist. Werfen wir dazu einen Blick auf verschiedene Erfahrungen aus der Praxis.

3...♗b7 4.♗d3

A) 4...c5 5.c3 ♘f6 6.♘d2 cxd4 7.cxd4 ♕b6 8.♘gf3 ♘c6 9.e5 ♘d5 10.♘b3 e6 11.0–0 f5?

Das schwächt nur den Königsflügel.

(Besser ist 11...♖c8!? oder 11...♗e7!?.)

12.exf6 gxf6 13.f5 e5 14.♔h1 d6 15.♗e4 ♘ce7 16.♖e1 ♗g7 17.♗d2 a5 18.dxe5 fxe5 19.♘g5 mit klarem Vorteil für Weiß, Sagorowski-Monostori, Fernpartie 1980.

B) 4...f5 5.♘d2

Ein logischer Entwicklungszug.

(Unklar ist 5.exf5 ♗xg2 6.♕h5+ g6 7.fxg6 ♗g7 8.gxh7+ ♔f8 9.hxg8♕+ ♔xg8 10.♕g5 ♗xh1.)

5...♘f6 6.♕e2 fxe4 7.♘xe4 e6 8.c3 ♗e7 9.f5 ♗xe4 10.♗xe4 d5 11.♗d3 exf5 12.♗xf5 ♕d6 13.♘h3 g6 14.♗f4 ♕b6 15.♗c2 ♘c6 16.0–0 0–0–0 17.a4 ♖de8 18.axb5 axb5 19.♕f3 b4 20.♗g5 ♖hf8 21.♗xf6 ♗xf6 22.♕xd5 mit Bauerngewinn, Plinke-Eisele, IECG Email 1997.

C) 4...♘f6 5.♘d2 e6 6.a4 c5 7.axb5 axb5 8.♖xa8 ♗xa8 9.dxc5 ♗xc5 10.♕e2 ♘c6 11.♘b3 ♗xg1

Nicht gerade zu empfehlen. Den Läufer sollte Schwarz auf jeden Fall behalten.

(Stärker ist deshalb 11...♗b6!? und nun wäre 12.♗xb5? ein Fehler wegen 12...♘xe4! 13.♕xe4 ♘d4 und Schwarz hat sich eine Gewinnstellung quasi in Blitzeseile verschafft.)

12.♖xg1 ♘b4 13.♗d2

Weiß steht etwas besser, Neborak-Lyukmanow, Russland 1999.

D) 4...e6 5.♘f3 c5

(5...♘f6 6.♕e2 ♗e7 7.0–0 0–0 8.c3 d6 9.♘bd2 ♘bd7 10.e5 ♘d5 11.♘e4 h6 12.♗d2 ♘5b6 13.♖ae1 ♘c4 14.♗c1 ♗d5 15.♗b1 ♖e8 16.♘g3 f5 17.exf6 ♗xf6 18.b3 ♘cb6 19.♕d3 ♘f8 20.♘h5 c5 21.dxc5 dxc5 22.♘e5 ♗xe5 23.fxe5

Schwarz sieht sich vor ernste Probleme gestellt und es ist nicht leicht zu erkennen, wie er sich am aussichtsreichsten verteidigen kann, Wurm-Yin, Willingen 2007.)

6.c3 ♘f6

(6...d5 7.e5 ♘c6 8.♗e3 cxd4 9.♘xd4 ♘xd4 10.cxd4 ♘e7 11.0–0 ♘c6 12.a3 ♗e7 13.b4 ♕b6 14.♘c3 0–0 15.♖f3 ♖ac8 16.♖h3 g6 17.♘e2 a5 18.bxa5 ♘xa5 19.♕e1 ♘c4 20.♕f2 ♘xe3 21.♕xe3 ♕a5 22.f5! mit entscheidendem Angriff, Zhiljajewa-Mirza, Caldas Novas 2011.)

7.♕e2 ♗e7 8.0–0 ♘c6 9.♗e3 c4 10.♗c2 ♕c7 11.♔h1 d5?

Forsch, frech oder leichtsinnig? Mit dem ungesicherten König in der Mitte auf jeden Fall nicht allzu klug.

(Die Nachziehende sollte ihren König mit 11...0–0!? in Sicherheit bringen.)

12.e5 ♘d7 13.♘g5 g6 14.f5! ♗xg5 15.♗xg5 gxf5 16.♘d2 h6 17.♕h5 ♘f8 18.♖ae1 ♘e7 19.g4 ♖g8 20.♗xe7 ♕xe7 21.gxf5 ♕g5 22.♕e2 ♕e7 23.f6 ♕c7 24.♖g1 ♖xg1+ 25.♖xg1 0–0–0 26.♕h5+–, Kortschenkowa-Gasisianowa, Sotschi 2007.

3...♗b7 4.♘f3

4.f4!? verdient immer noch Beachtung.

4...♘f6

– Schwarz kann das weiße Bauernzentrum auch sofort mittels 4...c5 angreifen.

– Nach 4...e6 kann es zu 5.0–0 c5 6.c3 kommen, woraufhin Weiß sein Spiel nach dem Schema ♕d1–e2, ♘b1–d2 usw. weiter organisieren kann.

A) 6...♘f6 7.♖e1 h6 8.♘bd2 ♗e7 9.e5 ♘d5 10.dxc5 ♗xc5 11.♘e4 ♗e7 12.a4 bxa4

(12...♕b6 13.♕e2 bxa4 14.♖xa4 mit weißem Vorteil)

13.♖xa4 ♕c7 14.♗b1 ♘b6 15.♘d6+ ♗xd6 16.exd6 ♕d8 17.♖g4

Der schwarze Patient steht kurz davor, ein Pflegefall zu werden.

B) 6...d6 7.♕e2 ♕c7 8.a4 bxa4 9.♖xa4 ♕b6 10.♘bd2 d5 11.exd5 ♗xd5 12.♗e4 ♗c6 13.♘c4 ♕b3 14.♖a3 ♕b7 15.d5 ♗xd5 16.♗xd5 ♕xd5 17.♘b6 ♕b7 18.♘xa8 ♕xa8 19.♗f4

Weiß steht vor der Ernte des vollen Punktes, Chlpik-Gavlas, Lubovnianske Kupele 2012.

5.♕e2

Nach 5.e5 ♘d5 bekommt der Springer einen hervorragenden Stützpunkt in der Mitte.

5...e6 6.0–0

Weiß führt seinen König ins sichere Asyl und lässt den Gegner über seine weiteren Pläne noch ein wenig im Unklaren.

Es ist auch möglich, zunächst am Damenflügel zu intervenieren: 6.a4!? c5 7.dxc5 ♗xc5 8.♘bd2 b4 9.e5 ♘d5 10.♘e4 ♗e7.

An dieser Stelle stellen wir Ihnen zwei alternative Fortsetzungen vor, die wir anhand von Beispielen aus der Praxis näher unter die Lupe nehmen:

– zu 11.0–0 siehe **Partie Nr. 80**, Karpow–Miles, Skara 1980;

– und zu 11.♗g5 siehe **Partie Nr. 81**, Wolowik–Koslow, UdSSR 1999.

6...c5 7.c3 ♗e7 8.♗g5

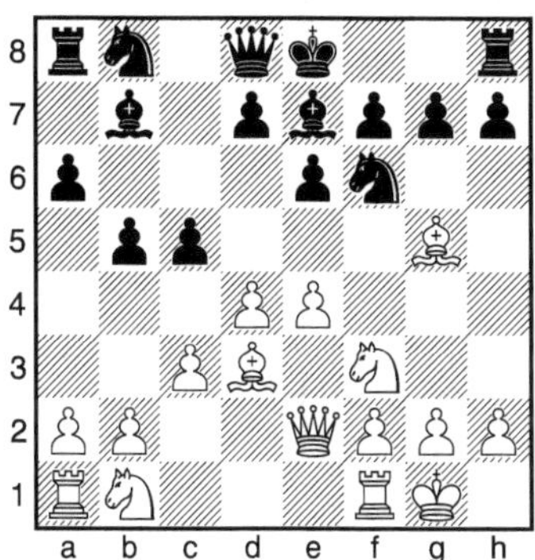

8...d6

Macht den Weg für den noch auf b8 hockenden Springer frei.

In der Praxis wurden auch schon die Aussichten verschiedener Alternativen ausgelotet.

I. 8...c4 9.♗c2 ♕c7

(Genauer ist 9...0–0!, um erst später die Positionierung der Dame zu bestimmen.)

10.♘bd2 h6 11.♗h4 g5 12.♗g3 d6 13.e5 ♘d5 14.♘e4

Weiß steht besser. Seine Figuren stehen aktiver und der schwarze König verharrt noch in der Mitte, Sax–Quast, Bad Wiessee 1997.

II. 8...cxd4 9.cxd4 d5 10.♗xf6 ♗xf6 11.a4 b4 12.e5 ♗e7 13.♘bd2 0–0 14.♘b3 ♘c6 15.♖fc1 a5 16.♘c5 ♗xc5 17.♖xc5 ♕b6 18.♖ac1

Die c–Linie steht unter der festen Herrschaft von Weiß, der zudem auch noch deutlich aktiver aufgestellt ist, Ponfilenok–Gorowych, St. Petersburg 2006.

III. 8...♘c6 9.d5 exd5

(Die Stellung nach 9...c4 10.♗c2 ♘a5 11.d6 ist günstig für Weiß, Sermek–Cigan, Bled 1998.)

10.♗xf6 dxe4 11.♗xe4 gxf6 12.♖d1 ♕c7 13.a4 bxa4 14.♖xa4 ♘d8 15.♘a3

Der Nachziehende kann nur einen traurigen Blick auf seine schwachen Bauern am Königsflügel werfen, sein König ist noch unrochiert. Weiß steht besser, Witiugow–Sawtschenko, Kazan 2003.

IV. 8...h6 9.♗h4 ♘c6

(Nach 9...g5 10.♗g3 c4 11.♗c2 ♘h5 12.♘bd2 ♘xg3 13.fxg3 ♘c6 14.e5

♕c7 ist 15.♘e4!± stark, Camper-Rush, IECG Email 1995.)

10.♘bd2 cxd4 11.♘xd4 ♘e5 12.♗c2 ♘g6 13.♗g3 0–0 14.f4 d5 15.e5 ♘e4 (15...♘d7 16.f5±) 16.♘xe4 dxe4 17.♗xe4 ♗xe4 18.♕xe4 ♗c5 19.♗f2

Schwarz hat keine Kompensation für den Bauern, Medwedkow–Landin, St. Petersburg 1998.

9.♘bd2 ♘bd7 10.a4 c4 11.♗c2 h6

Um den Läufer zu einer Entscheidung zu zwingen.

I. 11...e5 12.♖fd1

(Es geht auch 12.d5 mit dem Plan ♖a1–a2, ♖f1–a1 nebst Schlagen auf b5 mit Eroberung der a-Linie.)

12...♕c7 13.♘f1 0–0 14.♘g3 g6 15.d5 ♘c5 16.h3 ♘e8 17.♗h6 ♘g7 18.♖a3 ♖fb8 19.♖da1 ♖f8 20.♘d2 ♖ab8 21.axb5 axb5 22.♔h2 ♖a8 23.f4 ♖xa3 24.♖xa3 f6 25.f5 ♖a8 26.♖xa8+ ♗xa8 27.fxg6 hxg6 28.♕g4 ♔f7 29.♗xg7 ♔xg7 30.♘f5+ ♔f7 31.♘h4 g5 32.♕h5+ ♔f8 33.♘f5±, Guerra–Valido, Migoya 1998

II. 11...0–0 12.♖fe1 e5 13.♘f1 h6 14.♗d2 ♔h7 15.♘g3 g6 16.h3 ♖g8 17.b3 ♕c7 18.bxc4 bxc4 19.a5 ♖gc8 20.d5 ♕d8 21.♗e3 ♘c5 22.♘d2 ♗f8 23.♘xc4 ♖c7 24.♘b6 und da Weiß einen Mehrbauern behauptet, liegt der Vorteil klar auf seiner Seite, P. Toth–Chagas, Rio de Janeiro 1997.

12.♗xf6 ♘xf6 13.axb5

In der Partie Kehr–Frank, Pinneberg 2001, geschah 13.♖fe1 0–0 14.e5 ♘h7 15.♘e4 d5 16.♘g3 b4 17.h3 b3 18.♗b1 ♘g5 19.♘h2 g6 20.f4 ♘h7 mit sehr kompliziertem Spiel. Letztendlich konnte der Anziehende den vollen Punkt erobern.

13...axb5 14.b3 d5 15.e5 ♘d7 16.b4 ♘b6 17.♕e3 ♕c7 18.♖xa8+ ♗xa8 19.♖a1 ♗c6 20.♘e1 ♔d7 21.f4 g6 22.♘ef3

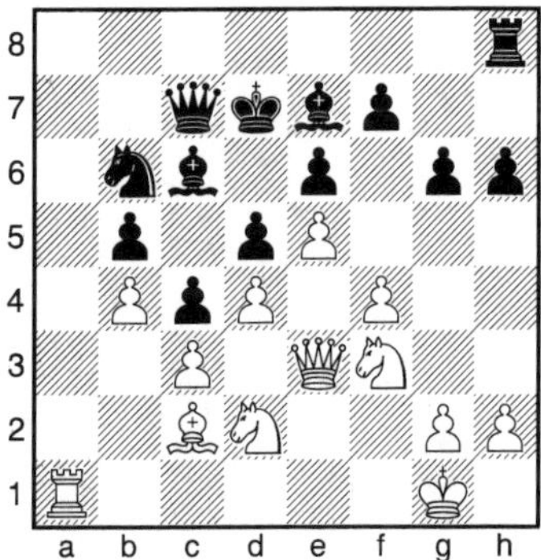

Weiß hat ausgezeichnete Perspektiven. Sein Plan beinhaltet g2–g4 zur Vorbereitung des Vorstoßes f4–f5 mit Angriff am Königsflügel, Molnar–Nagy, Ungarn 2000.

Zusammenfassung: Die hinter dieser Variante stehende Idee des Nachziehenden liegt darin, am Damenflügel um die Initiative zu kämpfen. Bei genauem Spiel aber hält Weiß alles unter Kontrolle und bekommt das bessere Spiel. Über 3.♗d3 sichert er sich gute Aussichten auf einen klaren Vorteil, hingegen ist es für Schwarz nicht leicht, um Ausgleich zu kämpfen. Stark ist auch das aktive Vorgehen mit 3.f4!?. So ist es verständlich, dass Schwarz den eigenen Chancen in dieser Eröffnung wohl eher skeptisch gegenübersteht und diese ein nur seltener Gast auf der Turnierbühne ist.

Partie Nr. 80
Karpow – Miles
Skara 1980

1.e4 a6 2.d4 b5 3.♘f3 ♗b7 4.♗d3 ♘f6 5.♕e2 e6 6.a4!?

Im Theorieteil widmen wir uns den Folgen von 6.0–0.

6...c5

Miles empfahl später 6...b4!?.

7.dxc5

Weiß kann sein Bauernzentrum auch mittels 7.c3 verstärken.

7...♗xc5 8.♘bd2 b4 9.e5 ♘d5

Die Stellung nach 9...♘g4 10.0–0 nebst h2–h3 ist günstig für Weiß.

10.♘e4 ♗e7 11.0–0

Stärker ist 11.♗g5!?, was Sie sich in der **Partie Nr. 76**, Wolowik–Koslow, UdSSR 1999, anschauen können.

11...♘c6 12.♗d2

Auch jetzt noch ist 12.♗g5!? eine starke Alternative, die Weiß in eine aussichtsreiche Stellung bringt.

12...♕c7

Möglich ist auch 12...0–0!?.

13.c4! bxc3 14.♘xc3 ♘xc3 15.♗xc3 ♘b4 16.♗xb4 ♗xb4 17.♖ac1 ♕b6 18.♗e4 0–0

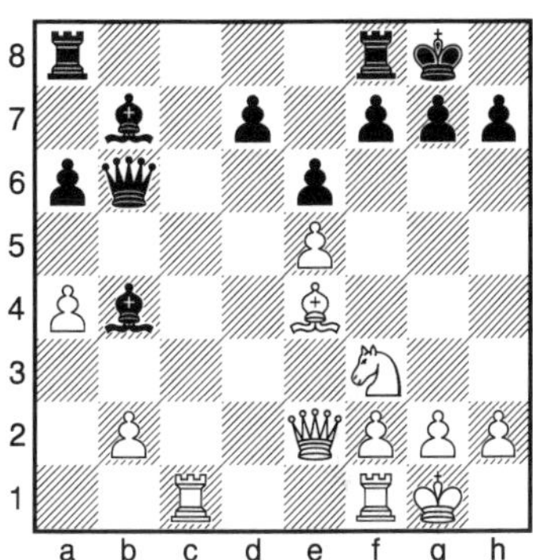

19.♘g5

Ein kritischer Moment in der Partie. Während des Spiels war es nicht leicht, alle komplizierten Varianten nach 19.♗xh7+!? zu berechnen. Die Fortsetzung führt zwar zu keinem klaren oder gar schnellen Erfolg, gäbe Weiß aber gute praktische Chancen. Weitergehen könnte es wie folgt: 19...♔xh7 20.♘g5+ ♔g6

(20...♔h6? 21.♖c4 g6 22.♕g4!+–)

21.♕g4 f5

(21...f6 22.♘xe6+ ♔f7 23.♘xf8 ♔xf8 24.exf6 gxf6 25.♖c4 ♗e7 26.♕xd7 ♖d8 27.♕h3+–)

22.♕g3 ♕d4!

(22...♔h5? 23.♖c4 f4 24.♕h3+ ♔xg5 25.♕h7 g6 26.g3 ♔f5 27.gxf4 ♗e4 28.♕h3+ ♔xf4 29.♕h4+ ♔xe5 30.♖xe4+ ♔d6 31.♖xb4+–)

23.♘xe6+ ♕g4 24.♕xg4+ fxg4 25.♘xf8+ ♗xf8 26.♖fd1 ♗c6 27.e6

♖a7 28.♖c4 ♔f5 29.♖e1 ♗d5 30.exd7 ♖xd7

Mit seinem Läuferpaar kann Schwarz auf ein wertvolles Faustpfand vertrauen. Die Stellung befindet sich in einem dynamischen Gleichgewicht.

19...h6 20.♗h7+

Weiß überschätzt seine Möglichkeiten. Einfacher wäre 20.♗xb7 ♕xb7 21.♕e4 ♕xe4 22.♘xe4 mit einem ausgeglichenen Endspiel.

20...♔h8 21.♗b1 ♗e7 22.♘e4 ♖ac8 23.♕d3?

Ein ernster Fehler, nun übernimmt Schwarz die Initiative. Der Anziehende hätte zu 23.♖cd1!? greifen sollen, dann wären die beiderseitigen Chancen vergleichbar gut gewesen.

23...♖xc1 24.♖xc1 ♕xb2

Schwarz erobert einen Bauern und in Sachen Kompensation guckt Weiß in die Röhre.

25.♖e1

Auf 25.♖c7 folgt einfach 25...♗c6–+.

25...♕xe5 26.♕xd7 ♗b4 27.♖e3 ♕d5 28.♕xd5 ♗xd5

Das Endspiel ist für Schwarz leicht gewonnen.

29.♘c3 ♖c8 30.♘e2 g5 31.h4 ♔g7 32.hxg5 hxg5 33.♗d3 a5 34.♖g3 ♔f6 35.♖g4 ♗d6 36.♔f1 ♗e5 37.♔e1 ♖h8 38.f4 gxf4 39.♘xf4 ♗c6 40.♘e2 ♖h1+ 41.♔d2 ♖h2 42.g3 ♗f3 43.♖g8 ♖g2 44.♔e1 ♗xe2 45.♗xe2 ♖xg3 46.♖a8 ♗c7

Weiß gab auf.

Partie Nr. 81
Wolowik – Koslow
UdSSR 1987

1.e4 a6 2.d4 b5 3.♘f3 ♗b7 4.♗d3 ♘f6 5.♕e2 e6 6.a4!? c5 7.dxc5 ♗xc5 8.♘bd2 b4 9.e5 ♘d5 10.♘e4 ♗e7 11.♗g5!?

11.0–0 haben wir in der **Partie Nr. 80**, Karpow–Miles, Skara 1980, besprochen.

11...0–0

Nach 11...f6 12.exf6 ♘xf6 (12...gxf6 13.♘e5!) 13.♗xf6 gxf6 und nun 14.0–0–0 hat Weiß seine Entwicklung abgeschlossen und steht besser.

Nicht ganz klar hingegen ist 14.♘h4 ♕a5 15.f4 ♘c6 16.f5 0–0–0 mit gutem Spiel für Schwarz, auch wenn in der Partie Daels–Hotak, Tatranske Zruby 2011, letztlich Weiß den Sieg errang.

12.♘d6

12.h4!? ist eine interessante Möglichkeit auf der Palette des Anziehenden.

12...♗c6

Die Alternativen sind nicht besser:

- 12...♗xg5 13.♘xb7 ♕e7 14.g3±;
- 12...♕c7 13.♘xb7 ♕xb7 14.♕e4+–.

13.h4 f6 14.exf6 gxf6

Oder 14...♘xf6 15.♗xf6 (15.♘c4!?) 15...♖xf6

(15...♗xf6? 16.♗xh7+! ♔xh7 17.♘g5+ mit schnellem Gewinn.)

16.♘e4 ♖f8 17.♘eg5

Weiß hat ausgezeichnete Angriffschancen am Königsflügel.

15.♘e5!

Auf sie mit Gebrüll! Am Schachbrett aber nur in Gedanken!

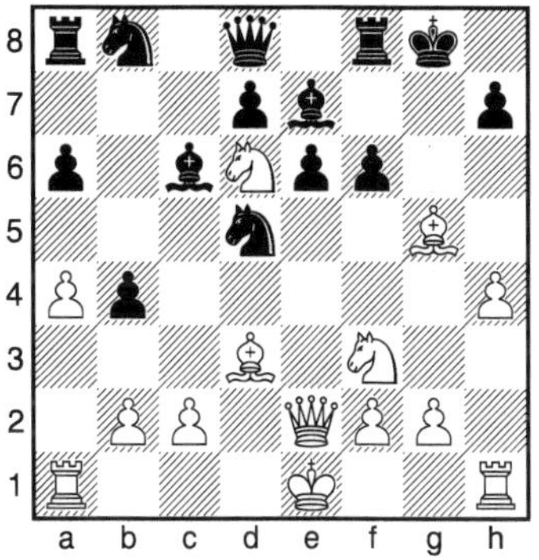

15...fxg5?

Diese Antwort versetzt Weiß in die Lage, seine Kombinationspläne in die Tat umzusetzen.

– Es verliert auch 15...fxe5? 16.♕h5 ♖f5 17.♗xf5 exf5 18.♕f7+ ♔h8 19.♘e8+–.

– Aber nach 15...♗xd6! sollte sich Schwarz verteidigen können; z.B. 16.♗xh7+ ♔g7!

(16...♔xh7? 17.♕h5+ ♔g8 18.♕g6+ ♔h8 19.♗h6 ♕e7 20.♗xf8 ♕xf8 21.♘f7+ +–)

17.♘xc6 ♘xc6 18.♕h5! und Weiß muss sich mit einem Remis zufriedengeben.

16.♕h5 ♖f5

Auf 16...♘f6 gewinnt einfach 17.♕xg5+ ♔h8 18.♘df7+ ♖xf7 19.♘xf7#.

17.♗xf5 exf5 18.♕f7+ ♔h8 19.♘g6+!

Schwarz streckte die Waffen wegen 19...hxg6 20.hxg5#.

Kapitel 12

Die Fortsetzung 1...b6

1.e4 b6 2.d4 ♗b7 3.f3

Der beste Plan für Weiß. Er stärkt auf diese Weise sein Bauernzentrum und schwächt zugleich die Wirkung des gegnerischen Läufers auf b7.

Es wird auch 3.♗d3 gespielt, wonach Schwarz mit 3...♘f6 (oder 3...♘c6) reagieren kann. Es öffnet sich dann ein weites Feld komplizierter Varianten.

Zu einem sehr scharfen und komplizierten Spiel führt das Gambit mit 3...f5!?.

Unser Vorschlag 3.f3 vermeidet alle damit im Zusammenhang stehenden Unklarheiten. Nun hat Weiß einen einfachen und zugleich guten Plan: Er stellt seinen Springer auf c3, seinen Läufer auf e3, die Dame auf d2 und dann kommt noch die lange Rochade.

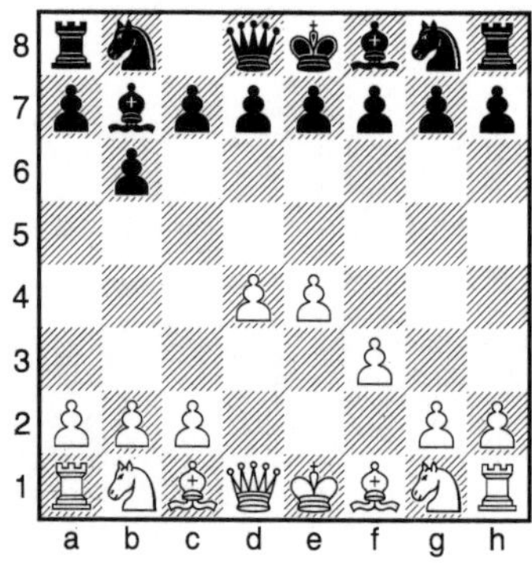

3...e6

Schwarz bereitet d7–d5 vor.

In der Praxis anzutreffen sind auch andere Fortsetzungen.

I. 3...d5 4.e5 ♕d7

(Auf 4...c5 sollte Weiß sein Bauernzentrum mittels 5.c3 verstärken.)

5.♗e3 e6 6.f4 c5 7.c3 ♘c6 8.♘f3 f5 9.dxc5 bxc5 10.♗b5 ♘h6 11.♘bd2 ♕c7 12.♘g5 ♔d7 (12...♕d7 13.♘b3 Δ♘a5±) 13.♘b3 ♕b6 14.c4 ♘g4 15.♗g1 d4 16.♘xd4!? cxd4 (16...♕a5+ 17.♔f1!) 17.♗xd4 ♗b4+ 18.♔e2 ♕d8 19.♗xc6+! ♗xc6 20.♗c5+ ♔c8 21.♕xd8+ ♖xd8 22.♗xb4+–, Barle–Šahovic, Jugoslawien 1999

II. 3...g6 4.♘e2

(Es geht auch 4.♗e3 ♗g7 5.♕d2 e6 6.♘c3 usw.)

4...♗g7 5.♘g3 e6 6.c3 ♘e7 7.♗d3 0–0 8.♗e3 d5 9.0–0 f5 10.exf5 exf5 11.♘e2 ♘d7 12.♕d2 c5 13.♖e1 c4 14.♗c2 ♕e8 15.♗g5 ♖f7 16.♘a3 a6 17.♖ad1 ♕f8 18.♘f4 ♕e8 19.♘e6±, Skrkar–Anic, Neum 2004

III. 3...e5 4.dxe5 ♗c5 5.♗f4 ♘c6 6.♘c3 ♗d4 7.♕d2 ♗xe5 8.♗xe5 ♘xe5 9.0–0–0 ♘e7 10.h4

(Stark ist auch 10.f4!; z.B. 10...♘5c6 11.♘f3 d6 12.f5 ♕d7 13.♕g5 ♖g8 14.♗c4 und jetzt wäre 14...♘a5? tödlich wegen 15.♗xf7+! ♔xf7 16.♘e5+ mit Damengewinn.)

10...h5 11.g3 d6 12.♗h3 ♗c8 13.♗xc8 ♕xc8 14.f4 ♘g4 15.♘f3 ♕a6 16.♖he1 0–0 17.f5 b5 18.♔b1 b4 19.♘e2 d5 20.♘f4 dxe4 21.♖xe4 ♘xf5 22.♘xh5 ♘f6 23.♘xf6+ ♕xf6 24.♕f4 ♖ad8 25.♖de1

Mit der eroberten e-Linie ist Weiß positionell im Vorteil, Gorowykh–Starostits, Riga 2009.

4.♗e3

Weiß setzt konsequent seine Entwicklung fort.

Andere Züge sind auch nicht schlechter.

I. 4.♗d3

A) 4...c5 stellen wir in der **Partie Nr. 82**, Blackburne–Hamel, England 1868, vor.

B) 4...d5 5.♘e2

(Es geht auch 5.e5 c5 6.c3 ♘c6 7.♗e3 usw.)

5...♘f6 6.e5 ♘fd7 7.♗e3 c5 8.c3 ♘c6 9.♘d2 Δ0–0, f2–f4 mit aktivem Spiel am Königsflügel.

C) 4...♘c6 5.♗e3 ♘f6 6.♘d2 d5 7.e5 ♘d7 8.c3 ♗e7 9.♘e2 0–0 10.♕c2 h6 11.g4

(11.0–0! sieht gut aus.)

11...♗h4+ 12.♘g3 ♘cb8 13.♖c1 (13.0–0!?) 13...c5 14.♕b1 ♘c6 15.a3 c4 16.♗c2 b5 17.♔e2 ♘b6 18.f4 a5 19.f5 ♗g5 20.♘f3 ♗xe3 21.♔xe3 exf5?

(Logischer war 21...f6!.)

22.gxf5 f6 23.e6 b4 24.♖cg1 ♕e8 25.♕f1 ♗c8 26.♕h3 ♖a7 27.♘h4 g5 28.♘g6+–, Rabier–Weck, St. Chely d'Aubrac 2006

II. 4.c4

A) 4...♗b4+ 5.♗d2

(5.♘c3!? sollte ernsthaft in Erwägung gezogen werden.)

5...♗xd2+ 6.♕xd2 d6 7.♘c3 ♘d7 8.0–0–0 ♘e7 9.♗d3 0–0 10.h4 a6 11.h5 e5 12.h6 g6 13.dxe5 ♘xe5 14.f4 ♘xd3+ 15.♕xd3 b5 16.f5 ♘c6 17.♘f3 ♖e8 18.fxg6 fxg6 19.♕d5+ ♔h8 20.cxb5 axb5 21.♕xb5+–, Buijsman–Scholbach, IECG Email 2000

B) 4...♗xe4 5.fxe4 ♕h4+ 6.♔e2 ♕xe4+ 7.♔f2 ♘c6 8.♗e3 (▭8.♘f3!) 8...♗e7 (8...♘f6!?) 9.♘f3 ♘b4 10.♘c3 ♕g6 11.a3 ♘c6 12.♗d3 f5 13.d5 ♘d8 14.♖e1 ♘f6 15.♔g1 ♘g4 16.♗d4 c5 17.♘e5 ♘xe5 18.♗xe5 d6 19.♕a4+ ♔f8 20.♗xd6 ♗xd6 21.♕d7 e5 22.♗xf5 ♕h6 23.♖f1 ♗e7 24.♗g6+ 1–0, Patarcic–Kopic, Bosnjaci 2009

C) 4...d5 5.♘c3 ♘f6 6.e5 ♘fd7 7.cxd5 exd5 8.f4 c5 9.♘f3 cxd4 10.♘xd4 ♗c5 11.♗e3 0–0 12.♗d3 ♖e8 13.0–0 f6 14.♕h5 ♘f8 15.♖ae1 mit weißem Vorteil, Fullbrook–Meng, Vancouver 2003.

III. 4.♘h3

A) 4...c5 5.c3 d6

(Auf 5...♘h6 kann 6.♗e3 folgen; z.B.

6...cxd4 7.cxd4 mit dem Plan ♗f1–d3, 0–0, ♕d1–d2 und guten Aussichten für Weiß.)

6.♗e3 ♘d7 7.♕d2 ♘gf6 8.♗e2 ♕c7 9.♘a3 a6 10.♘c2 ♗e7 11.0–0 h6 12.♖ad1

Weiß steht schön aktiv und hat damit gute Perspektiven, in Vorteil zu kommen.

B) 4...♘f6 sehen wir uns in der **Partie Nr. 83**, Maciejewski–Kruszynski, Lodz 1980, an.

IV. 4.♘c3

A) 4...♘f6 5.♗e3 ♗b4 6.♗d3 c5 7.♘ge2 ♘c6 8.♕d2 d5 9.exd5 ♘xd5 10.♗f2 cxd4 11.♘xd4 0–0 12.0–0 ♕f6 13.♘xd5 exd5

(13...♕xd4?? 14.♘e7+ +–, Faivre–Groz, Bethune 2000)

14.c3 ♗d6 15.♖ae1

Aufgrund des isolierten schwarzen Bauern auf d5 steht Weiß besser.

B) 4...d6 5.♗f4 a6

(5...♘d7 6.♗d3 ♗e7 7.♘h3 ♘gf6 8.♕e2 a6 9.e5 ♘d5 10.♘xd5 ♗xd5 11.c4 ♗b7 12.exd6 cxd6 13.0–0±, Heinechen–Benitez, Asuncion 2009)

6.♗d3 h6 7.♘ge2 ♗e7 8.0–0 ♘d7 9.♕d2 ♘gf6 10.♖ad1 g5 11.♗e3 b5 12.a3 c6 13.♔h1 ♕c7 14.♘g3 0–0–0 15.a4 b4 16.♘a2 c5 17.b3 ♔b8 18.c3 mit der Öffnung der Stellung am Damenflügel, was günstig für Weiß ist. Die Partie Jendrichovsky–Cudaky, Presov 2004, endete dann auch mit einem Sieg für den Anziehenden.

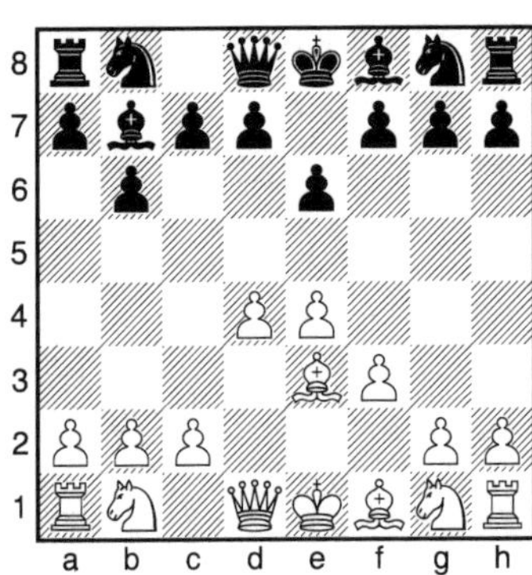

4...♘f6

Schwarz will seine Entwicklung schnell vollenden und den König über die Rochade sichern.

Es gibt aber auch einige Alternativen.

I. 4...d5 5.e5 c5 6.c3 f6 7.f4 ♘h6 8.♘f3 ♘c6 9.h3 ♘f5 10.♗f2 fxe5 11.fxe5 ♗e7 12.♗e2 (12.♗d3!?) 12...0–0 13.0–0 a5 14.♕a4 ♘a7 15.dxc5 bxc5 16.♘bd2 ♘c8 17.♕c2 ♗a6 18.c4 d4 19.♗d3 ♘b6 20.♖ae1 ♔h8 21.♘e4 und Weiß steht besser, Strikovic–Filipovic, Novi Sad 2000.

II. 4...f5 5.exf5 exf5 6.♗d3 ♘f6 7.♘e2

(7.♗xf5? bringt nichts wegen 7...♘d5 8.♗d2 ♕h4+ 9.g3 ♕xd4 mit gutem Spiel für Schwarz.)

7...♗d6 8.♘bc3 0–0 9.♕d2 ♘d5 10.♗c4 c6 11.♗g5 ♗e7 12.♗xe7 ♕xe7 13.0–0–0 ♘a6 14.♘f4 ♕d6 15.♖de1 ♖ae8 16.♘cxd5 cxd5 17.♗xa6 ♗xa6 18.h4 ♗c4 19.♔b1 a5 20.g3 a4 21.a3 ♔f7 22.♔c1

Der weiße Springer ist dem gegnerischen Läufer überlegen. Weiß ist im Vorteil, Bönsch-Wockenfuß, Bad Wörishofen 1994.

III. 4...d6 5.♗d3 ♘d7 6.♘h3 ♗e7 7.0–0 ♘gf6 8.c4 0–0 9.♘c3 c5 10.d5 exd5 11.cxd5 a6 12.a4 ♕c7 13.♖c1 ♘e5 14.♗e2 ♖fe8 15.f4 ♘g6 16.g3 ♗f8 17.♗f3 ♕d7 18.♘f2 b5 19.♖e1 b4 20.♘b1 ♕d8 21.♘d2 ♘d7 22.h4 ♘e7 23.♘c4 ♘c8 24.a5 mit einem positionellen Plus auf der Seite von Weiß, Wilczek-Hammes, Düsseldorf 2005.

5.♗d3 c5

Ein logischer Gegenschlag in der Mitte.

Zu passiv ist 5...d6; z.B. 6.c4 ♘bd7 7.♘c3 e5 8.d5 ♘c5 9.♗c2 a5 10.a3 ♗e7 11.b4 axb4 12.axb4 ♖xa1 13.♕xa1 ♘cd7 14.♘ge2 0–0 15.0–0 ♖e8 16.♕a7 ♕a8 17.♖a1 ♕xa7 18.♖xa7±, B. Gonzalez-De Andrade, Sao Caetano 1998.

6.c3 ♘c6 7.a3 ♗e7 8.♘e2 0–0

In der Partie Judassin-Nuevo Perez, Dos Hermanas 1998, verfolgte Schwarz einen anderen Plan: 8...d6 9.0–0 0–0 10.♘d2 ♖c8 11.♔h1 a6 12.b4 cxd4 13.cxd4 b5 14.f4 ♘b8 15.♘g3 ♖e8 16.♕b1 g6 17.f5 ♘g4 18.fxe6 fxe6 19.♗g1 ♗g5 20.♕e1 e5 21.d5 ♖c3 22.♖f3 ♖e7 23.♕d1 ♕c8 24.♘e2 ♖cc7 25.♗b6 ♖f7 26.♖xf7 ♖xf7 27.♘f3 ♗e3 28.♗xe3 ♘xe3 29.♕c1 ♘c4 30.♘g5 ♖f2 31.♔g1 und für den Springer ist zum Vorteil von Weiß der Weg zum Feld e6 frei.

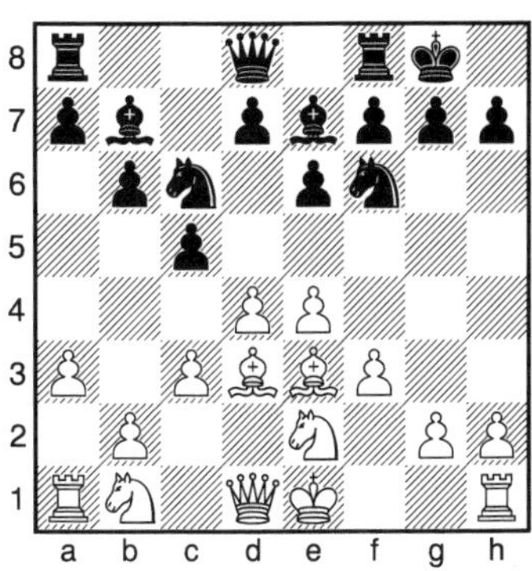

9.0–0

Der übliche Weg, um den König in Sicherheit zu bringen.

In der Partie Jäckle-Homuth, Deutschland 1995, spielte Weiß zunächst 9.b4!?, um sich am Damenflügel mehr Raum zu sichern. Nach den weiteren Zügen 9...d6 10.0–0 a5 11.b5 ♘b8 12.♘g3 ♘bd7 13.♘d2 ♘e8 14.f4 d5 15.e5 g6 16.f5!? exf5 hätte der Anziehende nun 17.♘xf5! folgen lassen sollen; z.B. 17...gxf5 18.♖xf5 ♘g7 19.♕g4 ♔h8 20.♕h3 mit entscheidendem Angriff.

9...a5 10.♘d2 ♗a6

Auf 10...♕c8 folgt stark 11.♘c4!.

11.♗xa6 ♖xa6 12.♘f4 cxd4 13.cxd4 a4 14.♕e2 ♖a8 15.♖ac1 ♕b8 16.d5 ♘a7 17.♘c4 ♘c8 18.dxe6 dxe6 19.♘d3 ♘d7 20.♘b4 ♕b7 21.♗d4 ♗c5 22.♖fd1 ♗xd4+ 23.♖xd4 ♘c5 24.♖cd1

Weiß hat die e-Linie besetzt, verbunden mit einem positionellen Stellungsvorteil, Rosentalis-Tyomkin, Montreal 2000.

Zusammenfassung: Die Idee mit 3.f3 beschränkt die Aktivität des schwarzen Läufers auf b7 und garantiert Weiß gute Chancen, um mit einem Eröffnungsvorteil ins Mittelspiel einzubiegen.

Partie Nr. 82
Blackburne – Hamel
England 1868

1.e4 b6 2.d4 ♗b7 3.f3 e6 4.♗d3 c5

Andere Züge haben wir im Theorieteil in Augenschein genommen.

5.c3 cxd4 6.cxd4 ♗b4+

– 6...♘c6 7.♘e2 ♘b4 8.♘bc3

(8.0–0 ♘xd3 9.♕xd3 ♘f6 10.♘bc3 ♗e7 11.♗e3 0–0 12.♖ac1 d6 13.♖fd1±, Brkic–Filipovic, Zadar 1999)

8...♘xd3+ 9.♕xd3 ♘f6 10.♗e3 d6 11.0–0 ♗e7 12.♖fd1 0–0 13.d5 e5 14.♖ac1 ♘d7 15.b4

Weiß hat mehr Freiraum für sein Spiel und steht besser, Reer–Eis, Halle 2007.

– 6...f5 7.exf5 ♕h4+ 8.♔f1

(8.g3!? ♕xd4 9.♘e2 ♕c5 10.♘d2 exf5 11.♘b3 ist auch nicht schlecht.)

8...♕xd4 9.♘e2 ♕h4 10.♘bc3 ♗c5 11.♘g3 ♘f6

Jetzt sollte Weiß einfach 12.fxe6 dxe6 13.♕e2 mit Vorteil spielen.

7.♘c3 ♘e7 8.♘ge2 0–0 9.0–0 ♗xc3 10.bxc3 ♘g6 11.♘g3

Zu überlegen war auch das sofortige 11.f4 mit der Absicht f4–f5.

11...♗a6

Schwarz tauscht seinen passiven Läufer, dessen Aktivität auf der Diagonale a8–h1 mit dem Zug 3.f3 beschränkt wurde.

12.f4

Ein Signal zum Angriff.

12...♕c7 13.f5! ♕xc3 14.♗xa6 ♘xa6

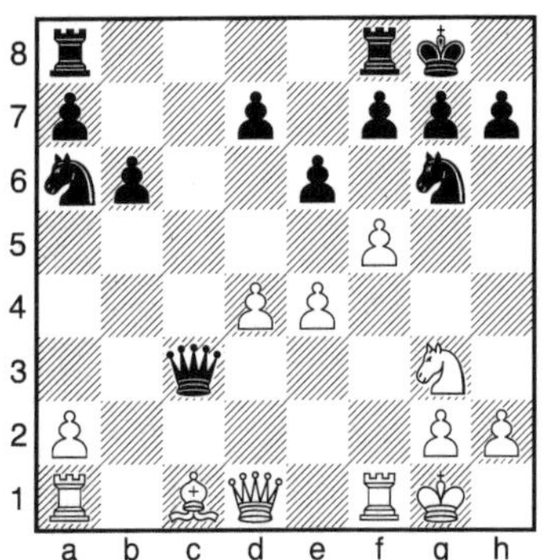

15.fxg6!?

Sehr optimistisch gespielt. Die Partie stammt aber aus einer Simultanvorstellung und Schwarz erwies sich als ein nur schwacher Gegner. Logischer war 15.♖b1! mit Initiative für den Bauern.

15...♕xa1 16.gxh7+ ♔h8 17.♘h5

Weiß schielt weiter auf einen Königsangriff, hat dabei aber nicht alle Verteidigungsmöglichkeiten des Gegners bedacht. Deshalb sollte er erst seine Dame mit 17.♕a4! entfesseln.

17...f5?

Der „Mogelversuch" ist geglückt! Nach dem richtigen 17...♖ac8! wäre es Weiß nicht einfach möglich, seinen Angriff fortzusetzen.

18.♘f4 ♔xh7?

Noch ein Fehler, und diesmal sogar der entscheidende. Notwendig war 18...♖f6! und Schwarz beweist, dass noch Leben in ihm steckt.

19.♕h5+ ♔g8 20.♘g6 ♕xd4+ 21.♔h1?!

Eine Ungenauigkeit. Nach der richtigen Fortsetzung 21.♖f2! und dann 21...♖f6 (21...♕a1 22.♘e7#) 22.♗b2 ♕xe4 23.♕h8+ ♔f7 24.♘e5+ ♕xe5 (24...♔e7 25.♕xg7++–) 25.♕h5+ ♔e7 26.♗xe5 wäre die schwarze Stellung aufgabereif.

21...♖fe8?

Es gab noch Rettung mit 21...♖f6!.

22.♖d1 ♕c3 23.e5?!

23.♗f4!+–

23...♘c5 24.♗g5 ♘d3?

24...♕c2! wäre die letzte Chance gewesen.

25.♗f6!

Nun ist Schwarz endgültig verloren.

25...♘f2+

25...gxf6 26.♕h8+ ♔f7 27.♕h7#

26.♔g1

Schwarz gab auf. Es könnte noch folgen: 26...♘h3+ 27.gxh3 ♕c5+ 28.♔g2 ♕c2+ 29.♔g3 f4+ 30.♘xf4 ♕c3+ 31.♔g4+–.

Partie Nr. 83
Maciejewski – Kruszynski
Lodz 1980

1.e4 b6 2.d4 ♗b7 3.f3 e6 4.♘h3 ♘f6

Zu 4...c5 werfen Sie bitte einen Blick in den Theorieteil.

5.♗e3 c5 6.c3 ♗e7 7.♗d3 d5?

Ein falscher Plan. Richtig war 7...♘c6! und nach 8.0–0 0–0 9.a3 ♖c8 10.♘d2 d6 11.b4 ♕c7 hätte Schwarz eine solide Stellung aufgebaut.

8.e5 ♘fd7 9.0–0 cxd4 10.cxd4 ♗a6

Ein typisches Manöver mit der Idee, den schwachen Läufer zu tauschen. In dieser Partie sehen wir, dass der Läufer auf b7 nicht immer gut steht. Sehr oft muss Schwarz ihn auf solche Weise tauschen.

11.♗xa6 ♘xa6 12.f4 g6

Der Nachziehende will sich damit gegen f4–f5 verteidigen, aber die Maßnahme zeigt nur kurzfristige Wirkung.

13.♘c3 ♘ab8 14.♖c1 a6

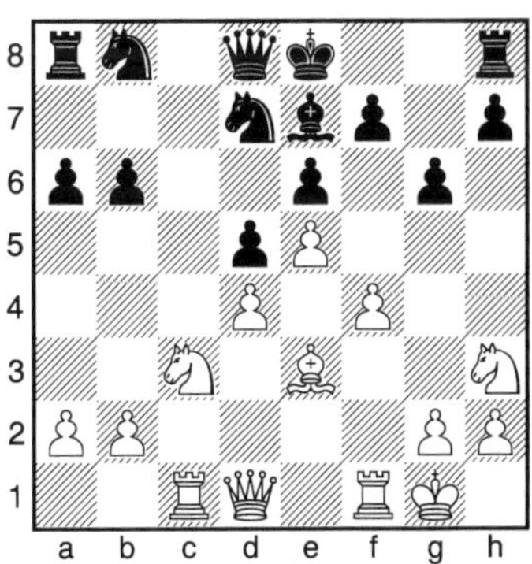

15.f5!

Endlich kann Weiß seinen Rammbock einsetzen. Der in der Mitte verbliebene gegnerische König sollte so langsam das Fürchten lernen.

15...gxf5

Es gab keine Wahl. Nach 15...0–0 16.♗h6 ♖e8 17.fxe6 fxe6 18.♕f3 gewinnt Weiß leicht.

16.♘xd5!

Weiß zieht sein Ding konsequent durch! Es zählt nicht das Material, es zählt nur der Sieg, und vor diesen hat Caissa den Mattangriff gestellt.

16...exd5 17.♕h5 0–0 18.♖xf5 ♕e8 19.♗h6 f6 20.♕f3 ♕f7 21.♗xf8 ♘xf8 22.♘g5! ♕g6 23.exf6

Schwarz wählte den besten Zug, der ihm noch verblieben war, er gab auf.

Kapitel 13

Andere Fortsetzungen

1.e4

Die in diesem Kapitel vorgestellten Eröffnungen sind in der Turnierpraxis kaum anzutreffen, denn sie sind schwach und somit auch nicht zu empfehlen. Allerdings müssen sie zur Abrundung des Repertoires zumindest kurz behandelt werden.

I. 1...g5

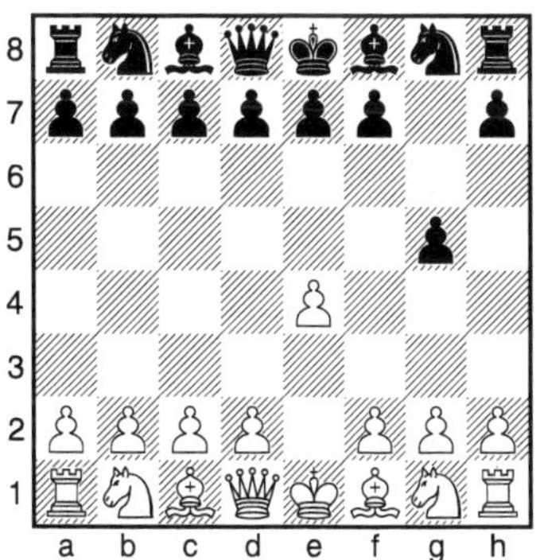

Damit schwächt Schwarz nur seinen Königsflügel.

2.d4 h6

Die Verteidigung des angegriffenen Bauern kann man als Pflicht verstehen.

Nach 2...♗g7 3.♗xg5 c5 4.c3 ist Schwarz im Nachteil und hat keinen Ersatz für den Bauern.

3.♗c4 ♘f6

Auf 3...d6 kann Weiß seine Figuren mit 4.♘e2 ♘f6 5.♘bc3 c6 6.a4 usw. vorteilhaft in Szene setzen.

4.♘c3

Es geht auch 4.e5 d5 5.♗b3 ♘g8 6.♘c3

(6.h4!? mit der Absicht, die schwarze Bauernstruktur zu schwächen, ist eine ordentliche Alternative.)

6...e6 7.♕h5 ♘c6 8.♘f3 und wegen des geschwächten Königsflügels des Nachziehenden steht Weiß klar besser.

4...d6 5.♕e2 c5 6.dxc5 ♘c6 7.cxd6 ♕xd6 8.♘b5

8.♗d2!? nebst 0–0–0 ist zu beachten.

8...♕b8 9.♗e3 ♘e5 10.0–0–0 ♗g7 11.h4

Weiß ist deutlich im Vorteil, Fiori-Giuliani, Buenos Aires 2010.

II. 1...♘h6

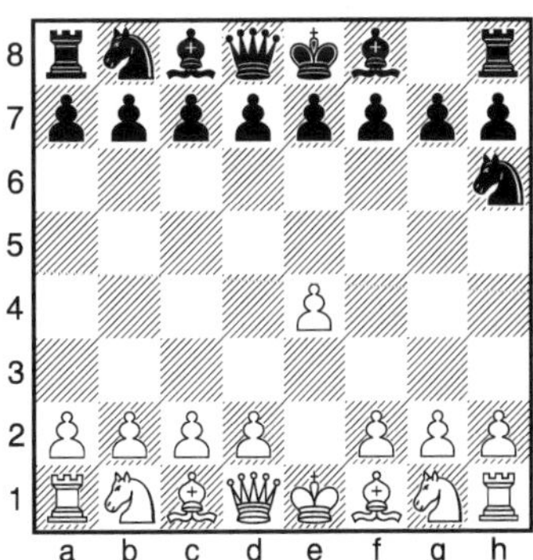

Die Idee dieses Zuges liegt darin, den Springer später eventuell auf f5 postieren und damit Druck auf den Bauern d4 ausüben zu können.

2.d4 g6

Andere Stellungsbilder entstehen nach 2...d5; z.B. 3.exd5 ♘f5

(3...♕xd5 4.♘c3 ♕a5 5.♘f3 ♗f5 6.♘e5 ♘d7 7.♘c4 mit weißem Vorteil.)

4.♘f3 g6 5.♗e2

(5.♘c3!? ♗g7 6.g4 ♘d6 7.♘e5 und Weiß steht besser.)

5...♗g7 6.0–0 ♕xd5 7.♘c3

(– Zu verhalten ist 7.c3 0–0 8.♗f4 c5 und Schwarz hat keine Probleme, Feher–Paschall, Budapest 2011.

– Infrage kommt aber 7.c4 ♕d8 8.d5 0–0 9.♘c3 c6 10.♗f4 usw.)

7...♕a5 8.♗f4

Weiß ist besser entwickelt, weshalb seine Stellung den Vorzug verdient.

3.♘c3 f6

Oder 3...c6 4.♘f3 f6 5.♗e3 d6 6.h3 e6 7.♕d2 ♘f7 8.0–0–0 ♗e7 9.h4 und auch hier wieder ist Weiß besser entwickelt. Er verfügt zudem über einen klaren Plan: Königsangriff, Mulde–Rozzoni, IECC Email 2008.

4.♗e3 ♘f7 5.f3 e5 6.♗c4 d6 7.♘ge2 c6 8.a4 a5 9.0–0 ♗g7 10.♕d2 ♕e7 11.♖ad1 0–0 12.f4 ♘d7 13.♘g3 exf4 14.♗xf4 ♘b6 15.♗b3 ♗e6 16.d5 ♗g4 17.dxc6 ♗xd1 18.cxb7 ♕xb7 19.♖xd1 ♔h8 20.♘b5 ♖ad8 21.♕xa5

Weiß steht auf Gewinn, Korlotsidis–Anairousis, Petroupoli 2012.

III. 1...f5

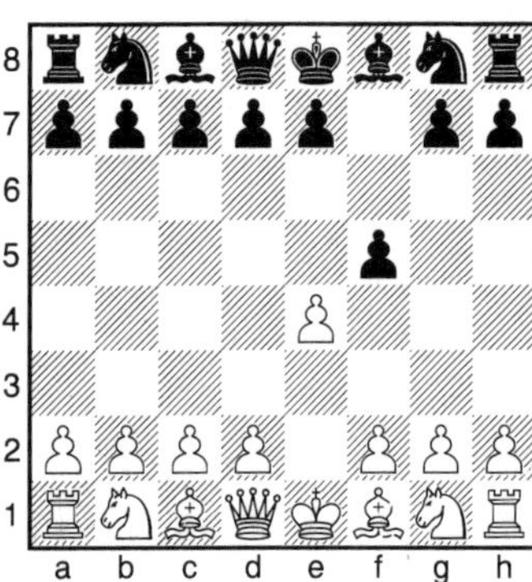

Schwächt nur den Königsflügel.

2.exf5

Die einfachste Lösung, die Weiß schon nach wenigen Zügen einen klaren Vorteil bringt.

Eine gute Alternative ist 2.d4. Sie basiert auf einer interessanten Idee: Zur Beschleunigung seiner Entwicklung ist der Anziehende bereit, einen Bauern zu investieren.

2...fxe4 3.♘c3 ♘f6 4.f3 exf3 5.♘xf3 d6 6.♗g5 ♘c6 7.♗e2 (7.♗c4!?) 7...g6 8.♕d2 ♗f5 9.d5 ♘b4 10.♘d4 ♕c8 11.0–0 ♗g7 12.♖ae1

Die Lage von Schwarz ist schon jetzt sehr verdächtig, Akinshin–Kim, Fernpartie 1998.

2...♘f6 3.d4 d5 4.♗d3 c5 5.c3 ♘c6 6.♘f3 e6 7.fxe6 cxd4 8.♘xd4 ♘xd4 9.cxd4 ♗xe6 10.♗f4 ♗b4+ 11.♘d2 0–0 12.0–0 ♕b6 13.♗e5 ♘g4 14.♘f3 mit einem Mehrbauern und klarem Vorteil für Weiß, Castelfranchi–Rossi, Triest 2011.

IV. 1...h6

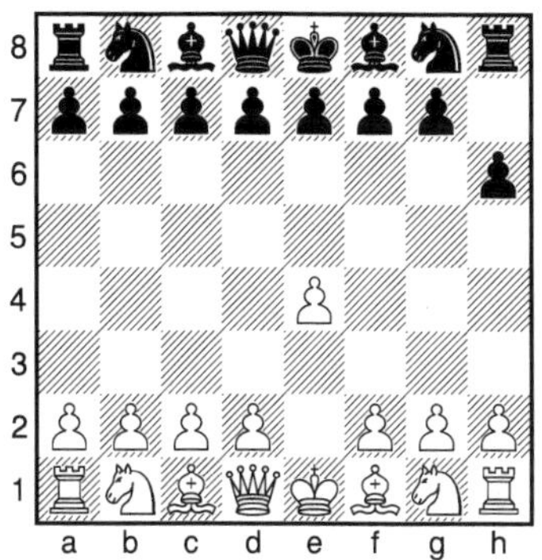

Nur ein Tempoverlust.

2.d4 g5

Andere Erwiderungen:

A) 2...e6 3.♗d3 d5 4.♘c3

(Nach 4.e5 c5 5.c3 entsteht eine für die Französische Verteidigung charakteristische Stellung, allerdings mit dem überflüssigen Zug h7–h6.)

4...♘c6 5.♘f3 dxe4

(5...♘b4 6.♗e2 ♘f6 7.e5 ♘e4 8.a3 ♘xc3 9.bxc3 ♘c6 10.0–0 ♘a5 11.♕d3±, Gaschimow–Eingorn, Bled 2002)

6.♘xe4 ♘f6 7.0–0 ♗e7 8.♘xf6+ ♗xf6 9.c3 0–0 10.♕e2 mit der Drohung ♕e2–e4.

B) 2...c5 3.dxc5 e6 4.♗e3 ♘f6 5.♘c3 ♕a5 6.a3 ♘xe4 7.♘ge2 d5 8.cxd6 ♘xd6 9.♘d4 ♗d7 10.♕e2 ♗e7 11.0–0–0 0–0 12.♘b3 ♕d8 13.♗f4 ♘f5 14.♘e4 mit dem Plan g2–g4–g5 und einem kräftigen Angriff am Königsflügel, Cookson–Domingo, Fernpartie 2011.

3.♘c3 ♗g7 4.♗c4 ♘c6 5.♗e3 e6 6.♘ge2 ♘ge7

Schwach ist 6...f5?, weil Schwarz nach 7.exf5 d5 8.♗b3 einen Bauern verliert.

7.♘g3 d5 8.♗b5 dxe4 9.h4 mit weißem Vorteil.

V. 1...♘a6

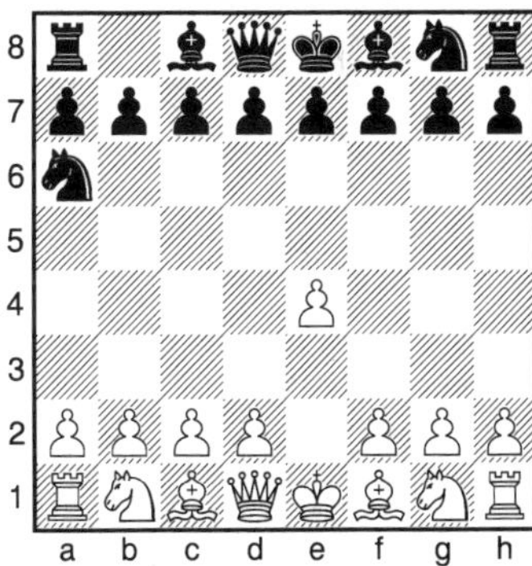

Dieser Springerzug an den Rand ist weitgehend sinnlos.

2.d4

Es geht auch 2.♘c3 b6

(2...g6 3.d4 ♗g7 4.♗e3 d6 5.♕d2 ♘f6 6.♗h6 und in Rekordzeit hat sich Weiß die bessere Stellung verschafft.)

3.♘f3 ♗b7 4.d4 e6 5.a3 c5 6.d5 (6.♗c4!? ♘c7 7.0–0±) 6...exd5 7.exd5 ♘c7 8.♗c4 a6 9.0–0 d6 10.♖e1+ ♗e7 11.a4 ♘f6 12.♘h4 0–0 13.♘f5 ♖e8 14.♕f3 mit weißem Übergewicht.

2...c6 3.♘c3 ♘c7 4.♘f3 g6 5.♗d3

Spielbar ist auch 5.♗e2 ♗g7 6.0–0 ♘h6 7.♗f4 f6 8.♕d2 ♘f7 9.♖ad1 und die weißen Figuren sind allesamt besser postiert, Liebert–Geet, Fernpartie 2006.

5...♗g7 6.h3 d5 7.0–0 dxe4 8.♘xe4 ♘f6 9.♘xf6+ exf6 10.♗f4 0–0 11.♗h2 ♗e6 12.♕d2 ♕d7 13.♖ad1 b6 14.c4 ♖fd8 15.b3 ♗f8 16.♕f4

Weiß steht aktiver, Borosova–Koval, Banska Stiavnica 2011.

Zusammenfassung:. So findet unser Werk an dieser Stelle seinen Abschluss. Wir hoffen, dass wir unser Ziel erreicht haben, Ihnen beim Zusammenstellen eines Repertoires zu helfen, das interessant ist, aktives Spiel und gute Angriffschancen verspricht und zudem noch oft innovativen Charakter trägt.

Quellenverzeichnis

Bücher:

Bekemann, Uwe: Die Skandinavischen Gambits, Schachverlag Mädler, Dresden 1995

Jansa, Vlastimil / Pribyl, Josef: So spielt man Pirc – Ein neues System für Schwarz!, Münster Verlag, Nürnberg 1988

Konikowski, Jerzy / Bekemann, Uwe: Eröffnungen – Halboffene Spiele, Joachim Beyer Verlag 2018

Konikowski, Jerzy / Bekemann, Uwe: Eröffnungen – Offene Spiele (2.Auflage), Joachim Beyer Verlag 2020

Konikowski , Jerzy: Modernes Sizilianisch – richtig gespielt, Joachim Beyer Verlag 2020

Konikowski, Jerzy: Eröffnungen – richtig gespielt, Joachim Beyer Verlag 2020

Konikowski, Jerzy: Schnellkurs der Schacheröffnungen – Theorie, Joachim Beyer Verlag 2020

Lakdawala, Cyrus: The Modern Defence, Everyman Chess, London 2012

Vigus, James: The Pirc, Everyman Chess, London 2012

Wisnewski, Christoph: Play 1...Nc6, Everyman Chess, London 2007

Ziegler, Mario: Paulsen–Eröffnung, Chess Coach GbR, St. Ingbert 2010

Elektronische Bücher (CD):

CorrDatabase 2020

Correspondence Chess 2020

Mega Database 2020

Periodika:

Fernschachpost

Schachinformator

Kaissiber

Panorama Szachowa

Rochade Europa

Secrets of Chess Openings

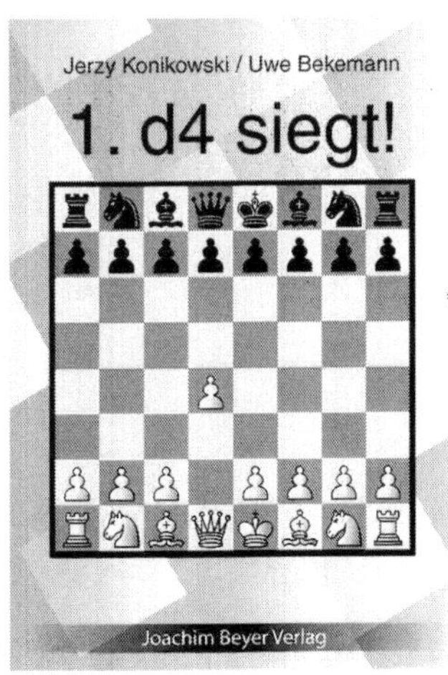

Jerzy Konikowski/Uwe Bekemann

1.d4 siegt!

432 Seiten, kartoniert

„1.d4 siegt!“ stellt ein in sich geschlossenes Repertoire bereit, das den Spieler mit Weiß nach seinem Doppelschritt mit dem Damenbauern auf jede plausible Antwort des Gegners qualifiziert reagieren lässt. Unsere Autoren haben ihre Empfehlungen so ausgesucht, dass der Leser den Weiten der Eröffnungstheorie ausweichen kann. Die im Werk aufgenommenen Linien erlauben Weiß ein initiatives und aktives Spiel. Zumeist versprechen sie zudem einen Eröffnungsvorteil.

„1.d4 siegt!“ bietet:

- Aussichtsreiche Systeme und Varianten abseits der Theoriefülle
- Darstellung und Erörterung von Ideen und Plänen
- Erkenntnisse aus aktuellen Turnieren, auch im Fernschach
- Ausgewählte kommentierte Partien zur Praxisschulung.

Nach „Königsgambit – richtig gespielt“ (2012), „Italienische Partie – richtig gespielt“ (2013) und „1.e4 siegt!“ (2020) ist dies das vierte gemeinsame Werk des Autorenduos Konikowski/Bekemann.

Jerzy Konikowski ist FIDE-Meister und als Autor einer großen Zahl exzellenter Eröffnungsbücher bekannt.

Uwe Bekemann ist Nationaler Fernschachmeister (Bronze), PR-Manager des Deutschen Fernschachbundes e.V. und Autor von Gambitbüchern.